| 法律法规新解读 | 第五版

刑法
解读与应用

黄丹丹 编著

中国法制出版社
CHINA LEGAL PUBLISHING HOUSE

图书在版编目（CIP）数据

刑法解读与应用 / 黄丹丹编著. —北京：中国法制出版社，2023.6
（法律法规新解读丛书）
ISBN 978-7-5216-3420-4

Ⅰ.①刑… Ⅱ.①黄… Ⅲ.①刑法-法律解释-中国 Ⅳ.①D924.05

中国国家版本馆 CIP 数据核字（2023）第 064618 号

责任编辑：潘环环　　封面设计：李　宁

刑法解读与应用
XINGFA JIEDU YU YINGYONG

编著/黄丹丹
经销/新华书店
印刷/三河市国英印务有限公司
开本/880 毫米×1230 毫米　32 开　　印张/ 17.5　字数/ 442 千
版次/2023 年 6 月第 1 版　　2023 年 6 月第 1 次印刷

中国法制出版社出版
书号 ISBN 978-7-5216-3420-4　　定价：56.00 元

北京市西城区西便门西里甲 16 号西便门办公区
邮政编码：100053　　传真：010-63141600
网址：http：//www.zgfzs.com　　编辑部电话：010-63141813
市场营销部电话：010-63141612　　印务部电话：010-63141606

（如有印装质量问题，请与本社印务部联系。）

【法融】数据库免费增值服务有效期截至本书出版之日起 2 年。

出版说明

“法律法规新解读”丛书作为一套实用型法律图书，历经四版，以其专业、实用、易懂的优点，赢得了广大读者的认可。自第四版后，相关法律规定已发生较大变化，司法实践中也出现了不少新的法律问题，第五版立足“实用”，以关注民生、服务大众为宗旨，切实提升内容实用性；致力“易懂”，使本丛书真正成为“遇事找法者”运用法律维护权利和利益的利器。本丛书选取与日常生活密切相关的法律领域，将各领域的核心法律作为“主体法”，并且将与主体法密切相关的法律规定汇编收录。

“法律法规新解读”丛书独家打造七重法律价值：

1. 出版专业

中国法制出版社是中华人民共和国司法部主管主办的中央级法律类专业出版社，是国家法律法规标准文本的权威出版机构。

2. 条文解读精炼到位

重难点法条以【条文解读】形式进行阐释，解读内容在吸取全国人大常委会法制工作委员会、最高人民法院等部门对条文的权威解读的基础上，结合实际编写，简单明了、通俗易懂。

3. 实务应用精准答疑

根据日常生活中经常遇到的纠纷与难题，以【实务应用】形式提炼归纳出问题点，对标热点难点，精准答疑解惑。

4. 案例指引权威实用

专设【案例指引】板块，选取最高人民法院公报案例、典型案例、各地区法院公布的经典案例以及中国裁判文书网的终审案例等，以案说法，生动地展示解决法律问题的实例。同时，原文收录一部分最高人民法院、最高人民检察院公布的指导性案例，指导实践更准确、更有力。

5. 关联参见检索便捷

除精选与主体法相关联的法律规定外，在主体法中以【关联参见】的方式链接相关重要条文，帮助读者全方位理解相关规定内容。

6. 附录内容实用丰富

书末收录经提炼的法律流程图、诉讼文书、纠纷处理常用数据、重要法律术语速查表等内容，帮助读者大大提高处理法律事务的效率。

7. 超值赠送增值服务

扫描图书后勒口二维码，免费使用中国法制出版社【法融】数据库。读者可查阅“国家法律法规”栏目和“案例解析”栏目中的“最高法指导案例”和“最高检指导案例”的内容。

中国法制出版社

《中华人民共和国刑法》
法律适用提示

《刑法》[1] 是规定犯罪与刑罚的法律，是我国的基本法律。刑法由于其调整社会关系的广泛性和调整手段的特殊性而区别于其他法律。一个人，也许一生都不会与犯罪打交道，但从犯罪学角度看，我们每一个人既是潜在的被害人，又是潜在的犯罪人。所以，了解学习刑法，不仅是维护我们自身权益的需要，也是增强法治观念，减少、避免违法犯罪的需要。

刑法组成的基本单位是条，有的条包括若干款，款中又可以包括若干项。具体到刑法分则，有的是一个或多个条文规定一个犯罪，有的是一条规定若干个犯罪，还有的是一条中的每一款分别规定一个犯罪。刑法中各编、章、节、条的序号用中文数字依次表述，款不编序号，项的序号用中文数字加括号依次表述。

我国刑法包括总则和分则两编。刑法总则的重点内容有：(1) 刑法的适用范围；(2) 刑事责任年龄、正当防卫、特殊人的刑事责任；(3) 犯罪预备、中止和未遂；(4) 共同犯罪；(5) 刑罚的种类；(6) 假释、减刑、时效、缓刑、数罪并罚、累犯、自首与立功、量刑情节等刑罚的具体运用。刑法分则根据犯罪侵犯的共同客体的不同分为十大类犯罪：危害国家安全罪，危害公共安全罪，破坏社会主义市场经济秩序罪，侵犯公民人身权利、民主权利罪，侵犯财产罪，妨害社会管理秩序罪，危害国防利益罪，贪污贿赂罪，渎职罪，军人违反职责罪。其中第三章破坏社会主义市场经济秩序罪与第六章妨害社会管理秩序罪下面再分节，即小类罪。

---

① 为便于阅读，本书中相关法律文件名称中的“中华人民共和国”字样都予以省略。

目　录

中华人民共和国刑法

第二章　危害公共安全罪

关联法规

实用附录

实务应用速查表

案例指引速查表

法律法规
新解读系列

中华人民共和国
刑 法

刑法
解读与应用

中华人民共和国刑法

- 1979年7月1日第五届全国人民代表大会第二次会议通过
- 1997年3月14日第八届全国人民代表大会第五次会议修订
- 根据1998年12月29日第九届全国人民代表大会常务委员会第六次会议通过的《全国人民代表大会常务委员会关于惩治骗购外汇、逃汇和非法买卖外汇犯罪的决定》、1999年12月25日第九届全国人民代表大会常务委员会第十三次会议通过的《中华人民共和国刑法修正案》、2001年8月31日第九届全国人民代表大会常务委员会第二十三次会议通过的《中华人民共和国刑法修正案（二）》、2001年12月29日第九届全国人民代表大会常务委员会第二十五次会议通过的《中华人民共和国刑法修正案（三）》、2002年12月28日第九届全国人民代表大会常务委员会第三十一次会议通过的《中华人民共和国刑法修正案（四）》、2005年2月28日第十届全国人民代表大会常务委员会第十四次会议通过的《中华人民共和国刑法修正案（五）》、2006年6月29日第十届全国人民代表大会常务委员会第二十二次会议通过的《中华人民共和国刑法修正案（六）》、2009年2月28日第十一届全国人民代表大会常务委员会第七次会议通过的《中华人民共和国刑法修正案（七）》、2009年8月27日第十一届全国人民代表大会常务委员会第十次会议通过的《全国人民代表大会常务委员会关于修改部分法律的决定》、2011年2月25日第十一届全国人民代表大会常务委员会第十九次会议通过的《中华人民共和国刑法修正案（八）》、2015年8月29日第十二届全国人民代表大会常务委员会第十六次会议通过的《中华人民共和国刑法修正案（九）》、2017年11月4日第十二届全国人民代表大会常务委员会第三十次会议通过的《中华人民共和国刑法修正案（十）》和2020年12月26

日第十三届全国人民代表大会常务委员会第二十四次会议通过的《中华人民共和国刑法修正案（十一）》修正)[1]

第一编　总　则

第一章　刑法的任务、基本原则和适用范围

第一条　【立法宗旨】[2] 为了惩罚犯罪，保护人民，根据宪法，结合我国同犯罪作斗争的具体经验及实际情况，制定本法。

第二条　【本法任务】中华人民共和国刑法的任务，是用刑罚同一切犯罪行为作斗争，以保卫国家安全，保卫人民民主专政的政权和社会主义制度，保护国有财产和劳动群众集体所有的财产，保护公民私人所有的财产，保护公民的人身权利、民主权利和其他权利，维护社会秩序、经济秩序，保障社会主义建设事业的顺利进行。

第三条　【罪刑法定】法律明文规定为犯罪行为的，依照法律定罪处刑；法律没有明文规定为犯罪行为的，不得定罪处刑。

条文解读

罪刑法定原则 ➔ 本条是关于罪刑法定原则的规定。

罪刑法定的经典表述是“法无明文规定不为罪，法无明文规定不处罚”。该原则要求：行为人的行为构成犯罪必须有法律明确规定，犯罪构成要件是行为人的行为是否构成犯罪的法定标准，而不仅仅是看行为有什么样的社会危害后果以及社会危害后果是否严重。通俗地说就是，

---

① 刑法、历次刑法修正案、涉及修改刑法的决定的施行日期，分别依据各法律所规定的施行日期确定。

另，总则部分条文主旨为编者所加，分则其他条文主旨是根据司法解释确定罪名所加。

② 本书条文主旨为编者所加，为方便检索使用，仅供参考，下同。

对某种危害社会的行为是否认定为犯罪行为以及是否给予刑罚处罚、给予什么样的刑罚处罚，都必须以法律的明文规定为准。

罪刑法定原则的具体内容与要求体现在以下两个方面：

1. 形式方面包括：(1) 刑法应当是成文法，排斥习惯法；(2) 禁止绝对不定期刑，但允许采用相对的不定期刑，即刑法在对刑罚种类作出明文规定的前提下，可以规定具有最高刑和最低刑的量刑幅度，法官有权根据案件的具体情况，在法定的量刑幅度内选择适当的刑种和刑度，也即我国《刑法》实行的是相对确定法定刑主义；(3) 禁止类推适用，包括禁止司法类推和类推解释；(4) 禁止重法有溯及力，我国《刑法》在时间效力上采用的是从旧兼从轻原则。

2. 实质方面包括：(1) 明确性，刑法规范必须清楚明确，排斥含混模糊的规范；(2) 合理性，即禁止处罚不当罚的行为，禁止不均衡、残酷的刑罚。

第四条　【适用刑法人人平等】对任何人犯罪，在适用法律上一律平等。不允许任何人有超越法律的特权。

条文解读

法律面前人人平等原则 ➔ 本条是关于法律面前人人平等原则的规定。

法律面前人人平等的原则，是我国《刑法》的又一项基本原则。中华人民共和国公民在法律面前人人平等，是我国《宪法》确定的法制原则。《刑法》规定，任何人犯罪，在适用法律上一律平等，是这一法制原则的具体体现。

关联参见

《宪法》第 33 条；《刑事诉讼法》第 6 条；《人民法院组织法》第 5 条；《人民检察院组织法》第 5 条；《法官法》第 4 条

第五条　【罪责刑相适应】刑罚的轻重，应当与犯罪分子所犯罪行和承担的刑事责任相适应。

条文解读

罪责刑相适用原则 ➲ 本条是关于罪责刑相适应原则的规定。

罪责刑相适应原则是我国《刑法》的基本原则之一，是指对犯罪规定刑罚和对犯罪分子量刑时，应根据其所犯罪行的性质、情节和对社会的危害程度来决定。

本条所确定的原则，既是立法应遵循的原则，也是刑事司法应遵守的原则。在制定和修订《刑法》时，对于性质严重、社会危害性大的犯罪，犯罪情节特别严重的，都规定了较重的处刑；对于所犯罪的性质、情节比较轻的，如过失犯罪等，规定的处刑则比较轻。也就是说，罪重，规定的刑罚就重；罪轻，规定的刑罚就轻。在刑事司法中也应遵守这个原则，犯多大的罪，就应判多重的刑，重罪应重判，轻罪应轻判。对犯罪分子判处的刑罚轻重，应当与其所犯罪行的轻重、罪过大小以及应承担的刑事责任大小相当，不能重罪轻判。判轻了，不利于惩罚犯罪，震慑犯罪分子；也不能轻罪重判，判重了，不利于体现司法公正，还容易造成犯罪分子对法律和社会的抵触心理，不利于罪犯的改造。因此，必须使罪与刑相称，罚当其罪。

关联参见

《行政处罚法》第 5 条

第六条　【属地管辖权】凡在中华人民共和国领域内犯罪的，除法律有特别规定的以外，都适用本法。

凡在中华人民共和国船舶或者航空器内犯罪的，也适用本法。

犯罪的行为或者结果有一项发生在中华人民共和国领域内的，就认为是在中华人民共和国领域内犯罪。

条文解读

属地管辖权 ➲ 本条是关于属地管辖权的规定。“我国领域”，是指我国国境以内的全部区域，具体包括：（1）领陆，即国境线以内的陆地及其陆地下的地层；（2）领水，即内水（内河、内海、内湖以及同外国之间界水的一部分）、领海（我国领海宽度为12海里）及其以下的地层；（3）领空，即领陆和领水之上的空间。“法律有特别规定的”，主要是指《刑法》第11条关于有外交特权和豁免权的外国人的刑事责任的特别规定；《刑法》第90条关于少数民族自治地区制定的变通或补充《刑法》的规定以及其他法律中作出的特别规定，如《香港特别行政区基本法》中的有关规定等。对于这些法律有特别规定的，不适用《刑法》，如何处理，依法律的特别规定。

我国《刑法》对属地管辖原则中的犯罪地采取了遍在说的观点，对犯罪地应作广义的理解：（1）犯罪行为地、结果发生地均被视为犯罪地。（2）行为地既包括犯罪的实行行为地，也包括犯罪的预备行为以及应有所作为之地（不作为犯）；在共同犯罪的场合，共同犯罪行为有一部分发生在我国领域内，就认为是在我国领域内犯罪。（3）关于结果地，在未遂犯的场合，行为人希望结果发生地、可能发生结果地都是犯罪结果地；在共同犯罪的场合，共同犯罪结果有一部分发生在我国领域内，就认为是在我国领域内犯罪。

实务应用

01. 发生在国际列车上的犯罪行为如何管辖？

本条第2款并未规定“国际列车”也属于我国的“拟制领土”之内，具体解决方法应参照《最高人民法院关于适用〈中华人民共和国刑事诉讼法〉的解释》，该解释第6条规定，在国际列车上的犯罪，根据我国与相关国家签订的协定确定管辖；没有协定的，由该列车始发地或者前方停靠的中国车站所在地负责审判铁路运输刑事案件的人民法院管辖。

关联参见

《民用航空法》第6条；《最高人民法院关于审理拐卖妇女案件适用法律有关问题的解释》第2条

第七条 【属人管辖权】 中华人民共和国公民在中华人民共和国领域外犯本法规定之罪的，适用本法，但是按本法规定的最高刑为三年以下有期徒刑的，可以不予追究。

中华人民共和国国家工作人员和军人在中华人民共和国领域外犯本法规定之罪的，适用本法。

条文解读

属人管辖权 ➲ 本条是关于属人管辖权的规定。

我国公民在国外犯《刑法》规定之罪的，也适用我国《刑法》。但在具体规定上，对于一般公民和国家工作人员、军人采取不同的要求：(1) 普通公民在国外所犯《刑法》规定之罪法定最高刑为3年以下有期徒刑的，可以不予追究；(2) 国家工作人员和军人，只要在我国领域外犯《刑法》所规定之罪的，一律适用我国《刑法》予以追究。

第八条 【保护管辖权】 外国人在中华人民共和国领域外对中华人民共和国国家或者公民犯罪，而按本法规定的最低刑为三年以上有期徒刑的，可以适用本法，但是按照犯罪地的法律不受处罚的除外。

条文解读

保护管辖权 ➲ 本条是关于保护管辖权的规定。

本条针对的是外国人在国外犯罪的情形，它的适用有严格的条件：(1) 侵犯的是我国国家或公民的利益；(2) 行为人实施的行为是法定最低刑在3年以上有期徒刑的重罪；(3) 双方的法律都认为是犯罪。

注意，凡此类域外犯罪（不论国籍），虽然经过外国审判仍可适用我国《刑法》，但已经受过刑罚处罚的可以免除或减轻处罚。

第九条　【普遍管辖权】对于中华人民共和国缔结或者参加的国际条约所规定的罪行，中华人民共和国在所承担条约义务的范围内行使刑事管辖权的，适用本法。

条文解读

普遍管辖权 ➜ 本条是关于普遍管辖权的规定。

本条针对的罪行是国际犯罪，如毒品犯罪、劫持民用航空器罪、酷刑罪、恐怖主义犯罪、战争罪、灭绝种族罪等。普遍管辖原则只有在前面三个管辖原则都不适用的情形下才适用。

关联参见

《全国人民代表大会常务委员会关于对中华人民共和国缔结或者参加的国际条约所规定的罪行行使刑事管辖权的决定》；《最高人民法院关于适用〈中华人民共和国刑事诉讼法〉的解释》第12条

第十条　【对外国刑事判决的消极承认】凡在中华人民共和国领域外犯罪，依照本法应当负刑事责任的，虽然经过外国审判，仍然可以依照本法追究，但是在外国已经受过刑罚处罚的，可以免除或者减轻处罚。

条文解读

对外国刑事判决的消极承认 ➜ 本条是关于对外国刑事判决的消极承认的规定。

本条规定的主要内容是：(1) 凡在我国领域外犯罪，依照我国

《刑法》应当负刑事责任的，虽然经过外国审判，仍然可以依照我国《刑法》处理。这里所说的在我国"领域外犯罪"的，犯罪主体既包括我国公民，也包括外国人或者无国籍人，犯罪行为既包括根据《刑法》第7条规定，我国公民、国家工作人员和军人在我国领域外的犯罪，也包括第8条规定的外国人在我国领域外对我们国家和我国公民的犯罪。但应当注意的是，这里使用的是"可以"，而没有用"应当"，因此，对于已经外国审判的，还要不要再依照我国《刑法》处理，需根据具体案件的具体情况决定，并不要求对于外国已审判的，一律再依照我国《刑法》处理。(2) 对于经过外国审判的案件，需要依照我国《刑法》处理的，如果在国外已受到刑罚处罚的，可以免除或者减轻处罚。

第十一条　【外交代表刑事管辖豁免】 享有外交特权和豁免权的外国人的刑事责任，通过外交途径解决。

条文解读

外交代表刑事管辖权豁免 ➔ 本条是关于外交代表刑事管辖权豁免的规定。

本条是关于对享有外交特权和豁免权的外国人犯罪如何处理的规定。本条规定的"外交特权和豁免权"，是指一个国家为了保证和便利驻在本国的外交代表、外交代表机关以及外交人员执行职务，而给予他们的一种特殊权利和待遇。

关联参见

《刑事诉讼法》第17条；《外交特权与豁免条例》第11—15条、第20—24条；《领事特权与豁免条例》

第十二条　【刑法溯及力】中华人民共和国成立以后本法施行以前的行为，如果当时的法律不认为是犯罪的，适用当时的法律；如果当时的法律认为是犯罪的，依照本法总则第四章第八节的规定应当追诉的，按照当时的法律追究刑事责任，但是如果本法不认为是犯罪或者处刑较轻的，适用本法。

本法施行以前，依照当时的法律已经作出的生效判决，继续有效。

条文解读

刑法溯及力 ➔ 本条是关于刑法溯及力的规定。刑法的时间效力主要解决的是刑法在何时生效、在何时失效以及对其生效前的行为有无溯及力。而刑法的溯及力是指现行刑法典对于它生效以前的行为是否适用的问题。我国《刑法》的时间效力采取的是有利于被告人的“从旧兼从轻”原则：

1. 本条适用的对象或案件范围，仅限于《刑法》“生效以前”发生的“未决犯”。未决犯是未经审判或判决尚未确定的案件，包括对一审裁判的上诉和抗诉案件，但不包括再审的案件。再审的案件属于已决案件，应该适用行为时的法律。

2. “从旧”——如果新法和旧法的规定完全相同，行为发生在新法生效之前则适用旧法，即适用行为时有效的法律，事后法没有溯及力。

3. “从轻”——当新法与旧法规定不同时，原则上如果新法处刑较轻或不认为是犯罪，则适用新法。

实务应用

02. 如何理解“处刑较轻”？

处刑较轻，是指《刑法》对某种犯罪规定的刑罚即法定刑比修订前的《刑法》轻。法定刑较轻，是指法定最高刑较轻；如果法定最高刑相同，则指法定最低刑较轻。如果《刑法》规定的某一犯罪只有一个法定刑幅度，法定最高刑或者最低刑是指该法定刑幅度的最高刑或者最低刑；如果《刑法》规定的某一犯罪有两个以上的法定刑幅度，法定最高刑或者最低刑是指具体犯罪行为应当适用的法定刑幅度的最高刑或者最低刑。

关联参见

《最高人民法院关于适用刑法时间效力规定若干问题的解释》；《最高人民法院关于〈中华人民共和国刑法修正案（八）〉时间效力问题的解释》；《最高人民法院关于〈中华人民共和国刑法修正案（九）〉时间效力问题的解释》；《最高人民检察院关于认真贯彻执行〈中华人民共和国刑法修正案（四）〉和〈全国人民代表大会常务委员会关于《中华人民共和国刑法》第九章渎职罪主体适用问题的解释〉的通知》

第二章 犯 罪

第一节 犯罪和刑事责任

第十三条 【犯罪概念】 一切危害国家主权、领土完整和安全，分裂国家、颠覆人民民主专政的政权和推翻社会主义制度，破坏社会秩序和经济秩序，侵犯国有财产或者劳动群众集体所有的财产，侵犯公民私人所有的财产，侵犯公民的人身权利、民主权利和其他权利，以及其他危害社会的行为，依照法律应当受刑罚处罚的，都是犯罪，但是情节显著轻微危害不大的，不认为是犯罪。

条文解读

犯罪有三个特征：社会危害性、刑事违法性、应受刑罚惩罚性。

犯罪概念的“但书”：“但是情节显著轻微危害不大的，不认为是犯罪”，这是犯罪概念的“但书”。它表明犯罪有“程度”和“量”的问题。常见的如小偷小摸的行为属于情节显著轻微、危害不大。

关联参见

《宪法》第7条；《刑法》第2条、第37条、第91条；《刑事诉讼法》第16条；《治安管理处罚法》第2条；《最高人民法院关于审理未成年人刑事案件具体应用法律若干问题的解释》第9条；《最高人民法院、最高人民检察院、公安部关于办理非法集资刑事案件适用法律若干问题的意见》第4条

第十四条　【故意犯罪】 明知自己的行为会发生危害社会的结果，并且希望或者放任这种结果发生，因而构成犯罪的，是故意犯罪。

故意犯罪，应当负刑事责任。

条文解读

故意犯罪 ➲ 故意犯罪，应当负刑事责任。

本条是关于故意犯罪的规定，共分两款：第1款是关于什么是故意犯罪的规定。第2款是关于故意犯罪应当负刑事责任的规定。

“刑事责任”是指犯罪行为人实施刑事法律禁止的行为所必须承担的法律后果。

1. 犯罪故意的要素

（1）认识因素：行为人“明知”自己的行为会发生危害社会的结果。包括：①对犯罪“事实”的认识，这个事实通常是分则“罪状描述的事实”，如强奸妇女、盗窃、杀人等。②对行为“价值”或“危害性”的认识，也就是对自己行为是非善恶的评判。

（2）意志因素：行为人“希望”或者“放任”这种危害结果发生。

2. 犯罪故意的类型

（1）直接故意，是指行为人明知自己的行为必然会或可能会发生危害社会的结果，并且希望这种结果发生的心理态度。

（2）间接故意，是指行为人明知自己的行为可能会发生危害社会的

结果，并且放任这种结果发生的心理态度。间接故意一般存在下列情形：为了追求一个犯罪目的而放任另一个危害结果的出现；为了实现某种非犯罪意图而放任另一个危害结果的出现；激情犯罪，即在突发性暴力事件中，行为人并没有明确的犯罪目标和具体的犯罪目的，一时冲动、不计后果，放任危害结果的发生。

实务应用

03. 直接故意与间接故意的区别是什么？

二者的区别如下：(1) 直接故意既可能是认识到这个结果可能会发生，也可能是认识到结果必然会发生；而间接故意只能是认识到结果有可能发生。(2) 直接故意对危害结果的出现积极追求、希望；间接故意是放任、漠不关心。

关联参见

《刑法》第 15 条、第 152 条、第 175 条、第 192 条、第 232 条、第 234 条、第 275 条、第 302 条、第 304 条、第 324 条

第十五条　【过失犯罪】 应当预见自己的行为可能发生危害社会的结果，因为疏忽大意而没有预见，或者已经预见而轻信能够避免，以致发生这种结果的，是过失犯罪。

过失犯罪，法律有规定的才负刑事责任。

条文解读

过失犯罪 ➔ 犯罪过失分为两大类：疏忽大意的过失与过于自信的过失。疏忽大意的过失，是指行为人应当预见自己的行为可能发生危害社会的结果，由于疏忽大意而没有预见，以致发生了危害社会的结果。过于自信的过失，是指行为人已经预见了自己的行为可能会发生危害社会的结果，但轻信能够避免，以致发生了危害社会的结果。

实务应用

04. 如何区分间接故意犯罪和过于自信的过失犯罪？

二者的区别在于：(1) 在认识因素方面，二者虽然都预见到行为发生危害结果的可能性，但对这种可能性是否会转化为现实性，即实际上发生危害结果的主观心态估计有所不同。后者主观上认为凭借自身能力、技术、经验或某些外界条件等实施行为时，危害结果发生的可能性不会转化为现实性；而间接故意则不存在这种错误认识。(2) 在意志因素方面，二者对危害结果的态度不同。前者对结果的发生虽然不是积极追求，但也不反对、不排斥结果的发生，是有意放任，而后者希望避免结果的发生，即反对、排斥危害结果的发生。

关联参见

《刑法》第 14 条、第 16 条

第十六条 【不可抗力和意外事件】 行为在客观上虽然造成了损害结果，但是不是出于故意或者过失，而是由于不能抗拒或者不能预见的原因所引起的，不是犯罪。

条文解读

不可抗力 不可抗力是指由于不可抗拒的原因而发生了损害结果，如自然灾害、突发事件及其他行为人无法阻挡的原因引起了损害结果。“不可抗拒”，是指不以行为人的意志为转移，行为人无法阻挡或控制损害结果的发生。如由于某种机械力量的撞击、自然灾害的阻挡、突发疾病的影响等行为人意志以外的原因，使其无法避免损害结果的发生。

意外事件 意外事件是指由于不能预见的原因引起了损害结果，即根据损害结果发生当时的主客观情况，行为人没有预见，也不可能预见会发生损害结果。“不能预见”是指根据行为人的主观情况和发生损害结果当时的客观情况，行为人不具有能够预见的条件和能力，损害结果的发生完全出乎行为人的意料之外。

由于在上述两种情况下，行为人在主观上没有故意或过失，对实际发生的损害结果没有罪过，不应当负刑事责任，因此，本条规定，由于不能抗拒或者行为人不能预见的原因造成损害结果的行为，不是犯罪。

实务应用

05. 如何区分疏忽大意的过失与意外事件？

二者的区别在于：意外事件中行为人对危害结果的发生不可能预见、也不应当预见，既没有预见能力，也没有预见义务。而疏忽大意的过失中行为人对危害结果的发生能够预见、应当预见，具有预见能力与预见义务，仅仅是由于其疏忽大意而导致了未能实际预见。

关联参见

《刑法》第 14 条、第 15 条

第十七条　【刑事责任年龄】已满十六周岁的人犯罪，应当负刑事责任。

已满十四周岁不满十六周岁的人，犯故意杀人、故意伤害致人重伤或者死亡、强奸、抢劫、贩卖毒品、放火、爆炸、投放危险物质罪的，应当负刑事责任。

已满十二周岁不满十四周岁的人，犯故意杀人、故意伤害罪，致人死亡或者以特别残忍手段致人重伤造成严重残疾，情节恶劣，经最高人民检察院核准追诉的，应当负刑事责任。

对依照前三款规定追究刑事责任的不满十八周岁的人，应当从轻或者减轻处罚。

因不满十六周岁不予刑事处罚的，责令其父母或者其他监护人加以管教；在必要的时候，依法进行专门矫治教育。

条文解读

刑事责任年龄 本条是关于刑事责任年龄的规定。本条共 5 款。第 1 款是关于实施犯罪行为的人完全负刑事责任的年龄段的规定。根据本款规定，已满 16 周岁的人实施了《刑法》中规定的任何一种犯罪都应当负刑事责任。第 2 款是关于相对负刑事责任年龄段的规定，即已满 14 周岁不满 16 周岁的人，只有实施故意杀人、故意伤害致人重伤或者死亡、强奸、抢劫、贩卖毒品、放火、爆炸、投放危险物质罪才负刑事责任。前述的 8 种罪是指犯罪行为。第 3 款是关于已满 12 周岁不满 14 周岁的人在特定情形下，经特别程序，应当负刑事责任的特殊规定。第 4 款是关于对未成年人犯罪处罚原则的规定，即对于追究刑事责任的不满 18 周岁的人犯罪，应当从轻或者减轻处罚。第 5 款是关于对因不满 16 周岁不予刑事处罚的人如何处理的规定。关于本款中的专门矫治教育，根据《预防未成年人犯罪法》第 45 条的规定："未成年人实施刑法规定的行为、因不满法定刑事责任年龄不予刑事处罚的，经专门教育指导委员会评估同意，教育行政部门会同公安机关可以决定对其进行专门矫治教育。省级人民政府应当结合本地的实际情况，至少确定一所专门学校按照分校区、分班级等方式设置专门场所，对前款规定的未成年人进行专门矫治教育。前款规定的专门场所实行闭环管理，公安机关、司法行政部门负责未成年人的矫治工作，教育行政部门承担未成年人的教育工作。"

关联参见

《最高人民法院关于贯彻宽严相济刑事政策的若干意见》第 20 条；《最高人民法院关于审理未成年人刑事案件具体应用法律若干问题的解释》第 2 条、第 4—7 条、第 12 条；《人民检察院办理未成年人刑事案件的规定》；《最高人民检察院关于"骨龄鉴定"能否作为确定刑事责任年龄证据使用的批复》

第十七条之一　【已满七十五周岁的人的刑事责任】 已满七十五周岁的人故意犯罪的，可以从轻或者减轻处罚；过失犯罪的，应当从轻或者减轻处罚。

条文解读

根据本条规定，对已满 75 周岁的老年人犯罪予以从宽处罚，体现了对老年人的特殊保护。需注意的是，已满 75 周岁的老年人故意犯罪与过失犯罪的量刑规定是不同的。已满 75 周岁的老年人故意犯罪的，可以从轻或减轻处罚，而非应当；已满 75 周岁的老年人过失犯罪的，应当从轻或减轻处罚，而非可以。

关联参见

《最高人民法院关于贯彻宽严相济刑事政策的若干意见》第 21 条

第十八条　【特殊人员的刑事责任能力】 精神病人在不能辨认或者不能控制自己行为的时候造成危害结果，经法定程序鉴定确认的，不负刑事责任，但是应当责令他的家属或者监护人严加看管和医疗；在必要的时候，由政府强制医疗。

间歇性的精神病人在精神正常的时候犯罪，应当负刑事责任。

尚未完全丧失辨认或者控制自己行为能力的精神病人犯罪的，应当负刑事责任，但是可以从轻或者减轻处罚。

醉酒的人犯罪，应当负刑事责任。

条文解读

间歇性精神病人的刑事责任，关键要看其实施犯罪行为当时是否属于精神正常状态。

醉酒的人犯罪，应当负刑事责任，通常是指生理性醉酒。若是病理性醉酒，即对酒精极度过敏的人因过敏而醉酒这种病态性醉酒，是一种比较罕见的精神病状态，可以适用精神病人的规定排除刑事责任，但必须以行为人没有故意和过失为前提。

案例指引

01. 对精神病人进行强制医疗时如何判定其是否“有继续危害社会的可能”?[①]

徐加富强制医疗案

（最高人民法院审判委员会讨论通过　2016年6月30日发布）

关键词　刑事诉讼/强制医疗/有继续危害社会可能

裁判要点

审理强制医疗案件，对被申请人或者被告人是否“有继续危害社会的可能”，应当综合被申请人或者被告人所患精神病的种类、症状，案件审理时其病情是否已经好转，以及其家属或者监护人有无严加看管和自行送医治疗的意愿和能力等情况予以判定。必要时，可以委托相关机构或者专家进行评估。

相关法条

《中华人民共和国刑法》第18条第1款

《中华人民共和国刑事诉讼法》第284条[②]

基本案情

被申请人徐加富在2007年下半年开始出现精神异常，表现为凭空闻声，认为别人在议论他，有人要杀他，紧张害怕，夜晚不睡，随时携带刀自卫，外出躲避。因未接受治疗，病情加重。2012年11月18日4时许，被申请人在其经常居住地听到有人开车来杀他，遂携带刀和榔头欲外出撞车自杀。其居住地的门卫张友发得知其出去要撞车自杀，未给其开门。被申请人见被害人张友发手持一部手机，便认为被害人要叫人

① 最高人民法院指导案例63号。

② 现为《刑事诉讼法》第302条。

来对其加害。被申请人当即用携带的刀刺杀被害人身体，用榔头击打其头部，致其当场死亡。经法医学鉴定，被害人系头部受到钝器打击，造成严重颅脑损伤死亡。

2012 年 12 月 10 日，被申请人被公安机关送往成都市第四人民医院住院治疗。2012 年 12 月 17 日，成都精卫司法鉴定所接受成都市公安局武侯区分局的委托，对被申请人进行精神疾病及刑事责任能力鉴定，同月 26 日该所出具成精司鉴所（2012）病鉴字第 105 号鉴定意见书，载明：1. 被鉴定人徐加富目前患有精神分裂症，幻觉妄想型；2. 被鉴定人徐加富 2012 年 11 月 18 日 4 时作案时无刑事责任能力。2013 年 1 月，成都市第四人民医院对被申请人的病情作出证明，证实徐加富需要继续治疗。

裁判结果

四川省武侯区人民法院于 2013 年 1 月 24 日作出（2013）武侯刑强初字第 1 号强制医疗决定书：对被申请人徐加富实施强制医疗。

裁判理由

法院生效裁判认为：本案被申请人徐加富实施了故意杀人的暴力行为后，经鉴定属于依法不负刑事责任的精神疾病人，其妄想他人欲对其加害而必须携带刀等防卫工具外出的行为，在其病症未能减轻并需继续治疗的情况下，认定其放置社会有继续危害社会的可能。成都市武侯区人民检察院提出对被申请人强制医疗的申请成立，予以支持。诉讼代理人提出了被申请人是否有继续危害社会的可能应由医疗机构作出评估，本案没有医疗机构的评估报告，对被申请人的强制医疗的证据不充分的辩护意见。法院认为，在强制医疗中如何认定被申请人是否有继续危害社会的可能，需要根据以往被申请人的行为及本案的证据进行综合判断，而医疗机构对其评估也只是对其病情痊愈的评估，法律没有赋予医疗机构对患者是否有继续危害社会可能性方面的评估权利。本案被申请人的病症是被害幻觉妄想症，经常假想要被他人杀害，外出害怕被害必带刀等防卫工具。如果不加约束治疗，被申请人不可能不外出，其外出必携带刀的行为，具有危害社会的可能，故诉讼代理人的意见不予采纳。

第十九条　【又聋又哑的人或盲人犯罪的刑事责任】 又聋又哑的人或者盲人犯罪，可以从轻、减轻或者免除处罚。

条文解读

又聋又哑是指既聋且哑，这是法定的从宽处罚情节，只聋不哑或者只哑不聋的仅仅属于酌定的从宽处罚因素；盲人是指双目失明的人。

第二十条　【正当防卫】 为了使国家、公共利益、本人或者他人的人身、财产和其他权利免受正在进行的不法侵害，而采取的制止不法侵害的行为，对不法侵害人造成损害的，属于正当防卫，不负刑事责任。

正当防卫明显超过必要限度造成重大损害的，应当负刑事责任，但是应当减轻或者免除处罚。

对正在进行行凶、杀人、抢劫、强奸、绑架以及其他严重危及人身安全的暴力犯罪，采取防卫行为，造成不法侵害人伤亡的，不属于防卫过当，不负刑事责任。

条文解读

正当防卫 ➔ 本条是关于正当防卫的规定。

1. 正当防卫的成立条件

（1）发生了不法的侵害（否则为假想防卫）；（2）不法侵害正在进行（否则就是防卫不适时，包括事前防卫或事后防卫）；（3）针对不法侵害本人实施的；（4）具有正当防卫的意图，应包括本人利益、公共利益、他人利益，既然是“利益”，就应是合法的；（5）防卫行为没有明显超限并造成重大损害。

2. 假想防卫

如果没有发生不法侵害，行为人误以为发生了不法侵害，采取了自以为是正当防卫行为的，属于假想防卫。假想防卫不属于正当防卫，通常按过失犯罪处理；如果确实没有过失的，也有按意外事件处理的。

3. 防卫过当

本条第2款规定了防卫过当，其中的“重大损害”是指过当行为造成的不法侵害人的重伤、死亡或者财产的重大损失。防卫过当构成犯罪的，应当负刑事责任，但防卫过当本身不是罪名，只是一个量刑的情节。对防卫过当的行为，应根据具体情况确定罪名，并依法应当减轻或者免除处罚。

4. 特殊防卫权

本条第3款规定了特殊防卫权，即无过当的防卫，其对象必须是严重危及人身安全的暴力性犯罪行为，而非一般的不法侵害行为。其中的“行凶”是指严重的故意伤害行为，即“行凶”至少是故意重伤害程度以上的暴力犯罪行为。比较常见的危及人身安全的暴力性犯罪行为有故意杀人、故意重伤害、强奸、抢劫等。

5. 正当防卫其他需要注意的问题

（1）为了保护非法利益而对他人的不法侵害进行还击的情况，如盗窃犯为了护住非法赃物而对抢赃者进行还击，造成抢赃者伤害的，因行为人主观上不是为了保护合法权益，不具有正当的防卫意图，因而不能认定为正当防卫行为。这种情况下应对侵害人和反击者分别追究法律责任，构成犯罪的，分别按照各自构成的犯罪处罚。

（2）互相斗殴的情况下，因双方都有加害对方的意图，目的均不正当，不能成立正当防卫。

（3）故意挑逗、刺激他人向自己发出进攻，然后借口正当防卫加害对方的，不能成立正当防卫，而是故意的违法犯罪行为。

实务应用

06. 设立防卫装置在什么情况下成立正当防卫？

设立防卫装置防卫将来的不法侵害，如果满足以下要求，成立正当防卫：一是防卫手段与不法侵害具有相当性；二是防卫手段不能侵害其他法益，如危害公共安全，由于防卫装置在不法侵害来临时才发挥作用，所以这种防卫在时间上不属于事前加害。例如，王某在自家院墙上插了碎玻璃片，小偷李某翻墙时被划伤。王某不属于事前加害，而属于正当防卫。

案例指引

02. 对轻微不法侵害直接施以暴力予以反击，能否认定为正当防卫？[①]

刘某胜与黄某甲非婚生育四名子女。2016 年 10 月 1 日晚 9 时许，被告人刘某胜与黄某甲因家庭、情感问题发生争吵，刘某胜打了黄某甲两耳光。黄某甲来到其兄长黄某乙的水果店，告知黄某乙其被刘某胜打了两耳光，让黄某乙出面调处其与刘某胜分手、孩子抚养等问题。于是黄某乙叫上在水果店聊天的被害人李某某、毛某某、陈某某，由黄某甲带领，于当晚 10 时许来到刘某胜的租住处。黄某乙质问刘某胜，双方发生争吵。黄某乙、李某某各打了坐在床上的刘某胜一耳光，刘某胜随即从被子下拿出一把菜刀砍伤黄某乙头部，黄某乙逃离现场。李某某见状欲跑，刘某胜拽住李某某，持菜刀向李某某头部连砍三刀。毛某某、陈某某、黄某甲随即上前劝阻刘某胜，毛某某、陈某某抱住刘某胜并夺下菜刀后紧随李某某跑下楼报警。经鉴定，黄某乙的伤情属于轻伤一级，李某某的伤情属于轻伤二级。

法院判决认为：正当防卫以存在现实的不法侵害为前提，对轻微不法侵害直接施以暴力予以反击，能否认定为正当防卫，应当结合具体案情评判。黄某乙、李某某各打被告人刘某胜一耳光，显属发生在一般争吵中的轻微暴力。此种情况下，刘某胜径直手持菜刀连砍他人头部，不应认定为防卫行为。

---

① 参见《涉正当防卫典型案例》（2020 年 9 月 3 日发布），刘某胜故意伤害案，载最高人民法院网 https：//www. court. gov. cn/zixun－xiangqing－251621. html，最后访问日期：2023 年 3 月 1 日。

根据《刑法》第20条第1款的规定，正当防卫是针对正在进行的不法侵害，而采取的对不法侵害人造成损害的制止行为。司法适用中，既要依法维护公民的正当防卫权利，也要注意把握界限，防止滥用防卫权，特别是针对轻微不法侵害实施致人死伤的还击行为，要根据案件具体情况，准确认定是正当防卫、防卫过当还是一般违法犯罪行为。

第一，注意把握界限，防止权利滥用。本案中，黄某乙、李某某打刘某胜耳光的行为，显属发生在一般争吵中的轻微暴力，有别于以给他人身体造成伤害为目的的攻击性不法侵害行为。因此，刘某胜因家庭婚姻情感问题矛盾激化被打了两耳光便径直手持菜刀连砍他人头部，致人轻伤的行为，没有防卫意图，属于泄愤行为，不应当认定为防卫行为。

第二，注重查明前因后果，分清是非曲直。办理涉正当防卫案件，要根据整体案情，结合社会公众的一般认知，做到依法准确认定。要坚持法理情统一，确保案件的定性处理于法有据、于理应当、于情相容，符合人民群众的公平正义观念。对于因恋爱、婚姻、家庭、邻里纠纷等民间矛盾激化或者因劳动纠纷、管理失当等原因引发的不法侵害，特别是发生在亲友之间的，要求优先选择其他制止手段，而非径直选择致人死伤的还击行为，符合人民群众的公平正义观念，契合我国文化传统。对于相关案件，在认定是否属于正当防卫以及防卫过当时，要综合案件具体情况、特别是被害方有无过错以及过错大小进行判断。本案中，刘某胜与黄某甲因家庭、情感问题发生争吵，刘某胜打了黄某甲两耳光，这是引发后续黄某乙、李某某等实施上门质问争吵行为的直接原因。换言之，本案因家庭琐事引发，且刘某胜具有重大过错。据此，法院对刘某胜致人轻伤的行为，以故意伤害罪判处其有期徒刑1年，契合公平正义观念，实现了法律效果与社会效果的有机统一。

关联参见

《最高人民法院、最高人民检察院、公安部、司法部关于依法办理家庭暴力犯罪案件的意见》第19条；《最高人民法院关于办理减刑、假释案件具体应用法律的规定》第26条；《最高人民法院、最高人民检察院、公安部关于依法惩治妨害公共交通工具安全驾驶违法犯罪行为的指导意见》第1条

第二十一条　【紧急避险】为了使国家、公共利益、本人或者他人的人身、财产和其他权利免受正在发生的危险，不得已采取的紧急避险行为，造成损害的，不负刑事责任。

紧急避险超过必要限度造成不应有的损害的，应当负刑事责任，但是应当减轻或者免除处罚。

第一款中关于避免本人危险的规定，不适用于职务上、业务上负有特定责任的人。

条文解读

紧急避险 ➲ 紧急避险是指行为人在遇到某种危险的情况下，为了防止国家、公共利益、本人或者他人的合法权益遭受损害，不得已而采取的侵犯另一个较小的合法权益，以保护较大的合法权益的行为。

紧急避险解决的是两个合法利益之间的冲突与协调问题。紧急避险的危险来源，可以是不法侵害，也可以是自然灾害、动物的袭击。在遭遇不法侵害时，如果行为人针对不法侵害人进行反击，属于正当防卫的范畴；如果为了躲避不法侵害，不得已损害第三人利益的，属于紧急避险的范畴。注意，避险行为所导致的合法权益的损害必须小于所避免的损害，如果大于或者等于所避免的损害，则属于避险过当。对避险过当，构成犯罪的，应当定罪处罚，但应当减轻或者免除处罚。

关于避免本人危险的规定，不适用于职务上、业务上负有特定责任的人。例如，消防队员在遇到火灾发生时，其职责是消灭火灾，而不是临阵脱逃；执勤的人民警察在面临罪犯的不法侵害时，也不能为了自己的利益进行紧急避险。

关联参见

《最高人民法院关于办理减刑、假释案件具体应用法律的规定》第26条

第二节　犯罪的预备、未遂和中止

第二十二条　**【犯罪预备】**为了犯罪，准备工具、制造条件的，是犯罪预备。

对于预备犯，可以比照既遂犯从轻、减轻处罚或者免除处罚。

条文解读

犯罪预备 ➜ 犯罪预备是指犯罪行为尚未着手，仍处于准备阶段，由于意志以外的原因没有发展到着手实行犯罪阶段。常见的犯罪预备行为有：准备工具；练习犯罪的手段；进行犯罪前的调查、筹集资金；排除实行犯罪的障碍；勾引共犯等。

注意，有些准备工具的行为单独构成犯罪。这主要是指行为人为实施某一犯罪而进行的准备行为，又触犯了分则条文规定的某一种行为，这个行为本身又成了实行行为。如为了抢劫而盗窃枪支、弹药的行为，就单独构成盗窃枪支、弹药罪，而不能视为抢劫罪的预备行为。此外，还存在一些看似是预备行为，实际上却是实行行为的情况。这类行为主要集中在有组织犯罪、团伙犯罪中，如组织、领导和积极参加黑社会性质组织的行为，就构成了组织、领导和积极参加黑社会性质组织罪。

犯罪预备和犯意表示的区别：犯意表示，是指以口头、书面或其他方法，将真实犯罪意图表现于外部的行为。犯罪预备和犯意表示最关键的区别在于，犯意表示没有为实行犯罪起到促进作用，只是单纯流露出犯意的行为，对《刑法》所保护的社会关系没有构成现实的威胁。而犯罪预备为实行犯罪起到了促进作用，对《刑法》所保护的社会关系构成了现实的威胁。但应注意的是，人们通过语言、文字表示出来的东西

并非都是犯意的流露，有可能本身就是一个犯罪行为。如通过语言的方式传授犯罪方法，符合《刑法》规定情形的，应定传授犯罪方法罪。

犯罪预备和实行行为的区别：犯罪预备和实行行为的区别是所实施的行为是否属于分则各条规定的犯罪行为。

关联参见

《最高人民法院、最高人民检察院关于办理组织、利用邪教组织破坏法律实施等刑事案件适用法律若干问题的解释》第5条

第二十三条　【犯罪未遂】已经着手实行犯罪，由于犯罪分子意志以外的原因而未得逞的，是犯罪未遂。

对于未遂犯，可以比照既遂犯从轻或者减轻处罚。

条文解读

犯罪未遂 ➲ 本条是关于犯罪未遂的概念及对未遂犯处罚原则的规定。

犯罪未遂的成立条件：

1. 已经着手实行犯罪（未遂犯和预备犯的区别点）。

2. 犯罪没有既遂（未遂犯和既遂犯的区别点），是指犯罪行为没有具备《刑法》分则条文所规定的某一个罪名具体犯罪构成的全部要件。

3. 由于意志以外的原因而没有既遂（未遂犯和中止犯的区别点）。犯罪分子意志以外的原因，通常指客观原因，主要有：(1) 被害人强烈的反抗；(2) 第三人强有力的阻止；(3) 自身能力的不足。但并不局限于客观因素，还包括犯罪分子基于认识错误导致犯罪未得逞的情况。例如，误把白糖当砒霜去毒人、误把死人当活人杀害、误把男人当成女人实施强奸等，这些情况下的犯罪未得逞并不是犯罪分子自愿的，而是超出犯罪分子本意的。

实务应用

07. 犯罪未遂与犯罪预备的区别是什么？

犯罪未遂与犯罪预备都没能继续犯罪，且都是因为意志以外的原因。但二者存在以下区别：犯罪预备处在预备阶段，犯罪未遂处在实行阶段。预备阶段与实行阶段的分界点是着手。因此，关键区分在于着手，着手之前是犯罪预备，着手之后是犯罪未遂。“着手”是个主客观相统一的概念，由客观上的着手行为和主观上的着手故意构成。一般情况下，二者在主客观上是一致的，行为人实施了着手行为，一般也会有相应的着手故意。因此，判断的重点是着手行为的判断，一般谈到着手时，主要是指着手行为。

案例指引

03. 数额犯中，既有既遂部分又有未遂部分，如何处罚？①

王新明合同诈骗案

（最高人民法院审判委员会讨论通过　2016年6月30日发布）

关键词　刑事/合同诈骗/数额犯/既遂/未遂

裁判要点

在数额犯中，犯罪既遂部分与未遂部分分别对应不同法定刑幅度的，应当先决定对未遂部分是否减轻处罚，确定未遂部分对应的法定刑幅度，再与既遂部分对应的法定刑幅度进行比较，选择适用处罚较重的法定刑幅度，并酌情从重处罚；二者在同一量刑幅度的，以犯罪既遂酌情从重处罚。

相关法条

《中华人民共和国刑法》第23条

基本案情

2012年7月29日，被告人王新明使用伪造的户口本、身份证，冒

① 最高人民法院指导案例62号。

充房主即王新明之父的身份，在北京市石景山区链家房地产经纪有限公司古城公园店，以出售该区古城路28号楼一处房屋为由，与被害人徐某签订房屋买卖合同，约定购房款为100万元，并当场收取徐某定金1万元。同年8月12日，王新明又收取徐某支付的购房首付款29万元，并约定余款过户后给付。后双方在办理房产过户手续时，王新明虚假身份被石景山区住建委工作人员发现，余款未取得。2013年4月23日，王新明被公安机关查获。次日，王新明的亲属将赃款退还被害人徐某，被害人徐某对王新明表示谅解。

裁判结果

北京市石景山区人民法院经审理于2013年8月23日作出（2013）石刑初字第239号刑事判决，认为被告人王新明的行为已构成合同诈骗罪，数额巨大，同时鉴于其如实供述犯罪事实，在亲属帮助下退赔全部赃款，取得了被害人的谅解，依法对其从轻处罚。公诉机关北京市石景山区人民检察院指控罪名成立，但认为数额特别巨大且系犯罪未遂有误，予以更正。遂认定被告人王新明犯合同诈骗罪，判处有期徒刑六年，并处罚金人民币六千元。宣判后，公诉机关提出抗诉，认为犯罪数额应为100万元，数额特别巨大，而原判未评价70万元未遂，仅依据既遂30万元认定犯罪数额巨大，系适用法律错误。北京市人民检察院第一分院的支持抗诉意见与此一致。王新明以原判量刑过重为由提出上诉，在法院审理过程中又申请撤回上诉。北京市第一中级人民法院经审理于2013年12月2日作出（2013）一中刑终字第4134号刑事裁定：准许上诉人王新明撤回上诉，维持原判。

裁判理由

法院生效裁判认为：王新明以非法占有为目的，冒用他人名义签订合同，其行为已构成合同诈骗罪。一审判决事实清楚，证据确实、充分，定性准确，审判程序合法，但未评价未遂70万元的犯罪事实不当，予以纠正。根据刑法及司法解释的有关规定，考虑王新明合同诈骗既遂30万元，未遂70万元但可对该部分减轻处罚，王新明如实供述犯罪事实，退赔全部赃款取得被害人的谅解等因素，原判量刑在法定刑幅度之内，且抗诉机关亦未对量刑提出异议，故应予维持。北京市石景山区人民检察院的抗诉意见及北京市人民检察院第一分院的支持抗诉意见，酌予采纳。鉴于二审期间王新明申请撤诉，撤回上诉的申请符合法律规定，故二审法院裁定依法准许撤回上诉，维持原判。

本案争议焦点是，在数额犯中犯罪既遂与未遂并存时如何量刑。最高人民法院、最高人民检察院《关于办理诈骗刑事案件具体应用法律若干问题的解释》第六条规定："诈骗既有既遂，又有未遂，分别达到不同量刑幅度的，依照处罚较重的规定处罚；达到同一量刑幅度的，以诈骗罪既遂处罚。"因此，对于数额犯中犯罪行为既遂与未遂并存且均构成犯罪的情况，在确定全案适用的法定刑幅度时，先就未遂部分进行是否减轻处罚的评价，确定未遂部分所对应的法定刑幅度，再与既遂部分对应的法定刑幅度比较，确定全案适用的法定刑幅度。如果既遂部分对应的法定刑幅度较重或者二者相同的，应当以既遂部分对应的法定刑幅度确定全案适用的法定刑幅度，将包括未遂部分在内的其他情节作为确定量刑起点的调节要素进而确定基准刑。如果未遂部分对应的法定刑幅度较重的，应当以未遂部分对应的法定刑幅度确定全案适用的法定刑幅度，将包括既遂部分在内的其他情节，连同未遂部分的未遂情节一并作为量刑起点的调节要素进而确定基准刑。

本案中，王新明的合同诈骗犯罪行为既遂部分为 30 万元，根据司法解释及北京市的具体执行标准，对应的法定刑幅度为有期徒刑三年以上十年以下；未遂部分为 70 万元，结合本案的具体情况，应当对该未遂部分减一档处罚，未遂部分法定刑幅度应为有期徒刑三年以上十年以下，与既遂部分 30 万元对应的法定刑幅度相同。因此，以合同诈骗既遂 30 万元的基本犯罪事实确定对王新明适用的法定刑幅度为有期徒刑三年以上十年以下，将未遂部分 70 万元的犯罪事实，连同其如实供述犯罪事实、退赔全部赃款、取得被害人谅解等一并作为量刑情节，故对王新明从轻处罚，判处有期徒刑六年，并处罚金人民币六千元。

关联参见

《最高人民法院、最高人民检察院、公安部关于办理盗窃油气、破坏油气设备等刑事案件适用法律若干问题的意见》第2条；《最高人民法院、最高人民检察院关于办理组织、利用邪教组织破坏法律实施等刑事案件适用法律若干问题的解释》第5条第3项；《最高人民法院、最高人民检察院、公安部关于办理电信网络诈骗等刑事案件适用法律若干问题的意见》第2条；《最高人民法院、最高人民检察院关于办理盗窃刑事案件适用法律若干问题的解释》第12条

第二十四条 【犯罪中止】在犯罪过程中，自动放弃犯罪或者自动有效地防止犯罪结果发生的，是犯罪中止。

对于中止犯，没有造成损害的，应当免除处罚；造成损害的，应当减轻处罚。

条文解读

犯罪中止 根据本款规定，犯罪中止应当同时具备以下特征：(1) 发生在犯罪过程中，所谓的“犯罪过程中”是指犯罪既遂之前的整个犯罪过程。犯罪一旦既遂，就不能再成立中止。(2) 必须是犯罪行为人自动放弃犯罪或者自动有效地防止犯罪结果的发生。“自动有效地防止犯罪结果的发生”是指犯罪人在已经着手实施犯罪后、犯罪结果发生之前主动放弃继续犯罪，并主动采取积极措施防止了犯罪结果的发生。如杀人未杀死，但造成被害人重伤，如果这时犯罪人悔悟，在完全有条件把被害人杀死的情况下，主动放弃继续犯罪并将被害人送医院抢救，避免了被害人死亡的结果，犯罪人的上述行为就构成了犯罪中止。

关联参见

《最高人民法院关于贯彻宽严相济刑事政策的若干意见》三、15

第三节　共同犯罪

第二十五条　【共同犯罪概念】 共同犯罪是指二人以上共同故意犯罪。

二人以上共同过失犯罪，不以共同犯罪论处；应当负刑事责任的，按照他们所犯的罪分别处罚。

条文解读

共同犯罪 本条是关于共同犯罪概念的规定。依据本条规定，共同犯罪的成立条件包括：

1. 有两个以上的犯罪主体。

2. 在客观方面，必须具有共同的犯罪行为，包括实行行为、帮助行为、组织行为、教唆行为、共谋行为。

3. 在主观方面，必须具有共同的犯罪故意。共同犯罪故意，是指各共同犯罪人通过意思联络，认识到他们的共同犯罪行为会发生危害社会的结果，并决意参加共同犯罪，希望或放任危害结果发生的心理状态。

两人以上共同过失犯罪，不以共同犯罪论处。

实务应用

08. 两人共同过失犯罪能构成共同犯罪吗？

根据本条规定，共同犯罪是指两人以上共同故意犯罪，两人以上共同过失犯罪，不以共同犯罪论处。例如，郑某与薛某有些矛盾，于是郑某找到谢某，想一起教训教训薛某。2007 年 6 月的一个晚上，郑某和谢某来到薛某居住的地方，对薛某一阵拳打脚踢致使薛某当场死亡。事后查明，由于薛某患有心脏病，在郑某和谢某的打击下心脏病突发，才导致死亡。本案中，郑某、谢某不构成过失致人死亡罪的共犯。由于郑某、谢某只是想教训一下薛某，并没有杀人的故意。郑某、谢某二人主观上存在过失，因此郑某和谢某分别构成过失致人死亡罪。

关联参见

《最高人民法院关于审理骗购外汇、非法买卖外汇刑事案件具体应用法律若干问题的解释》；《全国法院审理金融犯罪案件工作座谈会纪要》

第二十六条　【主犯】 组织、领导犯罪集团进行犯罪活动的或者在共同犯罪中起主要作用的，是主犯。

三人以上为共同实施犯罪而组成的较为固定的犯罪组织，是犯罪集团。

对组织、领导犯罪集团的首要分子，按照集团所犯的全部罪行处罚。

对于第三款规定以外的主犯，应当按照其所参与的或者组织、指挥的全部犯罪处罚。

条文解读

主犯 ➲ 根据本条第 1 款的规定，主犯包括两类人：一是组织、领导犯罪集团进行犯罪活动的，即组织犯罪集团，领导、策划、指挥犯罪集团成员进行犯罪活动的组织、领导者，可能是一人，也可能是数人；二是在共同犯罪中起主要作用的人。所谓“起主要作用的人”是指在共同犯罪中，出谋划策或者对发生危害结果起重要作用的人。

犯罪集团 ➲ 根据本条第 2 款的规定，犯罪集团应当具备三个条件：(1) 必须由 3 人以上组成；(2) 为了共同进行犯罪活动；(3) 有较为固定的组织形式。所谓“固定”，包括参与犯罪的人员的基本固定和犯罪组织形式的基本固定。

04. 如何认定犯罪集团?[1]

吴强等敲诈勒索、抢劫、故意伤害案

（最高人民法院审判委员会讨论通过 2022年11月29日发布）

关键词 刑事/犯罪集团/恶势力犯罪集团/公然性

裁判要点

恶势力犯罪集团是符合犯罪集团法定条件的恶势力犯罪组织。恶势力犯罪集团应当具备“为非作恶、欺压百姓”特征，其行为“造成较为恶劣的社会影响”，因而实施违法犯罪活动必然具有一定的公然性，且手段应具有较严重的强迫性、压制性。普通犯罪集团实施犯罪活动如仅为牟取不法经济利益，缺乏造成较为恶劣社会影响的意图，在行为方式的公然性、犯罪手段的强迫压制程度等方面与恶势力犯罪集团存在区别，可按犯罪集团处理，但不应认定为恶势力犯罪集团。

相关法条

《中华人民共和国刑法》第26条

基本案情

2017年2月初，被告人吴强、季少廷为牟取不法利益，与被告人曹兵共同商定，通过约熟人吃饭时“劝酒”，诱使被害人酒后驾驶机动车，而后再制造交通事故，以被害人系酒后驾驶机动车欲报警相要挟，索要他人钱财。后被告人曹静怡、李颖明知被告人吴强等人欲实施上述违法犯罪活动而积极加入。并在被告人吴强、季少廷的组织、安排下，逐步形成相对稳定、分工明确的犯罪团伙，开始实施敲诈勒索犯罪。在实施违法犯罪的过程中，为了增加人手，被告人吴强又通过被告人邵添麒将季某某、徐某某（均系未成年人，另案处理）带入敲诈勒索犯罪团伙。

2017年2月底至3月初，季某某、徐某某随被告人吴强共同居住于

---

① 最高人民法院指导案例187号。

江苏省南通市通州高新技术产业开发区的租住地，并由吴强负责二人的起居、生活及日常开销。在短时间内，快速形成以吴强为首的犯罪集团，其中吴强为该犯罪集团的首要分子，被告人季少廷及季某某、徐某某为该犯罪集团的骨干成员，被告人曹静怡、李颖、邵添麒等人为该集团的主要成员，被告人季凯文、曹立强、姜东东、曹兵以及应某某（未成年人，另案处理）、邱某某（另案处理）为该犯罪集团的积极参加者。期间，吴强纠集季少廷、曹静怡、李颖、邵添麒、曹兵以及季某某、徐某某等人，以威胁、恐吓等手段，先后五次实施敲诈勒索的犯罪行为。后吴强发现赌场内的流动资金较多，且参与赌博人员害怕处理一般不敢报警，遂又纠集季凯文、曹立强、姜东东及季某某、徐某某、应某某等人持气手枪、管制刀具、电棍等，采用暴力手段实施抢劫。

2017 年 12 月，江苏省南通市通州区人民检察院以被告人吴强等人犯抢劫罪、敲诈勒索罪，向江苏省南通市通州区人民法院提起公诉。审理中，江苏省南通市通州区人民检察院追加起诉吴强犯故意伤害罪，同时追加认定本案是以吴强为首带有恶势力性质的犯罪集团。

裁判结果

江苏省南通市通州区人民法院于 2018 年 6 月 28 日作出（2017）苏 0612 刑初 830 号刑事判决，认定被告人吴强犯抢劫罪，判处有期徒刑十二年，剥夺政治权利二年，并处罚金人民币四千元；犯敲诈勒索罪，判处有期徒刑二年，并处罚金人民币一万元；犯故意伤害罪，判处有期徒刑十个月，决定执行有期徒刑十三年六个月，剥夺政治权利二年，并处罚金人民币一万四千元。对本案其他被告人亦判处了相应刑罚。一审宣判后，被告人均未上诉，检察机关亦未抗诉。一审判决已发生法律效力。

裁判理由

法院生效裁判认为：被告人吴强、季少廷、曹静怡、李颖、邵添麒、季凯文、姜东东、曹立强、曹兵等人与另案处理的季某某、徐某某、应某某等人为共同实施犯罪而组成较为固定的犯罪组织，期间采取以暴力、威胁等手段，在一定区域内多次实施敲诈勒索、抢劫等违法犯罪活动，且在实施犯罪过程中目的明确、分工明细，严重扰乱经济、社会生活秩序，造成较为恶劣的社会影响，可以认定为犯罪集团。

被告人吴强组织、领导该犯罪集团实施一系列犯罪活动，是该犯罪集团的首要分子；被告人季少廷及季某某、徐某某等人参与谋划被告人吴强组织实施的敲诈勒索犯罪或抢劫犯罪，是该犯罪集团的骨干成员；被告人曹静怡、李颖多次积极参与该犯罪集团的敲诈勒索犯罪活动，被告人邵添麒将平时跟随其的未成年人季某某、徐某某介绍给被告人吴强，并同意让季某某、徐某某加入该犯罪集团，且其本人也亲自参与该犯罪集团的敲诈勒索犯罪活动，上述被告人是该集团的主要成员；被告人季凯文、曹立强、姜东东、曹兵以及未成年人应某某明知被告人吴强为首的犯罪集团实施违法犯罪活动，而积极参与商量、实施，上述被告人是该犯罪集团的积极参加者。对公诉机关指控本案属犯罪集团，人民法院予以支持。

被告人吴强等人实施的犯罪活动明显是为了牟取不法经济利益，但缺乏“形成非法影响、谋求强势地位”，进而造成较为恶劣社会影响的意图。在敲诈勒索犯罪中，被告人吴强等人的主要犯罪手段是约熟人吃饭，设局“劝酒”造成被害人酒后驾车，再制造交通事故，进而以报警相要挟，通过所谓的“协商”实现对被害人财物的非法占有。吴强等人在单纯“谋财”意图的支配下实施敲诈勒索、抢劫犯罪，“为非作恶，欺压百姓”的特征尚不明显，犯罪手段、行为方式与典型的恶势力犯罪集团存在明显差异，实际所侵犯的法益也基本集中在公民财产权利方面。恶势力犯罪集团是符合犯罪集团法定条件的恶势力犯罪组织，其特征表现为：有三名以上的组织成员，有明显的首要分子，重要成员较为固定，组织成员经常纠集在一起，共同故意实施三次以上恶势力惯常实施的犯罪活动或其他犯罪活动。本案被告人系单纯为牟取不法经济利益而实施违法犯罪活动，不具有“为非作恶，欺压百姓”特征，参照《最高人民法院、最高人民检察院、公安部、司法部关于办理黑恶势力犯罪案件若干问题的指导意见》中关于恶势力、恶势力犯罪集团应符合“经常纠集在一起，以暴力、威胁或者其他手段，在一定区域或者行业内多次实施违法犯罪活动，为非作恶，欺压百姓，扰乱经济、社会生活秩序，造成较为恶劣的社会影响，但尚未形成黑社会性质组织的违法犯罪组织”的认定要求，本案不能认定为恶势力犯罪集团，应按一般犯罪集团对各被告人定罪量刑。

关联参见

《最高人民法院关于审理贪污、职务侵占案件如何认定共同犯罪几个问题的解释》；《全国法院审理经济犯罪案件工作座谈会纪要》；《最高人民法院关于审理单位犯罪案件对其直接负责的主管人员和其他直接责任人员是否区分主犯、从犯问题的批复》

第二十七条　【从犯】 在共同犯罪中起次要或者辅助作用的，是从犯。

对于从犯，应当从轻、减轻处罚或者免除处罚。

条文解读

从犯 ➲ 根据本条第 1 款的规定，从犯包括两种情况：（1）在共同犯罪中起次要作用的。所谓“起次要作用的”，是指在整个共同犯罪活动中，处于从属于主犯的地位，对主犯的犯罪意图表示赞成、附和、服从，听从主犯的领导、指挥，不参与有关犯罪的决策和谋划；在实施具体犯罪中，在主犯的组织、指挥下进行某一方面的犯罪活动，情节较轻，对整个犯罪结果的发生，只起了次要的作用。（2）在共同犯罪中起辅助作用的。这种从犯实际上是帮助犯，其特点是不直接参与具体犯罪行为的实施，在共同犯罪活动中，为完成共同犯罪只起了提供物质或者精神帮助的作用，如提供作案工具、为实行犯踩点望风、指示犯罪地点和犯罪对象、消除犯罪障碍等。他们的行为对完成共同犯罪，只起了辅助作用。

认定从犯时，应当注意划清从犯与包庇犯的界限。二者的主要区别是：前者是在共同犯罪过程中，为完成共同犯罪，起了次要或者辅助作用，与主犯有共同故意；而后者是在犯罪分子实施犯罪后给予犯罪分子窝藏、窝赃等帮助的，事先与犯罪分子没有共同故意。

第二十八条　【胁从犯】 对于被胁迫参加犯罪的，应当按照他的犯罪情节减轻处罚或者免除处罚。

条文解读

胁从犯 ➲ 本条是关于对被胁迫参加犯罪的人即胁从犯处罚原则的规定。根据本条的规定，对于被胁迫参加犯罪的，应当按照他的犯罪情节减轻处罚或者免除处罚。所谓“被胁迫参加犯罪的”，是指行为人在他人对其施加精神强制，处于恐惧状态下，不敢不参加犯罪。对这种犯罪之所以应当追究刑事责任，是因为虽然他参加犯罪有违背意志、不得已的一面，但最后参加犯罪仍是由其意志决定，其人身并未受到强制，主观上仍有意志自由，只是畏于自身遭到危险。这种行为人主观上是有罪过的，因此应当负刑事责任。但其实施危害行为是在被他人威胁、强迫，精神受到强制的情况下，不得已而为之的，其人身危险性也小于未受精神强制而实施犯罪的人。因此，规定对于被胁迫参加犯罪的，应当按照他的犯罪情节减轻处罚或者免除处罚。

第二十九条　【教唆犯】 教唆他人犯罪的，应当按照他在共同犯罪中所起的作用处罚。教唆不满十八周岁的人犯罪的，应当从重处罚。

如果被教唆的人没有犯被教唆的罪，对于教唆犯，可以从轻或者减轻处罚。

条文解读

教唆犯 ➲ 教唆犯“在共同犯罪中所起的作用”，是指教唆犯罪的人教唆的方法、手段及教唆的程度，对完成共同犯罪所起的作用，即在实行所教唆的犯罪中所起的作用。由于教唆犯教唆的方法、手段及教唆的程度不同，对完成所教唆的犯罪所起的作用不同，其行为的危害程度也不同，因此，规定“应当按照他在共同犯罪中所起的作用处罚”。教唆犯在共同犯罪中起主要作用的，按主犯处罚；起次要作用的，按从犯处罚。由于未成年人经历少，思想尚未成熟，容易被教唆，教唆未成年人犯罪的行为具有更大的社会危害性，因此规定对“教唆不满十八周岁的人犯罪的，应当从重处罚”。

所谓“被教唆的人没有犯被教唆的罪”包括两种情况：一是教唆犯的教唆，对被教唆人没有起到促成犯意、实施犯罪的作用，被教唆人既没有实施教唆犯教唆的犯罪，也没有实施其他犯罪，其教唆行为没有造成直接的犯罪结果；二是被教唆人没有犯所教唆的罪，但因为受教唆而犯了其他罪。不论哪一种情况，都是教唆犯罪，应当承担刑事责任。

第四节　单位犯罪

第三十条　【单位负刑事责任的范围】公司、企业、事业单位、机关、团体实施的危害社会的行为，法律规定为单位犯罪的，应当负刑事责任。

条文解读

单位犯罪 ➲ 本条是关于单位犯罪的规定。

本条包含两层意思：(1) 单位犯罪的主体包括公司、企业、事业单位、机关、团体。(2) 上述单位实施的危害社会的行为，法律规定为单位犯罪的，应当负刑事责任。本条规定的“公司、企业、事业单位”既包括国有的公司、企业、事业单位，也包括集体所有的公司、企业、事业单位以及合资、股份制等公司、企业、事业单位。“机关”是指国家机关。“团体”主要是指人民团体和社会团体。“法律规定”是指刑法分则或者其他有关法律的规定。

实践中应注意以下问题：（1）根据《最高人民法院研究室关于企业犯罪后被合并应当如何追究刑事责任问题的答复》的规定，人民检察院起诉时该犯罪企业已被合并到一个新企业的，仍应依法追究原犯罪企业及其直接负责的主管人员和其他直接人员的刑事责任。人民法院审判时，对被告单位应列原犯罪企业名称，但注明已被并入新的企业，对被告单位所判处的罚金数额以其并入新的企业的财产及收益为限。（2）根据《最高人民检察院关于涉嫌犯罪单位被撤销、注销、吊销营业执照或者宣告破产的应如何进行追诉问题的批复》的规定，涉嫌犯罪的单位被撤销、注销、吊销营业执照或者宣告破产的，应当根据《刑法》关于单位犯罪的相关规定，对实施犯罪行为的该单位直接负责的主管人员和其他直接责任人员追究刑事责任，对该单位不再追诉。（3）根据《公安部关于村民委员会可否构成单位犯罪主体问题的批复》的规定，根据《刑法》第30条的规定，单位犯罪主体包括公司、企业、事业单位、机关、团体。按照《村民委员会组织法》第2条的规定，村民委员会是村民自我管理、自我教育、自我服务的基层群众性自治组织，不属于《刑法》第30条列举的范围。因此，对以村民委员会名义实施犯罪的，不应以单位犯罪论，可以依法追究直接负责的主管人员和其他直接责任人员的刑事责任。

实务应用

09. 单位的内部职能部门可否成为单位犯罪主体？

关于单位的内部职能部门犯罪的主体问题，在《全国法院审理金融犯罪案件工作座谈会纪要》中提出了明确的处理原则：“以单位的分支机构或者内设机构、部门的名义实施犯罪，违法所得亦归分支机构或者内设机构、部门所有的，应认定为单位犯罪。不能因为单位的分支机构或者内设机构、部门没有可供执行罚金的财产，就不将其认定为单位犯罪，而按照个人犯罪处理。”此原则无疑是正确的。因为，《刑法》之所以采用单位犯罪而非法人犯罪的概念，其立法原意在于单位的外延大于法人，既包括法人组织，也包括非法人组织，而且，也未把是否具有相对独立的财产、能否独立地承担民事责任作为认定单位犯罪的依据。不过，该纪要将“以单位的分支机构或内设机构、部门的名义”作为认定依据之一，尚不够科学、合理。如单位的分支机构或内设机构、部门，以单位的名义实施犯罪，或名义上具有隐晦性，但违法所得归分支机构或内设机构、部门所有，且为单位的领导机构或法定代表人不知情的情况下进行的，其犯罪主体同样是该分支机构、内设机构或部门。

第三十一条　【单位犯罪的处罚原则】单位犯罪的，对单位判处罚金，并对其直接负责的主管人员和其他直接责任人员判处刑罚。本法分则和其他法律另有规定的，依照规定。

条文解读

单位犯罪一般采取“双罚制”，对单位判处罚金，并对其直接负责的主管人员和直接责任人员判处刑罚。但法律有规定的，采取单罚制，此种情况下一般只处罚单位犯罪的责任人。我国《刑法》中规定的单罚制，只存在对其直接负责的主管人员和其他直接责任人员判处刑罚但不处罚单位的情形，而不存在只对单位判处罚金但不对单位直接负责的主管人员和其他直接负责人员判处刑罚的情况。比较典型的单罚制有工程重大安全事故罪、强迫劳动罪、雇用童工从事危重劳动罪、私分国有资产罪、私分罚没财物罪等。

注意，对于犯罪的单位适用刑罚时，只能适用一个刑罚种类——罚金。

所谓“直接负责的主管人员”，是指在企业事业单位、机关、团体中，对本单位实施犯罪起决定作用的、负有组织、决策、指挥责任的领导人员。单位的领导人如果没有参与单位犯罪的组织、决策、指挥，或者仅是一般参与，并不起决定作用的，则不应对单位犯罪负刑事责任。所谓“直接责任人员”，是指直接实施本单位犯罪行为或者虽对单位犯罪负有部分组织责任，但对本单位犯罪行为不起决定作用，只是具体执行、积极参与的该单位的部门负责人或者一般工作人员。

第三章 刑 罚

第一节 刑罚的种类

第三十二条 【主刑和附加刑】 刑罚分为主刑和附加刑。

条文解读

本条是关于刑罚种类的规定。根据本条的规定，刑罚分为主刑和附加刑。“主刑”是对犯罪分子进行惩罚的主要刑种。它只能独立适用，不能相互附加适用。对一个犯罪，只能判处一个主刑。“附加刑”是补充主刑惩罚罪犯的刑种。它既能附加主刑适用，又可以独立适用。

第三十三条 【主刑种类】 主刑的种类如下：

（一）管制；

（二）拘役；

（三）有期徒刑；

（四）无期徒刑；

（五）死刑。

第三十四条 【附加刑种类】 附加刑的种类如下：

（一）罚金；

（二）剥夺政治权利；

（三）没收财产。

附加刑也可以独立适用。

第三十五条 【驱逐出境】 对于犯罪的外国人，可以独立适用或者附加适用驱逐出境。

条文解读

驱逐出境 ➔ 本条是关于对犯罪的外国人适用驱逐出境的规定。对于享有外交特权和豁免权的外国人，虽然在我国境内实施了犯罪行为，但由于不能适用我国《刑法》对其定罪量刑，故不能适用驱逐出境这一刑种。对于独立适用驱逐出境的，应当从判决确定之日起执行；对于附加适用驱逐出境的，应当从主刑执行完毕之日起执行。

关联参见

《最高人民法院、最高人民检察院、公安部、外交部、司法部、财政部关于强制外国人出境的执行办法的规定》

第三十六条　【赔偿经济损失与民事优先原则】 由于犯罪行为而使被害人遭受经济损失的，对犯罪分子除依法给予刑事处罚外，并应根据情况判处赔偿经济损失。

承担民事赔偿责任的犯罪分子，同时被判处罚金，其财产不足以全部支付的，或者被判处没收财产的，应当先承担对被害人的民事赔偿责任。

第三十七条　【非刑罚性处置措施】 对于犯罪情节轻微不需要判处刑罚的，可以免予刑事处罚，但是可以根据案件的不同情况，予以训诫或者责令具结悔过、赔礼道歉、赔偿损失，或者由主管部门予以行政处罚或者行政处分。

第三十七条之一　【利用职业便利实施犯罪的禁业限制】 因利用职业便利实施犯罪，或者实施违背职业要求的特定义务的犯罪被判处刑罚的，人民法院可以根据犯罪情况和预防再犯罪的需要，禁止其自刑罚执行完毕之日或者假释之日起从事相关职业，期限为三年至五年。

被禁止从事相关职业的人违反人民法院依照前款规定作出的决定的，由公安机关依法给予处罚；情节严重的，依照本法第三百一十三条的规定定罪处罚。

其他法律、行政法规对其从事相关职业另有禁止或者限制性规定的，从其规定。

条文解读

职业禁止 本条是关于职业禁止的规定。“利用职业便利实施犯罪”，是指利用自己从事该职业所形成的管理、经手、权力、地位等便利条件实施犯罪，如犯罪分子利用职业便利实施的职务侵占犯罪等，从事证券业、银行业、保险业等人员利用职业便利实施妨害对公司、企业管理秩序罪、破坏金融管理秩序罪等。“实施违背职业要求的特定义务的犯罪”，是指违背一些特定行业、领域有关特定义务的要求，违背职业道德、职业信誉所实施的犯罪。如从事食品行业的人实施生产、销售不符合食品安全标准的食品罪，生产、销售有毒、有害食品罪；从事工程建设施工、特种安全设备生产的人违背特定的义务要求实施重大安全事故罪、责任事故罪；从事化学品生产、销售、运输或者储存的人违反有关要求实施有关环境污染事故罪、安全生产事故罪等。利用职业便利实施犯罪和实施违背职业要求的特定义务的犯罪两者之间，在范围上可能有相互覆盖、相互交叉的地方。

关联参见

《人民警察法》第 26 条；《检察官法》第 11 条；《法官法》第 10 条；《人民法院组织法》第 33 条；《驻外外交人员法》第 7 条；《教师法》第 14 条；《律师法》第 7 条

第二节　管　制

第三十八条　【管制的期限与执行机关】 管制的期限，为三个月以上二年以下。

判处管制，可以根据犯罪情况，同时禁止犯罪分子在执行期间从事特定活动，进入特定区域、场所，接触特定的人。

对判处管制的犯罪分子，依法实行社区矫正。

违反第二款规定的禁止令的，由公安机关依照《中华人民共和国治安管理处罚法》的规定处罚。

条文解读

禁止令 ➜ 本条第 2 款是关于禁止令的规定。根据本款规定，人民法院可以根据犯罪情况，在判处行为人管制的同时，作出禁止其在管制期间从事特定活动，进入特定区域、场所，接触特定的人的禁止令。人民法院作出禁止令，只涉及一个方面的事项，如只禁止行为人从事特定活动；可以同时涉及三个方面的事项，即同时禁止其从事特定活动，进入特定区域、场所，接触特定的人，具体根据案件情况和需要确定。

违反禁止令规定的，由公安机关依照《治安管理处罚法》的规定处罚。根据《治安管理处罚法》第 60 条第 4 项的规定，被依法执行管制、剥夺政治权利或者在缓刑、暂予监外执行中的罪犯或者被依法采取刑事强制措施的人，有违反法律、行政法规或者国务院有关部门的监督管理规定的行为的，处 5 日以上 10 日以下拘留，并处 200 元以上 500 元以下罚款。

社区矫正 ➜ 社区矫正是将符合法定条件的罪犯置于社区内，由有关机构在相关社会团体、民间组织和社会志愿者的协助下，在判决、裁定或决定确定的期限内，矫正其犯罪心理和行为恶习，促进其顺利回归社会的非监禁的刑事执行活动。

关联参见

《关于对判处管制、宣告缓刑的犯罪分子适用禁止令有关问题的规定（试行）》

第三十九条　【被管制罪犯的义务与权利】被判处管制的犯罪分子，在执行期间，应当遵守下列规定：

（一）遵守法律、行政法规，服从监督；

（二）未经执行机关批准，不得行使言论、出版、集会、结社、游行、示威自由的权利；

（三）按照执行机关规定报告自己的活动情况；

（四）遵守执行机关关于会客的规定；

（五）离开所居住的市、县或者迁居，应当报经执行机关批准。

对于被判处管制的犯罪分子，在劳动中应当同工同酬。

第四十条　【管制期满解除】被判处管制的犯罪分子，管制期满，执行机关应即向本人和其所在单位或者居住地的群众宣布解除管制。

第四十一条　【管制刑期的计算和折抵】管制的刑期，从判决执行之日起计算；判决执行以前先行羁押的，羁押一日折抵刑期二日。

第三节　拘　役

第四十二条　【拘役的期限】拘役的期限，为一个月以上六个月以下。

第四十三条　【拘役的执行】被判处拘役的犯罪分子，由公安机关就近执行。

在执行期间，被判处拘役的犯罪分子每月可以回家一天至两天；参加劳动的，可以酌量发给报酬。

第四十四条　【拘役刑期的计算和折抵】 拘役的刑期，从判决执行之日起计算；判决执行以前先行羁押的，羁押一日折抵刑期一日。

第四节　有期徒刑、无期徒刑

第四十五条　【有期徒刑的期限】 有期徒刑的期限，除本法第五十条、第六十九条规定外，为六个月以上十五年以下。

第四十六条　【有期徒刑与无期徒刑的执行】 被判处有期徒刑、无期徒刑的犯罪分子，在监狱或者其他执行场所执行；凡有劳动能力的，都应当参加劳动，接受教育和改造。

第四十七条　【有期徒刑刑期的计算与折抵】 有期徒刑的刑期，从判决执行之日起计算；判决执行以前先行羁押的，羁押一日折抵刑期一日。

第五节　死　刑

第四十八条　【死刑、死缓的适用对象及核准程序】 死刑只适用于罪行极其严重的犯罪分子。对于应当判处死刑的犯罪分子，如果不是必须立即执行的，可以判处死刑同时宣告缓期二年执行。

死刑除依法由最高人民法院判决的以外，都应当报请最高人民法院核准。死刑缓期执行的，可以由高级人民法院判决或者核准。

条文解读

死刑 ➲ 死刑只适用于罪行极其严重的犯罪分子。“罪行极其严重”，是指所犯罪行对国家和人民的利益危害特别严重和情节特别恶劣的。为了限制死刑的适用，本条第 1 款还规定，对于应当判处死刑的犯罪分子，如果不是必须立即执行的，可以判处死刑同时宣告缓期二年执行。死刑缓期二年执行并不是一个独立的刑种，而是死刑的一种执行方式。“不是必须立即执行”一般是指该罪犯罪行虽然极其严重，但民愤尚不特别大；犯罪分子投案自首或者有立功表现的；共同犯罪中有多名主犯，其中的首要分子或者罪行最严重的主犯已被判处死刑立即执行，其他主犯不具有立即执行必要的；被害人在犯罪发生前或者发生过程中有明显过错的等。

需要注意的是，死刑除依法由最高人民法院判决的以外，都应当报请最高人民法院核准。

关联参见

《最高人民法院关于适用〈中华人民共和国刑事诉讼法〉的解释》第423—436条

第四十九条　【死刑适用对象的限制】 犯罪的时候不满十八周岁的人和审判的时候怀孕的妇女，不适用死刑。

审判的时候已满七十五周岁的人，不适用死刑，但以特别残忍手段致人死亡的除外。

条文解读

死刑适用对象的限制 ➲ 本条是关于死刑适用对象的限制的规定。

根据本条第1款的规定，犯罪的时候不满18周岁的人和审判的时候怀孕的妇女，不适用死刑，包括死刑缓期二年执行。（1）“犯罪时不满十八周岁的”，是指实施犯罪行为时的年龄，对于犯罪时不满18周岁但审判时已满18周岁的，适用本条规定。“不满十八周岁”是决定不适用死刑的年龄界限，在司法实践中应当一律按公历年、月、日计算实足年龄。必须是过了18岁生日的第二天起，才认为已满18周岁，在此之前，则为不满18周岁。（2）“审判的时候怀孕的妇女”，是指在人民法院审判的时候被告人是怀孕的妇女，也包括审判前在羁押时已经怀孕的妇女。因此，对于犯罪的怀孕妇女，无论是在她被羁押还是受审期间怀孕的，都应视同审判时怀孕的妇女，不能适用死刑。

“审判的时候已满七十五周岁的人”，是犯罪行为人作为被告人接受人民法院审判的阶段年满 75 周岁的情况。“以特别残忍手段致人死亡”是指犯罪手段凶残、冷酷，如以肢解、残酷折磨、毁人容貌等特别残忍的手段致使被害人死亡的。

实务应用

10. 怀孕妇女在羁押期间自然流产审判时是否可以适用死刑？

根据《最高人民法院关于对怀孕妇女在羁押期间自然流产审判时是否可以适用死刑问题的批复》的规定，怀孕妇女因涉嫌犯罪在羁押期间自然流产后，又因同一事实被起诉、交付审判的，应当视为“审判的时候怀孕的妇女”，依法不适用死刑。

关联参见

《最高人民法院关于对怀孕妇女在羁押期间自然流产审判时是否可以适用死刑问题的批复》

第五十条　【死缓变更】 判处死刑缓期执行的，在死刑缓期执行期间，如果没有故意犯罪，二年期满以后，减为无期徒刑；如果确有重大立功表现，二年期满以后，减为二十五年有期徒刑；如果故意犯罪，情节恶劣的，报请最高人民法院核准后执行死刑；对于故意犯罪未执行死刑的，死刑缓期执行的期间重新计算，并报最高人民法院备案。

对被判处死刑缓期执行的累犯以及因故意杀人、强奸、抢劫、绑架、放火、爆炸、投放危险物质或者有组织的暴力性犯罪被判处死刑缓期执行的犯罪分子，人民法院根据犯罪情节等情况可以同时决定对其限制减刑。

条文解读

死缓变更 ➔ 本条是关于死缓变更的规定。“死刑缓期执行”不是独立的刑种，而是死刑的一种执行方式。被判处死刑缓期执行的罪犯存在执行死刑和不再执行死刑的两种可能性。为了正确处理判处死刑缓期执行的案件，本条第 1 款对于被判处死刑缓期执行的罪犯减刑和执行死刑的条件以及程序作了明确的规定。本条第 1 款规定的“故意犯罪”，依照《刑法》第 14 条的规定，是指明知自己的行为会发生危害社会的结果，并且希望或者放任这种结果发生，因而构成犯罪的。不包括过失犯罪。是否构成“故意犯罪”，具体要看行为人的行为是否符合《刑法》分则关于个罪犯罪构成的要件的规定。所谓“故意犯罪”，需要经人民法院审判确定。根据《刑事诉讼法》的有关规定，被判处死刑缓期执行的罪犯，在死刑缓期执行期间故意犯罪的，应当由监狱进行侦查，人民检察院提起公诉，罪犯服刑地的中级人民法院依法审判，所作的判决可以上诉、抗诉。所谓“情节恶劣”，需要结合犯罪的动机、手段、危害、造成的后果等犯罪情节，以及罪犯在缓期执行期间的改造、悔罪表现等综合确定。对于故意犯罪、情节恶劣的，在认定构成故意犯罪的判决、裁定发生法律效力后，应当层报最高人民法院核准执行死刑后，执行死刑。判处死刑缓期执行的，在死刑缓期执行期间，对于故意犯罪未执行死刑的，死刑缓期执行的期间重新计算。这里所规定的“故意犯罪未执行死刑的”，是指故意犯罪，但不属于情节恶劣，因而不执行死刑的。在这种情况下，死刑缓期执行期间重新计算，自故意犯罪的判决确定之日起计算。需要注意的是，本款规定的故意犯罪，必须发生在死刑缓期执行期间，如果发生在死刑缓期执行期满后，不适用本款规定，而应当依照《刑法》第 69 条、第 71 条有关数罪并罚的规定处理。故意犯罪发生在死刑缓期执行期间，司法机关在缓期执行期满以后发现犯罪事实的，适用本款的规定。

05. 对于因故意杀人被判处死刑缓期执行的犯罪分子，何种情况下可以对其限制减刑？[1]

王志才故意杀人案

（最高人民法院审判委员会讨论通过　2011年12月20日发布）

关键词　刑事　故意杀人罪　婚恋纠纷引发　坦白悔罪　死刑缓期执行　限制减刑

裁判要点

因恋爱、婚姻矛盾激化引发的故意杀人案件，被告人犯罪手段残忍，论罪应当判处死刑，但被告人具有坦白悔罪、积极赔偿等从轻处罚情节，同时被害人亲属要求严惩的，人民法院根据案件性质、犯罪情节、危害后果和被告人的主观恶性及人身危险性，可以依法判处被告人死刑，缓期二年执行，同时决定限制减刑，以有效化解社会矛盾，促进社会和谐。

相关法条

《中华人民共和国刑法》第五十条第二款

基本案情

被告人王志才与被害人赵某某（女，殁年26岁）在山东省潍坊市科技职业学院同学期间建立恋爱关系。2005年，王志才毕业后参加工作，赵某某考入山东省曲阜师范大学继续专升本学习。2007年赵某某毕业参加工作后，王志才与赵某某商议结婚事宜，因赵某某家人不同意，赵某某多次提出分手，但在王志才的坚持下二人继续保持联系。2008年10月9日中午，王志才在赵某某的集体宿舍再次谈及婚恋问题，因赵某某明确表示二人不可能在一起，王志才感到绝望，愤而产生杀死赵某某然后自杀的念头，即持赵某某宿舍内的一把单刃尖刀，朝赵某某

---

① 最高人民法院指导案例4号。

的颈部、胸腹部、背部连续捅刺，致其失血性休克死亡。次日8时30分许，王志才服农药自杀未遂，被公安机关抓获归案。王志才平时表现较好，归案后如实供述自己罪行，并与其亲属积极赔偿，但未与被害人亲属达成赔偿协议。

裁判结果

山东省潍坊市中级人民法院于2009年10月14日以（2009）潍刑一初字第35号刑事判决，认定被告人王志才犯故意杀人罪，判处死刑，剥夺政治权利终身。宣判后，王志才提出上诉。山东省高级人民法院于2010年6月18日以（2010）鲁刑四终字第2号刑事裁定，驳回上诉，维持原判，并依法报请最高人民法院核准。最高人民法院根据复核确认的事实，以（2010）刑三复22651920号刑事裁定，不核准被告人王志才死刑，发回山东省高级人民法院重新审判。山东省高级人民法院经依法重新审理，于2011年5月3日作出（2010）鲁刑四终字第2-1号刑事判决，以故意杀人罪改判被告人王志才死刑，缓期二年执行，剥夺政治权利终身，同时决定对其限制减刑。

裁判理由

山东省高级人民法院经重新审理认为：被告人王志才的行为已构成故意杀人罪，罪行极其严重，论罪应当判处死刑。鉴于本案系因婚恋纠纷引发，王志才求婚不成，恼怒并起意杀人，归案后坦白悔罪，积极赔偿被害方经济损失，且平时表现较好，故对其判处死刑，可不立即执行。同时考虑到王志才故意杀人手段特别残忍，被害人亲属不予谅解，要求依法从严惩处，为有效化解社会矛盾，依照《中华人民共和国刑法》第五十条第二款等规定，判处被告人王志才死刑，缓期二年执行，同时决定对其限制减刑。

关联参见

《最高人民法院关于适用〈中华人民共和国刑事诉讼法〉的解释》第497条、第499条

第五十一条　【死缓期间及减为有期徒刑的刑期计算】死刑缓期执行的期间，从判决确定之日起计算。死刑缓期执行减为有期徒刑的刑期，从死刑缓期执行期满之日起计算。

条文解读

“判决确定之日”，即判决生效之日，而不是指判决执行之日，也即判决的宣告之日。因此，罪犯在判决生效后尚未送监执行的期限应当计入 2 年考验期内；但是罪犯在判决生效前先行羁押的日期不能折抵在 2 年考验期内。死刑缓期执行减为有期徒刑的，是指对确有重大立功表现直接减为有期徒刑的，其有期徒刑的刑期从死刑缓期执行期满之日起计算。如果减刑裁定在死刑缓期执行期满以后生效，死刑缓期执行期满之日至裁定减刑之日之间相隔的时间应计入有期徒刑的刑期内，但罪犯在死缓判决生效前先行羁押的日期和缓期执行的 2 年考验期不能计入有期徒刑的期限内。

第六节　罚　金

第五十二条　【罚金数额的裁量】判处罚金，应当根据犯罪情节决定罚金数额。

第五十三条　【罚金的缴纳】罚金在判决指定的期限内一次或者分期缴纳。期满不缴纳的，强制缴纳。对于不能全部缴纳罚金的，人民法院在任何时候发现被执行人有可以执行的财产，应当随时追缴。

由于遭遇不能抗拒的灾祸等原因缴纳确实有困难的，经人民法院裁定，可以延期缴纳、酌情减少或者免除。

条文解读

罚金的缴纳 ➲ 本条是关于罚金缴纳的规定。第 1 款是关于如何缴纳罚金和追缴罚金的规定。根据本款的规定，罚金应当按照判决指定的期限缴纳，可以一次缴纳，也可以分期缴纳。人民法院在判处罚金时，应当同时指定缴纳的期限，并明确是一次缴纳还是分期缴纳。一般说来，罚金数额不多，或者罚金数额虽然较多，但缴纳并不困难的，可以限期一次缴纳；罚金数额较多，根据犯罪分子的经济状况，无力一次缴纳的，可以限定时间分期缴纳。至于罚金的缴纳期限，应当根据犯罪分子的经济状况和缴纳的可能性确定。对于犯罪分子期满不缴纳的，包括未缴纳完毕的，由人民法院强制缴纳。所谓“强制缴纳”，是指人民法院采取查封、拍卖犯罪分子的财产，冻结、扣划存款，扣留、收缴工资或者其他收入等办法，强制犯罪分子缴纳罚金。对于根据上述规定采取强制缴纳措施仍未能全部缴纳罚金的，人民法院在任何时候发现被执行人有可以执行的财产，包括主刑执行完毕后发现的，应当随时追缴。所谓“追缴”，是指人民法院对没有缴纳或者没有全部缴纳罚金的被执行人，在发现其有可供执行的财产时，予以追回上缴国库。所谓“不能抗拒的灾祸等原因”，就是通常所说的“天灾人祸”，如遭遇火灾、水灾、地震等自然灾害或者罪犯及其家属重病、伤残等，以及其他一些导致缴纳罚金确实有困难的情形。对存在这些情形的，根据本款规定，可以延期缴纳、酌情减少或者免除。需要注意的是，遭遇不能抗拒的灾祸等是延期缴纳或者减免罚金的条件，但并不是凡有上述情况都可以延期缴纳或者减免罚金。只有由于遭遇不可抗拒的灾祸等原因造成缴纳罚金确实有困难的，才可以延期缴纳、酌情减少罚金数额或者免除全部罚金。“延期缴纳”，是指期满不能缴纳或者全部缴纳的，给予一定的延长期限缴纳罚金。具体延长多长时间，由人民法院根据犯罪分子的犯罪情节、经济状况、缴纳困难原因预期消除的时间等因素确定。延期缴纳罚金、酌情减少罚金或者免除罚金，均涉及对原判决的变更，程序上应当严格。

关联参见

《最高人民法院关于适用财产刑若干问题的规定》第5条、第6条；

《最高人民法院关于刑事裁判涉财产部分执行的若干规定》；《最高人民法院关于适用〈中华人民共和国刑事诉讼法〉的解释》第524条

第七节　剥夺政治权利

第五十四条　【剥夺政治权利的含义】 剥夺政治权利是剥夺下列权利：

（一）选举权和被选举权；

（二）言论、出版、集会、结社、游行、示威自由的权利；

（三）担任国家机关职务的权利；

（四）担任国有公司、企业、事业单位和人民团体领导职务的权利。

第五十五条　【剥夺政治权利的期限】 剥夺政治权利的期限，除本法第五十七条规定外，为一年以上五年以下。

判处管制附加剥夺政治权利的，剥夺政治权利的期限与管制的期限相等，同时执行。

第五十六条　【剥夺政治权利的附加、独立适用】 对于危害国家安全的犯罪分子应当附加剥夺政治权利；对于故意杀人、强奸、放火、爆炸、投毒、抢劫等严重破坏社会秩序的犯罪分子，可以附加剥夺政治权利。

独立适用剥夺政治权利的，依照本法分则的规定。

实务应用

11. 对故意伤害、盗窃等严重破坏社会秩序的犯罪分子能否附加剥夺政治权利？

根据《最高人民法院关于对故意伤害、盗窃等严重破坏社会秩序的犯罪分子能否附加剥夺政治权利问题的批复》的规定，根据《刑法》第56条规定，对于故意杀人、强奸、放火、爆炸、投毒、抢劫等严重破坏社会秩序的犯罪分子，可以附加剥夺政治权利。对故意伤害、盗窃等其他严重破坏社会秩序的犯罪，犯罪分子主观恶性较深、犯罪情节恶劣、罪行严重的，也可以依法附加剥夺政治权利。

第五十七条 【对死刑、无期徒刑犯罪剥夺政治权利的适用】 对于被判处死刑、无期徒刑的犯罪分子，应当剥夺政治权利终身。

在死刑缓期执行减为有期徒刑或者无期徒刑减为有期徒刑的时候，应当把附加剥夺政治权利的期限改为三年以上十年以下。

实务应用

12. 在执行附加刑剥夺政治权利期间犯新罪的，应如何处理？

（1）对判处有期徒刑并处剥夺政治权利的罪犯，主刑已执行完毕，在执行附加刑剥夺政治权利期间又犯新罪，如果所犯新罪无须附加剥夺政治权利的，依照《刑法》第 71 条的规定实行数罪并罚。

（2）前罪尚未执行完毕的附加刑剥夺政治权利的刑期从新罪的主刑有期徒刑执行之日起停止计算，并依照《刑法》第 58 条规定从新罪的主刑有期徒刑执行完毕之日或者假释之日起继续计算；附加刑剥夺政治权利的效力适用于新罪的主刑执行期间。

（3）对判处有期徒刑的罪犯，主刑已执行完毕，在执行附加刑剥夺政治权利期间又犯新罪，如果所犯新罪也剥夺政治权利的，依照《刑法》第 55 条、第 57 条、第 71 条的规定并罚。

第五十八条 【剥夺政治权利的刑期计算、效力与执行】 附加剥夺政治权利的刑期，从徒刑、拘役执行完毕之日或者从假释之日起计算；剥夺政治权利的效力当然施用于主刑执行期间。

被剥夺政治权利的犯罪分子，在执行期间，应当遵守法律、行政法规和国务院公安部门有关监督管理的规定，服从监督；不得行使本法第五十四条规定的各项权利。

条文解读

本条是关于附加剥夺政治权利的刑期如何计算和被剥夺政治权利的犯罪分子应当遵守的管理规定的规定。依据本条规定，在有期徒刑、拘役执行期间，政治权利依然被剥夺，但不计算在剥夺政治权利刑期期限之内。如果主刑在执行期间被假释的，剥夺政治权利的刑期应当从假释之日起算，而不是假释期满之日起算。

第八节　没收财产

第五十九条　【没收财产的范围】没收财产是没收犯罪分子个人所有财产的一部或者全部。没收全部财产的，应当对犯罪分子个人及其扶养的家属保留必需的生活费用。

在判处没收财产的时候，不得没收属于犯罪分子家属所有或者应有的财产。

条文解读

没收财产 ➜ 本条第 1 款是关于如何适用没收财产刑的规定。根据该款的规定，没收财产，是指司法机关依据《刑法》的有关规定，将犯罪分子个人所有财产的一部分或者全部强制无偿地收归国家所有。没收财产是我国《刑法》所规定的一种刑罚，属于附加刑，只有《刑法》分则中明确规定没收财产的犯罪，才能适用这种刑罚。没收财产一般适用于严重的犯罪，如危害国家安全罪，生产、销售伪劣商品罪，破坏金融秩序罪，金融诈骗罪，危害税收罪，贪污罪，受贿罪，绑架罪等都有关于没收财产的规定。

本条第 2 款是关于不得没收属于犯罪分子家属所有或应有的财产的规定。属于犯罪分子家属的财产，是指属于与犯罪分子共同生活的家庭成员个人所有的财产和在家庭共有财产中应当占有的份额。只要依法确定属于犯罪分子家属所有的财产，就不能予以没收。

第六十条　【以没收的财产偿还债务】没收财产以前犯罪分子所负的正当债务，需要以没收的财产偿还的，经债权人请求，应当偿还。

条文解读

正当债务➲本条所说的犯罪分子所负的正当债务，是指承担的合法债务，如犯罪分子在犯罪前与他人（包括单位）因为合法的租赁、买卖、借贷、承包等关系所产生的正当债务。因违法行为所负的债务，如因赌博所欠的赌债等，不属于正当债务。

对于犯罪分子在没收财产以前所负的正当债务，如果需要以没收的财产予以偿还的，经债权人申请，应当偿还。根据本条规定，以没收的财产偿还犯罪分子在没收财产以前所负的正当债务的条件有四个：(1) 犯罪分子所负债务属于正当债务。(2) 犯罪分子所负债务产生于人民法院没收其财产以前。(3) 需要以没收的财产偿还。如果犯罪分子还有其他财产可用以偿还债务，而不是必须以被没收的财产偿还的，不应适用本条。(4) 债权人提出申请。人民法院接到债权人的申请后，经审查属实且属于正当债务的，应当予以偿还。

第四章　刑罚的具体运用

第一节　量　刑

第六十一条　【量刑的一般原则】对于犯罪分子决定刑罚的时候，应当根据犯罪的事实、犯罪的性质、情节和对于社会的危害程度，依照本法的有关规定判处。

第六十二条　【从重处罚与从轻处罚】犯罪分子具有本法规定的从重处罚、从轻处罚情节的，应当在法定刑的限度以内判处刑罚。

第六十三条　【减轻处罚】犯罪分子具有本法规定的减轻处罚情节的，应当在法定刑以下判处刑罚；本法规定有数个量刑幅度的，应当在法定量刑幅度的下一个量刑幅度内判处刑罚。

犯罪分子虽然不具有本法规定的减轻处罚情节，但是根据案件的特殊情况，经最高人民法院核准，也可以在法定刑以下判处刑罚。

条文解读

减轻处罚 ➲ “减轻处罚”，是指在法定最低刑以下判处刑罚。“在法定刑以下判处刑罚”，是指在法定量刑幅度的最低刑以下判处刑罚。《刑法》分则中规定的“处十年以上有期徒刑、无期徒刑或者死刑”，是一个量刑幅度，而不是“十年以上有期徒刑”“无期徒刑”和“死刑”三个量刑幅度。

我国《刑法》规定的减轻处罚的情节有：预备犯、未遂犯、中止犯、从犯、胁从犯，犯罪后自首、立功，未成年人犯罪等。减轻处罚的情节包括两类：一类是应当予以减轻处罚的，另一类是可以予以减轻处罚的。

第六十四条　【犯罪物品的处理】犯罪分子违法所得的一切财物，应当予以追缴或者责令退赔；对被害人的合法财产，应当及时返还；违禁品和供犯罪所用的本人财物，应当予以没收。没收的财物和罚金，一律上缴国库，不得挪用和自行处理。

条文解读

本条是关于追缴违法所得，没收供犯罪所用的本人财物的规定。本条的主要内容有以下几个方面：(1) 犯罪分子违法所得的一切财物，应当予以追缴或者责令退赔。(2) 对于追缴和退赔的违法所得，如果是属于被害人的合法财物，应当及时返还。(3) 对于违禁品和供犯罪所用的本人财物，应当没收。(4) 对于依法没收的财物和罚金，一律上缴国库，不得私自挪用或者自行处理。

实务应用

13. 被告人亲属主动为被告人退缴赃款应如何处理？

(1) 被告人是成年人，其违法所得都由自己挥霍，无法追缴的，应责令被告人退赔，其家属没有代为退赔的义务。被告人在家庭共同财产中有其个人应有部分的，只能在其个人应有部分的范围内，责令被告人退赔。(2) 如果被告人的违法所得有一部分用于家庭日常生活，对这部分违法所得，被告人和家属均有退赔义务。(3) 如果被告人对责令其本人退赔的违法所得已无实际上的退赔能力，但其亲属应被告人的请求，或者主动提出并征得被告人的同意，自愿代被告人退赔部分或者全部违法所得的，法院也可考虑其具体情况，收下其亲属自愿代被告人退赔的款项，并视为被告人主动退赔的款项。(4) 属于以上三种情况，已作了退赔的，均可视为被告人退赃态度较好，可以依法适当从宽处罚。(5) 如果被告人的罪行应当判处死刑，并必须执行，属于以上第 1、2 两种情况的，法院可以接收退赔的款项；属于以上第 3 种情况的，其亲属自愿代为退赔的款项，法院不应接收。

第二节　累　犯

第六十五条　【一般累犯】 被判处有期徒刑以上刑罚的犯罪分子，刑罚执行完毕或者赦免以后，在五年以内再犯应当判处有期徒刑以上刑罚之罪的，是累犯，应当从重处罚，但是过失犯罪和不满十八周岁的人犯罪的除外。

前款规定的期限，对于被假释的犯罪分子，从假释期满之日起计算。

条文解读

一般累犯 ➲ 本条是关于一般累犯的规定。

根据本条的规定，一般累犯的成立条件为：(1) 前后两罪都是故意犯罪。累犯不包括过失犯罪，前后罪中如果有一个罪是过失犯罪，就不符合累犯的条件。(2) 前后两罪都是被判处有期徒刑以上刑罚的犯罪。(3) 后罪发生在前罪的刑罚执行完毕或者赦免以后 5 年之内。“刑罚执行完毕”应是指有期徒刑以上的刑罚执行完毕。对于被假释的犯罪分子，应从假释期满之日起计算。(4) 犯罪分子在犯前罪和后罪时必须都是年满 18 周岁以上的人。如果犯前罪时是不满 18 周岁的未成年人，即使犯后罪时年满 18 周岁，也不可以将未满 18 周岁时所犯的前罪与后罪一起计算，构成累犯。

对于累犯，应当从重处罚，不适用缓刑、假释。

关联参见

《最高人民法院关于〈中华人民共和国刑法修正案（八）〉时间效力问题的解释》第 3 条；《最高人民检察院关于认定累犯如何确定刑罚执行完毕以后“五年以内”起始日期的批复》

第六十六条　【特别累犯】 危害国家安全犯罪、恐怖活动犯罪、黑社会性质的组织犯罪的犯罪分子，在刑罚执行完毕或者赦免以后，在任何时候再犯上述任一类罪的，都以累犯论处。

条文解读

特别累犯 ➲ 本条是关于特别累犯的规定。

根据本条的规定，认定特别累犯，须注意以下三个特点：(1) 犯罪分子所犯的前罪和后罪都是危害国家安全犯罪、恐怖活动犯罪、黑社会性质的组织犯罪。(2) 不受《刑法》第 65 条关于构成累犯的前罪和后罪都应是“判处有期徒刑以上刑罚”的条件限制。（3）不受《刑法》第65条关于构成累犯应在“刑罚执行完毕或者赦免以后，在五年以内再犯”的条件限制。

关联参见

《刑法》第65条；《最高人民法院关于〈中华人民共和国刑法修正案（八）〉时间效力问题的解释》第3条

第三节　自首和立功

第六十七条　【自首和坦白】 犯罪以后自动投案，如实供述自己的罪行的，是自首。对于自首的犯罪分子，可以从轻或者减轻处罚。其中，犯罪较轻的，可以免除处罚。

被采取强制措施的犯罪嫌疑人、被告人和正在服刑的罪犯，如实供述司法机关还未掌握的本人其他罪行的，以自首论。

犯罪嫌疑人虽不具有前两款规定的自首情节，但是如实供述自己罪行的，可以从轻处罚；因其如实供述自己罪行，避免特别严重后果发生的，可以减轻处罚。

条文解读

自首 ➜ 自首必须符合下列条件：

1. 犯罪以后自动投案。所谓自动投案，是指犯罪分子犯罪以后，犯罪事实未被司法机关发现以前；或者犯罪事实虽被发现，但不知何人所为；或者犯罪事实和犯罪分子均已被发现，但是尚未受到司法机关的传唤、讯问或者尚未采取强制措施之前，主动到司法机关或者所在单位、基层组织等投案，接受审查和追诉的。这里的司法机关应指所有的司法机关。实践中，犯罪分子犯罪后逃到异地，又向异地的司法机关投案的，以及犯罪分子因患病、身受重伤，委托他人先行代为投案的，都属于自动投案。对于犯罪嫌疑人实施犯罪后潜逃至异地，其罪行尚未被异地司法机关发觉，仅因形迹可疑，被异地司法机关留置盘问、教育后，主动交代自己罪行的，应当视为自动投案。有的犯罪嫌疑人在投案的途中被捕获，只要查证属实的，也属于投案。有的犯罪嫌疑人投案并非完全出于自己的主动，而是经亲友劝告，由亲友送去投案，对于这些情形也应认定为自动投案。自动投案的实质是犯罪分子自愿把自己交给司法机关处理，因此有的犯罪分子投案后又逃跑的，不能认定为自动投案。

2. 如实供述自己的罪行。如实供述自己的罪行，是指犯罪分子投案以后，对于自己所犯的罪行，不管司法机关是否掌握，都必须如实地全部向司法机关供述，不能有所隐瞒。至于有些细节或者情节，犯罪分子记不清楚或者确实无法说清楚的，不能认为是隐瞒。只要基本的犯罪事实和主要情节说清楚，就应当认为属于如实供述自己的罪行。如果犯罪分子避重就轻或者只供述一部分，还保留一部分，企图蒙混过关，就不能认为是如实供述自己的罪行。对于共同犯罪中的犯罪分子不仅应供述自己的犯罪行为，还应供述与其共同实施犯罪的其他共犯的共同犯罪事实。实践中，有的犯罪嫌疑人自动投案并如实供述自己罪行后又翻供，对于这种情况如何认定，1998 年《最高人民法院关于处理自首和立功具体应用法律若干问题的解释》第 1 条规定，犯罪嫌疑人自动投案并如实供述自己的罪行后又翻供的，不能认定为自首，但在一审判决前又能如实供述的，应当认定为自首。

必须同时具备以下条件的，才能以自首论：

1. 以自首论的对象有以下三种人：已经被司法机关采取强制措施的犯罪嫌疑人、被告人和正在服刑的罪犯。这里的“强制措施”，是指我国《刑事诉讼法》规定的拘传、拘留、取保候审、监视居住、逮捕。“正在服刑”是指已经经过人民法院判决，正在执行刑罚的罪犯。

2. 如实供述的内容是司法机关还未掌握的本人其他罪行。这里所说的司法机关还未掌握的本人其他罪行，是指司法机关根本不知道、还未掌握犯罪嫌疑人、被告人和正在服刑的罪犯的其他罪行，是司法机关正在追查或已经追究的行为人所犯罪行以外的其他犯罪行为。例如，司法机关正在对行为人的盗窃行为进行侦查，该犯罪嫌疑人又如实交代了司法机关尚未掌握的抢劫罪行。对于共同犯罪来说，如实供述司法机关尚未掌握的他人的犯罪，不属于这种情况，但是如果这种行为符合立功条件的，应当按照《刑法》关于立功的规定处理。根据本款规定，只要符合上述条件，应当以自首论。按照本条第1款规定的原则处罚。应当注意的是，实践中，有的被告人自首后，对自己行为的性质进行辩解，这种情况不影响自首的成立。

关联参见

《最高人民法院关于处理自首和立功具体应用法律若干问题的解释》第1—4条；《最高人民法院关于处理自首和立功若干具体问题的意见》一至三；《最高人民法院、最高人民检察院关于办理职务犯罪案件认定自首、立功等量刑情节若干问题的意见》一；《最高人民法院、最高人民检察院关于办理行贿刑事案件具体应用法律若干问题的解释》第8条；《最高人民法院关于〈中华人民共和国刑法修正案（八）〉时间效力问题的解释》第4条；《最高人民法院关于被告人对行为性质的辩解是否影响自首成立问题的批复》；《最高人民法院关于适用刑法时间效力规定若干问题的解释》第4条；《最高人民法院、最高人民检察院、海关总署关于办理走私刑事案件适用法律若干问题的意见》第21条

第六十八条　【立功】犯罪分子有揭发他人犯罪行为，查证属实的，或者提供重要线索，从而得以侦破其他案件等立功表现的，可以从轻或者减轻处罚；有重大立功表现的，可以减轻或者免除处罚。

条文解读

立功 ➲ 根据本条规定，对于有立功表现的犯罪分子，可以从轻或

者减轻处罚；对于有重大立功表现的，可以减轻或者免除处罚。所谓重大立功表现，是相对于一般立功表现而言的，主要是指：（1）犯罪分子有检举、揭发他人重大犯罪行为，经查证属实的；如果是共同犯罪案件的犯罪分子到案后，揭发同案犯共同犯罪事实的，可以酌情予以从轻处罚；（2）提供侦破其他重大案件的重要线索，经查证属实；（3）阻止他人重大犯罪活动；（4）协助司法机关抓捕其他重大犯罪嫌疑人（包括同案犯）；（5）对国家和社会有其他重大贡献等表现的。以上有关“重大犯罪”“重大案件”“重大犯罪嫌疑人”的标准，一般是指犯罪嫌疑人、被告人可能被判处无期徒刑以上刑罚或者案件在本省、自治区、直辖市或者全国范围内有较大影响等情形。

关联参见

《最高人民法院关于处理自首和立功具体应用法律若干问题的解释》第5—7条；《最高人民法院关于处理自首和立功若干具体问题的意见》四至六；《最高人民法院、最高人民检察院关于办理行贿刑事案件具体应用法律若干问题的解释》第7条；《最高人民法院关于〈中华人民共和国刑法修正案（八）〉时间效力问题的解释》第5条；《最高人民法院关于适用刑法时间效力规定若干问题的解释》第5条

第四节　数罪并罚

第六十九条　【数罪并罚的一般原则】 判决宣告以前一人犯数罪的，除判处死刑和无期徒刑的以外，应当在总和刑期以下、数刑中最高刑期以上，酌情决定执行的刑期，但是管制最高不能超过三年，拘役最高不能超过一年，有期徒刑总和刑期不满三十五年的，最高不能超过二十年，总和刑期在三十五年以上的，最高不能超过二十五年。

数罪中有判处有期徒刑和拘役的，执行有期徒刑。数罪中有判处有期徒刑和管制，或者拘役和管制的，有期徒刑、拘役执行完毕

后，管制仍须执行。

数罪中有判处附加刑的，附加刑仍须执行，其中附加刑种类相同的，合并执行，种类不同的，分别执行。

第七十条　【判决宣告后发现漏罪的并罚】 判决宣告以后，刑罚执行完毕以前，发现被判刑的犯罪分子在判决宣告以前还有其他罪没有判决的，应当对新发现的罪作出判决，把前后两个判决所判处的刑罚，依照本法第六十九条的规定，决定执行的刑罚。已经执行的刑期，应当计算在新判决决定的刑期以内。

条文解读

漏罪并罚 ➲ 本条是关于漏罪并罚的规定。

根据本条规定，在判决宣告以后，刑罚执行完毕以前，发现有漏罪没有判决的，应当对新发现的罪作出判决，再把前后两个或几个判决所判处的刑罚相加，按照《刑法》第69条规定的数罪并罚的原则，决定应执行的刑罚，然后再减去罪犯已经执行的刑期，剩余的刑期就是罪犯应当继续执行的刑期。

本条中所说的“其他罪”，是指漏罪。漏罪发现的时间，必须是在判决宣告以后，刑罚执行完毕以前，即指犯罪分子在服刑期间。发现的漏罪必须是司法机关判决宣告之前已经发生的犯罪，不是判决以后新犯的罪。这里所说的发现，是指通过司法机关侦查、他人揭发或犯罪分子自首等途径发现犯罪分子还有其他罪行。所说的“两个判决判处的刑罚”，是指已经交付执行的判决确定的执行刑期和对犯罪分子在原判决宣告之前的漏罪所判处的刑期。“已经执行的刑期，应当计算在新判决决定的刑期以内”，是指重新判决决定执行的刑期应当包括犯罪分子已经执行的刑期。

实务应用

14. 判决宣告后又发现被判刑的犯罪分子的同种漏罪是否实行数罪并罚？

在人民法院的判决宣告并已发生法律效力以后，刑罚还没有执行完毕以前，发现被判刑的犯罪分子在判决宣告以前还有其他罪没有判决的，不论新发现的罪与原判决的罪是否属于同种罪，都应当依照《刑法》第69条的规定实行数罪并罚。但如果在第一审人民法院的判决宣告以后，被告人提出上诉或者人民检察院提出抗诉，判决尚未发生法律效力的，第二审人民法院在审理期间，发现原审被告人在第一审判决宣告以前还有同种漏罪没有判决的，第二审人民法院应当依照《刑事诉讼法》第263条第3项的规定，裁定撤销原判，发回原审人民法院重新审判，第一审人民法院重新审判时，不适用《刑法》关于数罪并罚的规定。

第七十一条　【判决宣告后又犯新罪的并罚】 判决宣告以后，刑罚执行完毕以前，被判刑的犯罪分子又犯罪的，应当对新犯的罪作出判决，把前罪没有执行的刑罚和后罪所判处的刑罚，依照本法第六十九条的规定，决定执行的刑罚。

条文解读

新罪并罚 ➲ 本条是关于犯罪分子在刑罚执行的过程中又犯新罪的，应当如何数罪并罚的规定。依照本条规定：

1. 在刑罚执行期间又犯新罪（在判决宣告以后刑罚执行期间的犯罪）的，采取“先减后并”的方法。上条“漏罪”并罚是在并过之后再扣除已经执行的部分；而本条的“新罪”并罚是先扣除已执行的部分之后，再合并刑期，所以称为“先减后并”。

2. 对判处有期徒刑的罪犯，主刑已经执行完毕，在执行附加刑剥夺政治权利期间又重新犯罪，如果所犯新罪无须判处附加剥夺政治权利的，应当按照《刑法》的规定，在被告人所犯新罪作出判决时，将新罪所判处的刑罚和前罪没有执行完毕的剥夺政治权利附加刑，按照数罪并罚原则，决定执行的刑罚。注意，刑罚执行期间既发现有漏罪又有新罪如何并罚，也就是说，在本罪的刑罚执行过程中，罪犯犯新罪的同时又发现有漏罪的情形。这种情况一般采取“先旧后新”的方法。先将漏罪与原判决的罪，根据《刑法》第70条“先并后减”的方法进行并罚，然后再将新罪的刑罚与前一并罚判决所确定之执行刑的尚未执行完毕的部分，根据《刑法》第71条“先减后并”的方法进行并罚。

第五节　缓　刑

第七十二条　【缓刑的适用条件】 对于被判处拘役、三年以下有期徒刑的犯罪分子，同时符合下列条件的，可以宣告缓刑，对其中不满十八周岁的人、怀孕的妇女和已满七十五周岁的人，应当宣告缓刑：

（一）犯罪情节较轻；

（二）有悔罪表现；

（三）没有再犯罪的危险；

（四）宣告缓刑对所居住社区没有重大不良影响。

宣告缓刑，可以根据犯罪情况，同时禁止犯罪分子在缓刑考验期限内从事特定活动，进入特定区域、场所，接触特定的人。

被宣告缓刑的犯罪分子，如果被判处附加刑，附加刑仍须执行。

条文解读

缓刑的适用条件 ➲ 根据本条规定，适用缓刑的前提有两个：一是适用缓刑的对象，必须是被判处拘役、3年以下有期徒刑的特定的犯罪分子。二是同时符合犯罪情节较轻、有悔罪表现、没有再犯罪的危险以及宣告缓刑对所居住社区没有重大不良影响四项条件。

实务应用

15. 对数罪并罚决定执行刑期为3年以下有期徒刑的犯罪分子能否适用缓刑?

根据《最高人民检察院法律政策研究室关于对数罪并罚决定执行刑期为3年以下有期徒刑的犯罪分子能否适用缓刑问题的复函》的规定，根据《刑法》第72条的规定，可以适用缓刑的对象是被判处拘役、3年以下有期徒刑的犯罪分子；条件是根据犯罪分子的犯罪情节和悔罪表现，适用缓刑确实不致再危害社会。对于判决宣告以前犯数罪的犯罪分子，只要判决执行的刑罚为拘役、3年以下有期徒刑，且符合根据犯罪分子的犯罪情节和悔罪表现，适用缓刑确实不致再危害社会的案件，依法可以适用缓刑。对于数罪并罚决定执行刑期3年以下有期徒刑的犯罪分子，根据以上复函的规定，只要最终的宣告刑为拘役、3年以下有期徒刑即符合缓刑的条件。即使数罪各个所判的刑罚总和可能超过3年，但是只要数罪并罚后最终宣判的刑期为3年以下有期徒刑即可。

关联参见

《最高人民法院关于审理未成年人刑事案件具体应用法律若干问题的解释》第16条

第七十三条　【缓刑的考验期限】拘役的缓刑考验期限为原判刑期以上一年以下，但是不能少于二个月。

有期徒刑的缓刑考验期限为原判刑期以上五年以下，但是不能少于一年。

缓刑考验期限，从判决确定之日起计算。

第七十四条　【累犯不适用缓刑】对于累犯和犯罪集团的首要分子，不适用缓刑。

第七十五条　【缓刑犯应遵守的规定】被宣告缓刑的犯罪分子，应当遵守下列规定：

（一）遵守法律、行政法规，服从监督；

（二）按照考察机关的规定报告自己的活动情况；

（三）遵守考察机关关于会客的规定；

（四）离开所居住的市、县或者迁居，应当报经考察机关批准。

第七十六条　【缓刑的考验及其积极后果】对宣告缓刑的犯罪分子，在缓刑考验期限内，依法实行社区矫正，如果没有本法第七十七条规定的情形，缓刑考验期满，原判的刑罚就不再执行，并公开予以宣告。

条文解读

只要被宣告缓刑的犯罪分子在缓刑考验期限内犯新罪或者发现判决宣告以前还有其他罪没有判决的，就应当撤销缓刑，然后对新犯的罪和发现的漏罪作出判决，依照《刑法》第 69 条数罪并罚的规定，决定执行的刑罚。根据《刑法》第 73 条的规定，缓刑考验期限从判决确定之日起计算。所谓判决确定之日就是指判决生效之日。这里所说的在考验期限内又犯新罪，是指缓刑犯在缓刑考验期限内又实施了新的犯罪行为的。所说的发现判决宣告以前还有其他罪没有判决的，是指对犯罪分子宣告缓刑后，发现有漏罪没有判决的情况。

第七十七条　【缓刑的撤销及其处理】被宣告缓刑的犯罪分子，在缓刑考验期限内犯新罪或者发现判决宣告以前还有其他罪没有判决的，应当撤销缓刑，对新犯的罪或者新发现的罪作出判决，把前罪和后罪所判处的刑罚，依照本法第六十九条的规定，决定执行的刑罚。

被宣告缓刑的犯罪分子，在缓刑考验期限内，违反法律、行政法规或者国务院有关部门关于缓刑的监督管理规定，或者违反人民法院判决中的禁止令，情节严重的，应当撤销缓刑，执行原判刑罚。

第六节　减　刑

第七十八条　【减刑条件与限度】被判处管制、拘役、有期徒刑、无期徒刑的犯罪分子，在执行期间，如果认真遵守监规，接受教育改造，确有悔改表现的，或者有立功表现的，可以减刑；有下列重大立功表现之一的，应当减刑：

（一）阻止他人重大犯罪活动的；

（二）检举监狱内外重大犯罪活动，经查证属实的；

（三）有发明创造或者重大技术革新的；

（四）在日常生产、生活中舍己救人的；

（五）在抗御自然灾害或者排除重大事故中，有突出表现的；

（六）对国家和社会有其他重大贡献的。

减刑以后实际执行的刑期不能少于下列期限：

（一）判处管制、拘役、有期徒刑的，不能少于原判刑期的二分之一；

（二）判处无期徒刑的，不能少于十三年；

（三）人民法院依照本法第五十条第二款规定限制减刑的死刑缓期执行的犯罪分子，缓期执行期满后依法减为无期徒刑的，不能少于二十五年，缓期执行期满后依法减为二十五年有期徒刑的，不能少于二十年。

条文解读

减刑条件与限度 ➲ “遵守监规，接受教育改造，确有悔改表现的”，是指在服刑期间积极参加政治、文化、技术学习，积极参加生产劳动，完成或者超额完成生产任务，认罪服法等。“确有悔改表现”是指同时具备以下条件：（1）认罪悔罪；（2）遵守法律法规及监规，接受教育改造；（3）积极参加思想、文化、职业技术教育；（4）积极参加劳动，努力完成劳动任务。对职务犯罪、破坏金融管理秩序和金融诈骗犯罪、组织（领导、参加、包庇、纵容）黑社会性质组织犯罪等罪犯，不积极退赃、协助追缴赃款赃物、赔偿损失，或者服刑期间利用个人影响力和社会关系等不正当手段意图获得减刑、假释的，不认定其“确有悔改表现”。罪犯在刑罚执行期间的申诉权利应当依法保护，对其正当申诉不能不加分析地认为是不认罪悔罪。

“立功表现”主要是指以下情形：(1) 阻止他人实施犯罪活动的；(2) 检举、揭发监狱内外犯罪活动，或者提供重要的破案线索，经查证属实的；(3) 协助司法机关抓捕其他犯罪嫌疑人的；(4) 在生产、科研中进行技术革新，成绩突出的；(5) 在抗御自然灾害或者排除重大事故中，表现积极的；(6) 对国家和社会有其他较大贡献的。“重大立功表现”主要指以下情形：(1) 阻止他人实施重大犯罪活动的；(2) 检举监狱内外重大犯罪活动，经查证属实的；(3) 协助司法机关抓捕其他重大犯罪嫌疑人的；(4) 有发明创造或者重大技术革新的；(5) 在日常生产、生活中舍己救人的；(6) 在抗御自然灾害或者排除重大事故中，有突出表现的；(7) 对国家和社会有其他重大贡献的。第 (4) 项中的发明创造或者重大技术革新应当是罪犯在刑罚执行期间独立或者为主完成并经国家主管部门确认的发明专利，且不包括实用新型专利和外观设计专利；第 (7) 项中的其他重大贡献应当由罪犯在刑罚执行期间独立或者为主完成，并经国家主管部门确认。

关联参见

《人民检察院办理减刑、假释案件规定》第 2—8 条；《最高人民法院关于办理减刑、假释案件具体应用法律的规定》

第七十九条　【减刑程序】 对于犯罪分子的减刑，由执行机关向中级以上人民法院提出减刑建议书。人民法院应当组成合议庭进行审理，对确有悔改或者立功事实的，裁定予以减刑。非经法定程序不得减刑。

条文解读

减刑程序 ➔ 对犯罪分子的减刑和假释，都是由执行机关提出减刑或者假释建议，并且由中级以上人民法院审理减刑案件。具体而言，根据有关司法解释的规定，死缓犯的减刑、无期徒刑犯的减刑与假释，应当由罪犯服刑地的高级人民法院审理；而有期徒刑犯的减刑与假释、拘役犯、管制犯、缓刑犯的减刑，则应当由罪犯服刑地的中级人民法院审理。

第八十条　【无期徒刑减刑的刑期计算】无期徒刑减为有期徒刑的刑期，从裁定减刑之日起计算。

条文解读

本条是关于无期徒刑减为有期徒刑的刑期从何时起计算的规定。根据本条规定，被判处无期徒刑的犯罪分子，裁定减为有期徒刑，其有期徒刑的服刑日期，应当从人民法院裁定减刑之日起计算。裁定减刑之日，即减刑裁定发生法律效力之日。裁定减刑前罪犯的服刑期间不得计入有期徒刑的刑期之内。

第七节　假　释

第八十一条　【假释的适用条件】被判处有期徒刑的犯罪分子，执行原判刑期二分之一以上，被判处无期徒刑的犯罪分子，实际执行十三年以上，如果认真遵守监规，接受教育改造，确有悔改表现，没有再犯罪的危险的，可以假释。如果有特殊情况，经最高人民法院核准，可以不受上述执行刑期的限制。

对累犯以及因故意杀人、强奸、抢劫、绑架、放火、爆炸、投放危险物质或者有组织的暴力性犯罪被判处十年以上有期徒刑、无期徒刑的犯罪分子，不得假释。

对犯罪分子决定假释时，应当考虑其假释后对所居住社区的影响。

条文解读

假释的适用条件 ➡ 本条是关于假释的对象和条件的规定。假释的对象为：被判处有期徒刑、无期徒刑的罪犯；对死刑缓期执行罪犯减为无期徒刑或者有期徒刑后，符合假释条件的，可以假释。禁止假释的对象为：累犯；因杀人、强奸、抢劫、绑架、放火、爆炸、投放危险物质或者有组织的暴力性犯罪被判处10年以上有期徒刑、无期徒刑的犯罪分子。

注意：（1）原判决为10年以上有期徒刑的暴力性犯罪，后被依法适用减刑，原判刑期被减为10年以下有期徒刑的，不能适用假释。（2）一人所犯数罪，只要有一罪符合本条第2款规定的，即不能适用假释；反之，如果一人犯数罪中，每一个罪都不符合法律规定的禁止性情形，即使最终执行刑在10年以上有期徒刑、无期徒刑的，则有可能适用假释。

关联参见

《最高人民法院关于办理减刑、假释案件具体应用法律的规定》第22条、第24条、第28条；《最高人民法院关于贯彻宽严相济刑事政策的若干意见》第34条

第八十二条　【假释的程序】 对于犯罪分子的假释，依照本法第七十九条规定的程序进行。非经法定程序不得假释。

第八十三条　【假释的考验期限】 有期徒刑的假释考验期限，为没有执行完毕的刑期；无期徒刑的假释考验期限为十年。

假释考验期限，从假释之日起计算。

第八十四条　【假释犯应遵守的规定】 被宣告假释的犯罪分子，应当遵守下列规定：

（一）遵守法律、行政法规，服从监督；

（二）按照监督机关的规定报告自己的活动情况；

（三）遵守监督机关关于会客的规定；

（四）离开所居住的市、县或者迁居，应当报经监督机关批准。

第八十五条　【假释考验及其积极后果】对假释的犯罪分子，在假释考验期限内，依法实行社区矫正，如果没有本法第八十六条规定的情形，假释考验期满，就认为原判刑罚已经执行完毕，并公开予以宣告。

条文解读

假释考验及其积极后果 ➜ 本条是关于对假释的犯罪分子实行社区矫正以及假释考验期满如何处理的规定。根据本条规定，被假释的犯罪分子，在假释考验期内，依法实行社区矫正。被假释的犯罪分子在假释考验期内，除应当遵守《刑法》第84条的规定外，还应当接受社区矫正组织的监督和管理。社区矫正组织应当按照《刑法》第84条和有关部门关于假释的监督管理规定，认真履行社区矫正职责，加强对被假释犯罪分子的监督管理和教育改造，督促他们在考验期间改恶从善。在假释考验期内，如果被假释的犯罪分子没有《刑法》第86条规定的情形，即犯罪分子在假释考验期内没有再犯新罪，没有发现在判决宣告前还有漏罪没有判决，没有严重的违法行为，假释考验期满的，就认为犯罪分子的原判刑罚已经执行完毕。同时，有关方面应当向犯罪分子和当地群众、组织或其所在单位公开予以宣告假释期满、刑罚执行完毕。

第八十六条　【假释的撤销及其处理】被假释的犯罪分子，在假释考验期限内犯新罪，应当撤销假释，依照本法第七十一条的规定实行数罪并罚。

在假释考验期限内，发现被假释的犯罪分子在判决宣告以前还有其他罪没有判决的，应当撤销假释，依照本法第七十条的规定实行数罪并罚。

被假释的犯罪分子，在假释考验期限内，有违反法律、行政法规或者国务院有关部门关于假释的监督管理规定的行为，尚未构成新的犯罪的，应当依照法定程序撤销假释，收监执行未执行完毕的刑罚。

第八节 时 效

第八十七条 【追诉时效期限】犯罪经过下列期限不再追诉：

（一）法定最高刑为不满五年有期徒刑的，经过五年；

（二）法定最高刑为五年以上不满十年有期徒刑的，经过十年；

（三）法定最高刑为十年以上有期徒刑的，经过十五年；

（四）法定最高刑为无期徒刑、死刑的，经过二十年。如果二十年以后认为必须追诉的，须报请最高人民检察院核准。

条文解读

“追诉时效”，是指依照法律规定对犯罪分子追究刑事责任的有效期限，在法定的追诉期限内，司法机关有权依法追究犯罪分子的刑事责任，超过法定追诉时限，不应再追究犯罪分子的刑事责任。

实务应用

16. 故意杀人、抢劫等经过20年追诉期限，是否应该追诉？

故意杀人、抢劫、强奸、绑架、爆炸等严重危害社会治安的犯罪，经过20年追诉期限，仍然严重影响人民群众安全感，被害方、案发地群众、基层组织等强烈要求追究犯罪嫌疑人刑事责任，不追诉可能影响社会稳定或者产生其他严重后果的，对犯罪嫌疑人应当追诉。例如，马某某（抢劫）核准追诉案中，最高人民检察院审查认为：犯罪嫌疑人马某某伙同他人入室抢劫，造成1人死亡的严重后果，依据《刑法》第12条、1979年《刑法》第150条规定，应当适用的法定量刑幅度的最高刑为死刑。本案对被害人家庭和亲属造成严重伤害，在案发当地造成恶劣影响，虽然经过20年追诉期限，但是被害方以及案发地群众反映强烈，社会影响没有消失，不追诉可能严重影响社会稳定或者产生其他严重后果。综合上述情况，依据1979年《刑法》第76条第4项的规定，决定对犯罪嫌疑人马某某核准追诉。

第八十八条　【不受追诉时效限制】 在人民检察院、公安机关、国家安全机关立案侦查或者在人民法院受理案件以后，逃避侦查或者审判的，不受追诉期限的限制。

被害人在追诉期限内提出控告，人民法院、人民检察院、公安机关应当立案而不予立案的，不受追诉期限的限制。

第八十九条　【追诉期限的计算与中断】 追诉期限从犯罪之日起计算；犯罪行为有连续或者继续状态的，从犯罪行为终了之日起计算。

在追诉期限以内又犯罪的，前罪追诉的期限从犯后罪之日起计算。

第五章　其他规定

第九十条　【民族自治地方刑法适用的变通】 民族自治地方不能全部适用本法规定的，可以由自治区或者省的人民代表大会根据当地民族的政治、经济、文化的特点和本法规定的基本原则，制定变通或者补充的规定，报请全国人民代表大会常务委员会批准施行。

第九十一条　【公共财产的范围】 本法所称公共财产，是指下列财产：

（一）国有财产；

（二）劳动群众集体所有的财产；

（三）用于扶贫和其他公益事业的社会捐助或者专项基金的财产。

在国家机关、国有公司、企业、集体企业和人民团体管理、使用或者运输中的私人财产，以公共财产论。

条文解读

公共财产 ➜ 本条规定的公共财产，包括以下三种情况：

1. 国有财产，即国家所有的财产。主要包括国家机关、国有公司、企业、国有事业单位、人民团体中的财产。

2. 劳动群众集体所有的财产。主要包括集体所有制的公司、企业、事业单位、经济组织中的财产。在经济活动中，公民多人合伙经营积累的财产，属于合伙人共有，不属于集体所有的财产。

3. 用于扶贫和其他公益事业的社会捐助或者专项基金的财产。

"公益事业"，主要是指服务于社会公益的事业，如学校、残疾人康复中心、养老院以及希望工程等。"社会捐助"，是指个人、组织或单位向社会公益事业以及向贫困地区所捐赠、赞助的款物。"专项基金"，是指专门用于上述公益事业的各种基金。

本条还规定了在国家机关、国有公司、企业、集体企业和人民团体管理、使用、运输中的私人财产，以公共财产对待，按公共财产予以保护。因为这部分财产虽然属于私人所有，但当交由国家机关、国有公司、企业、集体企业和人民团体管理、使用、运输时，上述单位就有义务保护该财产，如果丢失、损毁，就应承担赔偿责任。

第九十二条　【公民私人所有财产的范围】 本法所称公民私人所有的财产，是指下列财产：

（一）公民的合法收入、储蓄、房屋和其他生活资料；

（二）依法归个人、家庭所有的生产资料；

（三）个体户和私营企业的合法财产；

（四）依法归个人所有的股份、股票、债券和其他财产。

第九十三条　【国家工作人员的范围】 本法所称国家工作人员，是指国家机关中从事公务的人员。

国有公司、企业、事业单位、人民团体中从事公务的人员和国

家机关、国有公司、企业、事业单位委派到非国有公司、企业、事业单位、社会团体从事公务的人员，以及其他依照法律从事公务的人员，以国家工作人员论。

条文解读

国家工作人员 ➲ 本条是关于国家工作人员概念的规定，涉及如下几个方面的内容：

1. “国家机关工作人员”的认定

国家机关工作人员，是指在国家机关中从事公务的人员，包括在各级国家权力机关、行政机关、司法机关和军事机关中从事公务的人员。

2. “国家机关、国有公司、企业、事业单位委派到非国有公司、企业、事业单位、社会团体从事公务的人员”的认定

所谓委派，即委任、派遣，其形式多种多样，如任命、指派、提名、批准等。不论被委派的人身份如何，只要是接受国家机关、国有公司、企业、事业单位委派，代表国家机关、国有公司、企业、事业单位在非国有公司、企业、事业单位、社会团体中从事组织、领导、监督、管理等工作，都可以认定为国家机关、国有公司、企业、事业单位委派到非国有公司、企业、事业单位、社会团体从事公务的人员。例如，国家机关、国有公司、企业、事业单位委派在国有控股或者参股的股份有限公司从事组织、领导、监督、管理等工作的人员，应当以国家工作人员论。国有公司、企业改制为股份有限公司后，原国有公司、企业的工作人员和股份有限公司新任命的人员中，除代表国有投资主体行使监督、管理职权的人外，不以国家工作人员论。

3. “其他依照法律从事公务的人员”的认定

本条第2款规定的“其他依照法律从事公务的人员”应当具有两个特征：一是在特定条件下行使国家管理职能；二是依照法律规定从事公务。具体包括：（1）依法履行职责的各级人民代表大会代表；（2）依法履行审判职责的人民陪审员；（3）协助乡镇人民政府、街道办事处从事

行政管理工作的村民委员会、居民委员会等农村和城市基层组织人员。

4. 关于“从事公务”的理解

从事公务，是指代表国家机关、国有公司、企业、事业单位、社会团体等履行组织、领导、监督、管理等职责。公务主要表现为与职权相联系的公共事务以及监督、管理国有财产的职务活动。例如，国家机关工作人员依法履行职责，国有公司的董事、经理、监事、会计、出纳人员等管理、监督国有财产等活动，属于从事公务。那些不具备职权内容的劳务活动、技术服务工作，如售货员、售票员等所从事的工作，一般不认为是公务。

第九十四条　【司法工作人员的范围】本法所称司法工作人员，是指有侦查、检察、审判、监管职责的工作人员。

条文解读

司法工作人员 ➲ 根据本条规定，司法工作人员主要包括以下四种人员：(1) 担任侦查职责的人员。主要是指公安机关、国家安全机关、检察机关依照《刑事诉讼法》规定的管辖分工，对犯罪嫌疑人的犯罪行为进行侦查的人员。(2) 担任检察职责的人员。主要是指检察机关担任批准逮捕、审查起诉、出庭支持公诉、法律监督工作职责的人员。(3) 担任审判职责的人员。主要是指在人民法院担任与审判工作有关的职务的人员，包括正副院长、正副庭长、审判委员会委员、审判员、书记员。(4) 担任监管职责的人员。主要是指公安机关、国家安全机关以及司法行政部门所属的有关机关（监狱和看守所）中担任监管犯罪嫌疑人、被告人、罪犯职责的人员。

第九十五条　【重伤】本法所称重伤，是指有下列情形之一的伤害：

（一）使人肢体残废或者毁人容貌的；

（二）使人丧失听觉、视觉或者其他器官机能的；

（三）其他对于人身健康有重大伤害的。

第九十六条　【违反国家规定之含义】本法所称违反国家规定，是指违反全国人民代表大会及其常务委员会制定的法律和决定，国务院制定的行政法规、规定的行政措施、发布的决定和命令。

第九十七条　【首要分子的范围】本法所称首要分子，是指在犯罪集团或者聚众犯罪中起组织、策划、指挥作用的犯罪分子。

条文解读

首要分子 ➲ 根据本条规定，本法所说的首要分子主要包括两类人：

1. 在犯罪集团中起组织、策划、指挥作用的犯罪分子。“犯罪集团”是指3人以上为共同实施犯罪而组成的较为固定的犯罪组织。其主要具有以下特征：（1）人数在3人以上，主要成员固定或基本固定。（2）经常纠集在一起进行一种或数种犯罪活动。（3）有明显的首要分子。有的首要分子是在纠集过程中形成的，有的首要分子则在纠集开始时就是组织者和领导者。（4）有预谋地实施犯罪活动。（5）不论作案次数多少，对社会造成的危害或其具有的危险性都很严重。

2. 在聚众犯罪中起组织、策划、指挥作用的犯罪分子。“聚众犯罪”，是指纠集多人共同实施犯罪活动，如聚众斗殴，聚众哄抢公私财物的犯罪等。“聚众犯罪”与“犯罪集团”不同，是因进行犯罪将众人聚集起来的，而不具有较固定的犯罪组织和成员。

第九十八条　【告诉才处理的含义】本法所称告诉才处理，是指被害人告诉才处理。如果被害人因受强制、威吓无法告诉的，人民检察院和被害人的近亲属也可以告诉。

条文解读

告诉才处理 ➲ 根据本条规定，有权进行告诉的有以下三种人：

(1) 告诉才处理的刑事案件的被害人。(2) 人民检察院在被害人因受强制、威吓而无法告诉的情况下可以告诉。“受强制”是指被害人受到暴力的控制，如被捆绑、拘禁等。“威吓”是指被害人受到威胁、恐吓，不敢向人民法院提出控告。(3) 告诉才处理的刑事案件中被害人的近亲属在被害人因受强制、威吓而无法告诉的情况下也可以告诉。“被害人的近亲属”，是指被害人的父母、子女、配偶、同胞兄弟姊妹。

第九十九条　【以上、以下、以内之界定】 本法所称以上、以下、以内，包括本数。

第一百条　【前科报告制度】 依法受过刑事处罚的人，在入伍、就业的时候，应当如实向有关单位报告自己曾受过刑事处罚，不得隐瞒。

犯罪的时候不满十八周岁被判处五年有期徒刑以下刑罚的人，免除前款规定的报告义务。

第一百零一条　【总则的效力】 本法总则适用于其他有刑罚规定的法律，但是其他法律有特别规定的除外。

第二编　分　则

第一章　危害国家安全罪

第一百零二条　【背叛国家罪】 勾结外国，危害中华人民共和国的主权、领土完整和安全的，处无期徒刑或者十年以上有期徒刑。

与境外机构、组织、个人相勾结，犯前款罪的，依照前款的规定处罚。

第一百零三条　【分裂国家罪】 组织、策划、实施分裂国家、破坏国家统一的，对首要分子或者罪行重大的，处无期徒刑或者十年以上有期徒刑；对积极参加的，处三年以上十年以下有期徒刑；

对其他参加的，处三年以下有期徒刑、拘役、管制或者剥夺政治权利。

【煽动分裂国家罪】 煽动分裂国家、破坏国家统一的，处五年以下有期徒刑、拘役、管制或者剥夺政治权利；首要分子或者罪行重大的，处五年以上有期徒刑。

第一百零四条　【武装叛乱、暴乱罪】 组织、策划、实施武装叛乱或者武装暴乱的，对首要分子或者罪行重大的，处无期徒刑或者十年以上有期徒刑；对积极参加的，处三年以上十年以下有期徒刑；对其他参加的，处三年以下有期徒刑、拘役、管制或者剥夺政治权利。

策动、胁迫、勾引、收买国家机关工作人员、武装部队人员、人民警察、民兵进行武装叛乱或者武装暴乱的，依照前款的规定从重处罚。

条文解读

武装叛乱、暴乱罪 ➲ 本条是关于武装叛乱、暴乱罪及其处罚的规定。武装叛乱，是指采取武装对抗的形式，以投靠境外组织或境外敌对势力为背景，或者意图投靠境外组织或境外敌对势力，而反叛国家和政府的行为。武装暴乱，是指采取武装的形式，与国家和政府进行对抗的行为。所谓“武装”，是指叛乱者或者暴乱者在实施犯罪行为中，携带或使用了枪、炮等武器，与国家和政府进行对抗。如果行为人没有携带或使用武器，只是使用一般性的暴力，则不构成武装叛乱、暴乱罪。

武装叛乱行为与武装暴乱行为的主要区别在于：行为人是否以境外组织或者境外敌对势力为背景。如果行为人的目的是投靠境外组织或境外敌对势力，而与国家和政府进行武装对抗的，就是武装叛乱；如果行为人没有上述意图和目的，只是直接与国家和政府武装对抗的，则是武装暴乱。

第一百零五条　【颠覆国家政权罪】组织、策划、实施颠覆国家政权、推翻社会主义制度的，对首要分子或者罪行重大的，处无期徒刑或者十年以上有期徒刑；对积极参加的，处三年以上十年以下有期徒刑；对其他参加的，处三年以下有期徒刑、拘役、管制或者剥夺政治权利。

【煽动颠覆国家政权罪】以造谣、诽谤或者其他方式煽动颠覆国家政权、推翻社会主义制度的，处五年以下有期徒刑、拘役、管制或者剥夺政治权利；首要分子或者罪行重大的，处五年以上有期徒刑。

第一百零六条　【与境外勾结的处罚规定】与境外机构、组织、个人相勾结，实施本章第一百零三条、第一百零四条、第一百零五条规定之罪的，依照各该条的规定从重处罚。

第一百零七条　【资助危害国家安全犯罪活动罪】境内外机构、组织或者个人资助实施本章第一百零二条、第一百零三条、第一百零四条、第一百零五条规定之罪的，对直接责任人员，处五年以下有期徒刑、拘役、管制或者剥夺政治权利；情节严重的，处五年以上有期徒刑。

条文解读

资助危害国家安全犯罪活动罪 ➲ 本条是关于资助危害国家安全犯罪活动罪及其处罚的规定。“资助”，是指明知他人进行危害国家安全的犯罪活动，而向其提供金钱、物资、通信器材、交通工具等，使犯罪分子得到物质上的帮助。如果境内外机构、组织或者个人没有提供物质上的帮助，仅是在精神上、宣传舆论等方面给予帮助、支持，则不能适用本条，而应适用其他危害国家安全犯罪的规定处理。

第一百零八条　【投敌叛变罪】投敌叛变的，处三年以上十年以下有期徒刑；情节严重或者带领武装部队人员、人民警察、民兵投敌叛变的，处十年以上有期徒刑或者无期徒刑。

第一百零九条　【叛逃罪】国家机关工作人员在履行公务期间，擅离岗位，叛逃境外或者在境外叛逃的，处五年以下有期徒刑、拘役、管制或者剥夺政治权利；情节严重的，处五年以上十年以下有期徒刑。

掌握国家秘密的国家工作人员叛逃境外或者在境外叛逃的，依照前款的规定从重处罚。

条文解读

叛逃罪 ➲ 本条是关于叛逃罪及其处罚的规定。第 1 款是关于国家机关工作人员叛逃罪的规定。根据本款规定，构成本罪的，必须具备以下两个条件：(1) 构成本罪的主体是特殊主体，为国家机关工作人员，即在国家权力机关、行政机关、监察机关、司法机关以及军事机关中从事公务的人员。(2) 必须是在履行公务期间，擅离岗位，叛逃境外或者在境外叛逃的。“履行公务期间”，主要是指在职的国家机关工作人员在执行公务期间，如国家机关代表团在外访问期间、我国驻外使领馆的外交人员以及国家派驻国外执行任务的人员履行职务期间等。国家机关工作人员离职在境外学习，或者到境外探亲访友的，则不属于本款规定中的“履行公务期间”。“擅离岗位”，是指违反规定私自离开岗位的行为。“叛逃境外”，是指同境外的相关机构、组织联络，由境内逃离到境外的行为；“在境外叛逃的”，是指国家机关工作人员在境外履行公务期间擅自不归国，投靠境外的有关机构、组织，或者直接投奔国外的有关机构、组织，背叛国家的行为。

第 2 款是关于掌握国家秘密的国家工作人员犯叛逃罪如何处罚的规定。“国家秘密”是指关系国家的安全和利益，依照法定程序确定，在一定时间内只限一定范围的人员知悉的事项。“掌握国家秘密”应当是指由于职务关系、工作关系而知悉国家秘密或者本人就是专兼职保密工作人员而保管、知悉国家秘密的情形，如果是采用非法手段如窃取、利诱等而知悉国家秘密的，不属于“掌握国家秘密”国家工作人员的范围，对其行为可以依照其他有关规定处理。

实务应用

17. 掌握国家秘密的国家工作人员与国家机关工作人员构成叛逃罪的区别是什么？

首先，犯罪主体范围更大，为国家工作人员。其次，客观行为没有在“履行公务期间，擅离岗位”的限制条件。这样规定，主要是由于掌握国家秘密的国家工作人员，一旦叛逃，将有可能对国家安全造成更大的危害，因此，对这些人员叛逃，没有规定时间等情形的限制。最后，量刑上从重处罚，掌握国家秘密的国家工作人员叛逃境外或者在境外叛逃对国家安全具有更大的危害性，因此，对上述人员叛逃境外或者在境外叛逃的，依照《刑法》第 109 条第 1 款的规定从重处罚。

关联参见

《保守国家秘密法》第 2 条、第 9 条、第 48 条

第一百一十条　【间谍罪】有下列间谍行为之一，危害国家安全的，处十年以上有期徒刑或者无期徒刑；情节较轻的，处三年以上十年以下有期徒刑：

（一）参加间谍组织或者接受间谍组织及其代理人的任务的；

（二）为敌人指示轰击目标的。

条文解读

间谍罪 本条是关于间谍罪及其处罚的规定。间谍行为主要包括以下两种行为：（1）参加间谍组织或者接受间谍组织及其代理人的任务。这里所说的“间谍组织”，是指外国政府或者境外的敌对势力建立的旨在收集我国情报，进行颠覆、破坏等活动，危害我国国家安全和利益的组织。“参加间谍组织”，就是指行为人通过履行一定的手续加入间谍组织，成为间谍组织成员的行为。“接受间谍组织及其代理人的任

务”，是指受间谍组织的命令、派遣、指使、委托为间谍组织服务，从事危害我国国家安全的活动。其中，间谍组织的“代理人”，是指受间谍组织委托、指派或者授意，下达间谍组织的任务指令的人。（2）为敌人指示轰击目标的。这里所说的“敌人”，主要是指战时与我方交战的敌对国或敌方，也包括平时采用轰击方式袭击我国领土的敌国、敌方。“指示”，包括用各种手段向敌人明示所要轰击的目标，如发电报、写信、点火堆、放信号弹等，以使敌人能够准确地打击我方目标。“轰击”，包括各类武器轰炸、炮击、爆炸以及导弹袭击等。

关联参见

《反间谍法》第 4 条、第 10 条、第 55 条

第一百一十一条　【为境外窃取、刺探、收买、非法提供国家秘密、情报罪】为境外的机构、组织、人员窃取、刺探、收买、非法提供国家秘密或者情报的，处五年以上十年以下有期徒刑；情节特别严重的，处十年以上有期徒刑或者无期徒刑；情节较轻的，处五年以下有期徒刑、拘役、管制或者剥夺政治权利。

条文解读

为境外窃取、刺探、收买、非法提供国家秘密、情报罪 ➲ 本条是关于为境外窃取、刺探、收买、非法提供国家秘密、情报罪及其处罚的规定。

首先，构成本罪的主体是一般主体，非中国公民也可能构成本罪。其次，行为人实施的犯罪对象只限于“国家秘密”或“情报”。其中，“国家秘密”，是指关系国家的安全和利益，依照法定程序确定，在一定时间内只限于一定范围的人员知悉的事项。根据《保守国家秘密法》的规定，国家秘密的密级分为绝密、机密、秘密三级。“情报”，是指除国家秘密以外的关系国家安全和利益、尚未公开或者依照有关规定不应公开的事项。

如果行为人知道或者应当知道没有标明密级的事项关系国家安全和利益，而为境外窃取、刺探、收买、非法提供的，也应依照本条的规定定罪处罚；通过互联网将国家秘密或者情报非法发送给境外的机构、组织、个人的，依照本条的规定定罪处罚；而因渎职行为将国家秘密通过互联网予以泄露，情节严重的，依照《刑法》第398条故意或者过失泄露国家秘密罪的规定定罪处罚。

关联参见

《保守国家秘密法》；《最高人民法院关于审理为境外窃取、刺探、收买、非法提供国家秘密、情报案件具体应用法律若干问题的解释》

第一百一十二条　【资敌罪】战时供给敌人武器装备、军用物资资敌的，处十年以上有期徒刑或者无期徒刑；情节较轻的，处三年以上十年以下有期徒刑。

第一百一十三条　【危害国家安全罪适用死刑、没收财产的规定】本章上述危害国家安全罪行中，除第一百零三条第二款、第一百零五条、第一百零七条、第一百零九条外，对国家和人民危害特别严重、情节特别恶劣的，可以判处死刑。

犯本章之罪的，可以并处没收财产。

第二章　危害公共安全罪

第一百一十四条　【放火罪】【决水罪】【爆炸罪】【投放危险物质罪】【以危险方法危害公共安全罪】放火、决水、爆炸以及投放毒害性、放射性、传染病病原体等物质或者以其他危险方法危害公共安全，尚未造成严重后果的，处三年以上十年以下有期徒刑。

条文解读

本条是关于放火罪、决水罪、爆炸罪、投放危险物质罪、以危险方法危害公共安全罪及其处罚的规定。

以放火、爆炸等方法进行的犯罪，并不都是危害公共安全罪，只有以这几种危险方法用于危害不特定的多数人的生命、健康以及重大财产的安全时，才能构成本罪。所谓“放火”，是指故意纵火焚烧公私财物，严重危害公共安全的行为；“决水”，是指故意破坏堤防、大坝、防水、排水设施，制造水患危害公共安全的行为；“爆炸”，是指故意引起爆炸物爆炸，危害公共安全的行为；“投放毒害性、放射性、传染病病原体等物质”，是指向公共饮用水源、食品或者公共场所、设施投放能够致人死亡或者严重危害人体健康的上述几种物质的行为。这里的“毒害性”物质，是指能对人或者动物产生毒害的有毒物质，包括化学性毒物、生物性毒物和微生物类毒物等；“放射性”物质，是指具有危害人体健康的放射性的物质，国家一直对这些极具危险性的物质实行严格的管理；“传染病病原体”，是指能在人体或动物体内生长、繁殖，通过空气、饮食、接触等方式传播，能对人体健康造成危害的传染病菌种和毒种。其中传染病分为甲、乙、丙三类。“其他危险方法”，是指除放火、决水、爆炸以及投放毒害性、放射性、传染病病原体等物质以外的其他任何足以造成不特定的多数人的伤亡或者公私财产重大损失的行为。

案例指引

06. 吸毒后驾驶机动车任意冲撞，如何处理？①

2017 年 5 月 28 日下午至 29 日凌晨，被告人姚某良在云南省瑞丽市某公司宿舍内吸食甲基苯丙胺（冰毒）。5 月 29 日 5 时许，姚某良和姚某某驾驶一辆皮卡车从瑞丽市行至云南省芒市。当行至芒市人民医院路边时，姚某良怀疑姚某某对其不利，遂用长刀威胁姚某某并将姚某某赶下车，自己驾车在芒市城区行驶。其间，姚某良手持长刀对着路人及路

---

① 参见《最高人民法院发布 2019 年十大毒品（涉毒）犯罪典型案例》（2019 年 6 月 25 日发布），姚某良以危险方法危害公共安全、妨害公务案，载最高人民法院网 https://www.court.gov.cn/zixun-xiangqing-166442.html，最后访问日期：2023 年 3 月 2 日。

上车辆挥舞。当日7时至8时，姚某良先后在芒市阔时路菜市场门口、造纸厂环岛驾车撞击车牌号为云NC××××、云NH××××的车辆，致二车受损。处警民警在造纸厂环岛附近驾驶警车追赶姚某良所驾车辆，并通过车载扩音器多次向姚某良喊话，让其停车接受检查。姚某良拒不停车，在造纸厂环岛旁驾车撞向正在现场执行处警任务的辅警杨某某，杨某某及时躲避。后姚某良继续驾车在造纸厂环岛撞击民警杨某某驾驶的车牌号为云N××××的警车，致该车受损。当日8时17分，姚某良驾车在造纸厂环岛撞击一辆电动车，致车上的潘某某、裴某某受伤，该车受损。民警来到姚某良驾驶的车辆旁让其停车，姚某良不听从民警指令，继续驾车前行。民警鸣枪示警无效后，开枪将姚某良击伤制服。经鉴定，潘某某、裴某某的伤情构成轻微伤；受损的3辆汽车、1辆电动车修理费共计7550元。

法院认为，被告人姚某良吸食毒品后，在公共道路上以驾车任意冲撞的危险方法危害公共安全，其行为已构成以危险方法危害公共安全罪；姚某良以暴力方法阻碍国家机关工作人员依法执行职务，其行为又构成妨害公务罪。姚某良拒不听从民警指令，驾车撞向执行公务民警驾驶的警车，属暴力袭击正在依法执行职务的人民警察，应依法从重处罚。

甲基苯丙胺类合成毒品具有中枢神经兴奋、致幻等作用，吸食后会产生感知错位、注意力无法集中、幻视幻听等症状，此种情形下驾驶机动车极易肇事肇祸，造成严重危害后果。本案就是一起吸毒后驾驶机动车危害公共安全并妨害公务的典型案例。被告人姚某良吸毒后不顾人民群众的生命财产安全，驾车在市区任意冲撞，致2人受伤、多辆汽车受损、多名群众受到惊吓，还拒不听从民警指令，驾车撞向执行公务民警驾驶的警车和辅警，暴力阻碍警察执法，造成恶劣社会影响。人民法院根据姚某良犯罪的事实、性质和危害后果等具体情节，对其依法判处了刑罚。

关联参见

《最高人民法院、最高人民检察院关于办理妨害预防、控制突发传染病疫情等灾害的刑事案件具体应用法律若干问题的解释》第 1 条；《最高人民法院、最高人民检察院、公安部关于办理涉窨井盖相关刑事案件的指导意见》二

第一百一十五条　【放火罪】【决水罪】【爆炸罪】【投放危险物质罪】【以危险方法危害公共安全罪】 放火、决水、爆炸以及投放毒害性、放射性、传染病病原体等物质或者以其他危险方法致人重伤、死亡或者使公私财产遭受重大损失的，处十年以上有期徒刑、无期徒刑或者死刑。

【失火罪】【过失决水罪】【过失爆炸罪】【过失投放危险物质罪】【过失以危险方法危害公共安全罪】 过失犯前款罪的，处三年以上七年以下有期徒刑；情节较轻的，处三年以下有期徒刑或者拘役。

条文解读

“过失犯前款罪的”，是指由于行为人主观上的过失而引起的火灾、决水、爆炸以及投放毒害性、放射性、传染病病原体等物质，造成致人重伤、死亡或者使公私财产遭受重大损失的严重后果，危害公共安全的行为。根据《最高人民检察院、公安部关于公安机关管辖的刑事案件立案追诉标准的规定（一）》[以下简称《公安机关管辖的刑事案件立案追诉标准（一）》] 第 1 条的规定，过失引起火灾，涉嫌下列情形之一的，应予立案追诉：(1) 造成死亡 1 人以上，或者重伤 3 人以上的；(2) 造成公共财产或者他人财产直接经济损失 50 万元以上的；(3) 造成 10 户以上家庭的房屋以及其他基本生活资料烧毁的；(4) 造成森林火灾，过火有林地面积 2 公顷以上，或者过火疏林地、灌木林地、未成林地、苗圃地面积 4 公顷以上的；(5) 其他造成严重后果的情形。

关联参见

《公安机关管辖的刑事案件立案追诉标准（一）》第1条

第一百一十六条　【破坏交通工具罪】破坏火车、汽车、电车、船只、航空器，足以使火车、汽车、电车、船只、航空器发生倾覆、毁坏危险，尚未造成严重后果的，处三年以上十年以下有期徒刑。

条文解读

破坏通工具罪 ➲ 本条是关于破坏交通工具罪及其处罚的规定。

构成本罪必须符合以下条件：

1. 行为人主观上必须是具有破坏的故意。

2. 必须是破坏火车、汽车、电车、船只、航空器这五种特定的交通工具。“航空器”，包括飞机和除飞机以外的其他飞行工具。

3. 破坏行为必须足以使这几种交通工具发生倾覆、毁坏的危险。这里所说的“倾覆”，是指火车出轨、颠覆，汽车、电车翻车，船只翻沉，航空器坠毁等情况；“毁坏”，是指上述交通工具由于遭到人为破坏而不能正常行驶，危及运载的人、物品及交通工具自身的安全。“足以使火车、汽车、电车、船只、航空器发生倾覆、毁坏危险”，是指该种破坏行为有造成火车、汽车、电车、船只、航空器的倾覆、毁坏的现实可能性和威胁。应当注意的是，在实践中如何判断某种破坏行为是否已达到“现实可能性和威胁”的程度，主要应从以下两个方面来判定：(1) 交通工具是否在使用过程中。这不仅包括正在行驶和飞行期间，也包括使用过程中的待用期间。如果破坏的是尚未交付使用或者正在修理的交通工具，一般不会危及公共安全，故不构成本罪。(2) 破坏的是不是交通工具的关键部位。如果行为人破坏的是交通工具的次要部位，如破坏的是交通工具的座椅、卫生设备或者其他不影响安全行驶的辅助设备等，则不足以使火车、汽车、电车、船只、航空器发生倾覆、毁坏危险，故同样不能构成本罪。

4. 必须尚未造成严重后果。所谓“尚未造成严重后果的”，是指该种破坏交通工具的行为，没有造成任何危害后果或者只造成了轻微的危害后果。“造成严重后果的”，主要是指犯罪分子实施上述犯罪行为，导致了火车、汽车、电车、船只、航空器倾覆、毁坏的结果发生，造成了人员的死亡或者造成公私财产的重大毁损，从而危害公共安全的行为。

实务应用

18. 如何区分盗窃罪和破坏交通工具罪?

实践中发生的出于盗窃目的破坏交通工具的案件，易与由于盗窃交通工具的设备、一般部件等构成的盗窃罪相混淆。区分两者的关键在于破坏的对象和侵犯的客体不同。前者行为人以盗窃为目的，破坏的是正在使用的交通工具的重要装置和部件，足以造成交通工具倾覆、毁坏危险，因而侵犯了交通运输安全，应以破坏交通工具罪论处。后者行为人出于盗窃的目的，毁坏的是非使用中的交通工具，或者交通工具的一般设备，因为这类交通工具未承担运输任务，破坏部位不影响交通工具安全行驶，因而对交通运输安全无现实危险性，其侵犯的客体只能体现为公私财产的所有关系。鉴于这种案件行为人秘密窃取交通工具的设备、部件，大多不是信手拈来，盗窃目的往往需要实施拆卸等破坏行为才能实现。这样盗窃行为和毁坏公私财物的行为就发生牵连关系，根据对牵连犯按一重罪处理的原则，对这种案件应视情节，定为盗窃罪或故意毁坏财物罪。

第一百一十七条 【破坏交通设施罪】破坏轨道、桥梁、隧道、公路、机场、航道、灯塔、标志或者进行其他破坏活动，足以使火车、汽车、电车、船只、航空器发生倾覆、毁坏危险，尚未造成严重后果的，处三年以上十年以下有期徒刑。

条文解读

破坏交通设施罪 ➲ 本条是关于破坏交通设施罪及其处罚的规定。

破坏交通设施罪，是指故意破坏轨道、桥梁、隧道、公路、机场、航道、灯塔、标志或者进行其他破坏活动，足以使火车、汽车、电车、船只、航空器发生倾覆、毁坏危险的行为。

构成本罪必须同时符合以下条件：

1. 行为人主观上必须具有破坏的故意。

2. 破坏行为必须是针对涉及交通安全的设施。如果破坏的是与交通安全无关的设施，不影响车辆行驶、船只航行、航空器飞行安全，则不构成本罪。本条所说的“其他破坏活动”，是指破坏上述未列举的其他交通设施和虽然没有直接破坏上述交通设施，但却足以使火车、汽车、电车、船只、航空器发生倾覆、毁坏危险的行为。如乱发指示信号、干扰无线电通信、导航，在铁轨上放置障碍物等。应当强调的是，这里所说的“破坏”，不仅包括使交通设施遭受有形的损坏，也包括对交通设施正常功能的损害，如发出无线电干扰信号，使正常行驶中的交通工具与指挥、导航系统不能联系，致使该交通工具处于极大风险之中的行为等。

3. 破坏行为必须足以使火车、汽车、电车、船只、航空器发生倾覆、毁坏危险。这里所说的“足以”，是指行为人对交通设施的破坏程度，已达到可以使交通工具发生倾覆或者毁坏的现实可能性和威胁。如果其破坏交通设施的程度不会造成这种现实危险的，则不构成本罪。构成本罪不要求造成严重后果。

实务应用

19. 破坏交通设施的一般违法行为与犯罪的界限是什么？

根据《治安管理处罚法》第 34 条、第 35 条、第 37 条的规定，破坏交通设施的一般违法行为主要包括：(1) 盗窃、损坏、擅自移动使用中的航空设施，或者强行进入航空器驾驶舱的；（2）在使用中的航空器上使用可能影响导航系统正常功能的器具、工具，不听劝阻的；（3）盗窃、损毁或者擅自移动铁路设施、设备、机车车辆配件或者安全标志的；（4）在铁路线路上放置障碍物，或者故意向列车投掷物品的；（5）在铁路线路、桥梁、涵洞处挖掘坑穴、采石取沙的；（6）在铁路线路上私设道口或者平交过道的；（7）未经批准，安装、使用电网的，或者安装、使用电网不符合安全规定的；（8）在车辆、行人通行的地方施工，对沟井坎穴不设覆盖物、防围和警示标志的，或者故意损毁、移动覆盖物、防围和警示标志的；（9）盗窃、损毁路面井盖、照明等公共设施的。区分破坏交通设施罪与上述一般违法行为的关键在于，破坏交通设施的行为是否足以使发生倾覆、毁坏危险，是否危害交通运输安全。如果破坏行为已经造成或者足以造成交通工具倾覆或毁坏，从而危害交通运输安全的，应以破坏交通设施罪论处；如果破坏行为只是可能影响交通运输安全，但尚未达到足以使交通工具发生倾覆、毁坏危险的严重程度，则属于破坏交通设施的违法行为。

第一百一十八条　【破坏电力设备罪】【破坏易燃易爆设备罪】破坏电力、燃气或者其他易燃易爆设备，危害公共安全，尚未造成严重后果的，处三年以上十年以下有期徒刑。

第一百一十九条　【破坏交通工具罪】【破坏交通设施罪】【破坏电力设备罪】【破坏易燃易爆设备罪】破坏交通工具、交通设施、电力设备、燃气设备、易燃易爆设备，造成严重后果的，处十年以上有期徒刑、无期徒刑或者死刑。

【过失损坏交通工具罪】【过失损坏交通设施罪】【过失损坏电力设备罪】【过失损坏易燃易爆设备罪】过失犯前款罪的，处三年以上七年以下有期徒刑；情节较轻的，处三年以下有期徒刑或者拘役。

第一百二十条　【组织、领导、参加恐怖组织罪】 组织、领导恐怖活动组织的，处十年以上有期徒刑或者无期徒刑，并处没收财产；积极参加的，处三年以上十年以下有期徒刑，并处罚金；其他参加的，处三年以下有期徒刑、拘役、管制或者剥夺政治权利，可以并处罚金。

犯前款罪并实施杀人、爆炸、绑架等犯罪的，依照数罪并罚的规定处罚。

条文解读

组织、领导、参加恐怖组织罪 ➡ 本条是关于组织、领导、参加恐怖组织罪及其处罚的规定。

第1款所说的“组织”，是指鼓动、召集若干人建立或者安排为从事某一特定活动的比较稳定的组织或者集团的人。“领导”，是指在某一组织或者集团中起指挥、决定作用的人员。“积极参加的”，是指对参与恐怖活动态度积极，并起主要作用的成员。“其他参加的”，主要是指恐怖组织中的一般成员。

根据《反恐怖主义法》的规定，恐怖活动，是指恐怖主义性质的下列行为：（1）组织、策划、准备实施、实施造成或者意图造成人员伤亡、重大财产损失、公共设施损坏、社会秩序混乱等严重社会危害的活动的；（2）宣扬恐怖主义，煽动实施恐怖活动，或者非法持有宣扬恐怖主义的物品，强制他人在公共场所穿戴宣扬恐怖主义的服饰、标志的；（3）组织、领导、参加恐怖活动组织的；（4）为恐怖活动组织、恐怖活动人员、实施恐怖活动或者恐怖活动培训提供信息、资金、物资、劳务、技术、场所等支持、协助、便利的；（5）其他恐怖活动。恐怖主义，是指通过暴力、破坏、恐吓等手段，制造社会恐慌、危害公共安全、侵犯人身财产，或者胁迫国家机关、国际组织，以实现其政治、意识形态等目的的主张和行为。恐怖活动组织，是指3人以上为实施恐怖活动而组成的犯罪组织。恐怖活动人员，是指实施恐怖活动的人和恐怖活动组织的成员。

需要注意的是：（1）本罪是选择性罪名，行为人只要实施了组织、领导、积极参加或者参加恐怖活动组织行为之一的，便构成本罪。行为人实施本条第1款规定的两个或者两个以上的行为，如既组织又领导恐怖组织的，也只成立一罪，不实行数罪并罚。（2）关于本罪的财产刑的适用问题。对犯本罪的，除判处主刑外，还要区别情形判处不同财产刑。对其中组织、领导恐怖活动组织的，并处没收财产；对积极参加的，并处罚金；对参加的，可以并处罚金。

实践中，根据本条规定认定犯罪时，还应当注意以下两点：

1. 掌握好罪与非罪的界限。本罪的主观方面是故意，一般具有借助恐怖活动组织实施恐怖活动的目的。实践中，对于参加恐怖活动组织而言，行为人必须明知是恐怖活动组织而自愿参加的，才能构成本罪。对于那些因不明真相，因受蒙蔽、欺骗而参加恐怖活动组织，一经发现即脱离关系，实际上也没有参与实施恐怖活动的，不能认定为犯罪。

2. 掌握好本罪与组织、领导、参加黑社会性质组织罪的界限。《刑法》第294条规定了组织、领导、参加黑社会性质组织罪，并明确了黑社会性质组织应当同时具备的特征。这两种犯罪在客观方面的行为方式上非常相近，在人员构成、犯罪方式、活动形式等方面也很相似。但两者的区别也是明显的：一是类罪名不同。组织、领导、参加恐怖活动组织罪是危害公共安全的犯罪，而组织、领导、参加黑社会性质组织罪是破坏社会管理秩序的犯罪。二是犯罪组织的性质不同。恐怖组织具有较浓的政治色彩，而黑社会性质组织更多的是为了追求非法经济利益，主要构成对经济、社会生活秩序的严重破坏。

关联参见

《反恐怖主义法》第3条、第29条；《最高人民法院、最高人民检察院、公安部、司法部关于办理恐怖活动和极端主义犯罪案件适用法律若干问题的意见》一、（一）

第一百二十条之一　【帮助恐怖活动罪】 资助恐怖活动组织、实施恐怖活动的个人的，或者资助恐怖活动培训的，处五年以下有期徒刑、拘役、管制或者剥夺政治权利，并处罚金；情节严重的，处五年以上有期徒刑，并处罚金或者没收财产。

为恐怖活动组织、实施恐怖活动或者恐怖活动培训招募、运送人员的，依照前款的规定处罚。

单位犯前两款罪的，对单位判处罚金，并对其直接负责的主管人员和其他直接责任人员，依照第一款的规定处罚。

条文解读

帮助恐怖活动罪 ➔ 本条是关于帮助恐怖活动罪及其处罚的规定。

构成本罪必须符合以下条件：

1. 主观上必须是故意，即犯罪分子明知对方是恐怖活动组织、是实施恐怖活动的个人或者从事、参加恐怖活动培训而予以资助。不知道对方是恐怖活动组织、实施恐怖活动的个人、恐怖活动培训，而是由于受欺骗而为其提供资助的，不构成本罪。这是区分罪与非罪的重要界限。

2. 必须是实施了相应的资助行为，即实施了为恐怖活动组织、实施恐怖活动的个人或者恐怖活动培训筹集、提供经费、物资或者提供场所以及其他物质便利的行为。提供资助的犯罪动机是多种多样的，但不同动机不影响本罪的构成。

3. 资助的对象必须是恐怖活动组织、实施恐怖活动的个人或者恐怖活动培训。

在实践中，应当注意以下两点：一是要注意本罪与参加恐怖活动组织、实施恐怖活动犯罪的区别。构成本罪的主观故意只是资助恐怖活动组织、实施恐怖活动的个人和恐怖活动培训，而不是作为恐怖活动组织的成员负责有关筹集资金、物资的活动，也不是直接资助恐怖活动组织或者个人所实施的恐怖犯罪活动，其主观故意与被资助对象的犯罪故意是不一致的。如果行为人与恐怖活动组织或者实施恐怖活动的个人通谋，为其提供物资、资金、账号、证明，或者为其提供运输、保管或者其他方便的，属于共同犯罪，根据《刑法》总则关于共同犯罪的有关规定进行惩处。二是资助只能是以有形的物质性利益进行帮助，即只能是提供经费、活动场所、训练基地、各种宣传通讯设备、设施等，如果行为人不是提供物质上的帮助，仅是在精神上、舆论宣传等方面给予支持帮助，不能认定为本款规定的资助行为。

关联参见

《最高人民检察院、公安部关于公安机关管辖的刑事案件立案追诉标准的规定（二）》［以下简称《公安机关管辖的刑事案件立案追诉标准（二）》］第1条；《最高人民法院关于审理洗钱等刑事案件具体应用法律若干问题的解释》第5条

第一百二十条之二　【准备实施恐怖活动罪】有下列情形之一的，处五年以下有期徒刑、拘役、管制或者剥夺政治权利，并处罚金；情节严重的，处五年以上有期徒刑，并处罚金或者没收财产：

（一）为实施恐怖活动准备凶器、危险物品或者其他工具的；

（二）组织恐怖活动培训或者积极参加恐怖活动培训的；

（三）为实施恐怖活动与境外恐怖活动组织或者人员联络的；

（四）为实施恐怖活动进行策划或者其他准备的。

有前款行为，同时构成其他犯罪的，依照处罚较重的规定定罪处罚。

条文解读

准备实施恐怖活动罪➲本条是关于准备实施恐怖活动罪及其处罚的规定。本条第1款规定了以下几种准备实施恐怖活动的犯罪行为：

1. 为实施恐怖活动准备凶器、危险物品或者其他工具的。这里规

定的“凶器”，是指用来实施犯罪行为，能够对人身健康、生命等造成危险的枪支等武器、刀具、棍棒、爆炸物等物品。这里所说的“危险物品”，是指具有燃烧性、爆炸性、腐蚀性、毒害性、放射性等特性，能够引起人身伤亡，或者造成公共利益和人民群众重大财产损害的物品，比如剧毒物品、放射性物品和其他易燃易爆物品等。“其他工具”是指能够为恐怖活动犯罪提供便利，或者有利于提高实施暴力恐怖活动能力的物品，如汽车等交通工具、手机等通讯工具、地图、指南针等。

2. 组织恐怖活动培训或者积极参加恐怖活动培训的。这里所说的“恐怖活动培训”，在内容上，既可以是传授、灌输恐怖主义思想、主张，使恐怖活动人员形成更顽固的思想，也可以是进行心理、体能训练或者传授、训练制造工具、武器、炸弹等方面的犯罪技能和方法，还可以是进行恐怖活动的实战训练等。在具体的组织方式上，包括当面讲授、开办培训班、组建训练营、开办论坛、组织收听观看含有恐怖主义内容的音视频材料、在网上注册成员建立共同的交流指导平台等。

3. 为实施恐怖活动与境外恐怖活动组织或者人员联络的。进行联络的方式也多种多样，包括直接见面、写信、打电话、发电子邮件等。只要是为实施恐怖活动而与境外恐怖活动组织或者人员联络的，都要依照本款规定追究刑事责任。

4. 为实施恐怖活动进行策划或者其他准备的。这里的“策划”，是指制订恐怖活动计划，选择实施恐怖活动的目标、地点、时间，分配恐怖活动任务等行为。“其他准备”是关于准备实施恐怖活动犯罪的兜底性规定，指上述规定的四种准备行为之外的其他为实施恐怖活动而进行的准备活动。

关联参见

《反恐怖主义法》第79条；《最高人民法院、最高人民检察院、公安部、司法部关于办理恐怖活动和极端主义犯罪案件适用法律若干问题的意见》一、(三)

第一百二十条之三　【宣扬恐怖主义、极端主义、煽动实施恐怖活动罪】以制作、散发宣扬恐怖主义、极端主义的图书、音频视频资料或者其他物品，或者通过讲授、发布信息等方式宣扬恐怖主义、极端主义的，或者煽动实施恐怖活动的，处五年以下有期徒刑、拘役、管制或者剥夺政治权利，并处罚金；情节严重的，处五年以上有期徒刑，并处罚金或者没收财产。

条文解读

宣扬恐怖主义、极端主义、煽动实施恐怖活动罪 ➡ 本条是关于宣扬恐怖主义、极端主义、煽动实施恐怖活动罪及其处罚的规定。

本条规定的“宣扬”，是指以各种方式散布、传播恐怖主义、极端主义观念、思想和主张的行为。这里所规定的“煽动”，是指以各种方式对他人进行要求、鼓动、怂恿，意图使他人产生犯意，去实施所煽动的行为。煽动的具体内容，既包括煽动参加恐怖活动组织、煽动实施暴力恐怖活动，也包括煽动资助或者以其他方式帮助暴力恐怖活动。对于煽动类的犯罪来说，只要行为人实施了煽动行为就构成犯罪，被煽动人是否接受煽动而实施恐怖活动犯罪，不影响犯罪的构成。

在实践中，对于是否属于“情节严重”，可以根据制作、散布的图书、音像制品等物品的数量，讲授、发布信息的次数和数量，宣扬、煽动的内容、场所和对象范围，以及引起恐怖活动发生的现实危险程度等因素综合进行衡量。比如，制作、散发宣扬恐怖主义、极端主义图书、音频视频资料数量特别巨大的，散布范围广或者造成广泛影响的，接受讲授和信息的人员数量巨大的，在公共场所、人员密集场所公然散布图书、音频视频资料或者讲授、发布信息的，造成他人实施恐怖活动、极端主义行为的等，可以认定为情节严重的行为。

在实践中，应当注意以下两个问题：一是要注意区分煽动和教唆行为。不指向具体的恐怖活动，而是概括性地煽动实施恐怖活动的，属于本条规定的煽动行为。对于鼓动、要求、怂恿他人参加或者实施特定的恐怖活动的，则应当按照《刑法》关于教唆的规定定罪处罚。如果既有煽动行为也有教唆行为，两者出现竞合的情形时，应当按照处罚较重的规定定罪量刑。二是本罪名属于选择性罪名。从司法实践的情况看，宣扬恐怖主义、极端主义和煽动实施恐怖活动往往交织在一起。有些犯罪分子在宣扬恐怖主义、极端主义的同时，也会煽动被宣传对象去实施恐怖活动。因此，在适用本条规定时，任何人无论是同时实施了宣扬恐怖主义、极端主义和煽动实施恐怖活动的行为，还是仅仅实施了宣扬恐怖主义、极端主义或者煽动实施恐怖活动行为中的某一种行为，都构成本罪，应当依法追究刑事责任。

关联参见

《反恐怖主义法》第3条、第4条、第79条、第80条；《最高人民法院、最高人民检察院、公安部、司法部关于办理恐怖活动和极端主义犯罪案件适用法律若干问题的意见》一、（四）

第一百二十条之四　【利用极端主义破坏法律实施罪】 利用极端主义煽动、胁迫群众破坏国家法律确立的婚姻、司法、教育、社会管理等制度实施的，处三年以下有期徒刑、拘役或者管制，并处罚金；情节严重的，处三年以上七年以下有期徒刑，并处罚金；情节特别严重的，处七年以上有期徒刑，并处罚金或者没收财产。

条文解读

利用极端主义破坏法律实施罪 ➲ 本条是关于利用极端主义破坏法律实施罪及其处罚的规定。

构成本条规定的犯罪，需要符合以下几个方面的条件：

1. 本罪的行为方式，表现为利用极端主义煽动、胁迫群众。只有利用极端主义实施本条规定的煽动、胁迫行为的，才构成本罪。这里所说的“极端主义”，是指通过歪曲宗教教义或者其他方法煽动仇恨、煽动歧视，崇尚暴力的思想和主张，以及以此为思想基础而实施的行为，经常表现为对其他文化、观念、族群等的完全歧视和排斥。这里所说的“胁迫”，是指通过暴力、威胁或者以给被胁迫人或者其亲属等造成人身、心理、经济等方面的损害为要挟，对他人形成心理强制，迫使其从事胁迫者希望其实施的特定行为。胁迫的方式可以是通过暴力手段，也可以是通过言语威胁或者对被胁迫者的利益进行限制、剥夺等方式。

2. 本罪中煽动、胁迫的目的，是破坏国家法律制度的实施。很多极端主义分子歪曲宗教教义或者民族风俗习惯，假借宗教信仰或者民族风俗习惯等煽动歧视、煽动仇恨，崇尚、鼓吹、挑动暴力，本身就与宗教信仰自由和民族风俗习惯背道而驰，是对国家相关法律制度的破坏。虽然他们在进行煽动、胁迫时经常打着维护宗教教义或者民族风俗习惯的旗号，但其背后的真实目的是要煽动歧视、煽动仇恨，崇尚、鼓吹、挑动暴力，煽动、胁迫人们对政府管理活动的抵制甚至对抗，蛊惑人们不遵守国家法律确立的婚姻、司法、教育、社会管理等制度，制造国家对社会管理的真空，引起社会秩序的混乱。

3. 本罪的直接危害，是破坏国家法律规定的管理制度，使国家法律确定的婚姻、司法、教育、社会管理等制度得不到有效实施。同时，本罪的危害还在于，这一行为还会使被煽动、胁迫的特定对象产生认识混乱或者恐惧心理，损害其个人的合法权益，进而危及公共利益、社会安全和秩序。因此，本罪不以被煽动、胁迫者实施破坏国家法律制度的具体行为为必要条件，只要行为人实施了煽动、胁迫的行为，就已经构成本罪。

关联参见

《反恐怖主义法》第4条、第81条；《最高人民法院、最高人民检察院、公安部、司法部关于办理恐怖活动和极端主义犯罪案件适用法律若干问题的意见》一、(五)

第一百二十条之五　【强制穿戴宣扬恐怖主义、极端主义服饰、标志罪】以暴力、胁迫等方式强制他人在公共场所穿着、佩戴宣扬恐怖主义、极端主义服饰、标志的，处三年以下有期徒刑、拘役或者管制，并处罚金。

条文解读

强制穿戴宣扬恐怖主义、极端主义服饰、标志罪➔本条是关于强制穿戴宣扬恐怖主义、极端主义服饰、标志罪及其处罚的规定。

本条规定的犯罪主体为一般主体，即任何强制他人在公共场所穿着、佩戴宣扬恐怖主义、极端主义服饰、标志的人。

犯罪侵害的客体是多重客体，既在社会范围内渗透恐怖主义、极端主义思想，又侵犯被害人的人身权利、民主权利，同时也妨害社会管理秩序。

犯罪的主观要件为故意，对强制他人在公共场所穿着、佩戴宣扬恐怖主义、极端主义服饰、标志的行为和结果都是明知并且希望结果的发生。

本条所说的“暴力”，是指殴打、捆绑、烧伤等直接伤害他人身体的方法，使被害人不能抗拒。“胁迫”，是指对被害人施以威胁、恐吓，进行精神上的强制，迫使被害人就范，不敢抗拒，如以杀害被害人、加害被害人的亲属相威胁，威胁要对被害人、被害人的亲属施以暴力，以披露被害人的隐私相威胁，利用职权、教养关系、从属关系或者被害人孤立无援的环境迫使被害人服从，等等。除了暴力、胁迫手段以外，通过采用对被害人产生肉体强制或者精神强制的其他手段，强制他人在公共场所穿着、佩戴宣扬恐怖主义、极端主义服饰、标志的，也构成本罪，如限制被害人的人身自由，强迫被害人长时间暴露在高温或者严寒中，负有监护责任的人对被监护人不给饭吃、不给衣穿等。这里的“公共场所”既包括群众进行公开活动的场所，如商店、影剧院、体育场、街道等，也包括各类单位，如机关、团体、事业单位的办公场所，企业生产经营场所，医院、学校、幼儿园等；还包括公共交通工具，如火车、轮船、长途客运汽车、公共电车、汽车、民用航空器等。本条规定的“宣扬恐怖主义、极端主义服饰、标志”，指的是穿着、佩戴的服饰、标志包含了恐怖主义、极端主义的符号、旗帜、徽记、文字、口号、标语、图形或者带有恐怖主义、极端主义的色彩，容易使人联想到恐怖主义、极端主义。实践中比较普遍的是穿着模仿恐怖活动组织统一着装的衣物，穿着印有恐怖主义、极端主义符号、旗帜等标志的衣物，佩戴恐怖活动组织标志或者恐怖主义、极端主义标志，留有象征恐怖主义、极端主义的特定须发等。

关联参见

《反恐怖主义法》第3条、第4条、第79条、第80条；《最高人民法院、最高人民检察院、公安部、司法部关于办理恐怖活动和极端主义犯罪案件适用法律若干问题的意见》一、(六)

第一百二十条之六　【非法持有宣扬恐怖主义、极端主义物品罪】明知是宣扬恐怖主义、极端主义的图书、音频视频资料或者其他物品而非法持有，情节严重的，处三年以下有期徒刑、拘役或者管制，并处或者单处罚金。

条文解读

非法持有宣扬恐怖主义、极端主义物品罪 ➜ 本条是关于非法持有宣扬恐怖主义、极端主义物品罪及其处罚的规定。

根据本条规定，非法持有宣扬恐怖主义、极端主义物品的犯罪，是指明知是宣扬恐怖主义、极端主义的图书、音频视频资料或者其他物品而非法持有，情节严重的行为。本罪在主观上要求是故意，即行为人明知是宣扬恐怖主义、极端主义的图书、音频视频资料或者其他物品而非法持有的，才能构成本罪。这里所说的“明知”，是指知道或者应当知道。实践中，行为人有可能会辩解其“不明知”所持有物品的性质和内容。在这种情况下，不能仅听行为人本人的辩解，对是否“明知”的认定，应当结合案件的具体情况和有关证据材料进行全面分析。本罪在客观上要求行为人有非法持有的行为。这里所规定的“持有”，是指行为人对恐怖主义、极端主义宣传品处于占有、支配、控制的一种状态。不仅随身携带可以认定为持有，在其住所、驾驶的运输工具上发现的恐怖主义、极端主义宣传品也可以认定为持有。

关联参见

《反恐怖主义法》第3条、第4条、第79条、第80条

第一百二十一条　【劫持航空器罪】以暴力、胁迫或者其他方法劫持航空器的，处十年以上有期徒刑或者无期徒刑；致人重伤、死亡或者使航空器遭受严重破坏的，处死刑。

条文解读

劫持航空器罪 ➔ 本条是关于劫持航空器罪及其处罚的规定。

行为人构成本罪必须是实施了以暴力、威胁或者其他方法劫持航空器的行为。“暴力”，主要是指犯罪分子使用强暴手段，如杀害、殴打等方法劫持航空器的行为；“胁迫”，主要是指犯罪分子以爆炸飞机、枪杀旅客等手段要挟、强迫机组人员服从其劫持航空器的命令的行为；“其他方法”，是指犯罪分子使用除暴力、威胁方法以外的方法劫持航空器的行为。如航空器的驾驶人员，利用驾驶航空器的便利条件，违反规定直接驾机非法出逃境外，危害公众安全的行为。“航空器”，是指各种运送旅客和运输物资的空中运输工具。

关联参见

《民用航空法》第191条

第一百二十二条　【劫持船只、汽车罪】以暴力、胁迫或者其他方法劫持船只、汽车的，处五年以上十年以下有期徒刑；造成严重后果的，处十年以上有期徒刑或者无期徒刑。

第一百二十三条　【暴力危及飞行安全罪】对飞行中的航空器上的人员使用暴力，危及飞行安全，尚未造成严重后果的，处五年以下有期徒刑或者拘役；造成严重后果的，处五年以上有期徒刑。

第一百二十四条　【破坏广播电视设施、公用电信设施罪】破坏广播电视设施、公用电信设施，危害公共安全的，处三年以上七年以下有期徒刑；造成严重后果的，处七年以上有期徒刑。

【过失损坏广播电视设施、公用电信设施罪】过失犯前款罪的，处三年以上七年以下有期徒刑；情节较轻的，处三年以下有期徒刑或者拘役。

条文解读

破坏广播电视设施、公用电信设施罪➔本条第 1 款是关于破坏广播电视设施、公用电信设施罪及其处罚的规定。

“广播设施”，包括发射无线电广播信号的发射台站等；“电视设施”，主要是指传播新闻信息的电视发射台、转播台等；“公用电信设施”，主要是指用于社会公用事业的通信设施、设备以及其他公用的通信设施、设备。如国家电信部门的无线电发报设施、设备，包括发射机、天线等；还有电话交换局、交换站以及有关国家重要部门的电话交换台、无线电通信网络，如在航空、航海交通工具及交通设施中使用的无线电通信、导航设施等。总之，电信设施，既包括各种机器设备，也包括其组成部分的线路等。应当注意的是，对于那些不可能影响公共安全的通信服务设备，如城市大街上的公用电话亭、一般的民用家庭电话等，不属于本条规定的“公用电信设施”的范围。如其破坏，可按毁坏公私财物罪处理。根据本款的规定，行为人破坏广播电视设施、公用电信设施的行为，必须达到“危害公共安全”的程度，才能构成本罪。

过失损坏广播电视设施、公用电信设施罪 ➜ 本条第 2 款是关于过失损坏广播电视设施、公用电信设施罪及其处罚的规定。所谓“过失犯前款罪的”，是指由于行为人主观上的疏忽大意或者过于轻信等过失，造成广播电视设施、公用电信设施被损坏，危害公共安全的行为。

关联参见

《最高人民法院关于审理破坏公用电信设施刑事案件具体应用法律若干问题的解释》第 4 条、第 5 条；《最高人民法院关于审理破坏广播电视设施等刑事案件具体应用法律若干问题的解释》

第一百二十五条　【非法制造、买卖、运输、邮寄、储存枪支、弹药、爆炸物罪】 非法制造、买卖、运输、邮寄、储存枪支、弹药、爆炸物的，处三年以上十年以下有期徒刑；情节严重的，处十年以上有期徒刑、无期徒刑或者死刑。

【非法制造、买卖、运输、储存危险物质罪】 非法制造、买卖、运输、储存毒害性、放射性、传染病病原体等物质，危害公共安全的，依照前款的规定处罚。

单位犯前两款罪的，对单位判处罚金，并对其直接负责的主管人员和其他直接责任人员，依照第一款的规定处罚。

条文解读

非法制造、买卖、运输、邮寄、储存枪支、弹药、爆炸物罪 ➜ 本条第 1 款是关于非法制造、买卖、运输、邮寄、储存枪支、弹药、爆炸物罪及其处罚的规定。

非法制造、买卖、运输、邮寄、储存枪支、弹药、爆炸物罪的要点如下：

1. 行为对象包括军用枪支和非军用枪支。非军用枪支是指射击运动枪、猎枪、麻醉注射枪、气枪、钢珠枪、催泪枪、电击枪以及其他足以致人伤亡或者丧失知觉的枪支。既包括枪支，也包括零件。

2. 本罪为选择性罪名。行为人只要实施制造、买卖、运输、邮寄、储存枪支、弹药、爆炸物行为之一的，即可构成本罪。如果非法制造枪支、弹药、爆炸物以后，又自己运输和贩卖的，只构成非法制造、运输枪支、弹药、爆炸物罪一罪，而不实行数罪并罚。

非法制造、买卖、运输、储存危险物质罪 ➔ 本条第 2 款是对非法制造、买卖、运输、储存危险物质罪及其处罚的规定。这里所说的“毒害性、放射性、传染病病原体等物质”，在前面第 114 条中已有论述，不再赘述。根据本款规定，非法制造、买卖、运输、储存毒害性、放射性、传染病病原体等物质，必须是危害公共安全的，才构成犯罪。

案例指引

07. 非法买卖、储存氰化钠的行为是否构成非法买卖、储存危险物质罪？①

王召成等非法买卖、储存危险物质案

（最高人民法院审判委员会讨论通过　2013 年 1 月 31 日发布）

关键词　刑事　非法买卖、储存危险物质　毒害性物质

裁判要点

1. 国家严格监督管理的氰化钠等剧毒化学品，易致人中毒或者死亡，对人体、环境具有极大的毒害性和危险性，属于刑法第一百二十五条第二款规定的“毒害性”物质。

2. “非法买卖”毒害性物质，是指违反法律和国家主管部门规定，

① 最高人民法院指导案例 13 号。

未经有关主管部门批准许可，擅自购买或者出售毒害性物质的行为，并不需要兼有买进和卖出的行为。

相关法条

《中华人民共和国刑法》第一百二十五条第二款

基本案情

公诉机关指控：被告人王召成、金国森、孙永法、钟伟东、周智明非法买卖氰化钠，危害公共安全，且系共同犯罪，应当以非法买卖危险物质罪追究刑事责任，但均如实供述自己的罪行，购买氰化钠用于电镀，未造成严重后果，可以从轻处罚，并建议对五被告人适用缓刑。

被告人王召成的辩护人辩称：氰化钠系限用而非禁用剧毒化学品，不属于毒害性物质，王召成等人擅自购买氰化钠的行为，不符合刑法第一百二十五条第二款规定的构成要件，在未造成严重后果的情形下，不应当追究刑事责任，故请求对被告人宣告无罪。

法院经审理查明：被告人王召成、金国森在未依法取得剧毒化学品购买、使用许可的情况下，约定由王召成出面购买氰化钠。2006 年 10 月至 2007 年年底，王召成先后 3 次以每桶 1000 元的价格向倪荣华（另案处理）购买氰化钠，共支付给倪荣华 40000 元。2008 年 8 月至 2009 年 9 月，王召成先后 3 次以每袋 975 元的价格向李光明（另案处理）购买氰化钠，共支付给李光明 117000 元。王召成、金国森均将上述氰化钠储存在浙江省绍兴市南洋五金有限公司其二人各自承包车间的带锁仓库内，用于电镀生产。其中，王召成用总量的三分之一，金国森用总量的三分之二。2008 年 5 月和 2009 年 7 月，被告人孙永法先后共用 2000 元向王召成分别购买氰化钠 1 桶和 1 袋。2008 年 7、8 月间，被告人钟伟东以每袋 1000 元的价格向王召成购买氰化钠 5 袋。2009 年 9 月，被告人周智明以每袋 1000 元的价格向王召成购买氰化钠 3 袋。孙永法、钟伟东、周智明购得氰化钠后，均储存于各自车间的带锁仓库或水槽内，用于电镀生产。

裁判结果

浙江省绍兴市越城区人民法院于 2012 年 3 月 31 日作出（2011）绍

越刑初字第205号刑事判决，以非法买卖、储存危险物质罪，分别判处被告人王召成有期徒刑三年，缓刑五年；被告人金国淼有期徒刑三年，缓刑四年六个月；被告人钟伟东有期徒刑三年，缓刑四年；被告人周智明有期徒刑三年，缓刑三年六个月；被告人孙永法有期徒刑三年，缓刑三年。宣判后，五被告人均未提出上诉，判决已发生法律效力。

裁判理由

法院生效裁判认为：被告人王召成、金国淼、孙永法、钟伟东、周智明在未取得剧毒化学品使用许可证的情况下，违反国务院《危险化学品安全管理条例》等规定，明知氰化钠是剧毒化学品仍非法买卖、储存，危害公共安全，其行为均已构成非法买卖、储存危险物质罪，且系共同犯罪。关于王召成的辩护人提出的辩护意见，经查，氰化钠虽不属于禁用剧毒化学品，但系列入危险化学品名录中严格监督管理的限用的剧毒化学品，易致人中毒或者死亡，对人体、环境具有极大的毒害性和极度危险性，极易对环境和人的生命健康造成重大威胁和危害，属于刑法第一百二十五条第二款规定的“毒害性”物质；“非法买卖”毒害性物质，是指违反法律和国家主管部门规定，未经有关主管部门批准许可，擅自购买或者出售毒害性物质的行为，并不需要兼有买进和卖出的行为；王召成等人不具备购买、储存氰化钠的资格和条件，违反国家有关监管规定，非法买卖、储存大量剧毒化学品，逃避有关主管部门的安全监督管理，破坏危险化学品管理秩序，已对人民群众的生命、健康和财产安全产生现实威胁，足以危害公共安全，故王召成等人的行为已构成非法买卖、储存危险物质罪，上述辩护意见不予采纳。王召成、金国淼、孙永法、钟伟东、周智明到案后均能如实供述自己的罪行，且购买氰化钠用于电镀生产，未发生事故，未发现严重环境污染，没有造成严重后果，依法可以从轻处罚。根据五被告人的犯罪情节及悔罪表现等情况，对其可依法宣告缓刑。公诉机关提出的量刑建议，王召成、钟伟东、周智明请求从轻处罚的意见，予以采纳，故依法作出如上判决。

关联参见

《最高人民法院关于审理非法制造、买卖、运输枪支、弹药、爆炸物等刑事案件具体应用法律若干问题的解释》第1条、第2条、第7条、第8条；《最高人民法院、最高人民检察院关于办理非法制造、买卖、运输、储存毒鼠强等禁用剧毒化学品刑事案件具体应用法律若干问题的解释》第1—6条

第一百二十六条　【违规制造、销售枪支罪】 依法被指定、确定的枪支制造企业、销售企业，违反枪支管理规定，有下列行为之一的，对单位判处罚金，并对其直接负责的主管人员和其他直接责任人员，处五年以下有期徒刑；情节严重的，处五年以上十年以下有期徒刑；情节特别严重的，处十年以上有期徒刑或者无期徒刑：

（一）以非法销售为目的，超过限额或者不按照规定的品种制造、配售枪支的；

（二）以非法销售为目的，制造无号、重号、假号的枪支的；

（三）非法销售枪支或者在境内销售为出口制造的枪支的。

条文解读

违规制造、销售枪支罪 ➲ 本条是关于违规制造、销售枪支罪及其处罚的规定。

构成本罪的主体只能是单位，即依法被指定、确定的枪支制造企业、销售企业。这里所说的“依法”，是指《枪支管理法》和有关部门依据《枪支管理法》制定的有关规定。所谓“被指定、确定的枪支制造企业”，是指根据《枪支管理法》由国家和有关部门指定、确定的允许制造枪支的企业。《枪支管理法》规定，公务用枪，即部队、警察、民兵以及其他特殊部门所装备的各种军用枪支，由国家指定的企业制造；民用枪支，即猎枪、麻醉注射枪、射击运动枪等其他非军用枪支，由国务

院有关主管部门提出，由国务院公安部门确定。同时，制造民用枪支的企业，由国务院、公安部门核发民用枪支制造许可证件，有效期为3年，期满需要继续制造民用枪支的，应当重新申请领取许可证件。所谓“被指定、确定的枪支销售企业”，是指根据《枪支管理法》及国家有关部门的规定，由国务院有关部门确定的有权销售枪支的企业。根据《枪支管理法》的规定，配售民用枪支的企业，由省级人民政府公安机关确定，并由省级人民政府的公安机关核发民用枪支配售许可证件，有效期为3年，期满需继续配售民用枪支的，应当重新申请领取许可证件。

关联参见

《公安机关管辖的刑事案件立案追诉标准（一）》第3条

第一百二十七条　【盗窃、抢夺枪支、弹药、爆炸物、危险物质罪】盗窃、抢夺枪支、弹药、爆炸物的，或者盗窃、抢夺毒害性、放射性、传染病病原体等物质，危害公共安全的，处三年以上十年以下有期徒刑；情节严重的，处十年以上有期徒刑、无期徒刑或者死刑。

【抢劫枪支、弹药、爆炸物、危险物质罪】抢劫枪支、弹药、爆炸物的，或者抢劫毒害性、放射性、传染病病原体等物质，危害公共安全的，或者盗窃、抢夺国家机关、军警人员、民兵的枪支、弹药、爆炸物的，处十年以上有期徒刑、无期徒刑或者死刑。

第一百二十八条　【非法持有、私藏枪支、弹药罪】违反枪支管理规定，非法持有、私藏枪支、弹药的，处三年以下有期徒刑、拘役或者管制；情节严重的，处三年以上七年以下有期徒刑。

【非法出租、出借枪支罪】依法配备公务用枪的人员，非法出租、出借枪支的，依照前款的规定处罚。

【非法出租、出借枪支罪】依法配置枪支的人员，非法出租、出借枪支，造成严重后果的，依照第一款的规定处罚。

单位犯第二款、第三款罪的，对单位判处罚金，并对其直接负责的主管人员和其他直接责任人员，依照第一款的规定处罚。

条文解读

非法出租、出借枪支罪 ➲ 本条第 2 款、第 3 款是关于非法出租、出借枪支罪及其处罚的规定。

“依法配备公务用枪”，通常指国家给司法人员、军警人员、公务人员、银行等金融机构的保卫人员配备的枪支。这些枪支一般是军用或者是制式枪支。该款规定的是行为犯，只要有出租、出借行为，不论是否造成严重后果，都构成犯罪。

“依法配置枪支”的人员或单位，如国家体育运动委员会的射击运动用枪支、营业性射击场所、狩猎场所、牧民持有的枪支。这些枪支通常是非军用、非制式枪支。该款规定的是结果犯，只有造成严重后果的才构成犯罪。

依法配备公务用枪的人员，非法将枪支用作借债质押物的，以非法出租、出借枪支罪定罪处罚，对接受枪支质押的人员，以非法持有、私藏枪支罪定罪处罚。

行为人事前与犯罪分子通谋，为他人实施其他犯罪活动而出租、出借枪支的，应当以其他犯罪分子所实施的犯罪的共犯论处。非法持有、私藏枪支的人，又非法出租、出借枪支的，只能以非法持有、私藏枪支罪论处。但行为人具有事前与犯罪分子通谋，为他人实施其他犯罪活动而出租、出借枪支的情形时，应当以其他犯罪分子所实施的犯罪的共犯论处。

实务应用

20. 依法配备公务用枪的人员与依法配置枪支的人员构成非法出租、出借枪支罪的区别是什么？

根据《刑法》第 128 条第 2 款、第 3 款的规定，依法配备公务用枪的人员，只要实施了非法出租、出借枪支的行为，就构成本罪；而依法配置枪支的人员，只是实施了非法出租、出借枪支的行为，尚不构成犯罪，只有因此造成了严重后果才构成本罪。具体认定中，主要应当注意如下几点：一是从主体上区分。构成本罪的主体只能是依法配备公务用枪和依法配置民用枪支的个人和单位，非依法配备、配置枪支的单位和个人非法出租、出借枪支的，不构成本罪。二是从主观方面区分。构成本罪必须是故意所为，如果是过失所为，则不构成本罪。三是从情节上区分，如将枪支出租、出借给不法分子则属于情节严重，如将民用枪支出租、出借他人临时使用并未造成严重后果的，一般不应以犯罪论处。四是从枪支的种类上区分。一般来说，出租、出借公务用枪的行为危害较大，而出租、出借民用枪支的行为危害较小，对前者一般应以犯罪论处，对后者只要没有造成严重后果的，不宜以犯罪论处。

关联参见

《公安机关管辖的刑事案件立案追诉标准（一）》第 4 条、第 5 条；《最高人民法院关于审理非法制造、买卖、运输枪支、弹药、爆炸物等刑事案件具体应用法律若干问题的解释》第 5 条、第 10 条

第一百二十九条　【丢失枪支不报罪】 依法配备公务用枪的人员，丢失枪支不及时报告，造成严重后果的，处三年以下有期徒刑或者拘役。

条文解读

丢失枪支不报罪 ➲ 本条是关于丢失枪支不报罪及其处罚的规定。

构成本罪的主体是特殊主体，即“依法配备公务用枪的人员”。这里所说的“依法配备公务用枪的人员”的范围与第 128 条第 2 款规定的依法配备公务用枪的人员的范围是一致的。构成本罪的行为人必须具有丢失枪支不及时报告的行为。这里所说的“枪支”，即指公务用枪，不

包括民用枪支；“丢失枪支”，主要是指依法配备公务用枪的人员的枪支被盗、被抢或者遗失等情况。现实中丢失枪支的情况很复杂，有的行为人有过错，有的行为人没有过错，但无论枪支如何丢失，都构成犯罪的前提条件。

构成本罪必须具备以下两个条件：(1) 丢枪后“未及时报告”。即行为人丢失枪支后未及时向本单位或者有关部门报告。如果行为人及时、如实报告自己丢失枪支的情况，则不能适用本条的规定。(2) 丢枪的行为造成了严重后果。所谓“造成严重后果”，是指枪支丢失后被犯罪分子用于犯罪活动等情况。

关联参见

《公安机关管辖的刑事案件立案追诉标准（一）》第6条

第一百三十条　【非法携带枪支、弹药、管制刀具、危险物品危及公共安全罪】非法携带枪支、弹药、管制刀具或者爆炸性、易燃性、放射性、毒害性、腐蚀性物品，进入公共场所或者公共交通工具，危及公共安全，情节严重的，处三年以下有期徒刑、拘役或者管制。

条文解读

非法携带枪支、弹药、管制刀具、危险物品危及公共安全罪 ➔ 本条是关于非法携带枪支、弹药、管制刀具、危险物品危及公共安全罪及其处罚的规定。

构成本罪的，必须具备以下几个条件：(1) 行为人具有非法携带枪支、弹药、管制刀具或者其他危险物品，进入公共场所或进入公共交通工具的行为。这里所说的“枪支、弹药”及“爆炸性、易燃性、放射性、毒害性、腐蚀性物品”的含义与范围与本章其他条文所规定的内容是一致的。本条规定的“管制刀具”，是指国家依法进行管制，只能由特定人员持有、使用，禁止私自生产、买卖、持有的刀具，如匕首、三棱刮刀、弹簧刀以及类似的单刃刀、双刃刀和三棱尖刀等。“公共场所”主要是指大众进行公开活动的场所，如商店、影剧院、体育场、街道等。“公共交通工具”，是指火车、轮船、长途客运汽车、公共电车、汽车、民用航空器等。(2) 必须危及公共安全，且是情节严重的行为，才能构成本罪。一般而言，非法携带枪支、弹药、管制刀具或者其他危险物品进入公共场所或者公共交通工具的行为本身就危及公共安全，使广大公民及国家财产处于危险之中，但根据本条规定，只有上述行为达到情节严重的程度，才能构成本罪。

关联参见

《公安机关管辖的刑事案件立案追诉标准（一）》第7条；《最高人民法院关于审理非法制造、买卖、运输枪支、弹药、爆炸物等刑事案件具体应用法律若干问题的解释》第6条

第一百三十一条　【重大飞行事故罪】航空人员违反规章制度，致使发生重大飞行事故，造成严重后果的，处三年以下有期徒刑或者拘役；造成飞机坠毁或者人员死亡的，处三年以上七年以下有期徒刑。

第一百三十二条　【铁路运营安全事故罪】铁路职工违反规章制度，致使发生铁路运营安全事故，造成严重后果的，处三年以下有期徒刑或者拘役；造成特别严重后果的，处三年以上七年以下有期徒刑。

第一百三十三条　【交通肇事罪】违反交通运输管理法规，因而发生重大事故，致人重伤、死亡或者使公私财产遭受重大损失的，处三年以下有期徒刑或者拘役；交通运输肇事后逃逸或者有其他特别恶劣情节的，处三年以上七年以下有期徒刑；因逃逸致人死亡的，处七年以上有期徒刑。

条文解读

交通肇事罪 ➲ 本条是关于交通肇事罪及其处罚的规定。

1. 本条规定的犯罪主体为一般主体，任何人只要从事机动车船驾驶的，均可成为本罪的主体。当然，实际中主要是从事交通运输的人员，包括从事公路交通运输、水上交通运输的人员，如车辆、船舶的驾驶员、车长、船长等，以及对上述交通运输的正常、安全运行负有职责的其他有关人员。因《刑法》已对航空人员、铁路职工违反规章制度，致使发生重大飞行事故、铁路运营安全事故作了专门的规定，所以本条不再包括上述两种人。

2. 行为人主观上是出于过失。如果行为人故意造成交通事故的发生，则应按其他有关条款定罪量刑，不能适用本条。

3. 行为人必须实施了违反交通运输法规的行为。这里所说的“违反交通运输法规”，是指违反国家有关交通运输管理方面的法律、法规以及国家有关部门制定的各种规定。如《道路交通安全法》《道路交通安全法实施条例》《铁路道口管理暂行规定》以及其他有关海运、船运等方面的法律、法规。

4. 行为人的行为必须造成了重大事故，即致人重伤、死亡或者使公私财产遭受重大损失的，才能构成本罪。这一点是区分交通肇事罪与一般交通事故的主要标准，如果行为人违反有关交通法规的过失行为未造成上述危害后果的，就不构成犯罪，而应按交通事故由有关主管部门处理。

实务应用

21. 实践中，如何区分交通肇事罪与以驾车撞人的危险方法危害公共安全罪？

两者都是危害公共安全的犯罪，都可能发生致人重伤、死亡或者使公私财产遭受重大损失的严重后果，但两者存在明显区别：(1) 主观方面不同。交通肇事罪在主观方面表现为过失；以驾车撞人的危险方法危害公共安全罪在主观上表现为故意。(2)客观方面的要求不同。交通肇事罪在客观方面要求行为人的违章行为必须造成法定的严重后果才构成犯罪。

案例指引

08. 如何区分交通肇事罪和重大责任事故罪?①

夏某某等人重大责任事故案

关键词 重大责任事故罪 交通肇事罪 捕后引导侦查 审判监督

要旨

内河运输中发生的船舶交通事故,相关责任人员可能同时涉嫌交通肇事罪和重大责任事故罪,要根据运输活动是否具有营运性质以及相关人员的具体职责和行为,准确适用罪名。重大责任事故往往涉案人员较多,因果关系复杂,要准确认定涉案单位投资人、管理人员及相关国家工作人员等涉案人员的刑事责任。

基本案情

被告人夏某某,男,原"×号"平板拖船股东、经营者、驾驶员。

被告人刘某某,男,原"×号"平板拖船驾驶员、平板拖船联营股东。

被告人左某某,男,原平板拖船联营股东、经营者。

被告人段某某,男,原"×号"平板拖船联营股东、经营者。

被告人夏英某,男,原"×号"平板拖船股东、经营者。

2012年3月,在左某某的召集下,"×号"等四艘平板拖船的股东夏某某、刘某某、段某某、伍某某等十余人经协商签订了联营协议,左某某负责日常经营管理及财务,并与段某某共同负责船只调度;夏某某、夏英某、刘某某负责"×号"平板拖船的具体经营。在未依法取得船舶检验合格证书、船舶登记证书、水路运输许可证、船舶营业运输证

---

① 最高人民检察院检例第97号。

等经营资质的情况下，上述四艘平板拖船即在湖南省安化县资江河段部分水域进行货运车辆的运输业务。

2012年12月8日晚12时许，按照段某某的调度安排，夏某某、刘某某驾驶的“×号”在安化县烟溪镇十八渡码头搭载四台货运车，经资江水域柘溪水库航道前往安化县平口镇。因“×号”无车辆固定装置，夏某某、刘某某仅在车辆左后轮处塞上长方形木条、三角木防止其滑动，并且未要求驾乘人员离开驾驶室实行“人车分离”。次日凌晨3时许，“×号”行驶至平口镇安平村河段时，因刘某某操作不当，船体发生侧倾，致使所搭载的四台货运车辆滑入柘溪水库，沉入水中。该事故造成10名司乘人员随车落水，其中9人当场溺亡，直接经济损失100万元。

检察机关履职过程

（一）捕后引导侦查

事故发生后，“×号”驾驶员夏某某、刘某某主动投案，安化县公安局对二人以涉嫌重大责任事故罪立案侦查，经检察机关批准，对二人采取逮捕措施。安化县人民检察院审查批准逮捕时认为，在案证据仅能证明事故经过及后果，而证明联营体的组建、经营管理及是否违反安全生产规定的证据尚未到位。作出批捕决定的同时，提出详细的继续取证提纲，要求公安机关进一步查清四艘平板拖船的投资、经营管理情况及联营协议各方是否制定并遵守相关安全生产管理规定等。后公安机关补充完善了上述证据，对夏某某、刘某某以涉嫌重大责任事故罪向安化县人民检察院移送起诉。

（二）指控和证明犯罪

安化县人民检察院经审查，对夏某某、刘某某以涉嫌重大责任事故罪向安化县人民法院提起公诉。安化县人民法院公开开庭审理此案，庭审中，辩护律师辩称：该案若定性为重大责任事故罪，刘某某不是事故船舶股东，应宣判无罪；若定性为交通肇事罪，夏某某不是肇事驾驶员，也没有指使或强令违章驾驶行为，应宣判无罪。对此，公诉人出示事故调查报告、其他股东等证人证言、收据等证据，指出刘某某既是联营船舶的股东，又接受联营组织安排与夏某某一起负责经营管理“×号”；夏某某、刘某某在日常经营管理中，实施了非法运输、违规夜间航行、违规超载、无证驾驶或放任无证驾驶等违反安全管理规定的行为，二人均构成重大责任事故罪。安化县人民法院经审理认为该案是在公共交通管理范围内发生的水上交通事故，遂改变定性以交通肇事罪认定罪名。

（三）提出抗诉

检察机关审查后认为一审判决认定罪名有误，遂以一审判决适用法律确有错误为由，依法提出抗诉。主要理由：(1) 联营船舶非法营运，长期危险作业。一是四艘船舶系左某某、夏某某、刘某某等股东分别委托他人非法制造，均未取得船舶检验合格证书、船舶登记证书、水路运输许可证、船舶营业运输证等经营资质，非法从事货运车辆运输经营。二是违反规定未配备适格船员。联营协议仅确定了利益分配方案和经营管理人员，左某某、段某某作为联营组织的管理人员，夏英某、夏某某、刘某某作为联营船舶的经营管理人员，违反《中华人民共和国安全生产法》《中华人民共和国内河交通安全管理条例》等规定，未制定安全作业管理规定，未配备拥有适任证的船员。三是联营船舶长期危险作业。未按规定组织船员参加安全生产教育培训，未在船舶上设置固定货运车辆的设施和安全救援设施，且无视海事、交通管理等部门多次作出的停航等行政处罚，无视“禁止夜间渡运、禁止超载、货运车辆人车分离”等安全规定，甚至私自拆除相关部门在船舶上加装的固定限载措施，长期危险营运。(2) 夏某某、刘某某系“×号”经营管理人员和驾驶人员，认定重大责任事故罪更能全面准确评价二人的行为。夏某某、刘某某是联营船舶经营管理人员，对上述违规和危险作业情况明知，且长期参与营运，又是事故当晚驾驶人员，实施了超载运输、无证驾驶、超速行驶等违规行为，二人同时违反了有关安全管理的规定和交通运输法规，因而发生重大事故，由于联营船舶运输活动具有营运性质，是生产经营活动，不仅是交通运输，以重大责任事故罪认定罪名更为准确，更能全面评价二人的行为。益阳市中级人民法院二审改变一审罪名认定，支持检察机关抗诉意见。

(四) 依法追究股东等管理人员的刑事责任

事故发生后，公安机关分别对左某某、夏英某、段某某等股东以非法经营罪立案侦查，并提请安化县人民检察院批准逮捕。安化县人民检察院审查后，认为缺少事故调查报告、犯罪嫌疑人明知存在安全隐患等方面证据，以事实不清、证据不足为由不批捕。公安机关遂变更强制措施为监视居住，期满后解除，后3人逃匿。公安机关于2015年4月1日对该3人决定刑事拘留并上网追逃。左某某于2016年8月1日被抓获归案，段某某、夏英某分别于2017年11月4日、5日主动投案。后公安机关以涉嫌重大责任事故罪分别将3人移送安化县人民检察院审查起诉。

安化县人民检察院经审查认为，该起事故是联营船舶长期以来严重违反相关安全管理规定危险作业造成的，左某某系联营的召集者，负责日常经营管理、调度及会计事务；段某某实际履行调度职责，且在案发当晚调度事故船只“×号”承载业务；夏英某系事故船舶“×号”的主要经营管理人员，3人对事故发生均负有重要责任，均涉嫌构成重大责任事故罪，先后于2016年12月28日对左某某、2018年8月10日对段某某、夏英某向安化县人民法院提起公诉。此外，对于伍某某等其他联营股东，检察机关审查后认为，其或者未参与经营、管理，或者仅负责“×号”外其他联营船舶的经营、管理，不能认定其对事故的发生负有主要责任或者直接责任，可不予追究刑事责任。

法院审理阶段，左某某及其辩护律师在庭审中，提出联营船舶风险各自承担、左某某不是管理者、联营体已于案发前几天即2012年12月4日解散等辩解。公诉人指出，尽管夏英某、段金某等股东的证言均证实左某某与夏英某于2012年12月4日在电话联系时发生争执并声称要散伙，但股东之间并未就解散进行协商；且左某某记载的联营账目上仍记载了2012年12月5日“×号”加油、修理等经营费用。因此，左某某是联营体管理者，事故发生时联营体仍处于存续状态。法院采纳了检察机关的意见。

（五）处理结果

2015 年 8 月 20 日，安化县人民法院以交通肇事罪分别判处夏某某、刘某某有期徒刑四年六个月。安化县人民检察院抗诉后，益阳市中级人民法院于 2015 年 12 月 21 日以重大责任事故罪分别判处夏某某、刘某某有期徒刑四年六个月。判决已生效。2017 年 5 月 25 日，安化县人民法院以重大责任事故罪判处左某某有期徒刑三年，左某某提起上诉，二审发回重审，该院作出相同判决，左某某再次上诉后，二审法院裁定维持原判。2018 年 9 月 19 日，安化县人民法院以重大责任事故罪分别判处段某某、夏英某有期徒刑三年，缓刑五年。二人未上诉，判决已生效。

事故发生后，负有监管责任的相关国家工作人员被依法问责。安化县地方海事处原副主任刘雄某、航道股股长姜某某等 6 人，因负有直接安全监管责任，未认真履行职责，或在发现重大安全隐患后没有采取积极、有效的监管措施，被追究玩忽职守罪的刑事责任。安化县交通运输局原党组成员、工会主席余某某等 9 人分别被给予警告、严重警告、记过、撤职等党政纪处分。

指导意义

（一）准确适用交通肇事罪与重大责任事故罪。两罪均属危害公共安全犯罪，前罪违反的是“交通运输法规”，后罪违反的是“有关安全管理的规定”。一般情况下，在航道、公路等公共交通领域，违反交通运输法规驾驶机动车辆或者其他交通工具，致人伤亡或者造成其他重大财产损失，构成犯罪的，应认定为交通肇事罪；在停车场、修理厂、进行农耕生产的田地等非公共交通领域，驾驶机动车辆或者其他交通工具，造成人员伤亡或者财产损失，构成犯罪的，应区分情况，分别认定为重大责任事故罪、重大劳动安全事故罪、过失致人死亡罪等罪名。需要指出的是，对于从事营运活动的交通运输组织来说，航道、公路既是公共交通领域，也是其生产经营场所，“交通运输法规”同时亦属交通运输组织的“安全管理的规定”，交通运输活动的负责人、投资人、驾驶人员等违反有关规定导致在航道、公路上发生交通事故，造成人员伤亡或者财产损失的，可能同时触犯交通肇事罪与重大责任事故罪。鉴于两罪前两档法定刑均为七年以下有期徒刑（交通肇事罪有因逃逸致人死亡判处七年以上有期徒刑的第三档法定刑），要综合考虑行为人对交通运输活动是否负有安全管理职责、对事故发生是否负有直接责任、所实施行为违反的主要是交通运输法规还是其他安全管理的法规等，准确选择适用罪名。具有营运性质的交通运输活动中，行为人既违反交通运输法规，也违反其他安全管理规定（如未取得安全许可证、经营资质、不配备安全设施等），发生重大事故的，由于该类运输活动主要是一种生产经营活动，并非单纯的交通运输行为，为全面准确评价行为人的行为，一般可按照重大责任事故罪认定。交通运输活动的负责人、投资人等负有安全监管职责的人员违反有关安全管理规定，造成重大事故发生，应认定为重大责任事故罪；驾驶人员等一线运输人员违反交通运输法规造成事故发生的，应认定为交通肇事罪。

（二）准确界定因果关系，依法认定投资人、实际控制人等涉案人员及相关行政监管人员的刑事责任。危害生产安全案件往往多因一果，涉案人员较多，既有直接从事生产、作业的人员，又有投资人、实际控制人等，还可能涉及相关负有监管职责的国家工作人员。投资人、实际控制人等一般并非现场作业人员，确定其行为与事故后果之间是否存在刑法意义上的因果关系是个难点。如果投资人、实际控制人等实施了未取得经营资质和安全生产许可证、未制定安全生产管理规定或规章制度、不提供安全生产条件和必要设施等不履行安全监管职责的行为，在此情况下进行生产、作业，导致发生重大伤亡事故或者造成其他严重后果的，不论事故发生是否介入第三人违规行为或者其他因素，均不影响认定其行为与事故后果之间存在刑法上的因果关系，应当依法追究其刑事责任。对发案单位的生产、作业负有安全监管、查处等职责的国家工作人员，不履行或者不正确履行工作职责，致使发案单位违规生产、作业或者危险状态下生产、作业，发生重大安全事故的，其行为也是造成危害结果发生的重要原因，应以渎职犯罪追究其刑事责任。

相关规定

《中华人民共和国刑法》第一百三十三条、第一百三十四条第一款

《最高人民法院、最高人民检察院关于办理危害生产安全刑事案件适用法律若干问题的解释》第一条

《中华人民共和国安全生产法》（2009 年）第二、四、五、十六、十七、十八、四十九、五十、五十一条①

《中华人民共和国内河交通安全管理条例》（2011 年）第六、九、十五、二十一、二十二条

关联参见

《最高人民法院关于审理交通肇事刑事案件具体应用法律若干问题的解释》第 1 条、第 5 条、第 6 条、第 8 条、第 9 条

第一百三十三条之一　【危险驾驶罪】在道路上驾驶机动车，有下列情形之一的，处拘役，并处罚金：

（一）追逐竞驶，情节恶劣的；

（二）醉酒驾驶机动车的；

（三）从事校车业务或者旅客运输，严重超过额定乘员载客，或者严重超过规定时速行驶的；

（四）违反危险化学品安全管理规定运输危险化学品，危及公共安全的。

机动车所有人、管理人对前款第三项、第四项行为负有直接责任的，依照前款的规定处罚。

---

① 现分别为《安全生产法》（2021 年修正）第 2、4、5、20、21、23、57、58、59 条。

有前两款行为，同时构成其他犯罪的，依照处罚较重的规定定罪处罚。

条文解读

危险驾驶罪 ➜ 本条是关于危险驾驶罪及其处罚的规定。

危险驾驶罪的犯罪主体为一般主体，即任何在道路上行驶的机动车的驾驶人。本罪侵害的是双重客体，主要是道路交通秩序，同时也威胁到不特定多数人的生命、财产安全。犯罪人在主观上应当为故意，尽管犯罪人在主观上并没有追求交通事故、人员伤亡等后果的发生，但是对于危险驾驶的行为是明知或者放任发生的。构成危险驾驶罪的前提是在道路上驾驶机动车。

根据《道路交通安全法》第119条的规定，本款规定中的“道路”是指：公路、城市道路和虽在单位管辖范围但允许社会机动车通行的地方，包括广场、公共停车场等用于公众通行的场所。同样，根据该条规定，“机动车”是指以动力装置驱动或者牵引，上道路行驶的供人员乘用或者用于运送物品以及进行工程专项作业的轮式车辆。

根据本条第1款的规定，构成危险驾驶罪的行为有以下四种：

1. “追逐竞驶，情节恶劣的”。这里规定的“追逐竞驶”，就是平常所说的“飙车”，是指在道路上，以在较短的时间内通过某条道路为目标或者以同行的其他车辆为竞争目标，追逐行驶。具体情形包括在道路上进行汽车驾驶“计时赛”，或者若干车辆在同时行进中互相追赶等，既包括超过限定时速的追逐竞驶，也包括未超过限定时速的追逐竞驶。根据本款规定，在道路上追逐竞驶，情节恶劣的才构成犯罪。判断是否“情节恶劣”，应结合追逐竞驶所在的道路、时段、人员流量，追逐竞驶造成的危害程度以及危害后果等方面进行认定。

2. “醉酒驾驶机动车的”。《道路交通安全法》的相关规定区分了饮酒和醉酒两种情形。醉酒驾驶机动车的行为不一定造成交通事故、人员伤亡的严重后果，只要行为人血液中的酒精含量大于或者等于80mg/

100ml，即构成危险驾驶的行为。根据《最高人民法院、最高人民检察院、公安部关于办理醉酒驾驶机动车刑事案件适用法律若干问题的意见》中的规定，醉酒驾驶机动车，造成交通事故且负事故全部或者主要责任，或者造成交通事故后逃逸，尚未构成其他犯罪的；血液酒精含量达到200mg/100ml以上的；在高速公路、城市快速路上醉酒驾驶的；醉酒驾驶载有乘客的营运机动车的；有严重超员、超载或者超速驾驶，无驾驶资格驾驶机动车，使用伪造或者变造的机动车牌证等严重违反《道路交通安全法》的行为的；逃避公安机关依法检查，或者拒绝、阻碍公安机关依法检查尚未构成其他犯罪的；曾因酒后驾驶机动车受过行政处罚或者刑事追究的；有其他可以从重处罚的情形的，应当从重处罚。

3.“从事校车业务或者旅客运输，严重超过额定乘员载客，或者严重超过规定时速行驶的”。这里所规定的“校车”，是指依照国家规定取得使用许可，用于接送接受义务教育的学生上下学的7座以上的载客汽车。依照国务院颁布的《校车安全管理条例》的有关规定，从事校车业务应当取得许可。学校或者校车服务提供者申请取得校车使用许可，应当向县级或者设区的市级人民政府教育行政部门提交书面申请和证明其符合该条例第14条规定条件的材料。教育行政部门应当自收到申请材料之日起3个工作日内，分别送同级公安机关交通管理部门、交通运输部门征求意见，公安机关交通管理部门和交通运输部门应当在3个工作日内回复意见。教育行政部门应当自收到回复意见之日起5个工作日内提出审查意见，报本级人民政府。本级人民政府决定批准的，由公安机关交通管理部门发给校车标牌，并在机动车行驶证上签注校车类型和核载人数；不予批准的，书面说明理由。校车标牌应当载明本车的号牌号码、车辆的所有人、驾驶人、行驶线路、开行时间、停靠站点以及校车标牌发牌单位、有效期等事项。禁止使用未取得校车标牌的车辆提供校车服务。这里规定的“从事旅客运输的车辆”，包括需要具备营运资格的公路客运、公交客运、出租客运、旅游客运以及其他从事旅客运输的微型面包车等非营运客车。从事旅客运输的驾驶人员需要具备一定的资质，由有关部门颁发准驾证明。

4.“违反危险化学品安全管理规定运输危险化学品，危及公共安全的”。根据国务院发布的《危险化学品安全管理条例》的规定，危险化学品是指具有毒害、腐蚀、爆炸、燃烧、助燃等性质，对人体、设施、环境具有危害的剧毒化学品和其他化学品。从事危险化学品道路运输的，应当取得危险货物道路运输许可，并向市场监督管理部门办理登记手续。危险化学品道路运输企业应当配备专职安全管理人员。驾驶人员、装卸管理人员、押运人员应当经交通运输主管部门考核合格，取得从业资格。运输危险化学品，应当根据危险化学品的危险特性采取相应的安全防护措施，并配备必要的防护用品和应急救援器材。用于运输危险化学品的槽罐以及其他容器应当封口严密，能够防止危险化学品在运输过程中因温度、湿度或者压力的变化发生渗漏、洒漏；槽罐以及其他容器的溢流和泄压装置应当设置准确、起闭灵活。运输危险化学品的驾驶人员、装卸管理人员、押运人员应当了解所运输的危险化学品的危险特性及其包装物、容器的使用要求和出现危险情况时的应急处置方法。通过道路运输危险化学品的，托运人应当委托依法取得危险货物道路运输许可的企业承运，应当按照运输车辆的核定载质量装载危险化学品，不得超载。危险化学品运输车辆应当符合国家标准要求的安全技术条件，并按照国家有关规定定期进行安全技术检验，应当悬挂或者喷涂符合国家标准要求的警示标志。通过道路运输危险化学品的，应当配备押运人员，并保证所运输的危险化学品处于押运人员的监控之下。运输危险化学品途中因住宿或者发生影响正常运输的情况，需要较长时间停车的，驾驶人员、押运人员应当采取相应的安全防范措施；运输剧毒化学品或者易制爆危险化学品的，还应当向当地公安机关报告。未经公安机关批准，运输危险化学品的车辆不得进入危险化学品运输车辆限制通行的区域。危险化学品运输车辆限制通行的区域由县级人民政府公安机关划定，并设置明显的标志。

案例指引

09. 机动车驾驶人员出于竞技、追求刺激、斗气或者其他动机，在道路上曲折穿行、快速追赶行驶的，是否属于“追逐竞驶”？①

张某某、金某危险驾驶案

（最高人民法院审判委员会讨论通过　2014年12月18日发布）

关键词　刑事　危险驾驶罪　追逐竞驶　情节恶劣

裁判要点

1. 机动车驾驶人员出于竞技、追求刺激、斗气或者其他动机，在道路上曲折穿行、快速追赶行驶的，属于《中华人民共和国刑法》第一百三十三条之一规定的“追逐竞驶”。

2. 追逐竞驶虽未造成人员伤亡或财产损失，但综合考虑超过限速、闯红灯、强行超车、抗拒交通执法等严重违反道路交通安全法的行为，足以威胁他人生命、财产安全的，属于危险驾驶罪中“情节恶劣”的情形。

相关法条

《中华人民共和国刑法》第一百三十三条之一

基本案情

2012年2月3日20时20分许，被告人张某某、金某相约驾驶摩托车出去享受大功率摩托车的刺激感，约定“陆家浜路、河南南路路口是目的地，谁先到谁就等谁”。随后，由张某某驾驶无牌的本田大功率二轮摩托车（经过改装），金某驾驶套牌的雅马哈大功率二轮摩托车（经过改装），从上海市浦东新区乐园路99号车行出发，行至杨高路、巨峰路路口掉头沿杨高路由北向南行驶，经南浦大桥到陆家浜路下桥，后沿河南南路经复兴东路隧道、张杨路回到张某某住所。全程28.5公里，沿途经过多个公交站点、居民小区、学校和大型超市。在行驶途中，二被告人驾车在密集车流中反复并线、曲折穿插、多次闯红灯、大幅度超

---

① 最高人民法院指导案例32号。

速行驶。当行驶至陆家浜路、河南南路路口时，张某某、金某遇执勤民警检查，遂驾车沿河南南路经复兴东路隧道、张杨路逃离。其中，在杨高南路浦建路立交（限速60km/h）张某某行驶速度115km/h、金某行驶速度98km/h；在南浦大桥桥面（限速60km/h）张某某行驶速度108km/h、金某行驶速度108km/h；在南浦大桥陆家浜路引桥下匝道（限速40km/h）张某某行驶速度大于59km/h、金某行驶速度大于68km/h；在复兴东路隧道（限速60km/h）张某某行驶速度102km/h、金某行驶速度99km/h。

2012年2月5日21时许，被告人张某某被抓获到案后，如实供述上述事实，并向公安机关提供被告人金某的手机号码。金某接公安机关电话通知后于2月6日21时许主动投案，并如实供述上述事实。

裁判结果

上海市浦东新区人民法院于2013年1月21日作出（2012）浦刑初字第4245号刑事判决：被告人张某某犯危险驾驶罪，判处拘役四个月，缓刑四个月，并处罚金人民币四千元；被告人金某犯危险驾驶罪，判处拘役三个月，缓刑三个月，并处罚金人民币三千元。宣判后，二被告人均未上诉，判决已发生法律效力。

裁判理由

法院生效裁判认为：根据《中华人民共和国刑法》第一百三十三条之一第一款规定，“在道路上驾驶机动车追逐竞驶，情节恶劣的”构成危险驾驶罪。刑法规定的“追逐竞驶”，一般指行为人出于竞技、追求刺激、斗气或者其他动机，二人或二人以上分别驾驶机动车，违反道路交通安全规定，在道路上快速追赶行驶的行为。本案中，从主观驾驶心态上看，二被告人张某某、金某到案后先后供述“心里面想找点享乐和刺激”“在道路上穿插、超车、得到心理满足”；在面临红灯时，“刹车不舒服、逢车必超”“前方有车就变道曲折行驶再超越”。二被告人上述供述与相关视听资料相互印证，可以反映出其追求刺激、炫耀驾驶技能的竞技心理。从客观行为上看，二被告人驾驶超标大功率的改装摩托车，为追求速度，多次随意变道、闯红灯、大幅超速等严重违章。从行驶路线看，二被告人共同自浦东新区乐园路 99 号出发，至陆家浜路、河南南路路口接人，约定了竞相行驶的起点和终点。综上，可以认定二被告人的行为属于危险驾驶罪中的“追逐竞驶”。

关于本案被告人的行为是否属于“情节恶劣”，应从其追逐竞驶行为的具体表现、危害程度、造成的危害后果等方面，综合分析其对道路交通秩序、不特定多人生命、财产安全威胁的程度是否“恶劣”。本案中，二被告人追逐竞驶行为，虽未造成人员伤亡和财产损失，但从以下情形分析，属于危险驾驶罪中的“情节恶劣”：第一，从驾驶的车辆看，二被告人驾驶的系无牌和套牌的大功率改装摩托车；第二，从行驶速度看，总体驾驶速度很快，多处路段超速达 50%以上；第三，从驾驶方式看，反复并线、穿插前车、多次闯红灯行驶；第四，从对待执法的态度看，二被告人在民警盘查时驾车逃离；第五，从行驶路段看，途经的杨高路、张杨路、南浦大桥、复兴东路隧道等均系城市主干道，沿途还有多处学校、公交和地铁站点、居民小区、大型超市等路段，交通流量较大，行驶距离较长，在高速驾驶的刺激心态下和躲避民警盘查的紧张心态下，极易引发重大恶性交通事故。上述行为，给公共交通安全造成一定危险，足以威胁他人生命、财产安全，故可以认定二被告人追逐竞驶的行为属于危险驾驶罪中的“情节恶劣”。

被告人张某某到案后如实供述所犯罪行，依法可以从轻处罚。被告人金某投案自首，依法亦可以从轻处罚。鉴于二被告人在庭审中均已认识到行为的违法性及社会危害性，保证不再实施危险驾驶行为，并多次表示认罪悔罪，且其行为尚未造成他人人身、财产损害后果，故依法作出如上判决。

第一百三十三条之二　【妨害安全驾驶罪】对行驶中的公共交通工具的驾驶人员使用暴力或者抢控驾驶操纵装置，干扰公共交通工具正常行驶，危及公共安全的，处一年以下有期徒刑、拘役或者管制，并处或者单处罚金。

前款规定的驾驶人员在行驶的公共交通工具上擅离职守，与他人互殴或者殴打他人，危及公共安全的，依照前款的规定处罚。

有前两款行为，同时构成其他犯罪的，依照处罚较重的规定定罪处罚。

条文解读

妨害安全驾驶罪 ➜ 本条是关于妨害安全驾驶罪及其处罚的规定。

构成本条第 1 款规定的犯罪应当具备以下条件：(1) 犯罪主体主要是公共交通工具上的乘客等人员。(2) 行为发生在行驶的公共交通工具上。“公共交通工具”，主要是指公共汽车、公路客运车，大、中型出租车等车辆。(3) 行为人实施了对驾驶人员使用暴力或者抢控驾驶操纵装置的行为。这里的“对驾驶人员使用暴力或者抢控驾驶操纵装置”，主要是指行为人对公共交通工具的驾驶人员实施殴打、推搡拉拽等暴力行为，或者实施抢夺控制方向盘、变速杆等驾驶操纵装置的行为。“驾驶操纵装置”，主要是指供驾驶人员控制车辆行驶的装置，包括方向盘、离合器踏板、加速踏板、制动踏板、变速杆、驻车制动手柄等。(4) 行为人的行为干扰公共交通工具的正常行驶，危及公共安全，这是划分罪与非罪的重要界限。“干扰公共交通工具正常行驶，危及公共安全的”，主要是指行为人的行为足以导致公共交通工具不能安全行驶，车辆失控，随时可能发生乘客、道路上的行人、车辆伤亡或者财产损失的现实危险。如果行为人只是辱骂、轻微拉扯驾驶员或者轻微争抢方向盘，并没有影响车辆的正常行驶，不宜作为犯罪处理，但违反《治安管理处罚法》规定的，应当依法予以治安处罚。

构成本条第 2 款规定的犯罪，应当符合以下特征：(1) 犯罪的主体是公共交通工具的驾驶人员。(2) 行为发生在行驶的公共交通工具上。(3) 行为人实施了擅离职守，与他人互殴或者殴打他人的行为。“擅离职守”，主要是指驾驶人员未采取任何安全措施控制车辆，擅自离开驾驶位置，或者双手离开方向盘等。“与他人互殴或者殴打他人”，是指驾驶人员与乘客等进行互相殴打，或者驾驶人员殴打乘客等行为。(4) 行为人的行为危及公共安全。

第一百三十四条　【重大责任事故罪】 在生产、作业中违反有关安全管理的规定，因而发生重大伤亡事故或者造成其他严重后果的，处三年以下有期徒刑或者拘役；情节特别恶劣的，处三年以上七年以下有期徒刑。

【强令、组织他人违章冒险作业罪】 强令他人违章冒险作业，或者明知存在重大事故隐患而不排除，仍冒险组织作业，因而发生重大伤亡事故或者造成其他严重后果的，处五年以下有期徒刑或者拘役；情节特别恶劣的，处五年以上有期徒刑。

条文解读

重大责任事故罪 ➲ 本条第 1 款是关于重大责任事故罪及其处罚的规定。

1. 本罪的主体包括对生产、作业负有组织、指挥或者管理职责的负责人、管理人员、实际控制人、投资人等人员，以及直接从事生产、作业的人员。

2. 本罪在客观方面表现为在生产、作业中违反有关安全管理的规定，因而发生重大伤亡事故或者造成严重后果。(1) 行为人违反了有关安全管理的规定。这里所说的“有关安全管理的规定”，既包括国家制定的关于安全管理的法律、法规，如《安全生产法》等，也包括行业或者管理部门制定的关于安全生产、作业的规章制度、操作章程等。(2) 行为人违反有关安全管理的规定的行为引起了重大伤亡事故或者造成其他严重后果。根据《最高人民法院、最高人民检察院关于办理危害生产安全刑事案件适用法律若干问题的解释》的规定，具有下列情形之一的，应当认定为“发生重大伤亡事故或者造成其他严重后果”：①造成死亡1人以上，或者重伤3人以上的；②造成直接经济损失100万元以上的；③其他造成严重后果或者重大安全事故的情形。

3. 在主观方面本罪表现为过失。这种过失，是指对造成的重大人身伤亡或者其他严重后果由于疏忽大意没有预见，或者虽然预见但轻信可以避免而没有采取相应的措施。

而对违反安全管理规定本身，则既可以是过失，也可以是故意，这对认定本罪没有影响，但在量刑时可以作为一个情节予以考虑。如果行为人对危害结果出于故意的心理状态，则不构成本罪，应当按照其他相应的犯罪定罪处罚。

强令、组织他人违章冒险作业罪 ➔ 本条第2款是关于强令、组织他人违章冒险作业罪及其处罚的规定。

1. 本罪的犯罪主体，包括对生产、作业负有组织、指挥或者管理职责的负责人、管理人员、实际控制人、投资人等人员。

2. 根据《最高人民法院、最高人民检察院关于办理危害生产安全刑事案件适用法律若干问题的解释（二）》的规定，明知存在事故隐患，继续作业存在危险，仍然违反有关安全管理的规定，有下列情形之一的，属于“强令他人违章冒险作业”：（1）以威逼、胁迫、恐吓等手段，强制他人违章作业的；（2）利用组织、指挥、管理职权，强制他人违章作业的；（3）其他强令他人违章冒险作业的情形。明知存在事故隐患，仍然违反有关安全管理的规定，不排除或者故意掩盖重大事故隐患，组织他人作业的，属于“冒险组织作业”。

10. 利用自己的组织、指挥、管理职权强制他人违章作业，发生重大伤亡事故的，能否构成强令他人违章冒险作业罪？[①]

李某于2014年9月成立江苏无锡某运输公司从事货物运输业务，担任公司实际经营人和负责人，全面负责公司经营管理。王某华2019年4月应聘成为该运输公司驾驶员，同年6月底与李某合伙购买苏BQ7191号重型半挂牵引车（牵引苏BG976挂号重型平板半挂车），约定利润平分，王某华日常驾驶该车；焦某东2019年5月底应聘成为运输公司驾驶员，驾驶苏BX8061号重型半挂牵引车（牵引苏BZ030挂号重型平板半挂车）。李某违反法律法规关于严禁超载的规定，在招聘驾驶员时明确告知对方称公司需要招聘能够“重载”（严重超载）的驾驶员，驾驶员表示能够驾驶超载车辆才同意入职；在公司购买不含轮胎的货车后，通过找专人安装与车辆轮胎登记信息不一致且承重力更好的钢丝胎、加装用于给刹车和轮胎降温的水箱等方式，对公司货运车辆进行非法改装以提高承载力。经营期间，该运输公司车辆曾被运管部门查出多次超载运输，并曾因超载运输被交通运输管理部门约谈警告、因超载运输导致发生交通事故被判决承担民事赔偿责任，李某仍然指挥、管理驾驶员继续严重超载，且在部分驾驶员提出少超载一些货物时作出解聘驾驶员的管理决定。2019年10月10日，王某华、焦某东根据公司安排到码头装载货物，焦某东当日下午驾驶苏BX8061号重型半挂牵引车牵引苏BZ030挂号重型平板半挂车（核载质量32吨）装载7轧共重157.985吨的钢卷先离开码头，王某华随后驾驶苏BQ7191号重型半挂牵引车牵引苏BG976挂号重型平板半挂车（核载质量29吨）装载6轧

---

① 参见《人民法院、检察机关依法惩治危害生产安全犯罪典型案例》（2022年12月15日发布），李某、王某华、焦某东等强令违章冒险作业、重大责任事故案，载最高人民法院网 https：//www.court.gov.cn/zixun-xiangqing-383601.html，最后访问日期：2023年3月2日。

共重160.855吨的钢卷离开码头。当日18时许，焦某东、王某华驾车先后行驶通过312国道某路段上跨桥左侧车道时桥面发生侧翻，将桥下道路阻断。事故发生时焦某东刚驶离上跨桥桥面侧翻段，王某华正驾车通过上跨桥桥面侧翻段，车辆随侧翻桥面侧滑靠至桥面护栏，致王某华受伤。事故造成行驶在侧翻桥面路段上的车辆随桥面滑落，在桥面路段下方道路上行驶的车辆被砸压，导致3人死亡、9辆机动车不同程度损坏。经鉴定，被毁桥梁价值约2422567元，受损9辆车辆损失共计229015元。经事故调查组调查认定，事故直接原因为两辆重型平板半挂车严重超载、间距较近（荷载分布相对集中），偏心荷载引起的失稳效应远超桥梁上部结构稳定效应，造成桥梁支座系统失效，梁体和墩柱之间产生相对滑动和转动，从而导致梁体侧向滑移倾覆触地。事故发生后，焦某东向公安机关自动投案并如实供述了自己的罪行。

人民法院经审理认为，李某明知存在事故隐患、继续作业存在危险，仍然违反有关安全管理的规定，利用组织、指挥、管理职权强制他人违章作业，因而发生重大伤亡事故，行为已构成强令违章冒险作业罪，情节特别恶劣；王某华、焦某东在生产、作业中违反有关安全管理的规定，因而发生重大伤亡事故，行为均构成重大责任事故罪，情节特别恶劣。

实践中，对生产、作业负有组织、指挥或者管理职责的人员虽未采取威逼、胁迫、恐吓等手段，但利用自己的组织、指挥、管理职权强制他人违章作业的，也可以构成强令违章冒险作业罪（强令他人违章冒险作业罪）。对于受他人强令违章冒险作业的一线生产、作业人员，应当综合考虑其所受到强令的程度、各自行为对引发事故所起作用大小，依法确定刑事责任。

关联参见

《最高人民法院、最高人民检察院关于办理危害生产安全刑事案件适用法律若干问题的解释》；《最高人民法院、最高人民检察院关于办理危害生产安全刑事案件适用法律若干问题的解释（二）》第1条

第一百三十四条之一　【危险作业罪】在生产、作业中违反有关安全管理的规定，有下列情形之一，具有发生重大伤亡事故或者其他严重后果的现实危险的，处一年以下有期徒刑、拘役或者管制：

（一）关闭、破坏直接关系生产安全的监控、报警、防护、救生设备、设施，或者篡改、隐瞒、销毁其相关数据、信息的；

（二）因存在重大事故隐患被依法责令停产停业、停止施工、停止使用有关设备、设施、场所或者立即采取排除危险的整改措施，而拒不执行的；

（三）涉及安全生产的事项未经依法批准或者许可，擅自从事矿山开采、金属冶炼、建筑施工，以及危险物品生产、经营、储存等高度危险的生产作业活动的。

条文解读

危险作业罪 ➲ 本条是关于危险作业罪及其处罚的规定。

1. 本罪的犯罪主体包括对生产、作业负有组织、指挥或者管理职责的负责人、管理人员、实际控制人、投资人等人员，以及直接从事生产、作业的人员。

2. 因存在重大事故隐患被依法责令停产停业、停止施工、停止使用有关设备、设施、场所或者立即采取排除危险的整改措施，有下列情形之一的，属于本条第2项规定的“拒不执行”：（1）无正当理由故意不执行各级人民政府或者负有安全生产监督管理职责的部门依法作出的上述行政决定、命令的；（2）虚构重大事故隐患已经排除的事实，规避、干扰执行各级人民政府或者负有安全生产监督管理职责的部门依法作出的上述行政决定、命令的；（3）以行贿等不正当手段，规避、干扰执行各级人民政府或者负有安全生产监督管理职责的部门依法作出的上述行政决定、命令的。认定是否属于“拒不执行”，应当综合考虑行政决定、命令是否具有法律、行政法规等依据，行政决定、命令的内容和期限要求是否明确、合理，行为人是否具有按照要求执行的能力等因素进行判断。本条第 3 项规定的“危险物品”，是指易燃易爆物品、危险化学品、放射性物品等能够危及人身安全和财产安全的物品。

3. 在生产、作业中违反有关安全管理的规定，有本条规定情形之一，因而发生重大伤亡事故或者造成其他严重后果，构成重大责任事故罪、重大劳动安全事故罪、危险物品肇事罪、工程重大安全事故罪等犯罪的，依照该规定定罪处罚。

案例指引

11. 擅自存储、销售汽油的行为能否构成危险作业罪？①

自 2021 年 6 月起，高某海为谋取非法利益，在未经相关机关批准的情况下，通过熊某华租用熊乙位于贵州省贵阳市白云区沙文镇扁山村水淹组 136 号的自建房屋，擅自存储、销售汽油。后熊某华、熊甲和熊乙见有利可图，便购买高某海储存的汽油分装销售，赚取差价。同年 12 月 13 日 20 时许，高某海因操作不当引发汽油燃爆，导致高某海本人面部、四肢多处被烧伤，自有的别克轿车及存储汽油房屋局部被烧毁。

人民法院以危险作业罪判处高某海有期徒刑 7 个月。

汽油属于危险化学品。根据《危险化学品安全管理条例》第 33 条的规定，国家对危险化学品经营实行许可制度，未经许可，任何单位和个人不得经营危险化学品。销售、储存汽油均应取得相应证照，操作人员应当经过专业培训、规范操作，储存汽油应当具备相应条件。司法机关在办理具体案件过程中，对于行为人在未经专业培训、无经营资质、无专业设备、无安全储存条件、无应急处理能力的情况下，在居民楼附近擅自从事危险物品生产、经营、储存等高度危险的生产作业活动，并由于不规范操作造成行为人本人重度烧伤、周围物品烧毁的后果的，综

---

① 参见《人民法院、检察机关依法惩治危害生产安全犯罪典型案例》（2022 年 12 月 15 日发布），高某海等危险作业案，载最高人民法院网 https://www.court.gov.cn/zixun-xiangqing-383601.html，最后访问日期：2023 年 3 月 1 日。

合考虑其行为方式、案发地点及危害后果，可以认定为《刑法》第134条之一危险作业罪中“具有发生重大伤亡事故或者其他严重后果的现实危险”。同时，应当注意区别对待，对于其他为行为人提供便利条件、参与分装赚取差价的人员，综合考虑其在共同犯罪中所起作用以及认罪认罚等情节，可以依法作出不起诉决定，体现宽严相济的刑事政策。

关联参见

《最高人民法院、最高人民检察院关于办理危害生产安全刑事案件适用法律若干问题的解释（二）》第2—5条

第一百三十五条　【重大劳动安全事故罪】 安全生产设施或者安全生产条件不符合国家规定，因而发生重大伤亡事故或者造成其他严重后果的，对直接负责的主管人员和其他直接责任人员，处三年以下有期徒刑或者拘役；情节特别恶劣的，处三年以上七年以下有期徒刑。

条文解读

重大劳动安全事故罪 ➔ 本条是关于重大劳动安全事故罪及其处罚的规定。

本罪的适用有以下要点：（1）“直接负责的主管人员和其他直接责任人员”，是指对安全生产设施或者安全生产条件不符合国家规定负有直接责任的生产经营单位负责人、管理人员、实际控制人、投资人，以及其他对安全生产设施或者安全生产条件负有管理、维护职责的人员。（2）安全生产设施或者安全生产条件不符合国家规定。“安全生产设施”，主要是指用于安全生产的各种设施和设备，主要包括安全牢固的生产用房设施、符合安全标准的各种机器设备及隔离栏、防护网、危险标志、用于逃生的安全通道等。劳动生产者使用的劳动生产设施、设备都必须符合国家有关安全标准的规定，确保劳动者使用安全的生产设施

进行劳动生产。“安全生产条件”，主要是指劳动生产者在进行劳动生产时所处的环境条件及用于保护劳动者安全生产作业必不可少的安全防护用品和措施。特别是从事某种特殊或者危险工作的劳动生产，如从事某种有毒、高空作业等，都必须配备相应的符合国家有关生产安全标准的防毒设备和高空安全防护用具，确保劳动者在一个安全的劳动条件或者具备安全防护措施的条件下进行劳动生产。本条规定的“不符合国家规定”，主要是指用于劳动生产的安全生产设施或者安全生产条件，不符合国家的有关安全标准或者有关安全要求的规定。(3) 发生重大伤亡事故或者造成其他严重后果。根据司法解释有关规定，“重大伤亡事故”是指造成死亡1人以上或者重伤3人以上的情形；“造成其他严重后果的”，是指造成直接经济损失100万元以上或者其他严重后果的情况，如造成国家有关的重要工程、生产计划不能如期完工的严重后果等。

关联参见

《公安机关管辖的刑事案件立案追诉标准（一）》第10条；《最高人民法院、最高人民检察院关于办理危害生产安全刑事案件适用法律若干问题的解释》第3条、第6条

第一百三十五条之一　【大型群众性活动重大安全事故罪】

举办大型群众性活动违反安全管理规定，因而发生重大伤亡事故或者造成其他严重后果的，对直接负责的主管人员和其他直接责任人员，处三年以下有期徒刑或者拘役；情节特别恶劣的，处三年以上七年以下有期徒刑。

条文解读

大型群众性活动重大安全事故罪 ➔ 本条是关于大型群众性活动重大安全事故罪及其处罚的规定。

构成本罪需要符合以下几个条件：(1) 犯罪主体是特殊主体。即大

型群众性活动的举办单位或者人员。(2) 行为人主观上是过失。即行为人对自己违反有关安全管理规定举办大型群众性活动的行为，可能发生的危害社会的结果，因为疏忽大意而没有预见，或者已经预见而轻信能够避免，以致发生这种结果。(3) 行为人客观上实施了违反安全管理规定，举办大型群众性活动的行为。(4) 举办大型群众性活动违反安全管理规定的行为导致了“发生重大伤亡事故或者造成其他严重后果”的危害结果的发生。这是区分罪与非罪的重要界限。根据本条的规定，举办大型群众性活动违反安全管理规定的行为与发生重大伤亡事故或者造成其他严重后果之间要有直接因果关系。

关联参见

《公安机关管辖的刑事案件立案追诉标准（一）》第11条；《最高人民法院、最高人民检察院关于办理危害生产安全刑事案件适用法律若干问题的解释》第6条、第7条

第一百三十六条　【危险物品肇事罪】违反爆炸性、易燃性、放射性、毒害性、腐蚀性物品的管理规定，在生产、储存、运输、使用中发生重大事故，造成严重后果的，处三年以下有期徒刑或者拘役；后果特别严重的，处三年以上七年以下有期徒刑。

条文解读

危险物品肇事罪 ➲ 本条是关于危险物品肇事罪及其处罚的规定。

构成本罪的主体为从事生产、储存、运输、使用危险物品的工作的人员。行为人在主观上是出于过失，若行为人是故意制造爆炸等事故的，则不适用本条定罪处刑，而应适用其他有关条款定罪处罚，如爆炸罪等。本罪在客观上必须具有违反危险物品管理规定的行为。本条规定的“爆炸性”物品，是指多种具有爆炸性能的物品，如各种炸药、雷管、非电导爆系统、起爆药和爆破剂以及黑火药、烟火剂、信号弹和烟

花爆竹等；“易燃性”物品，是指汽油、煤油、酒精、丙酮、橡胶水以及各种很容易燃烧的化学物品和液剂；“放射性”物品，是指铀、镭以及其他各种具有放射性能，并对人体或牲畜能够造成严重损害的物品；“毒害性”物品，是指如氰化钾等其他各种对人体或牲畜能够造成严重毒害的物品；“腐蚀性”物品，是指硫酸、盐酸等能够严重毁坏其他物品以及人身的物品。这些物品本身具有很大的危险性，国家有关主管部门为保证这些物品的安全生产、储存、运输、使用，都有严格的管理规定，以确保人身和财产安全，防止危害公共安全。根据本条规定，行为人违反危险物品管理规定的行为必须引发重大事故，造成严重后果的，才构成犯罪。

实务应用

22. 危险物品肇事罪与重大责任事故罪的区别是什么？

二者都是过失犯罪，都可能表现为违反管理规定而引起火灾、爆炸、中毒等严重后果，主要区别在于：(1) 犯罪主体不同。前者的主体既可以是从事生产、储存、运输和使用危险物品的职工，也可以是其他公民；后者的主体只能是各种工矿企业、事业单位的职工。(2) 犯罪时间不同。前者只能发生在生产、储存、运输和使用危险物品的过程中；后者则发生在生产、作业或者生产管理和指挥活动中。

关联参见

《公安机关管辖的刑事案件立案追诉标准（一）》第12条；《最高人民法院、最高人民检察院关于办理危害生产安全刑事案件适用法律若干问题的解释》第6条、第7条

第一百三十七条　【工程重大安全事故罪】建设单位、设计单位、施工单位、工程监理单位违反国家规定，降低工程质量标准，造成重大安全事故的，对直接责任人员，处五年以下有期徒刑

或者拘役，并处罚金；后果特别严重的，处五年以上十年以下有期徒刑，并处罚金。

条文解读

工程重大安全事故罪 ➲ 本条是关于工程重大安全事故罪及其处罚的规定。

构成本罪必须具备以下几个条件：（1）构成本罪的主体是单位，即建设单位、设计单位、施工单位及工程监理单位。其中，“建设单位”，是指对建设工程拥有所有权或者使用权的部门，也就是“业主”；“设计单位”，是指对建设工程进行专门设计的单位；“施工单位”，主要是指按照设计单位的设计及各种标准、要求进行建筑物建设的部门。“工程监理单位”，是指受建设单位聘请，担任工程质量监督工作的单位。（2）行为人的目的虽然并不希望重大安全事故的发生，但为了投机取巧，从中牟利，其降低工程质量标准的行为是故意的，而且在客观方面实施了违反国家规定、降低工程质量标准的行为，如降低水泥标号、使用不合格的残次建筑材料等。（3）必须是造成了重大安全事故。这是区分罪与非罪的重要界限。这里所说的“重大安全事故”，是指该建筑工程在建设中以及交付使用后，由于达不到质量标准或者存在严重问题，导致楼房倒塌、桥梁断裂、铁路塌陷，造成人员伤亡或者火车、汽车等交通工具倾覆事故等。“后果特别严重”，是造成多人伤亡或者使公私财产遭受特别重大损失的情形。

关联参见

《公安机关管辖的刑事案件立案追诉标准（一）》第13条

第一百三十八条　【教育设施重大安全事故罪】 明知校舍或者教育教学设施有危险，而不采取措施或者不及时报告，致使发生重大伤亡事故的，对直接责任人员，处三年以下有期徒刑或者拘役；后果特别严重的，处三年以上七年以下有期徒刑。

第一百三十九条　【消防责任事故罪】违反消防管理法规，经消防监督机构通知采取改正措施而拒绝执行，造成严重后果的，对直接责任人员，处三年以下有期徒刑或者拘役；后果特别严重的，处三年以上七年以下有期徒刑。

第一百三十九条之一　【不报、谎报安全事故罪】在安全事故发生后，负有报告职责的人员不报或者谎报事故情况，贻误事故抢救，情节严重的，处三年以下有期徒刑或者拘役；情节特别严重的，处三年以上七年以下有期徒刑。

条文解读

不报、谎报安全事故罪 ➲ 本条是关于不报、谎报安全事故罪及其处罚的规定。

本罪具有以下特征：

1. 犯罪的主体是特殊主体，即对安全事故的发生负有报告职责的人员。“安全事故”一般是指环境污染、水灾、矿难、大型群众性活动中发生的重大伤亡事故等各种安全事故。“负有报告职责的人员”，通常是指生产经营单位的主要负责人、雇主，对安全生产、作业负有组织、监督、管理职责的部门的监督检查人员以及直接造成安全事故的责任人员。

2. 行为人实施了不报或者谎报的行为。“不报”，是指行为人不按照规定及时报告。实践中，有的行为人一开始隐瞒了事故真实情况，被发现后不得已再报告，这种情况应视为不报。“谎报”，是指行为人虽然将发生了安全事故这件事按照规定向有关部门作了报告，但对事故的真实情况如人员伤亡、财产损失、事故原因等作了虚假的描述或隐瞒了某些情况，做避重就轻的描述。

3. 由于行为人不报或者谎报事故情况，贻误事故抢救，情节严重的才构成犯罪，这是罪与非罪的界限。实践中应当注意把握不报、谎报行为与安全事故的因果关系，本条主要是针对由于行为人不报或者谎报的行为致使贻误了事故抢救的最佳时机，造成事故进一步扩大的情况。另外，安全事故发生后，与负有报告职责的人员串通，不报或者谎报事故情况，贻误事故抢救，情节严重的，依照《刑法》第139条之一的规定，以共犯论处。在安全事故发生后，直接负责的主管人员和其他直接责任人员故意阻挠开展抢救，导致人员死亡或者重伤，或者为了逃避法律追究，对被害人进行隐藏、遗弃，致使被害人因无法得到救助而死亡或者重度残疾的，分别依照《刑法》第232条、第234条的规定，以故意杀人罪或者故意伤害罪定罪处罚。

关联参见

《最高人民法院、最高人民检察院关于办理危害生产安全刑事案件适用法律若干问题的解释》第4条、第8—10条

第三章　破坏社会主义市场经济秩序罪

第一节　生产、销售伪劣商品罪

第一百四十条　【生产、销售伪劣产品罪】生产者、销售者在产品中掺杂、掺假，以假充真，以次充好或者以不合格产品冒充合格产品，销售金额五万元以上不满二十万元的，处二年以下有期徒刑或者拘役，并处或者单处销售金额百分之五十以上二倍以下罚金；销售金额二十万元以上不满五十万元的，处二年以上七年以下有期徒刑，并处销售金额百分之五十以上二倍以下罚金；销售金额五十万元以上不满二百万元的，处七年以上有期徒刑，并处销售金额百分之五十以上二倍以下罚金；销售金额二百万元以上的，处十五年有期徒刑或者无期徒刑，并处销售金额百分之五十以上二倍以下罚金或者没收财产。

条文解读

生产、销售伪劣产品罪 ➜ 本条是关于生产、销售伪劣产品罪及其处罚的规定。

构成生产、销售伪劣产品罪必须具备以下几个条件：（1）生产者、销售者有生产、销售伪劣产品从中谋利的故意，如果行为人在主观上不是故意的，不知所售产品是次品，而当作正品出售了，应承担民事责任，不能作为犯罪处理。（2）生产者、销售者在客观上实施了“在产品中掺杂、掺假，以假充真，以次充好或者以不合格产品冒充合格产品”等行为。对上述行为难以确定的，应当委托法律、行政法规规定的产品质量检验机构进行鉴定。（3）生产者、销售者在产品中掺杂、掺假，以假充真，以次充好或者以不合格产品冒充合格产品，销售金额必须达到 5 万元以上，才构成犯罪，如果销售金额不足 5 万元的，不构成犯罪。（4）生产、销售伪劣产品的犯罪主体是生产者、销售者，消费者不能构成本罪的主体。本条对于生产、销售伪劣产品罪的处罚，根据其销售金额的不同，分为四个档次，并对犯罪者在适用自由刑的同时，也注重财产刑的适用。本条所说的“销售金额”，是指生产者、销售者出售伪劣产品后所得和应得的全部违法收入。多次实施生产、销售伪劣产品行为，未经处理的，伪劣产品的销售金额累计计算。

案例指引

12. 为非法牟利给待宰生猪打药注水的行为构成什么罪？①

张某系辽宁省沈阳市某肉业有限公司实际经营者。2017 年 8 月，张某经人介绍结识被告人蒋某某，蒋某某称可通过给屠宰厂内待宰生猪打药注水，达到增加生猪出肉率的目的。张某为谋取非法利益，同意雇佣

---

① 参见《最高法、最高检联合发布危害食品安全刑事典型案例》（2021 年 12 月 31 日发布），张某等生产、销售伪劣产品案，载最高人民法院网 https：//www. court. gov. cn/zixun-xiangqing-339481. html，最后访问日期：2023 年 3 月 1 日。

蒋某某等人给其屠宰厂的待宰生猪打药注水，并约定每注水一头生猪向蒋某某支付报酬 8 元。2017 年 8 月至 2018 年 5 月，蒋某某先后雇佣被告人高某某等 10 余人到张某经营的肉业公司，通过给待宰生猪注射兽用肾上腺素和阿托品后再注水的方式达到非法获利目的，共计给 5.5 万余头待宰生猪打药注水。经审计鉴定，打药注水后的生猪及其肉制品销售金额达 8250 万余元。

法院审理认为，被告人张某雇佣他人给待宰生猪打药注水，使被打药注水的猪肉产品存在危及人身安全的食品安全风险，属于生产、销售不合格产品，其行为已构成生产、销售伪劣产品罪。

当前，一些不法分子为了牟取非法利益，在生猪屠宰前给生猪注水的违法犯罪频发，导致大量注水肉流向百姓餐桌。更为恶劣的是，不法分子在注水的同时为了增强注水效果还同时给生猪打药。司法实践中，不法分子为了逃避打击，不断更新换代药物配方，目前常见多发的是使用肾上腺素和阿托品等允许使用的兽药，生猪注药后往往检测不出药物残留，导致对此类违法犯罪行为因取证难、鉴定难、定性难，影响了惩治效果。对此，《最高人民法院、最高人民检察院关于办理危害食品安全刑事案件适用法律若干问题的解释》第 17 条第 2 款区分屠宰相关环节打药注水的不同情况，作出明确规定。对于给生猪等畜禽注入禁用药物的，以生产、销售有毒、有害食品罪定罪处罚；对于给生猪等畜禽注入肾上腺素和阿托品等非禁用药物的，足以造成严重食物中毒事故或者其他严重食源性疾病的，以生产、销售不符合安全标准的食品罪定罪处罚；虽不足以造成严重食物中毒事故或者其他严重食源性疾病，但销售金额在 5 万元以上的，以生产、销售伪劣产品罪定罪处罚。本案中，被告人张某雇佣人员向生猪注入肾上腺素和阿托品等非禁用药物，虽不能检测出药物残留，也应以生产、销售伪劣产品罪定罪处罚。

关联参见

《公安机关管辖的刑事案件立案追诉标准（一）》第 16 条；《最高

人民法院、最高人民检察院关于办理危害食品安全刑事案件适用法律若干问题的解释》第15条、第17条

第一百四十一条　【生产、销售、提供假药罪】 生产、销售假药的，处三年以下有期徒刑或者拘役，并处罚金；对人体健康造成严重危害或者有其他严重情节的，处三年以上十年以下有期徒刑，并处罚金；致人死亡或者有其他特别严重情节的，处十年以上有期徒刑、无期徒刑或者死刑，并处罚金或者没收财产。

药品使用单位的人员明知是假药而提供给他人使用的，依照前款的规定处罚。

条文解读

生产、销售、提供假药罪 ➲ 本条是关于生产、销售、提供假药罪及其处罚的规定。

根据《药品管理法》第98条第2款的规定，有下列情形之一的，为假药：(1) 药品所含成份与国家药品标准规定的成份不符；(2) 以非药品冒充药品或者以他种药品冒充此种药品；(3) 变质的药品；(4) 药品所标明的适应症或者功能主治超出规定范围。

根据《最高人民法院、最高人民检察院关于办理危害药品安全刑事案件适用法律若干问题的解释》的规定，生产、销售、提供假药，具有下列情形之一的，应当认定为“对人体健康造成严重危害”：(1) 造成轻伤或者重伤的；(2) 造成轻度残疾或者中度残疾的；(3) 造成器官组织损伤导致一般功能障碍或者严重功能障碍的；(4) 其他对人体健康造成严重危害的情形。生产、销售、提供假药，具有下列情形之一的，应当认定为“其他严重情节”：(1) 引发较大突发公共卫生事件的；(2) 生产、销售、提供假药的金额20万元以上不满50万元的；(3) 生产、销售、提供假药的金额10万元以上不满20万元，并具有“对人体健康造成严重危害”情形之一的；(4) 根据生产、销售、提供的时间、

数量、假药种类、对人体健康危害程度等，应当认定为情节严重的。生产、销售、提供假药，具有下列情形之一的，应当认定为“其他特别严重情节”：（1）致人重度残疾以上的；（2）造成3人以上重伤、中度残疾或者器官组织损伤导致严重功能障碍的；（3）造成5人以上轻度残疾或者器官组织损伤导致一般功能障碍的；（4）造成10人以上轻伤的；（5）引发重大、特别重大突发公共卫生事件的；（6）生产、销售、提供假药的金额50万元以上的；（7）生产、销售、提供假药的金额20万元以上不满50万元，并具有酌情从重处罚情形之一的；（8）根据生产、销售、提供的时间、数量、假药种类、对人体健康危害程度等，应当认定为情节特别严重的。

实务应用

23. 生产、销售、提供假药罪与生产、销售、提供劣药罪的区别是什么？

两者有本质区别：（1）前者是行为犯，只要行为人生产、销售、提供假药，就可构成犯罪；而后者则是结果犯，行为人生产、销售、提供劣药，只有对人体健康造成严重危害的才能构成该罪，如果没有造成严重后果，符合《刑法》第140条规定的，可按生产、销售伪劣产品罪定罪处罚。（2）前者以生产、销售、提供“假药”作为构成要件，后者的犯罪对象则是“劣药”，“假药”往往比“劣药”对人体健康造成的危害大，因而生产、销售、提供假药罪的法定刑要重于生产、销售、提供劣药罪。前者法定最高刑为死刑，后者为无期徒刑。行为人既生产、销售、提供假药，又生产、销售、提供劣药，均构成犯罪的，应分别定罪，实行数罪并罚。

关联参见

《公安机关管辖的刑事案件立案追诉标准（一）》第17条；《最高人民法院、最高人民检察院关于办理危害药品安全刑事案件适用法律若

干问题的解释》第1—4条；《最高人民法院关于审理生产、销售伪劣商品刑事案件有关鉴定问题的通知》二

第一百四十二条　【生产、销售、提供劣药罪】 生产、销售劣药，对人体健康造成严重危害的，处三年以上十年以下有期徒刑，并处罚金；后果特别严重的，处十年以上有期徒刑或者无期徒刑，并处罚金或者没收财产。

药品使用单位的人员明知是劣药而提供给他人使用的，依照前款的规定处罚。

条文解读

生产、销售、提供劣药罪 ➲ 本条是关于生产、销售、提供劣药罪及其处罚的规定。

根据《药品管理法》第98条第3款的规定，有下列情形之一的，为劣药：（1）药品成分的含量不符合国家药品标准；（2）被污染的药品；（3）未标明或者更改有效期的药品；（4）未注明或者更改产品批号的药品；（5）超过有效期的药品；（6）擅自添加防腐剂、辅料的药品；（7）其他不符合药品标准的药品。

根据《最高人民法院、最高人民检察院关于办理危害药品安全刑事案件适用法律若干问题的解释》第9条的规定，明知他人实施危害药品安全犯罪，而有下列情形之一的，以共同犯罪论处：（1）提供资金、贷款、账号、发票、证明、许可证件的；（2）提供生产、经营场所、设备或者运输、储存、保管、邮寄、销售渠道等便利条件的；（3）提供生产技术或者原料、辅料、包装材料、标签、说明书的；（4）提供虚假药物非临床研究报告、药物临床试验报告及相关材料的；（5）提供广告宣传的；（6）提供其他帮助的。

关联参见

《公安机关管辖的刑事案件立案追诉标准（一）》第 18 条；《最高人民法院、最高人民检察院关于办理危害药品安全刑事案件适用法律若干问题的解释》第 5 条、第 9 条；《最高人民法院关于审理非法行医刑事案件具体应用法律若干问题的解释》第 5 条

第一百四十二条之一　【妨害药品管理罪】违反药品管理法规，有下列情形之一，足以严重危害人体健康的，处三年以下有期徒刑或者拘役，并处或者单处罚金；对人体健康造成严重危害或者有其他严重情节的，处三年以上七年以下有期徒刑，并处罚金：

（一）生产、销售国务院药品监督管理部门禁止使用的药品的；

（二）未取得药品相关批准证明文件生产、进口药品或者明知是上述药品而销售的；

（三）药品申请注册中提供虚假的证明、数据、资料、样品或者采取其他欺骗手段的；

（四）编造生产、检验记录的。

有前款行为，同时又构成本法第一百四十一条、第一百四十二条规定之罪或者其他犯罪的，依照处罚较重的规定定罪处罚。

条文解读

妨害药品管理罪 ➔ 本罪的构成要件：（1）行为人在主观上只能是故意。（2）犯罪主体包括单位和个人。（3）行为人有违反药品管理法规的行为。“药品管理法规”，是指违反国家有关药品监督管理方面的法律法规，如《药品管理法》《中医药法》《药品管理法实施条例》以及其他有关药品监管方面的法律法规。

实施妨害药品管理行为，同时构成生产、销售、提供假药罪，生产、销售、提供劣药罪或者其他犯罪的，依照处罚较重的规定定罪处罚。

关联参见

《药品管理法》第 24 条、第 41 条、第 74 条、第 83 条、第 98 条、第 123 条、第 124 条;《中医药法》第 32 条

第一百四十三条 【生产、销售不符合食品安全标准的食品罪】 生产、销售不符合食品安全标准的食品，足以造成严重食物中毒事故或者其他严重食源性疾病的，处三年以下有期徒刑或者拘役，并处罚金；对人体健康造成严重危害或者有其他严重情节的，处三年以上七年以下有期徒刑，并处罚金；后果特别严重的，处七年以上有期徒刑或者无期徒刑，并处罚金或者没收财产。

条文解读

生产、销售不符合食品安全标准的食品罪 ➲ 本条是关于生产、销售不符合食品安全标准的食品罪及其处罚的规定。

本罪必须具备以下几个构成要件：

1. 行为人在主观上是故意，即故意生产、销售不符合食品安全标准的食品。

2. 行为人有生产、销售不符合食品安全标准的食品的行为。这里的“食品”，是指各种供人食用或者饮用的成品和原料以及按照传统既是食品又是药品的物品，但是不包括以治疗为目的的物品。根据《食品安全法》第 25 条、第 26 条的规定，食品安全标准是强制执行的标准。除食品安全标准外，不得制定其他食品强制性标准。食品安全标准应当包括下列内容：（1）食品、食品添加剂、食品相关产品中的致病性微生物，农药残留、兽药残留、生物毒素、重金属等污染物质以及其他危害人体健康物质的限量规定；（2）食品添加剂的品种、使用范围、用量；（3）专供婴幼儿和其他特定人群的主辅食品的营养成分要求；（4）对与卫生、营养等食品安全要求有关的标签、标志、说明书的要求；（5）食

品生产经营过程的卫生要求；（6）与食品安全有关的质量要求；（7）与食品安全有关的食品检验方法与规程；（8）其他需要制定为食品安全标准的内容。

3. 生产、销售不符合安全标准的食品，足以造成严重食物中毒事故或者其他严重食源性疾病。根据《食品安全法》的规定，“食源性疾病”，是指食品中致病因素进入人体引起的感染性、中毒性等疾病，包括食物中毒。《最高人民法院、最高人民检察院关于办理生产、销售伪劣商品刑事案件具体应用法律若干问题的解释》第4条第1款规定，经省级以上卫生行政部门确定的机构鉴定，食品中含有可能导致严重食物中毒事故或者其他严重食源性疾患的超标准的有害细菌或者其他污染物的，应认定为“足以造成严重食物中毒事故或者其他严重食源性疾患”。

关联参见

《公安机关管辖的刑事案件立案追诉标准（一）》第19条；《最高人民法院、最高人民检察院关于办理生产、销售伪劣商品刑事案件具体应用法律若干问题的解释》第4条；《最高人民法院、最高人民检察院关于办理危害食品安全刑事案件适用法律若干问题的解释》第1—4条

第一百四十四条　【生产、销售有毒、有害食品罪】 在生产、销售的食品中掺入有毒、有害的非食品原料的，或者销售明知掺有有毒、有害的非食品原料的食品的，处五年以下有期徒刑，并处罚金；对人体健康造成严重危害或者有其他严重情节的，处五年以上十年以下有期徒刑，并处罚金；致人死亡或者有其他特别严重情节的，依照本法第一百四十一条的规定处罚。

条文解读

生产、销售有毒、有害食品罪 ➲ 本罪是关于生产、销售有毒、有害食品罪及其处罚的规定。

构成本罪必须具备以下几个要件：

1. 行为人在主观方面是故意犯罪，即故意往食品中掺入有毒、有害非食品原料或者明知是有毒、有害食品而销售的行为。

2. 行为人在客观上实施了在生产、销售的食品中掺入有毒、有害的非食品原料或者明知是掺有有毒、有害的非食品原料的食品而销售的行为，至于销售后有无具体危害后果的发生并不影响本罪的成立。所谓"有毒、有害的非食品原料"，是指对人体具有生理毒性，食用后会引起不良反应，损害机体健康的不能食用的原料。如制酒时加入工业酒精，在饮料中加入国家严禁使用的非食用色素等。如果掺入的是食品原料，由于污染、腐败变质而具有了毒害性，不构成本罪。

本条所说的"对人体健康造成严重危害"，是指对人体器官造成严重损伤以及其他严重损害人体健康的情节。"其他严重情节"，是指具有大量生产、销售有毒、有害食品等情节。"致人死亡或者有其他特别严重情节"，是指生产、销售的有毒、有害食品被食用后，造成他人死亡或者致使多人严重残疾，以及具有生产、销售特别大量有毒、有害食品情节的。

实务应用

24. 明知对方是食用油经销者，仍将用餐厨废弃油（俗称"地沟油"）加工而成的劣质油脂销售给对方的，是否构成本罪？

"地沟油"犯罪，是指用餐厨垃圾、废弃油脂、各类肉及肉制品加工废弃物等非食品原料，生产、加工"食用油"，以及明知是利用"地沟油"生产、加工的油脂而作为食用油销售的行为。根据《最高人民法院、最高人民检察院、公安部关于依法严惩"地沟油"犯罪活动的通知》的规定，明知是利用"地沟油"生产的"食用油"而予以销售的，依照《刑法》第144条销售有毒、有害食品罪的规定追究刑事责任。认定是否"明知"，应当结合犯罪嫌疑人、被告人的认知能力，犯罪嫌疑人、被告人及其同案人的供述和辩解，证人证言，产品质量，进货渠道及进货价格、销售渠道及销售价格等主、客观因素予以综合判断。因此，明知对方是食用油经销者，仍将用餐厨废弃油（俗称“地沟油”）加工而成的劣质油脂销售给对方的，构成生产、销售有毒、有害食品罪。

案例指引

13. 在食品生产经营中添加非《食品中可能违法添加的非食用物质名单》和《保健食品中可能非法添加的物质名单》中的物质，是否就不构成生产、销售有毒、有害食品罪？①

北京阳光一佰生物技术开发有限公司、
习文有等生产、销售有毒、有害食品案

（最高人民法院审判委员会讨论通过　2016 年 12 月 28 日发布）

关键词　刑事/生产、销售有毒、有害食品罪/有毒有害的非食品原料

裁判要点

行为人在食品生产经营中添加的虽然不是国务院有关部门公布的《食品中可能违法添加的非食用物质名单》和《保健食品中可能非法添加的物质名单》中的物质，但如果该物质与上述名单中所列物质具有同等属性，并且根据检验报告和专家意见等相关材料能够确定该物质对人体具有同等危害的，应当认定为《中华人民共和国刑法》第一百四十四条规定的“有毒、有害的非食品原料”。

相关法条

《中华人民共和国刑法》第 144 条

基本案情

被告人习文有于 2001 年注册成立了北京阳光一佰生物技术开发有限公司（以下简称阳光一佰公司），系公司的实际生产经营负责人。2010 年以来，被告单位阳光一佰公司从被告人谭国民处以 600 元/公斤

---

① 最高人民法院指导案例 70 号。

的价格购进生产保健食品的原料，该原料系被告人谭国民从被告人尹立新处以2500元/公斤的价格购进后进行加工，阳光一佰公司购进原料后加工制作成用于辅助降血糖的保健食品阳光一佰牌山芪参胶囊，以每盒100元左右的价格销售至扬州市广陵区金福海保健品店及全国多个地区。被告人杨立峰具体负责生产，被告人钟立檬、王海龙负责销售。2012年5月至9月，销往上海、湖南、北京等地的山芪参胶囊分别被检测出含有盐酸丁二胍，食品药品监督管理部门将检测结果告知阳光一佰公司及习文有。被告人习文有在得知检测结果后随即告知被告人谭国民、尹立新，被告人习文有明知其所生产、销售的保健品中含有盐酸丁二胍后，仍然继续向被告人谭国民、尹立新购买原料，组织杨立峰、钟立檬、王海龙等人生产山芪参胶囊并销售。被告人谭国民、尹立新在得知检测结果后继续向被告人习文有销售该原料。

盐酸丁二胍是丁二胍的盐酸盐。目前盐酸丁二胍未获得国务院药品监督管理部门批准生产或进口，不得作为药物在我国生产、销售和使用。扬州大学医学院葛晓群教授出具的专家意见和南京医科大学司法鉴定所的鉴定意见证明：盐酸丁二胍具有降低血糖的作用，很早就撤出我国市场，长期使用添加盐酸丁二胍的保健食品可能对机体产生不良影响，甚至危及生命。

从2012年8月底至2013年1月案发，阳光一佰公司生产、销售金额达800余万元。其中，习文有、尹立新、谭国民参与生产、销售的含有盐酸丁二胍的山芪参胶囊金额达800余万元；杨立峰参与生产的含有盐酸丁二胍的山芪参胶囊金额达800余万元；钟立檬、王海龙参与销售的含有盐酸丁二胍的山芪参胶囊金额达40余万元。尹立新、谭国民与阳光一佰公司共同故意实施犯罪，系共同犯罪，尹立新、谭国民系提供有毒、有害原料用于生产、销售有毒、有害食品的帮助犯，其在共同犯罪中均系从犯。习文有与杨立峰、钟立檬、王海龙共同故意实施犯罪，系共同犯罪，杨立峰、钟立檬、王海龙系受习文有指使实施生产、销售有毒、有害食品的犯罪行为，均系从犯。习文有在共同犯罪中起主要作用，系主犯。杨立峰、谭国民犯罪后主动投案，并如实供述犯罪事实，系自首，当庭自愿认罪。习文有、尹立新、王海龙归案后如实供述犯罪事实，当庭自愿认罪。钟立檬归案后如实供述部分犯罪事实，当庭对部分犯罪事实自愿认罪。

裁判结果

江苏省扬州市广陵区人民法院于2014年1月10日作出（2013）扬广刑初字第0330号刑事判决：被告单位北京阳光一佰生物技术开发有限公司犯生产、销售有毒、有害食品罪，判处罚金人民币一千五百万元；被告人习文有犯生产、销售有毒、有害食品罪，判处有期徒刑十五年，剥夺政治权利三年，并处罚金人民币九百万元；被告人尹立新犯生产、销售有毒、有害食品罪，判处有期徒刑十二年，剥夺政治权利二年，并处罚金人民币一百万元；被告人谭国民犯生产、销售有毒、有害食品罪，判处有期徒刑十一年，剥夺政治权利二年，并处罚金人民币一百万元；被告人杨立峰犯生产有毒、有害食品罪，判处有期徒刑五年，并处罚金人民币十万元；被告人钟立檬犯销售有毒、有害食品罪，判处有期徒刑四年，并处罚金人民币八万元；被告人王海龙犯销售有毒、有害食品罪，判处有期徒刑三年六个月，并处罚金人民币六万元；继续向被告单位北京阳光一佰生物技术开发有限公司追缴违法所得人民币八百万元，向被告人尹立新追缴违法所得人民币六十七万一千五百元，向被告人谭国民追缴违法所得人民币一百三十二万元；扣押的含有盐酸丁二胍的山芪参胶囊、颗粒，予以没收。宣判后，被告单位和各被告人均提出上诉。江苏省扬州市中级人民法院于2014年6月13日作出（2014）扬刑二终字第0032号刑事裁定：驳回上诉、维持原判。

裁判理由

法院生效裁判认为：刑法第一百四十四条规定，“在生产、销售的食品中掺入有毒、有害的非食品原料的，或者销售明知掺有有毒、有害的非食品原料的食品的，处五年以下有期徒刑，并处罚金；对人体健康造成严重危害或者有其他严重情节的，处五年以上十年以下有期徒刑，并处罚金；致人死亡或者有其他特别严重情节的，依照本法第一百四十一条的规定处罚。”最高人民法院、最高人民检察院《关于办理危害食品安全刑事案件适用法律若干问题的解释》（以下简称《解释》）第二十条①规定，“下列物质应当认定为‘有毒、有害的非食品原料’：（一）法律、法规禁止在食品生产经营活动中添加、使用的物质；（二）国务院有关部门公布的《食品中可能违法添加的非食用物质名单》《保健食品中可能非法添加的物质名单》上的物质；（三）国务院有关部门公告禁止使用的农药、兽药以及其他有毒、有害物质；（四）其他危害人体健康的物质。”第二十一条②规定，“‘足以造成严重食物中毒事故或者其他严重食源性疾病’‘有毒、有害非食品原料’难以确定的，司法机关可以根据检验报告并结合专家意见等相关材料进行认定。必要时，人民法院可以依法通知有关专家出庭作出说明。”本案中，盐酸丁二胍系在我国未获得药品监督管理部门批准生产或进口，不得作为药品在我国生产、销售和使用的化学物质；其亦非食品添加剂。盐酸丁二胍也不属于上述《解释》第二十条第二、第三项规定的物质。根据扬州大学医学院葛晓群教授出具的专家意见和南京医科大学司法鉴定所的鉴定意见证明，盐酸丁二胍与《解释》第二十条第二项《保健食品中可能非法添加的物质名单》中的其他降糖类西药（盐酸二甲双胍、盐酸苯乙双胍）具有同等属性和同等危害。长期服用添加有盐酸丁二胍的“阳光一佰牌山芪参胶囊”有对人体产生毒副作用的风险，影响人体健康、甚至危害生命。因此，对盐酸丁二胍应当依照《解释》第二十条第四项、第二十一条的规定，认定为刑法第一百四十四条规定的“有毒、有害的非食品原料”。

被告单位阳光一佰公司、被告人习文有作为阳光一佰公司生产、销

---

① 现为《最高人民法院、最高人民检察院关于办理危害食品安全刑事案件适用法律若干问题的解释》（2021）第9条，下同。

② 现为《最高人民法院、最高人民检察院关于办理危害食品安全刑事案件适用法律若干问题的解释》（2021）第24条。

售山芪参胶囊的直接负责的主管人员，被告人杨立峰、钟立檬、王海龙作为阳光一佰公司生产、销售山芪参胶囊的直接责任人员，明知阳光一佰公司生产、销售的保健食品山芪参胶囊中含有国家禁止添加的盐酸丁二胍成分，仍然进行生产、销售；被告人尹立新、谭国民明知其提供的含有国家禁止添加的盐酸丁二胍的原料被被告人习文有用于生产保健食品山芪参胶囊并进行销售，仍然向习文有提供该种原料，因此上述单位和被告人均依法构成生产、销售有毒、有害食品罪。其中，被告单位阳光一佰公司、被告人习文有、尹立新、谭国民的行为构成生产、销售有毒、有害食品罪。被告人杨立峰的行为构成生产有毒、有害食品罪；被告人钟立檬、王海龙的行为均已构成销售有毒、有害食品罪。根据被告单位及各被告人犯罪情节、犯罪数额，综合考虑各被告人在共同犯罪的地位作用、自首、认罪态度等量刑情节，作出如上判决。

关联参见

《公安机关管辖的刑事案件立案追诉标准（一）》第20条；《最高人民法院、最高人民检察院关于办理非法生产、销售、使用禁止在饲料和动物饮用水中使用的药品等刑事案件具体应用法律若干问题的解释》第3—6条；《最高人民法院、最高人民检察院关于办理生产、销售伪劣商品刑事案件具体应用法律若干问题的解释》第5条、第9—12条；《最高人民法院、最高人民检察院关于办理危害食品安全刑事案件适用法律若干问题的解释》第5—7条、第9条、第13条；《最高人民法院、最高人民检察院、公安部关于依法严惩"地沟油"犯罪活动的通知》二

第一百四十五条　【生产、销售不符合标准的医用器材罪】

生产不符合保障人体健康的国家标准、行业标准的医疗器械、医用卫生材料，或者销售明知是不符合保障人体健康的国家标准、行业标准的医疗器械、医用卫生材料，足以严重危害人体健康的，处三

年以下有期徒刑或者拘役，并处销售金额百分之五十以上二倍以下罚金；对人体健康造成严重危害的，处三年以上十年以下有期徒刑，并处销售金额百分之五十以上二倍以下罚金；后果特别严重的，处十年以上有期徒刑或者无期徒刑，并处销售金额百分之五十以上二倍以下罚金或者没收财产。

第一百四十六条　【生产、销售不符合安全标准的产品罪】 生产不符合保障人身、财产安全的国家标准、行业标准的电器、压力容器、易燃易爆产品或者其他不符合保障人身、财产安全的国家标准、行业标准的产品，或者销售明知是以上不符合保障人身、财产安全的国家标准、行业标准的产品，造成严重后果的，处五年以下有期徒刑，并处销售金额百分之五十以上二倍以下罚金；后果特别严重的，处五年以上有期徒刑，并处销售金额百分之五十以上二倍以下罚金。

第一百四十七条　【生产、销售伪劣农药、兽药、化肥、种子罪】 生产假农药、假兽药、假化肥，销售明知是假的或者失去使用效能的农药、兽药、化肥、种子，或者生产者、销售者以不合格的农药、兽药、化肥、种子冒充合格的农药、兽药、化肥、种子，使生产遭受较大损失的，处三年以下有期徒刑或者拘役，并处或者单处销售金额百分之五十以上二倍以下罚金；使生产遭受重大损失的，处三年以上七年以下有期徒刑，并处销售金额百分之五十以上二倍以下罚金；使生产遭受特别重大损失的，处七年以上有期徒刑或者无期徒刑，并处销售金额百分之五十以上二倍以下罚金或者没收财产。

第一百四十八条　【生产、销售不符合卫生标准的化妆品罪】 生产不符合卫生标准的化妆品，或者销售明知是不符合卫生标准的化妆品，造成严重后果的，处三年以下有期徒刑或者拘役，并处或者单处销售金额百分之五十以上二倍以下罚金。

第一百四十九条　【对生产销售伪劣商品行为的法条适用】 生产、销售本节第一百四十一条至第一百四十八条所列产品，不构成各该条规定的犯罪，但是销售金额在五万元以上的，依照本节第一百四十条的规定定罪处罚。

生产、销售本节第一百四十一条至第一百四十八条所列产品，构成各该条规定的犯罪，同时又构成本节第一百四十条规定之罪的，依照处罚较重的规定定罪处罚。

第一百五十条　【单位犯本节规定之罪的处理】 单位犯本节第一百四十条至第一百四十八条规定之罪的，对单位判处罚金，并对其直接负责的主管人员和其他直接责任人员，依照各该条的规定处罚。

第二节　走私罪

第一百五十一条　【走私武器、弹药罪】【走私核材料罪】【走私假币罪】 走私武器、弹药、核材料或者伪造的货币的，处七年以上有期徒刑，并处罚金或者没收财产；情节特别严重的，处无期徒刑，并处没收财产；情节较轻的，处三年以上七年以下有期徒刑，并处罚金。

【走私文物罪】【走私贵重金属罪】【走私珍贵动物、珍贵动物制品罪】 走私国家禁止出口的文物、黄金、白银和其他贵重金属或者国家禁止进出口的珍贵动物及其制品的，处五年以上十年以下有期徒刑，并处罚金；情节特别严重的，处十年以上有期徒刑或者无期徒刑，并处没收财产；情节较轻的，处五年以下有期徒刑，并处罚金。

【走私国家禁止进出口的货物、物品罪】 走私珍稀植物及其制品等国家禁止进出口的其他货物、物品的，处五年以下有期徒刑或者拘役，并处或者单处罚金；情节严重的，处五年以上有期徒刑，并处罚金。

单位犯本条规定之罪的，对单位判处罚金，并对其直接负责的主管人员和其他直接责任人员，依照本条各款的规定处罚。

条文解读

走私武器、弹药罪，走私核材料罪，走私假币罪 ➲ 本条第1款是关于走私武器、弹药罪，走私核材料罪，走私假币罪及其处罚的规定。

“武器、弹药”，是指各种军用武器、弹药和爆炸物以及其他类似军用武器、弹药和爆炸物等。“武器、弹药”的种类，参照《海关进口税则》及《禁止进出境物品表》的有关规定确定。“核材料”，是指铀、钚等可以发生原子核变或聚合反应的放射性材料。“伪造的货币”，是指伪造可在国内市场流通或者兑换的人民币、境外货币。根据2014年8月12日《最高人民法院、最高人民检察院关于办理走私刑事案件适用法律若干问题的解释》第7条规定，《刑法》第151条第1款规定的“货币”，包括正在流通的人民币和境外货币。伪造的境外货币数额，折合成人民币计算。

走私文物罪，走私贵重金属罪，走私珍贵动物、珍贵动物制品罪 ➲ 本条第2款是关于走私文物罪，走私贵重金属罪，走私珍贵动物、珍贵动物制品罪及其刑事处罚的规定。

“国家禁止出口的文物”依照《文物保护法》规定的“国家禁止出境的文物”的范围认定。“珍贵动物”，是指列入《国家重点保护野生动物名录》中的国家一、二级保护野生动物和列入《濒危野生动植物种国际贸易公约》附录Ⅰ、附录Ⅱ中的野生动物以及驯养繁殖的上述物种，主要有大熊猫、金丝猴、白唇鹿、扬子鳄、丹顶鹤、白鹤、天鹅、野骆驼等。珍贵动物的“制品”，是指珍贵野生动物的皮、毛、骨等制成品。“其他贵重金属”，是指铂、铱、锇、钛等金属以及国家规定禁止出口的其他贵重金属。

走私国家禁止进出口的货物、物品罪 ➲ 本条第3款是关于走私国家禁止进出口的货物、物品罪及其处罚的规定。“珍稀植物及其制品”，根据《最高人民法院、最高人民检察院关于办理走私刑事案件适用法律若干问题的解释》第12条规定，包括列入《国家重点保护野生植物名录》《国家重点保护野生药材物种名录》《国家珍贵树种名录》中的国家一、二级保护野生植物、国家重点保护的野生药材、珍贵树木,《濒危野生动植物种国际贸易公约》附录Ⅰ、附录Ⅱ中的野生植物,以及人工培育的上述植物。珍稀植物的"制品",是指用珍稀植物制成的药材、木材、标本、器具等制成品。"其他国家禁止进出口的货物、物品",是指本条所列货物、物品以外的,被列入国家禁止进出口物品目录或者法律规定禁止进出口的货物、物品,如来自疫区的动植物及其制品、古植物化石等。

实务应用

25. 走私枪支散件和各种弹药的弹头、弹壳的,如何定罪处罚?

走私枪支散件,构成犯罪的,以走私武器罪定罪处罚,成套枪支散件以相应数量的枪支计,非成套枪支散件以每 30 件为一套枪支散件计。走私各种弹药的弹头、弹壳,构成犯罪的,以走私弹药罪定罪处罚。走私报废或者无法组装并使用的各种弹药的弹头、弹壳,构成犯罪的,以走私普通货物、物品罪定罪处罚;属于废物的,以走私废物罪定罪处罚。

关联参见

《公安机关管辖的刑事案件立案追诉标准(二)》第 2 条;《最高人民法院、最高人民检察院关于办理走私刑事案件适用法律若干问题的解释》;《最高人民法院、最高人民检察院关于办理妨害文物管理等刑事案件适用法律若干问题的解释》第 1 条

第一百五十二条 【走私淫秽物品罪】以牟利或者传播为目的,走私淫秽的影片、录像带、录音带、图片、书刊或者其他淫秽物品的,处三年以上十年以下有期徒刑,并处罚金;情节严重的,处十年以上有期徒刑或者无期徒刑,并处罚金或者没收财产;情节较轻的,处三年以下有期徒刑、拘役或者管制,并处罚金。

【走私废物罪】逃避海关监管将境外固体废物、液态废物和气态废物运输进境，情节严重的，处五年以下有期徒刑，并处或者单处罚金；情节特别严重的，处五年以上有期徒刑，并处罚金。

单位犯前两款罪的，对单位判处罚金，并对其直接负责的主管人员和其他直接责任人员，依照前两款的规定处罚。

条文解读

走私淫秽物品罪 ➔ 本条第 1 款是关于走私淫秽物品罪及其处罚的规定。

走私淫秽物品罪有以下几个构成要件：(1) 行为人在主观上有犯罪故意，即以牟利或者传播为目的，这是构成本罪的一个必备条件。以牟利为目的，是指行为人走私淫秽物品是为了出卖、出租或者通过其他方式牟取非法利润；以传播为目的，是指行为人走私淫秽物品是为了在社会上传播、扩散。如果行为人携带少量的淫秽物品入境，目的是自己使用，则不宜按走私淫秽物品罪处理。(2) 行为人在客观上有逃避海关监管，运输、携带、邮寄淫秽物品的行为。(3) 本罪的犯罪主体为一般主体，单位或者自然人都可以成为本罪的犯罪主体。

是否“以牟利或者传播为目的”，是区分罪与非罪的界限，判断是否具有牟利或者传播的目的，不能只凭行为人的口供或者辩解，要具体情况具体分析，根据各种证据，加以分析判断。如果行为人走私大量淫秽物品，显然超出了自用的范围，就可以认定是以牟利或者传播为目的，至于“牟利”或者“传播”的目的是否实现，并不影响本罪的成立。

走私废物罪 ➔ 本条第 2 款是关于走私废物罪及其处罚的规定。

“固体废物”，是指国家禁止进口的固体废物和国家限制进口的可用作原料的固体废物。“液态废物”，是指区别于固体废物的液体形态的废物，是有一定的体积但没有一定的形状，可以流动的物质。“气态废物”，是指放置在容器中的气体形态的废物。

关联参见

《公安机关管辖的刑事案件立案追诉标准（一）》第 25 条；《最高人民法院、最高人民检察院关于办理走私刑事案件适用法律若干问题的解释》第 13 条、第 14 条

第一百五十三条　【走私普通货物、物品罪】 走私本法第一百五十一条、第一百五十二条、第三百四十七条规定以外的货物、物品的，根据情节轻重，分别依照下列规定处罚：

（一）走私货物、物品偷逃应缴税额较大或者一年内曾因走私被给予二次行政处罚后又走私的，处三年以下有期徒刑或者拘役，并处偷逃应缴税额一倍以上五倍以下罚金。

（二）走私货物、物品偷逃应缴税额巨大或者有其他严重情节的，处三年以上十年以下有期徒刑，并处偷逃应缴税额一倍以上五倍以下罚金。

（三）走私货物、物品偷逃应缴税额特别巨大或者有其他特别严重情节的，处十年以上有期徒刑或者无期徒刑，并处偷逃应缴税额一倍以上五倍以下罚金或者没收财产。

单位犯前款罪的，对单位判处罚金，并对其直接负责的主管人员和其他直接责任人员，处三年以下有期徒刑或者拘役；情节严重的，处三年以上十年以下有期徒刑；情节特别严重的，处十年以上有期徒刑。

对多次走私未经处理的，按照累计走私货物、物品的偷逃应缴税额处罚。

条文解读

走私普通货物、物品罪 本条是关于走私普通货物、物品罪及其处罚的规定。构成本罪必须具备以下几个要件：

1. 行为人主观方面是故意犯罪，要具有偷逃关税的目的。

2. 行为人在客观上具有逃避海关监管，走私普通货物、物品，偷逃应缴税额，应当追究刑事责任的行为。本条第1款规定的“本法第一百五十一条、第一百五十二条、第三百四十七条规定以外的货物、物品”，实践中主要包括两类：一类是国家限制进出口的货物、物品，即国家对其进口或者出口实行配额或者许可证管理的货物、物品。例如，烟、酒、贵重中药材及其成药、汽车、摩托车等。另一类是应纳税货物、物品。例如，玻璃制品、造纸材料、塑料等进口货物和钨矿砂及精矿、淡水鱼、虾、海蜇等出口物品。本条之所以要把走私一般货物、物品同走私国家禁止进出口物品、走私淫秽物品以及走私毒品分开规定，是因为走私物品的种类不同，其社会危害性也不同，在处罚上也应有所区别。《刑法》第151条、第152条和第347条所列物品，都是国家禁止进出口的物品，走私这类物品，对社会的危害性极大，往往难以用物品的价额或者偷逃应缴税额来计算。因此，对于走私国家禁止进出口物品和淫秽物品的处刑，都没有规定价额或者数额标准，原则上只要走私就构成犯罪，但走私普通货物、物品，其危害程度主要是根据偷逃应缴税额的大小来决定的。这里的“应缴税额”，是指进出口货物、物品应当缴纳的进出口关税和进口环节、海关代征代扣的其他税款，偷逃应缴税额越大，危害性也就越大。考虑到普通货物、物品的进出口税率是不一样的，走私相同价额不同种类的货物、物品，由于国家规定的税率不同，所以可能偷逃的关税和可能给国家造成的损失也不同。因此，本条将衡量定罪处罚的标准规定为“应缴税额”。

根据《最高人民法院、最高人民检察院关于办理走私刑事案件适用法律若干问题的解释》第22条的规定，在走私的货物、物品中藏匿《刑法》第151条、第152条、第347条、第350条规定的货物、物品，构成犯罪的，以实际走私的货物、物品定罪处罚；构成数罪的，实行数罪并罚。

关联参见

《最高人民法院、最高人民检察院关于办理走私刑事案件适用法律若干问题的解释》第16—18条、第22条；《最高人民检察院关于擅自销售进料加工保税货物的行为法律适用问题的解释》

第一百五十四条　【走私普通货物、物品罪的特殊形式】下列走私行为，根据本节规定构成犯罪的，依照本法第一百五十三条的规定定罪处罚：

（一）未经海关许可并且未补缴应缴税额，擅自将批准进口的来料加工、来件装配、补偿贸易的原材料、零件、制成品、设备等保税货物，在境内销售牟利的；

（二）未经海关许可并且未补缴应缴税额，擅自将特定减税、免税进口的货物、物品，在境内销售牟利的。

第一百五十五条　【以走私罪论处的间接走私行为】下列行为，以走私罪论处，依照本节的有关规定处罚：

（一）直接向走私人非法收购国家禁止进口物品的，或者直接向走私人非法收购走私进口的其他货物、物品，数额较大的；

（二）在内海、领海、界河、界湖运输、收购、贩卖国家禁止进出口物品的，或者运输、收购、贩卖国家限制进出口货物、物品，数额较大，没有合法证明的。

条文解读

本条第1项所列行为，要以犯罪论处必须符合以下两个条件：

1. 行为人在境内必须直接向走私人非法收购国家禁止进口或者走私进口的其他货物、物品，即所谓的“第一手交易”。如果不是直接向走私分子收购走私进境的货物、物品，而是经过第二手、第三手甚至更多的收购环节后收购的，即使收购人明知是走私货物、物品，也不能以走私罪论处。

2. 直接向走私人非法收购武器、弹药、核材料或者伪造的货币和淫秽物品等禁止进口物品的，没有数额的限制；但收购走私进口的其他货物、物品，必须达到数额较大，才能构成犯罪。

本条第2项所列行为，要以走私罪论处必须符合以下两个条件：

1. 行为人必须在内海、领海、界河、界湖运输、收购、贩卖国家禁止进出口物品或者国家限制进出口的货物、物品。“内海”，是指我国领海基线以内包括海港、领海、海峡、直基线与海岸之间的海域，还包括内河的入海口水域，它属于我国内水的范围。“领海”，是指邻接我国陆地领土和内水的一带海域。我国的领海宽度从领海基线量起为12海里。这里所说的“界河”，是指我国与另一国家之间的分界河流。“界湖”，是指我国与另一国家之间的分界湖泊。界河和界湖都是可航水域。如果行为人不是在内海、领海、界河、界湖，而是在内地运输、收购、贩卖国家禁止进出口的货物、物品或者国家限制进出口的货物、物品，不能以走私罪论处。

2. 在内海、领海、界河、界湖运输、收购、贩卖国家限制进出口的货物、物品，必须达到数额较大，没有合法证明的，才能构成犯罪。本项所称“国家限制进出口的货物、物品”，是指国家对进口或者出口实行配额或者许可证管理的货物、物品，其他一般应纳税物品不包括在内。本条所说的“合法证明”，是指有关主管部门颁发的进出口货物、物品许可证、准运证等能证明其来源、用途合法的证明文件。只有数额达到较大，又无合法证明的，才能以走私罪论处。

关联参见

《最高人民法院、最高人民检察院关于办理走私刑事案件适用法律若干问题的解释》第20条

第一百五十六条　【走私共犯】与走私罪犯通谋，为其提供贷款、资金、帐号、发票、证明，或者为其提供运输、保管、邮寄或者其他方便的，以走私罪的共犯论处。

条文解读

走私共犯 ➲ 本条规定的以走私罪的共犯论处的行为应当具备以下几个条件：

1. 行为人在主观上有犯罪故意，“与走私罪犯通谋”，是指行为人有犯罪故意的外在表现形式，主要是指事前与走私罪犯共同商议，制订走私计划以及进行走私分工等活动。

2. 行为人在客观上有为走私罪犯“提供贷款、资金、账号、发票、证明，或者为其提供运输、保管、邮寄或者其他方便”等行为。“提供贷款、资金”，是指金融机构或者其他单位的工作人员，提供贷款、资金给走私分子从事犯罪活动；“提供账号”，是指将本人或者单位在银行或者金融机构中设立的账号提供给走私分子，供其在走私中使用；“提供发票”，是指为走私分子提供可作为记账、纳税、报销等凭据的写有售出商品名称、数量、价格、金额、日期等内容的发货票或者空白发票等；“提供证明”，是指非法为走私分子提供运输、收购、贩卖走私货物、物品所需要的有关证明，如进出口许可证、商检证明等；“提供运输方便”，是指为犯罪分子运输走私货物、物品提供各种运输工具；“提供保管方便”，是指为犯罪分子存放走私货物、物品提供存放仓库、场所或者代为储存、保管等便利；“提供邮寄方便”，是指海关、邮电工作人员明知他人邮寄的物品是国家禁止进出口的物品，或者是超出国家规定的进出境限额的物品而准予邮寄的行为；“其他方便”，是指除上述所列情形以外的其他各种帮助，如为犯罪分子传递重要信息等。

第一百五十七条 【武装掩护走私、抗拒缉私的刑事处罚规定】 武装掩护走私的，依照本法第一百五十一条第一款的规定从重处罚。

以暴力、威胁方法抗拒缉私的，以走私罪和本法第二百七十七条规定的阻碍国家机关工作人员依法执行职务罪，依照数罪并罚的规定处罚。

第三节 妨害对公司、企业的管理秩序罪

第一百五十八条 【虚报注册资本罪】 申请公司登记使用虚假证明文件或者采取其他欺诈手段虚报注册资本，欺骗公司登记主管部门，取得公司登记，虚报注册资本数额巨大、后果严重或者有其他严重情节的，处三年以下有期徒刑或者拘役，并处或者单处虚报注册资本金额百分之一以上百分之五以下罚金。

单位犯前款罪的，对单位判处罚金，并对其直接负责的主管人员和其他直接责任人员，处三年以下有期徒刑或者拘役。

条文解读

虚报注册资本罪 ➜ 本条是关于虚报注册资本罪及其处罚的规定。

构成本罪有以下几个要件：

1. 犯罪主体是特殊主体，即必须是申请公司登记的个人或者单位。

2. 行为人在客观上必须实施了使用虚假证明文件采取其他欺诈手段虚报注册资本，欺骗公司登记主管部门的行为。这里所说的“证明文件”，主要是指依法设立的注册会计师事务所和审计师事务所等法定验资机构依法对申请公司登记的人的出资所出具的验资报告、资产评估报告、验资证明等材料。“其他欺诈手段”，主要是指采取贿赂等非法手段收买有关机关和部门的工作人员，恶意串通，虚报注册资本，或者采用其他隐瞒事实真相的方法欺骗公司登记主管部门的行为。“公司登记主管部门”，是指市场监督管理机关。这里需要指出的是，无论使用虚假证明文件还是采取其他欺诈手段，其目的都是虚报注册资本，欺骗公司

登记主管机关。如果使用虚假证明文件或者其他欺诈手段是为了夸大公司员工的人数或生产经营条件，虚构生产经营场所等，与虚报注册资本无关，不构成本罪。如果使用虚假的证明文件或者采取其他欺诈手段，没有到市场监督管理部门去申请公司设立登记，而是去欺骗另一方当事人，签订经济合同，诈骗钱财，也不构成本罪，对其行为应当依照《刑法》其他有关条款进行处罚。

3. 行为人必须取得了公司登记，而且虚报注册资本数额巨大、后果严重或者有其他严重情节的，才构成犯罪。“取得公司登记”，是指经市场监督管理部门核准并发给《企业法人营业执照》，还包括取得公司设立登记和变更登记的情况。如果在申请登记过程中，市场监督管理部门发现其使用的是虚假的证明文件或者采取了欺诈手段，没有予以登记，不构成本罪。因此“取得公司登记”是区分罪与非罪的一个重要界限。

需要注意的是，本罪只适用于依法实行注册资本实缴登记制的公司。

关联参见

《公安机关管辖的刑事案件立案追诉标准（二）》第3条；《最高人民检察院、公安部关于严格依法办理虚报注册资本和虚假出资抽逃出资刑事案件的通知》二

第一百五十九条　【虚假出资、抽逃出资罪】公司发起人、股东违反公司法的规定未交付货币、实物或者未转移财产权，虚假出资，或者在公司成立后又抽逃其出资，数额巨大、后果严重或者有其他严重情节的，处五年以下有期徒刑或者拘役，并处或者单处虚假出资金额或者抽逃出资金额百分之二以上百分之十以下罚金。

单位犯前款罪的，对单位判处罚金，并对其直接负责的主管人员和其他直接责任人员，处五年以下有期徒刑或者拘役。

条文解读

虚假出资、抽逃出资罪 ➡ 本罪是关于虚假出资、抽逃出资罪及其处罚的规定。

本罪的构成要件有以下几个：

1. 犯罪主体是特殊主体，即公司的发起人或者股东。"公司发起人"，是指依法创立筹办股份有限公司的人。"股东"是指公司的出资人，包括有限责任公司的股东和股份有限公司的股东。

2. 行为人必须有违反《公司法》的规定，未交付货币、实物或者未转移财产权，虚假出资，或者在公司成立后又抽逃其出资的行为。"虚假出资"主要是指对以实物、工业产权、非专利技术或者土地使用权出资的，在评估作价时，故意高估或者低估作价，然后再作为出资等情况。"公司成立后又抽逃其出资"一般包括两种情况：一种是为达到设立公司的目的，通过向其他企业借款或者向银行贷款等手段取得资金，作为自己的出资，待公司登记成立后，又抽回这些资金；另一种是在公司设立时，依法缴纳了自己的出资，但当公司成立后，又将其出资撤回。

3. 虚假出资、抽逃出资的数额巨大、后果严重或者有其他严重情节的，才构成犯罪。

关联参见

《公安机关管辖的刑事案件立案追诉标准（二）》第4条

第一百六十条　【欺诈发行证券罪】在招股说明书、认股书、公司、企业债券募集办法等发行文件中隐瞒重要事实或者编造重大虚假内容，发行股票或者公司、企业债券、存托凭证或者国务院依法认定的其他证券，数额巨大、后果严重或者有其他严重情节的，处五年以下有期徒刑或者拘役，并处或者单处罚金；数额特别巨大、后果特别严重或者有其他特别严重情节的，处五年以上有期徒刑，并处罚金。

控股股东、实际控制人组织、指使实施前款行为的，处五年以下有期徒刑或者拘役，并处或者单处非法募集资金金额百分之二十以上一倍以下罚金；数额特别巨大、后果特别严重或者有其他特别严重情节的，处五年以上有期徒刑，并处非法募集资金金额百分之二十以上一倍以下罚金。

单位犯前两款罪的，对单位判处非法募集资金金额百分之二十以上一倍以下罚金，并对其直接负责的主管人员和其他直接责任人员，依照第一款的规定处罚。

条文解读

欺诈发行证券罪 ➜ 本罪是关于欺诈发行证券罪及其处罚的规定。

构成本罪必须具备以下几个构成要件：(1) 行为人在主观方面有欺诈发行的故意。(2) 行为人“在招股说明书、认股书、公司、企业债券募集办法等发行文件中隐瞒重要事实或者编造重大虚假内容”。这里的“招股说明书、认股书、公司、企业债券募集办法等发行文件”是公司、企业设立和公司、企业向社会筹集资金的重要书面文件。这里的“等发行文件”包含了在发行过程中与“招股说明书、认股书、公司、企业债券募集办法”重要性一样的其他发行文件，包括公司的监事会对募集说明书真实性、准确性、完整性的审核意见、募集资金使用的可行性报告，以及增发、发行可转换公司债券等涉及的发行文件等。需要注意的是，注册制施行后，需要通过交易所审核和证券监督管理部门注册两个环节完成股票、债券等注册发行。“隐瞒重要事实或者编造虚假内容”，是指违反《公司法》《证券法》及其有关法律、法规的规定，制作的招股说明书、认股书、公司、企业债券募集办法等发行文件的内容全部都是虚构的，或者对其中重要的事项和部分内容作虚假的陈述或记载，或者对某些重要事实进行夸大或者隐瞒，或者故意遗漏有关的重要事项等。

（3）行为人实施了“发行股票或者公司、企业债券、存托凭证或者国务院依法认定的其他证券”的行为。本条第1款所说的“发行股票或者公司、企业债券、存托凭证或者国务院依法认定的其他证券”，是指实际已经发行了股票或者公司、企业债券、存托凭证或者国务院依法认定的其他证券，如果制作或形成了虚假的招股说明书、认股书、公司、企业债券募集办法等发行文件，但只锁在办公室抽屉里，或者还未来得及发行就被阻止、不予注册或者主动撤回注册申请，未实施向社会发行股票或公司、企业债券、存托凭证或者国务院依法认定的其他证券的行为，不构成犯罪。（4）需要满足“数额巨大、后果严重或者有其他严重情节”的入罪门槛，才构成犯罪。“后果严重”，主要是指造成了投资者或者其他债权人的重大经济损失；严重影响了投资人、债权人的生产、经营活动；破坏了投资人、债权人的正常生活甚至激发了一些社会矛盾，影响了社会安定和正常的社会生活秩序等。“其他严重情节”，主要是指除数额巨大和后果严重外，严重违反法律规定，扰乱金融和社会管理秩序的其他情节。

控股股东是指其持有的股份占公司股本总额50%以上的股东，或者其持有股份虽不足50%，但持有股份所享有的表决权已足以对股东大会的决议产生重大影响的股东。实际控制人，是指虽不是公司的股东，但通过投资关系、协议或者其他安排，能够实际支配公司的人。

关联参见

《证券法》第2条、第19条、第181条；《公安机关管辖的刑事案件立案追诉标准（二）》第5条

第一百六十一条　【违规披露、不披露重要信息罪】依法负有信息披露义务的公司、企业向股东和社会公众提供虚假的或者隐瞒重要事实的财务会计报告，或者对依法应当披露的其他重要信息不按照规定披露，严重损害股东或者其他人利益，或者有其他严重

情节的，对其直接负责的主管人员和其他直接责任人员，处五年以下有期徒刑或者拘役，并处或者单处罚金；情节特别严重的，处五年以上十年以下有期徒刑，并处罚金。

前款规定的公司、企业的控股股东、实际控制人实施或者组织、指使实施前款行为的，或者隐瞒相关事项导致前款规定的情形发生的，依照前款的规定处罚。

犯前款罪的控股股东、实际控制人是单位的，对单位判处罚金，并对其直接负责的主管人员和其他直接责任人员，依照第一款的规定处罚。

条文解读

违规披露、不披露重要信息罪 ➔ 本条是关于违规披露、不披露重要信息罪及其处罚的规定。

构成本罪应当符合如下条件：

1. 犯罪主体为“依法负有信息披露义务的公司、企业”。依据《公司法》《证券法》《银行业监督管理法》《证券投资基金法》等法律、法规的规定，负有信息披露义务的公司、企业包括：公开发行证券的申请人、上市公司、公司、企业债券上市交易的单位及其他信息披露义务人、商业银行、基金管理人、基金托管人和其他基金信息披露义务人、保险公司等。

2. 在客观方面，行为人实施了向股东和社会公众提供虚假的或者隐瞒重要事实的财务会计报告或者对依法应当披露的其他重要信息不按照规定披露的行为。

3. 违规披露、不披露重要信息，“严重损害股东或者其他人利益的，或者有其他严重情节的”才追究刑事责任。

关联参见

《公安机关管辖的刑事案件立案追诉标准（二）》第6条

第一百六十二条　【妨害清算罪】公司、企业进行清算时，隐匿财产，对资产负债表或者财产清单作虚伪记载或者在未清偿债务前分配公司、企业财产，严重损害债权人或者其他人利益的，对其直接负责的主管人员和其他直接责任人员，处五年以下有期徒刑或者拘役，并处或者单处二万元以上二十万元以下罚金。

条文解读

妨害清算罪 ➲ 本条是关于妨害清算罪及其处罚的规定。

1. 本罪的主体在一般情况下，是进行清算的公司、企业法人，但如果清算组成员与公司、企业相勾结共同实施本条规定的行为，也应以共同犯罪依照本条规定追究刑事责任。

2. 本罪在客观方面表现为在公司、企业清算时，有隐匿财产、对资产负债表或者财产清单作虚伪记载，或者在公司、企业清偿债务前分配公司、企业财产的行为。“隐匿财产”，是指将公司、企业财产予以转移、隐藏。公司、企业的财产既包括资金，也包括工具、设备、产品、货物等各种财物。“对资产负债表或者财产清单作虚伪记载”，是指公司、企业在制作资产负债表或者财产清单时，故意采取隐瞒或者欺骗等方法，对资产负债或者财产清单进行虚报，以达到逃避公司、企业债务的目的。

3. 行为人隐匿公司、企业的财产，在未清偿债务前分配公司、企业的财产，严重损害债权人或其他人利益的，才构成犯罪。“严重损害债权人的利益”，是指由于公司、企业的上述行为，使本应得到偿还的债权人的巨额债务无法得到偿还，等等。这里所说的“严重损害其他人的利益”，是指严重损害实际债权人利益以外的其他人的利益，主要是指由于公司、企业的上述行为造成公司、企业长期拖欠的职工工资和社会保险费用、国家巨额税款得不到清偿等情形。

关联参见

《公安机关管辖的刑事案件立案追诉标准（二）》第7条

第一百六十二条之一　【隐匿、故意销毁会计凭证、会计账簿、财务会计报告罪】隐匿或者故意销毁依法应当保存的会计凭证、会计帐簿、财务会计报告，情节严重的，处五年以下有期徒刑或者拘役，并处或者单处二万元以上二十万元以下罚金。

单位犯前款罪的，对单位判处罚金，并对其直接负责的主管人员和其他直接责任人员，依照前款的规定处罚。

第一百六十二条之二　【虚假破产罪】公司、企业通过隐匿财产、承担虚构的债务或者以其他方法转移、处分财产，实施虚假破产，严重损害债权人或者其他人利益的，对其直接负责的主管人员和其他直接责任人员，处五年以下有期徒刑或者拘役，并处或者单处二万元以上二十万元以下罚金。

第一百六十三条　【非国家工作人员受贿罪】公司、企业或者其他单位的工作人员，利用职务上的便利，索取他人财物或者非法收受他人财物，为他人谋取利益，数额较大的，处三年以下有期徒刑或者拘役，并处罚金；数额巨大或者有其他严重情节的，处三年以上十年以下有期徒刑，并处罚金；数额特别巨大或者有其他特别严重情节的，处十年以上有期徒刑或者无期徒刑，并处罚金。

公司、企业或者其他单位的工作人员在经济往来中，利用职务上的便利，违反国家规定，收受各种名义的回扣、手续费，归个人所有的，依照前款的规定处罚。

国有公司、企业或者其他国有单位中从事公务的人员和国有公司、企业或者其他国有单位委派到非国有公司、企业以及其他单位从事公务的人员有前两款行为的，依照本法第三百八十五条、第三百八十六条的规定定罪处罚。

条文解读

非国家工作人员受贿罪 ➔ 本条是关于非国家工作人员受贿罪及其处罚的规定。

本条第1款有三层含义：第一，本罪犯罪的主体范围为“公司、企业或者其他单位的工作人员”，包括非国有公司、企业、事业单位或者其他组织的工作人员。第二，本罪犯罪的行为特征，是行为人必须实施利用职务上的便利，索取他人财物或者非法收受他人财物为他人谋取利益的行为。“为他人谋取利益”，从谋取利益的性质上看，既包括他人应当得到的合法的、正当的利益，也包括他人不应当得到的非法的、不正当的利益；从利益的实现方面看，包括已为他人谋取的利益，意图谋取或者正在谋取、但尚未谋取到的利益。如果非法收受他人财物，没有利用职务之便或者没有谋取利益，不构成本罪。第三，索取或者非法收受他人财物，必须达到数额较大，才构成犯罪。

本条第2款中所说的“回扣”，是指在商品或者劳务活动中，由卖方从所收到的价款中，按照一定的比例扣出一部分返还给买方或者其经办人的款项。“手续费”，是指在经济活动中，除回扣以外，其他违反国家规定支付给公司、企业或者其他单位的工作人员的各种名义的钱，如信息费、顾问费、劳务费、辛苦费、好处费，等等。违反国家规定，收取各种名义的回扣、手续费，是否归个人所有，是区分罪与非罪的主要界限，如果收取的回扣、手续费，都上交给公司、企业或者本单位的，不构成犯罪；只有将收取的回扣、手续费归个人所有的，才构成犯罪。

实务应用

26. 如何区分非国家工作人员受贿罪与收取合理报酬行为？

公司、企业人员或其他单位工作人员在法律、法规、政策以及公司、企业或其他单位章程允许的范围内，以自己的劳动换取合理报酬的行为不同于受贿行为。例如，公司、企业人员在企业与市场的中介活动中，经国家有关主管部门批准或本单位同意，从事正当的业务活动及技术、信息咨询服务为企业的生产发展解决各种技术难题，而获取合理的报酬是劳动所得，是一种合理的劳务报酬，而不是受贿行为。区别公司、企业或其他单位工作人员受贿罪与获取合理报酬的界限，关键在于看行为人获取的财物是否为劳动收入，如果行为人不是用劳动换取的报酬，而是利用职务之便，为他人谋取利益，以各种名义上的"劳动报酬"索取或收受他人财物，且数额较大，应认定为非国家工作人员受贿罪。

关联参见

《公安机关管辖的刑事案件立案追诉标准（二）》第10条；《最高人民法院、最高人民检察院关于办理商业贿赂刑事案件适用法律若干问题的意见》；《最高人民法院、最高人民检察院关于办理贪污贿赂刑事案件适用法律若干问题的解释》

第一百六十四条　【对非国家工作人员行贿罪】为谋取不正当利益，给予公司、企业或者其他单位的工作人员以财物，数额较大的，处三年以下有期徒刑或者拘役，并处罚金；数额巨大的，处三年以上十年以下有期徒刑，并处罚金。

【对外国公职人员、国际公共组织官员行贿罪】为谋取不正当商业利益，给予外国公职人员或者国际公共组织官员以财物的，依照前款的规定处罚。

单位犯前两款罪的，对单位判处罚金，并对其直接负责的主管人员和其他直接责任人员，依照第一款的规定处罚。

行贿人在被追诉前主动交待行贿行为的，可以减轻处罚或者免除处罚。

条文解读

对非国家工作人员行贿罪，对外国公职人员、国际公共组织官员行贿罪 ➲ 本条是关于对非国家工作人员行贿罪，对外国公职人员、国际公共组织官员行贿罪及其处罚的规定。

本条第1款包含三层含义：第一，行为人必须具有谋取不正当利益的目的。根据《最高人民法院、最高人民检察院关于办理商业贿赂刑事案件适用法律若干问题的意见》的规定，在行贿犯罪中，“谋取不正当利益”，是指行贿人谋取违反法律、法规、规章或者政策规定的利益，或者要求对方违反法律、法规、规章、政策、行业规范的规定提供帮助或者各种便利条件。另外，在招标投标、政府采购等商业活动中，违背公平原则，给予相关人员财物以谋取竞争优势的，也属于“谋取不正当利益”。第二，行为人必须实施了给予公司、企业或者其他单位的工作人员以财物的行为。这里的“给予”应当是实际给付行为，即作为贿赂物的财物已经从行贿人手中转移到受贿人控制之下。第三，行贿的财物必须达到数额较大，才构成犯罪。本条在罪状表述上，只原则规定了“数额较大”“数额巨大”，其具体数额标准由《最高人民法院、最高人民检察院关于办理贪污贿赂刑事案件适用法律若干问题的解释》规定。

本条第2款中的“为谋取不正当商业利益”是指行为人谋取违反法律、法规、规章或者政策规定的利益，或者要求对方违反法律、法规、规章、政策、行业规范的规定提供帮助或者各种便利条件，以获取私利的情况。另外，这里所称“外国公职人员”是指外国经任命或选举担任立法、行政、行政管理或者司法职务的人员，以及为外国国家及公共机构或者公营企业行使公共职能的人员；“国际公共组织官员”是指国际公务人员或者经国际组织授权代表该组织行事的人员；“财物”是指不论是物质的还是非物质的、动产还是不动产、有形的还是无形的各种资产以及证明对这种资产的产权或者权益的法律文件或者文书。根据本款规定，为谋取不正当商业利益，给予外国公职人员或者国际公共组织官员以财物的，依照第1款的规定处罚，即数额较大的，处3年以下有期徒刑或者拘役，并处罚金；数额巨大的，处3年以上10年以下有期徒刑，并处罚金。

关联参见

《最高人民法院最高人民检察院关于办理商业贿赂刑事案件适用法律若干问题的意见》九

第一百六十五条　【非法经营同类营业罪】 国有公司、企业的董事、经理利用职务便利，自己经营或者为他人经营与其所任职公司、企业同类的营业，获取非法利益，数额巨大的，处三年以下有期徒刑或者拘役，并处或者单处罚金；数额特别巨大的，处三年以上七年以下有期徒刑，并处罚金。

条文解读

非法经营同类营业罪 ➲ 本条是关于非法经营同类营业罪及其处罚的规定。

本罪在犯罪构成上具有以下特征：

1. 本罪的主体是特殊主体，即国有公司、企业董事、经理。

2. 本罪在客观方面表现为行为人利用职务便利，自己经营或者为他人经营与所任职公司、企业同类的营业，获取非法利益的行为。所谓“利用职务便利”是指利用自己在国有公司、企业任董事、经理掌管材料、物资、市场、计划、销售等便利条件。“自己经营”包括以私人名义另行注册公司，有的是以亲友的名义注册公司、企业，或者是在他人经办的公司、企业中入股进行经营。所谓“经营与其所任职公司、企业同类的营业”，是指从事与其所任职国有公司、企业相同或者相近似的业务。这样，行为人利用其在国有公司任职所获得的在产、供、销、市场、物资、信息等方面的优势，利用其所任职公司、企业的人力、资金、物质、信息资源、客户渠道等，有可能在市场竞争中占据有利地位，排挤所任职的国有公司、企业，损害国有公司、企业的利益。

3. 国有公司、企业董事、经理的非法经营同类营业行为，获取非法利益，数额巨大的，才构成犯罪。所谓“数额巨大”，是指通过上述手段，转移利润或者转嫁损失，获取了大量非法利润，致使国有公司、企业由此遭受重大损失。

第一百六十六条　【为亲友非法牟利罪】国有公司、企业、事业单位的工作人员，利用职务便利，有下列情形之一，使国家利益遭受重大损失的，处三年以下有期徒刑或者拘役，并处或者单处罚金；致使国家利益遭受特别重大损失的，处三年以上七年以下有期徒刑，并处罚金：

（一）将本单位的盈利业务交由自己的亲友进行经营的；

（二）以明显高于市场的价格向自己的亲友经营管理的单位采购商品或者以明显低于市场的价格向自己的亲友经营管理的单位销售商品的；

（三）向自己的亲友经营管理的单位采购不合格商品的。

条文解读

为亲友非法牟利罪 ➲ 本条是关于为亲友非法牟利罪及其处罚的规定。

本罪具有以下特征：

1. 本罪的主体是国有公司、企业、事业单位的工作人员。

2. 行为人具有利用职务便利，为亲友非法牟利的行为。本条列举了三项具体的行为：（1）将本单位的盈利业务交由自己的亲友经营的。这是指行为人利用自己决定、参与经贸项目、购销往来掌握经贸信息市场行情的职务便利，将明知是可以盈利的业务项目交给自己的亲友去经营。这里的“交由自己的亲友进行经营”包括交给由其亲友投资、管理、控股的单位经营。（2）以明显高于市场的价格向自己的亲友经营管理的单位采购商品或者以明显低于市场的价格向自己的亲友经营管理的单位销售商品的。如果行为人向其亲友采购或者销售的商品不是明显地背离市场价格，也没有使国家利益遭受重大损失的，不构成犯罪。（3）向自己的亲友经营管理的单位采购不合格商品的。这表现在国有公司、企业、事业单位购进原材料时，从自己的亲友经营管理的单位购入质次价高的商品。

3. 行为人有为亲友非法牟利的行为，使国家利益遭受重大损失的，才构成犯罪。本条所称"使国家利益遭受重大损失的"，是指通过上述手段，转移国有公司、企业、事业单位的利润或者转嫁自己亲友经营的损失，数额巨大的。

实务应用

27. 如何区分为亲友非法牟利罪和非法经营同类营业罪？

二者在客观方面都利用了职务便利，主观方面都出于故意，但这两个罪是两种不同性质的犯罪，它们的区别表现在：（1）犯罪主体不同。本罪的主体是国有公司、企业、事业单位的工作人员，而非法经营同类营业罪的主体是国有公司、企业的董事和经理。（2）客观方面不同。本罪在客观方面所实施的行为表现为利用职务便利，将本单位的盈利业务交由自己的亲友经营，或者以明显高于市场的价格向自己的亲友经营管理的单位采购商品或者明显低于市场的价格向自己的亲友经营管理的单位销售商品，或者向自己的亲友经营管理的单位采购不合格商品，而使国家利益遭受重大损失；而非法经营同类营业罪在客观方面则表现为行为人利用职务便利，为自己经营或者为他人经营与其所任职公司、企业同类的营业，获取非法利益，数额巨大的行为。在此，两罪虽同为结果犯，但犯罪结果有所不同，本罪的犯罪结果为使国家利益遭受重大损失，而非法经营同类营业罪为行为人获取非法利益数额巨大。

第一百六十七条　【签订、履行合同失职被骗罪】 国有公司、企业、事业单位直接负责的主管人员，在签订、履行合同过程中，因严重不负责任被诈骗，致使国家利益遭受重大损失的，处三年以下有期徒刑或者拘役；致使国家利益遭受特别重大损失的，处三年以上七年以下有期徒刑。

条文解读

签订、履行合同失职被骗罪 ➜ 本条是关于签订、履行合同失职被骗罪及其处罚的规定。

本罪有如下特征：（1）犯罪主体是特殊主体，即国有公司、企业、事业单位直接负责的主管人员。（2）行为人在签订、履行合同过程中，因严重不负责任被诈骗。应当注意的是，本条规定的犯罪受害人是单位。行为人代表单位，以单位名义与他人订立、履行合同，由于其严重不负责任给单位造成经济损失。因此，对这种犯罪行为，本条规定只追究直接负责的主管人员的刑事责任。（3）本罪须以致使国家利益遭受重大损失为条件，具体标准由最高人民法院、最高人民检察院通过司法解释解决。

关联参见

《全国人民代表大会常务委员会关于惩治骗购外汇、逃汇和非法买卖外汇犯罪的决定》七、八

第一百六十八条　【国有公司、企业、事业单位人员失职罪】【国有公司、企业、事业单位人员滥用职权罪】 国有公司、企业的工作人员，由于严重不负责任或者滥用职权，造成国有公司、企业破产或者严重损失，致使国家利益遭受重大损失的，处三年以下有期徒刑或者拘役；致使国家利益遭受特别重大损失的，处三年以上七年以下有期徒刑。

国有事业单位的工作人员有前款行为，致使国家利益遭受重大

损失的，依照前款的规定处罚。

国有公司、企业、事业单位的工作人员，徇私舞弊，犯前两款罪的，依照第一款的规定从重处罚。

条文解读

国有公司、企业、事业单位人员失职罪，国有公司、企业、事业单位人员滥用职权罪 ➲ 本条是关于国有公司、企业、事业单位人员失职罪，国有公司、企业、事业单位人员滥用职权罪及其处罚的规定。

“严重不负责”客观上表现为不履行、不正确履行或者放弃履行自己的职责。通常表现为工作马马虎虎，草率行事，或者公然违反职责规定，或者放弃职守，对自己负责的工作撒手不管等。“滥用职权”，通常表现为行为人超越职责权限或违反行使职权所应遵守的程序。根据本条规定，如果行为人有严重不负责任或者滥用职权的行为，造成国有公司、企业破产或严重损失，致使国家利益遭受重大损失的就构成犯罪。行为危害性如果没有达到致使国家利益遭受重大损失的程度，则不构成犯罪。这是区分罪与非罪的重要界限。“破产”，是指国有公司、企业由于无法偿还到期债务而宣告倒闭。“严重损失”既包括直接经济损失，也包括间接的或者其他方面的损失，如企业的名声、品牌的信誉等；既包括给国有公司、企业造成亏损，也包括造成盈利减少，即虽然总体上经营没有出现亏损，但使本应获得的利润大量减少，也属于造成严重损失。“致使国家利益遭受重大损失”，包括国家经济利益等造成严重损失。

关联参见

《最高人民法院关于审理扰乱电信市场管理秩序案件具体应用法律若干问题的解释》第 6 条

第一百六十九条　【徇私舞弊低价折股、出售国有资产罪】国有公司、企业或者其上级主管部门直接负责的主管人员，徇私舞弊，将国有资产低价折股或者低价出售，致使国家利益遭受重大损失的，处三年以下有期徒刑或者拘役；致使国家利益遭受特别重大损失的，处三年以上七年以下有期徒刑。

第一百六十九条之一　【背信损害上市公司利益罪】上市公司的董事、监事、高级管理人员违背对公司的忠实义务，利用职务便利，操纵上市公司从事下列行为之一，致使上市公司利益遭受重大损失的，处三年以下有期徒刑或者拘役，并处或者单处罚金；致使上市公司利益遭受特别重大损失的，处三年以上七年以下有期徒刑，并处罚金：

（一）无偿向其他单位或者个人提供资金、商品、服务或者其他资产的；

（二）以明显不公平的条件，提供或者接受资金、商品、服务或者其他资产的；

（三）向明显不具有清偿能力的单位或者个人提供资金、商品、服务或者其他资产的；

（四）为明显不具有清偿能力的单位或者个人提供担保，或者无正当理由为其他单位或者个人提供担保的；

（五）无正当理由放弃债权、承担债务的；

（六）采用其他方式损害上市公司利益的。

上市公司的控股股东或者实际控制人，指使上市公司董事、监事、高级管理人员实施前款行为的，依照前款的规定处罚。

犯前款罪的上市公司的控股股东或者实际控制人是单位的，对单位判处罚金，并对其直接负责的主管人员和其他直接责任人员，依照第一款的规定处罚。

第四节　破坏金融管理秩序罪

第一百七十条　【伪造货币罪】伪造货币的，处三年以上十年以下有期徒刑，并处罚金；有下列情形之一的，处十年以上有期徒刑或者无期徒刑，并处罚金或者没收财产：

（一）伪造货币集团的首要分子；

（二）伪造货币数额特别巨大的；

（三）有其他特别严重情节的。

条文解读

伪造货币罪 ➲ 本条是关于伪造货币罪及其处罚的规定。

根据本条规定，构成本罪，应当具备以下条件：

1. 行为人实施了伪造货币的行为。本条规定的“伪造货币”，是指仿照人民币或者外币的图案、色彩、形状等，使用印刷、复印、描绘、拓印等各种制作方法，将非货币的物质非法制造为假货币，冒充真货币的行为。同时，还包括实践中出现的制造货币版样的行为。制造货币版样的行为，是伪造货币活动中的一部分，这种行为为大量伪造货币提供了条件。至于行为人出于何种目的，是否牟利，使用何种方法，并不影响本罪的构成。只要行为人实施了制造货币版样或将非货币的物质非法制造为假货币，冒充真货币的行为，即构成本罪。

2. 本罪的犯罪对象是人民币和外币，这里所说的“货币”，是指可在国内市场流通或者兑换的人民币和外币。根据《中国人民银行法》的规定，中华人民共和国的法定货币是人民币。这里所说的“外币”，是广义的，是指境外正在流通使用的货币。也就是说，“外币”既包括我国香港、澳门、台湾地区的货币，还包括可在中国兑换的外国货币，如美元、英镑等。《中国人民银行法》第18条规定，人民币由中国人民银行统一印制、发行。中国人民银行发行新版人民币，应当将发行时间、面额、图案、式样、规格予以公告。

3. 行为人在主观上是故意的。伪造货币是一种故意犯罪，在实际发生的案件中，犯罪分子的犯罪目的可能有所不同，如有的是为了某种政治目的，有的是为了牟取暴利，但在主观上具有犯罪的故意则是相同的。

实务应用

28. 如何厘清货币类犯罪的罪数关系？

（1）伪造货币后并出售、运输的，以伪造货币罪从重处罚。（2）自己伪造货币，又购买、运输他人假币的，定伪造货币罪和购买、运输假币罪，实行数罪并罚。（3）出售、运输假币又使用的，以出售、运输假币罪与使用假币罪数罪并罚。（4）购买假币后又使用的，以购买假币罪从重处罚。

关联参见

《公安机关管辖的刑事案件立案追诉标准（二）》第 14 条；《最高人民法院关于审理伪造货币等案件具体应用法律若干问题的解释》第 1 条、第 7 条；《最高人民法院关于审理伪造货币等案件具体应用法律若干问题的解释（二）》；《全国法院审理金融犯罪案件工作座谈会纪要》二

第一百七十一条　【出售、购买、运输假币罪】出售、购买伪造的货币或者明知是伪造的货币而运输，数额较大的，处三年以下有期徒刑或者拘役，并处二万元以上二十万元以下罚金；数额巨大的，处三年以上十年以下有期徒刑，并处五万元以上五十万元以下罚金；数额特别巨大的，处十年以上有期徒刑或者无期徒刑，并处五万元以上五十万元以下罚金或者没收财产。

【金融工作人员购买假币、以假币换取货币罪】银行或者其他金融机构的工作人员购买伪造的货币或者利用职务上的便利，以伪造的货币换取货币的，处三年以上十年以下有期徒刑，并处二万元以上二十万元以下罚金；数额巨大或者有其他严重情节的，处十年

以上有期徒刑或者无期徒刑，并处二万元以上二十万元以下罚金或者没收财产；情节较轻的，处三年以下有期徒刑或者拘役，并处或者单处一万元以上十万元以下罚金。

伪造货币并出售或者运输伪造的货币的，依照本法第一百七十条的规定定罪从重处罚。

条文解读

出售、购买、运输假币罪 ➔ 本条第 1 款是关于出售、购买、运输假币罪及其处罚的规定。

“出售伪造的货币”，是指以营利为目的，以一定的价格卖出伪造的货币的行为。“购买伪造的货币”，是指行为人以一定的价格用真实的货币换回伪造的货币的行为。“明知是伪造的货币而运输”，是指行为人主观上明明知道是伪造的货币，而使用汽车、飞机、火车、轮船等交通工具或者以其他方式将伪造的货币从甲地携带到乙地的行为。

第 1 款共规定了以下三个罪名：

1. 出售假币罪。构成出售假币罪，应具有以下特征：第一，行为人在主观上必须是故意的。第二，行为人必须实施了出售伪造货币的行为。第三，行为人出售伪造货币要达到一定的数量。根据本款规定，出售伪造货币的数额较大，即构成本罪。

2. 购买假币罪。构成购买假币罪，应具备以下特征：一是行为人在主观上一般都以牟取非法利益为目的，如有的购买后冒充货币使用或者行骗，有的购买后再进行贩卖以牟取暴利。至于出于好奇原因购买少量伪造货币的行为不能构成本罪。二是行为人必须实施了以一定的价格购买伪造货币的行为，在通常情况下，其买入的价格一般远远低于票面所印价格。三是购买的伪造货币的数额较大。

3. 运输假币罪。构成运输假币罪，应具备以下特征：一是行为人首先要具有运输伪造货币的行为。二是行为人在主观上必须是明知的，即行为人清楚地知道其运输的货物是伪造的货币。从实际情况看，运输伪造货币的行为与出售伪造货币的行为、购买伪造货币的行为不同。出售、购买伪造货币的，行为人具有主观上的故意是不言而喻的，运输伪造货币的案件主观状态则比较复杂，在有些情况下，托运人并未向承运人如实告知所运货物的情况，承运人也无法了解所运货物的真实情况。在这种情况下，承运人是被蒙骗的，对这种因受蒙骗等原因在不知道运输的是伪造的货币的情况下而运输的，不能作为犯罪处理。因此，本款明确将“明知”规定为构成运输假币罪的要件。三是运输伪造的货币数额较大。

金融工作人员购买假币、以假币换取货币罪 ➔ 本条第 2 款是关于金融工作人员购买假币、以假币换取货币罪及其处罚的规定。

第 2 款中的“其他金融机构”，是指除商业银行以外的信用社、投资融资租赁、证券等非银行金融机构。金融工作人员购买假币罪，其犯罪构成在主观方面和行为特征上与普通人购买伪造的货币是一样的。所不同的是，普通人购买伪造的货币数额较大的才构成犯罪，但是本罪对银行或者其他金融机构的工作人员没有这一限制。也就是说，银行或者其他金融机构的工作人员，只要实施了购买伪造货币的行为，不论数额大小都可构成犯罪。

金融工作人员以假币换取货币罪有以下特征：第一，犯罪主体必须是特定的，即必须是银行或者其他金融机构的工作人员。第二，行为人必须实施了用伪造货币换取货币的行为，即以假币换真币的行为。第三，行为人必须利用了其职务上的便利。如果行为人没有利用职务上的便利，而是在私下场合用自己所持有的假币向别人换取真币，不能构成本罪。第四，行为人在主观上必须是故意的。如果行为人在工作中误将假币支付给他人，不能视为利用职务便利以假币换真币。

关联参见

《公安机关管辖的刑事案件立案追诉标准（二）》第 15 条、第 16 条；《最高人民法院关于审理伪造货币等案件具体应用法律若干问题的解释》第 2—4 条

第一百七十二条　【持有、使用假币罪】明知是伪造的货币而持有、使用，数额较大的，处三年以下有期徒刑或者拘役，并处或者单处一万元以上十万元以下罚金；数额巨大的，处三年以上十年以下有期徒刑，并处二万元以上二十万元以下罚金；数额特别巨大的，处十年以上有期徒刑，并处五万元以上五十万元以下罚金或者没收财产。

条文解读

持有、使用假币罪　本条是关于持有、使用假币罪及其处罚的规定。

1. 持有假币罪。构成本罪应当具备下列条件：

（1）行为人具有持有伪造货币的行为。这里所说的“持有”的概念是广义的，不仅是指行为人随身携带伪造的货币，而且包括行为人在自己家中、亲属朋友处保存伪造的货币，自己或者通过他人传递伪造的货币等行为。

（2）行为人在主观上明知其所持有的是伪造的货币，如果行为人在主观上不知道其所持有的是伪造的货币，如误以为是货币而为他人携带或者保存的，不能构成本罪。

（3）行为人所持有的伪造货币的数额要达到较大的程度。如果行为人持有的伪造货币的数额没有达到“数额较大”，则不构成本罪，可以由公安机关给予拘留、罚款等行政处罚。

2. 使用假币罪。构成使用假币罪应当具备下列条件：

（1）行为人实施了明知是伪造的货币而使用的行为。这里所说的“使用”，包括行为人出于各种目的，以各种方式将伪造的货币作为货币流通的行为，如使用伪造的货币购买商品、将伪造的货币存入银行、用伪造的外币在境内进行兑换、以伪造的货币清偿债务等行为。

（2）行为人在主观上明知其使用的是伪造的货币。行为人在主观上是否明知，是区分罪与非罪的标准之一，如果行为人不知是伪造的货币而使用的，不能构成本罪。

(3) 行为人所使用的伪造的货币数额较大。行为人使用伪造的货币如果不是数额较大，不能构成犯罪。

关联参见

《公安机关管辖的刑事案件立案追诉标准（二）》第17条；《最高人民法院关于审理伪造货币等案件具体应用法律若干问题的解释》

第一百七十三条　【变造货币罪】 变造货币，数额较大的，处三年以下有期徒刑或者拘役，并处或者单处一万元以上十万元以下罚金；数额巨大的，处三年以上十年以下有期徒刑，并处二万元以上二十万元以下罚金。

条文解读

变造货币罪 ➲ “变造货币”，是指行为人在真人民币或外币的基础上或者以真货币为基本材料，采用剪贴、挖补、揭层、涂改、移位、重印等方法加工处理，改变真币形态、价值的行为。

根据本条规定，构成变造货币罪应当具备以下条件：

1. 行为人必须具有变造货币的行为。变造货币的行为与伪造货币的行为是不同的，变造货币的行为是在真实货币的基础上进行的加工处理，以增加原货币的面值，伪造货币的行为则不是对货币进行加工处理，而是直接制造假币。

2. 行为人在主观上是故意的，具有非法牟利的目的。如果行为人不具有非法牟利的目的，如有的出于好奇等原因对货币进行了涂改，改变了货币的金额，但并未进行使用，且不具有使用的意图，不能构成本罪。

3. 行为人变造货币的数额要达到一定的标准，即“数额较大”。这里所说的“数额较大”，是构成本罪的要件之一。

关联参见

《公安机关管辖的刑事案件立案追诉标准（二）》第18条；《最高人民法院关于审理伪造货币等案件具体应用法律若干问题的解释》第6条

第一百七十四条　【擅自设立金融机构罪】未经国家有关主管部门批准，擅自设立商业银行、证券交易所、期货交易所、证券公司、期货经纪公司、保险公司或者其他金融机构的，处三年以下有期徒刑或者拘役，并处或者单处二万元以上二十万元以下罚金；情节严重的，处三年以上十年以下有期徒刑，并处五万元以上五十万元以下罚金。

【伪造、变造、转让金融机构经营许可证、批准文件罪】伪造、变造、转让商业银行、证券交易所、期货交易所、证券公司、期货经纪公司、保险公司或者其他金融机构的经营许可证或者批准文件的，依照前款的规定处罚。

单位犯前两款罪的，对单位判处罚金，并对其直接负责的主管人员和其他直接责任人员，依照第一款的规定处罚。

条文解读

擅自设立金融机构罪 ➲ 本条第1款是关于擅自设立金融机构罪及其处罚的规定。根据本款规定，擅自设立商业银行、证券交易所、期货交易所、证券公司、期货经纪公司、保险公司或者其他金融机构的犯罪具有以下特征：

1. 犯罪的主体包括自然人和单位。

2. 犯罪的主观方面为具有非法设立商业银行、证券交易所、期货交易所、证券公司、期货经纪公司、保险公司或者其他金融机构的主观故意，即行为人主观上明知设立上述金融机构应当经过有关主管机关的审查和批准，但是为了达到获取非法利益的目的，而故意违反有关的法律、法规擅自设立从事金融业务的机构。

3. 本罪所侵犯的客体，是国家对商业银行、证券交易所、期货交易所、证券公司、期货经纪公司、保险公司和其他金融机构的审批管理制度。设立商业银行、证券交易所、期货交易所、证券公司、期货经纪公司、保险公司和其他金融机构必须由中国人民银行、中国证券监督管理委员会等国家指定的主管机关进行审批和监督管理。

4. 本罪的客观方面表现为行为人实施了非法设立商业银行、证券交易所、期货交易所、证券公司、期货经纪公司、保险公司和其他金融机构的犯罪行为。

伪造、变造、转让金融机构经营许可证、批准文件罪 ➔ 本条第2款是关于伪造、变造、转让金融机构经营许可证、批准文件罪及其处罚的规定。

本罪具有以下特征：

1. 犯罪主体是自然人和单位。当然，由于伪造、变造、转让《经营金融业务许可证》或者批准文件这三种犯罪的行为有其各自的特征，所以从事这种犯罪的主体成分也会有所区别。就一般而言，伪造、变造《经营金融业务许可证》或者批准文件的行为一般是个人所为，当然也不排除个别单位从事这类犯罪活动的可能性。而转让《经营金融业务许可证》或者批准文件的犯罪，则一般都是由该许可证的所有者，即单位所为。但在实践中也会有个人未经单位同意，或者通过窃取手段将许可证私下转让的行为的发生。

2. 犯罪行为侵犯的客体是国家对商业银行、证券交易所、期货交易所、证券公司、期货经纪公司、保险公司和其他金融机构的管理秩序。

3. 行为人在主观方面都具有伪造、变造和转让《经营金融业务许可证》或者批准文件的主观故意。从这类犯罪行为的方法可以看出，行为人都是在明知其行为是法律严格禁止的情况下，为了达到使自己或他人非法经营金融业务的目的，而故意实施伪造、变造和转让《经营金融业务许可证》或者批准文件的危害社会的行为。

4. 行为人必须实施了伪造、变造或转让《经营金融业务许可证》或者批准文件的行为。其中，“商业银行的经营许可证”，是指由有关部门审查批准的商业银行经营金融业务及其经营范围的具有法律意义的证明文件，被批准设立的商业银行持《经营金融业务许可证》，可以到市场监督管理部门办理营业执照。“证券交易所、期货交易所、证券公司、期货经纪公司的经营许可证”，是指由有关部门审查批准的这些机构经营有关金融业务及其经营范围的证明文件。“保险公司的经营许可证”，是指由有关部门审查批准的经营保险业务及其经营范围的证明文件。“其他金融机构的经营许可证”，是指根据有关法律、法规的规定，由有关主管部门审查批准的经营金融业务及其经营范围的许可证或者证明文件。

关联参见

《公安机关管辖的刑事案件立案追诉标准（二）》第 19 条、第 20 条

第一百七十五条　【高利转贷罪】以转贷牟利为目的，套取金融机构信贷资金高利转贷他人，违法所得数额较大的，处三年以下有期徒刑或者拘役，并处违法所得一倍以上五倍以下罚金；数额巨大的，处三年以上七年以下有期徒刑，并处违法所得一倍以上五倍以下罚金。

单位犯前款罪的，对单位判处罚金，并对其直接负责的主管人员和其他直接责任人员，处三年以下有期徒刑或者拘役。

条文解读

高利转贷罪 ➲ 本条是关于高利转贷罪及其处罚的规定。

本罪在构成要件上有以下特征：

1. 本款规定的犯罪主体为自然人和单位。

2. 行为人在客观上有将套取的金融机构信贷资金高利转贷给他人，转贷牟利的行为。本条所说“套取金融机构信贷资金高利转贷他人”，是指编造虚假理由，从银行、信托投资公司、农村信用社、城市合作银行等金融机构获得信贷资金后又转贷给第三人。行为人转贷他人的资金必须是套取的金融机构的信贷资金。如果行为人只是将自己的剩余资金借贷给他人，不属于本条规定的情况。“高利转贷他人”，是指行为人以比金融机构贷款利率高出许多的利率将套取的金融机构的信贷资金转贷他人，从中获取不法利益。

3. 行为人在主观上有转贷牟利的目的。

4. 行为人将金融机构信贷资金转贷他人，获取非法利益，数额较大的，才构成犯罪，这是区分罪与非罪的重要界限。

关联参见

《公安机关管辖的刑事案件立案追诉标准（二）》第21条

第一百七十五条之一　【骗取贷款、票据承兑、金融票证罪】 以欺骗手段取得银行或者其他金融机构贷款、票据承兑、信用证、保函等，给银行或者其他金融机构造成重大损失的，处三年以下有期徒刑或者拘役，并处或者单处罚金；给银行或者其他金融机构造成特别重大损失或者有其他特别严重情节的，处三年以上七年以下有期徒刑，并处罚金。

单位犯前款罪的，对单位判处罚金，并对其直接负责的主管人员和其他直接责任人员，依照前款的规定处罚。

条文解读

骗取贷款、票据承兑、金融票证罪 ➲ 本条是关于骗取贷款、票据承兑、金融票证罪及其处罚的规定。

构成本罪需要符合以下几个条件：（1）犯罪行为必须是采取了欺骗

的手段。只要申请人在申请贷款的过程中有虚构事实、掩盖真相的情节，或者说在申请贷款过程中，只要提供假证明、假材料，或者贷款资金没有按申请时的用途去用，都符合这一要件。(2) 犯罪的对象是银行或者其他金融机构的贷款、票据承兑、信用证、保函等。(3) 客观上必须有给银行或者其他金融机构造成重大损失，或者有其他严重情节的情形。这是区分是否构成本罪的界限。

在适用本条打击此类犯罪活动时，要注意以下几个问题：

1. 本罪的犯罪对象不仅是银行等金融机构的信贷资金，还包括银行的其他信用。金融机构从事信用证、保函等信用业务，同样存在很大的风险，行为人以欺骗手段骗取银行或者其他金融机构信用证、票据承兑、保函等，一旦其不能还款，银行或者其他金融机构将承担相应的还款或者付款责任，其结果也是给银行或者其他金融机构造成损失。因此，本罪的犯罪对象不仅限于贷款，还包括信用证、票据承兑、保函等。

2. 本罪与贷款诈骗罪的区别。本条所规定的犯罪，在构成要件上与贷款诈骗罪有很大的区别，构成本罪不要求行为人要以“非法占有为目的”，降低了打击这类犯罪的门槛。如果在司法实践中能够认定行为人的“非法占有为目的”的诈骗贷款行为，应依照《刑法》第 193 条规定的贷款诈骗罪追究其刑事责任。因为两个罪在最高法定刑上也是不同的，贷款诈骗罪最高可以判处无期徒刑，而骗取贷款罪最高法定刑仅为 7 年有期徒刑。

关联参见

《公安机关管辖的刑事案件立案追诉标准（二）》第 22 条

第一百七十六条　【非法吸收公众存款罪】 非法吸收公众存款或者变相吸收公众存款，扰乱金融秩序的，处三年以下有期徒刑或者拘役，并处或者单处罚金；数额巨大或者有其他严重情节的，处三年以上十年以下有期徒刑，并处罚金；数额特别巨大或者有其他特别严重情节的，处十年以上有期徒刑，并处罚金。

单位犯前款罪的，对单位判处罚金，并对其直接负责的主管人员和其他直接责任人员，依照前款的规定处罚。

有前两款行为，在提起公诉前积极退赃退赔，减少损害结果发生的，可以从轻或者减轻处罚。

条文解读

非法吸收公众存款罪 ➲ 本条是关于非法吸收公众存款罪及其处罚的规定。

根据本条的规定，构成非法吸收公众存款罪的犯罪应符合以下条件：

1. 非法吸收公众存款罪的主体可以是自然人，也可以是单位。

2. 行为人在主观上具有非法吸收公众存款或者变相吸收公众存款的故意。行为人一般都要千方百计冒充银行或者其他金融机构，或者谎称金融机构授权，或者变换手法、巧立名目，变相地吸收公众存款，以逃避法律的追究。

3. 在犯罪的客观方面，行为人实施了非法向公众吸收存款或者变相吸收存款的行为。至于采取什么样的手段、吸收存款的人数多少，存款的数量多少，均不影响本罪的构成。实践中具体包括：(1) 不具有房产销售的真实内容或者不以房产销售为主要目的，以返本销售、售后包租、约定回购、销售房产份额等方式非法吸收资金的；(2) 以转让林权并代为管护等方式非法吸收资金的；(3) 以代种植（养殖）、租种植(养殖)、联合种植（养殖）等方式非法吸收资金的；(4) 不具有销售商品、提供服务的真实内容或者不以销售商品、提供服务为主要目的，以商品回购、寄存代售等方式非法吸收资金的；(5) 不具有发行股票、债券的真实内容，以虚假转让股权、发售虚构债券等方式非法吸收资金的；(6) 不具有募集基金的真实内容，以假借境外基金、发售虚构基金等方式非法吸收资金的；（7）不具有销售保险的真实内容，以假冒保险公司、伪造保险单据等方式非法吸收资金的；（8）以投资入股的方式非法吸收资金的；（9）以委托理财的方式非法吸收资金的；（10）利用民间“会”“社”等组织非法吸收资金的；（11）其他非法吸收资金的行为。

未向社会公开宣传，在亲友或者单位内部针对特定对象吸收资金的，不属于非法吸收或者变相吸收公众存款。

4. 本罪侵犯的客体是国家的金融管理秩序。

案例指引

14. 合法设立的公司可以成为非法吸收公众存款罪的犯罪主体吗？①

2011年11月至2015年8月，被告单位昆明某亚公司董事长、总经理（总裁）单某良与主管人员郭某、王某经商议策划，违反国家金融管理法律规定，以稀有金属买卖融资融货为名推行“委托受托”业务，向社会公开宣传，承诺给付固定回报，诱使社会公众投资，变相吸收巨额公众存款。被告单位云南某浩稀贵公司等3家公司及被告人钱某等人明知昆明某亚公司非法吸收公众存款而帮助其向社会公众吸收资金。昆明某亚公司非法吸收公众存款1678亿余元，涉及集资参与人13万余人，造成338亿余元无法偿还。此外，单某良、杨某红还在经营、管理昆明某亚公司期间，利用职务之便，单独或共同将公司财物占为己有。

法院认为，被告单位昆明某亚公司等4家公司、被告人单某良等21人违反国家金融管理法律规定，变相吸收公众存款，数额巨大，其行为均已构成非法吸收公众存款罪；单某良、杨某红利用职务便利，非法将本单位财物据为己有，数额巨大，其行为构成职务侵占罪，均应依法惩处。

① 参见《人民法院依法惩治金融犯罪典型案例》（2022年9月22日发布），“昆明某亚”非法吸收公众存款案，载最高人民法院网 https：//www. court. gov. cn/xinshidai-xiangqing-372731. html，最后访问日期：2023年3月3日。

本案中，作为合法设立的被告单位昆明某亚公司，以“稀有金属买卖融资融货”为名，推行“委托交割受托申报”“受托委托”业务，将其打造为类金融交易所机构，伙同部分金属生产、销售实体企业在某亚交易平台上制造虚假资金需求、营造交易火爆假象，借助大型网络媒介、电视电话、经济学者咨询会、户外广告，甚至在银行柜台展示等途径，包装成收益与金属涨跌无关、资金随进随出的类金融理财产品，诱使社会公众投资，形成大量资金沉淀，并控制、分配沉淀资金，实现变相吸收公众存款的目的，其行为符合非法吸收公众存款罪的构成要件，依法应当追究刑事责任。

关联参见

《公安机关管辖的刑事案件立案追诉标准（二）》第23条；《最高人民法院关于审理非法集资刑事案件具体应用法律若干问题的解释》第1—3条、第9条；《全国法院审理金融犯罪案件工作座谈会纪要》二、(二)；《最高人民法院、最高人民检察院、公安部关于办理非法集资刑事案件适用法律若干问题的意见》

第一百七十七条　【伪造、变造金融票证罪】 有下列情形之一，伪造、变造金融票证的，处五年以下有期徒刑或者拘役，并处或者单处二万元以上二十万元以下罚金；情节严重的，处五年以上十年以下有期徒刑，并处五万元以上五十万元以下罚金；情节特别严重的，处十年以上有期徒刑或者无期徒刑，并处五万元以上五十万元以下罚金或者没收财产：

（一）伪造、变造汇票、本票、支票的；

（二）伪造、变造委托收款凭证、汇款凭证、银行存单等其他银行结算凭证的；

（三）伪造、变造信用证或者附随的单据、文件的；

（四）伪造信用卡的。

单位犯前款罪的，对单位判处罚金，并对其直接负责的主管人员和其他直接责任人员，依照前款的规定处罚。

条文解读

伪造、变造金融票证罪 ➔ 本条是关于伪造、变造金融票证罪及其处罚的规定。

“金融票证”，主要包括汇票、本票、支票、信用证或者附随的单据、文件、信用卡以及委托收款凭证、汇款凭证、银行存单等其他银行结算凭证等。“银行结算凭证”，是指银行办理支付结算过程中用以表明结算法律关系的各种凭据和证明，主要分为有价单证、重要空白凭证和一般结算凭证三种，包括汇票、本票、支票以及委托收款凭证、汇款凭证、进账单等银行、单位和个人填写的各种结算凭证。其中，“委托收款凭证”，是指收款人在委托银行向付款人收取款项时，所填写提供的凭据和证明。委托收款凭证分为邮寄和电报划回两种，由收款人选择。这里所说的“汇款凭证”，是指汇款人委托银行将款项汇给收款人时，所填写的凭据和证明。这里所说的“银行存单”，既是一种信用凭证，也是一种银行结算凭证。这里的“其他银行结算凭证”为委托收款凭证、汇款凭证、银行存单凭证以外的其他结算凭证，主要有进账单、联行报单、限额结算凭证、债券收款单证、内部往来凭证等。

复制他人信用卡、将他人信用卡信息资料写入磁条介质、芯片或者以其他方法伪造信用卡1张以上的，或者伪造空白信用卡10张以上的，应当认定为本条第1款第4项规定的“伪造信用卡”，以伪造金融票证罪定罪处罚。

伪造信用卡，有下列情形之一的，应当认定为本条规定的“情节严重”：（1）伪造信用卡5张以上不满25张的；（2）伪造的信用卡内存款余额、透支额度单独或者合计数额在20万元以上不满100万元的；（3）伪造空白信用卡50张以上不满250张的；（4）其他情节严重的情形。伪造信用卡，有下列情形之一的，应当认定为本条规定的“情节特别严重”：(1) 伪造信用卡25张以上的；(2) 伪造的信用卡内存款余额、透支额度单独或者合计数额在100万元以上的；(3) 伪造空白信用卡250张以上的；(4) 其他情节特别严重的情形。

关联参见

《公安机关管辖的刑事案件立案追诉标准（二）》第24条；《最高人民法院、最高人民检察院关于办理妨害信用卡管理刑事案件具体应用法律若干问题的解释》第1条

第一百七十七条之一　【妨害信用卡管理罪】 有下列情形之一，妨害信用卡管理的，处三年以下有期徒刑或者拘役，并处或者单处一万元以上十万元以下罚金；数量巨大或者有其他严重情节的，处三年以上十年以下有期徒刑，并处二万元以上二十万元以下罚金：

（一）明知是伪造的信用卡而持有、运输的，或者明知是伪造的空白信用卡而持有、运输，数量较大的；

（二）非法持有他人信用卡，数量较大的；

（三）使用虚假的身份证明骗领信用卡的；

（四）出售、购买、为他人提供伪造的信用卡或者以虚假的身份证明骗领的信用卡的。

【窃取、收买、非法提供信用卡信息罪】 窃取、收买或者非法提供他人信用卡信息资料的，依照前款规定处罚。

银行或者其他金融机构的工作人员利用职务上的便利，犯第二款罪的，从重处罚。

条文解读

妨害信用卡管理罪 ➔ 本条第1款是关于妨害信用卡管理罪及其处罚的规定。

根据《全国人大常务委员会关于〈中华人民共和国刑法〉有关信用卡规定的解释》的规定，刑法规定的“信用卡”，是指由商业银行或者其他金融机构发行的具有消费支付、信用贷款、转账结算、存取现金等全部功能或者部分功能的电子支付卡。

构成妨害信用卡管理罪，必须符合以下构成要件：一是行为人主观上为故意，即明知自己的行为会发生妨碍信用卡管理的后果，并希望这种结果的发生。二是行为人客观上实施了妨碍信用卡管理的行为。

关联参见

《公安机关管辖的刑事案件立案追诉标准（二）》第 25 条、第 26 条；《最高人民法院、最高人民检察院关于办理妨害信用卡管理刑事案件具体应用法律若干问题的解释》第 2 条、第 3 条

第一百七十八条　【伪造、变造国家有价证券罪】伪造、变造国库券或者国家发行的其他有价证券，数额较大的，处三年以下有期徒刑或者拘役，并处或者单处二万元以上二十万元以下罚金；数额巨大的，处三年以上十年以下有期徒刑，并处五万元以上五十万元以下罚金；数额特别巨大的，处十年以上有期徒刑或者无期徒刑，并处五万元以上五十万元以下罚金或者没收财产。

【伪造、变造股票、公司、企业债券罪】伪造、变造股票或者公司、企业债券，数额较大的，处三年以下有期徒刑或者拘役，并处或者单处一万元以上十万元以下罚金；数额巨大的，处三年以上十年以下有期徒刑，并处二万元以上二十万元以下罚金。

单位犯前两款罪的，对单位判处罚金，并对其直接负责的主管人员和其他直接责任人员，依照前两款的规定处罚。

条文解读

伪造、变造国家有价证券罪 ➲ 本条第 1 款是关于伪造、变造国家

有价证券罪及其处罚的规定。

构成伪造、变造国家有价证券罪，必须符合以下犯罪构成：(1) 行为人在主观上有犯罪故意，即有伪造、变造国家发行的有价证券牟取非法利益的目的。(2) 行为人在客观上实施了伪造、变造国库券或者国家发行的有价证券的行为。本"伪造"，是指行为人仿照真实的有价证券的形式、图案、颜色、格式、面额，通过印刷、复印、绘制等制作方法非法制造有价证券的行为。"变造"，是指行为人在真实的有价证券的基础上或者以真实的有价证券为基本材料，通过剪接、挖补、覆盖、涂改等方法，对有价证券的主要内容，非法加以改变的行为，如改变有价证券的面额、发行期限等。"国家发行的其他有价证券"，是指国家发行的除国库券以外的其他国家有价证券以及国家银行金融债券，如财政债券、国家建设债券、保值公债、国家重点建设债券等。本罪犯罪行为所指向的对象是国库券和国家发行的其他有价证券。这是本罪区别于伪造、变造金融票证罪的主要区别。(3) 行为人伪造、变造政府债券的行为，数额较大的，才构成犯罪，这是区别罪与非罪的重要界限。

伪造、变造股票、公司、企业债券罪 ➲ 本条第 2 款是关于伪造、变造股票、公司、企业债券罪及其处罚的规定。

本罪在主观方面、行为特点上与伪造、变造国家有价证券罪没有什么区别，最大的不同之处在于本罪的行为对象是股票、公司债券、企业债券而不是国家债券。本条所称的"股票"是股份有限公司为筹集自有资本发给股东的入股凭证，是代表股份资本所有权的证书和股东借以取得股息和红利的一种有价证券。所谓"公司、企业债券"，是指公司、企业依照法定程序发行的、约定在一定期限还本付息的有价证券。

关联参见

《公安机关管辖的刑事案件立案追诉标准（二）》第 27 条、第 28 条

第一百七十九条 【擅自发行股票、公司、企业债券罪】 未经国家有关主管部门批准，擅自发行股票或者公司、企业债券，数额巨大、后果严重或者有其他严重情节的，处五年以下有期徒刑或者拘役，并处或者单处非法募集资金金额百分之一以上百分之五以下罚金。

单位犯前款罪的，对单位判处罚金，并对其直接负责的主管人员和其他直接责任人员，处五年以下有期徒刑或者拘役。

条文解读

擅自发行股票、公司、企业债券罪 ➔ 本条是关于擅自发行股票、公司、企业债券罪及其处罚的规定。

本罪有以下几个构成要件：

1. 本罪的犯罪主体是一般主体，即自然人或单位。既包括那些根本不具备发行股票、公司、企业债券条件的单位和个人，也包括那些具备了发行股票、公司、企业债券条件，但还没有得到国家有关主管部门批准，而擅自发行股票、公司、企业债券的单位和个人。

2. 行为人必须实施了未经国家有关主管部门批准，擅自发行股票、公司、企业债券的行为。本条所说的"未经国家有关主管部门批准，擅自发行股票、公司、企业债券"，就是指违反了《公司法》关于发行股票、公司、企业债券的规定，未报经国务院证券管理部门的批准，擅自发行了股票、公司、企业债券。行为人是否实际上已经发行了股票、公司、企业债券，是区分罪与非罪的主要界限之一。如果不是采取发行股票、公司、企业债券的方式，而是采取其他方法非法筹集资金的，不构成本罪。

3. 擅自发行股票、公司、企业债券，必须达到数额巨大，或者造成严重后果或者有其他严重情节的，才构成犯罪，这是区分罪与非罪的另一主要界限。

关联参见

《关于整治非法证券活动有关问题的通知》；《公安机关管辖的刑事案件立案追诉标准（二）》第29条

第一百八十条 【内幕交易、泄露内幕信息罪】 证券、期货交易内幕信息的知情人员或者非法获取证券、期货交易内幕信息的人员，在涉及证券的发行，证券、期货交易或者其他对证券、期货交易价格有重大影响的信息尚未公开前，买入或者卖出该证券，或者从事与该内幕信息有关的期货交易，或者泄露该信息，或者明示、暗示他人从事上述交易活动，情节严重的，处五年以下有期徒刑或者拘役，并处或者单处违法所得一倍以上五倍以下罚金；情节特别严重的，处五年以上十年以下有期徒刑，并处违法所得一倍以上五倍以下罚金。

单位犯前款罪的，对单位判处罚金，并对其直接负责的主管人员和其他直接责任人员，处五年以下有期徒刑或者拘役。

内幕信息、知情人员的范围，依照法律、行政法规的规定确定。

【利用未公开信息交易罪】 证券交易所、期货交易所、证券公司、期货经纪公司、基金管理公司、商业银行、保险公司等金融机构的从业人员以及有关监管部门或者行业协会的工作人员，利用因职务便利获取的内幕信息以外的其他未公开的信息，违反规定，从事与该信息相关的证券、期货交易活动，或者明示、暗示他人从事相关交易活动，情节严重的，依照第一款的规定处罚。

条文解读

内幕交易、泄露内幕信息罪，利用未公开信息交易罪 ➔ 本条是关于内幕交易、泄露内幕信息罪，利用未公开信息交易罪及其处罚的规定。

构成内幕交易罪、泄露内幕信息罪必须符合下列构成要件：(1) 本罪的主体是特殊主体，即证券、期货交易内幕信息的知情人员和非法获取证券、期货交易内幕信息的人员。单位也可构成本罪。(2) 行为人在主观上有犯罪的故意，通常有让自己或者他人从中牟利的目的，过失不构成本罪。(3) 在客观上，行为人实施了在涉及证券的发行，证券、期货交易或者其他对证券、期货交易价格有重大影响的信息尚未公开前，买入或者卖出该证券，或者从事与该内幕信息有关的期货交易，或者泄露该信息，或者明示、暗示他人从事上述交易活动的行为。(4) 必须是情节严重的行为。根据《最高人民法院、最高人民检察院关于办理内幕交易、泄露内幕信息刑事案件具体应用法律若干问题的解释》第 6 条的规定，在内幕信息敏感期内从事或者明示、暗示他人从事或者泄露内幕信息导致他人从事与该内幕信息有关的证券、期货交易，具有下列情形之一的，应当认定为《刑法》第 180 条第 1 款规定的“情节严重”：(1) 证券交易成交额在 50 万元以上的；(2) 期货交易占用保证金数额在 30 万元以上的；(3) 获利或者避免损失数额在 15 万元以上的；(4) 3 次以上的；(5) 具有其他严重情节的。

对于利用未公开信息交易罪，需注意以下两个方面：(1) 本罪属于特殊主体，即证券交易所、期货交易所、证券公司、期货经纪公司、基金管理公司、商业银行、保险公司等金融机构的从业人员以及有关监管部门或者行业协会的工作人员。(2) 犯罪分子所利用的信息不属于内幕信息的范畴，但属于未公开的信息，如基金投资公司即将建仓、出仓的信息等。

关联参见

《公安机关管辖的刑事案件立案追诉标准（二）》第 30 条、第 31 条；《最高人民法院、最高人民检察院关于办理内幕交易、泄露内幕信息刑事案件具体应用法律若干问题的解释》

第一百八十一条　【编造并传播证券、期货交易虚假信息罪】 编造并且传播影响证券、期货交易的虚假信息，扰乱证券、期货交易市场，造成严重后果的，处五年以下有期徒刑或者拘役，并处或者单处一万元以上十万元以下罚金。

【诱骗投资者买卖证券、期货合约罪】 证券交易所、期货交易所、证券公司、期货经纪公司的从业人员，证券业协会、期货业协会或者证券期货监督管理部门的工作人员，故意提供虚假信息或者伪造、变造、销毁交易记录，诱骗投资者买卖证券、期货合约，造成严重后果的，处五年以下有期徒刑或者拘役，并处或者单处一万元以上十万元以下罚金；情节特别恶劣的，处五年以上十年以下有期徒刑，并处二万元以上二十万元以下罚金。

单位犯前两款罪的，对单位判处罚金，并对其直接负责的主管人员和其他直接责任人员，处五年以下有期徒刑或者拘役。

条文解读

编造并传播证券、期货交易虚假信息罪 ➔ 构成编造并传播证券、期货交易虚假信息罪必须符合下列条件：

1. 犯罪主体主要是证券交易所、期货交易所、证券公司、期货经纪公司的从业人员，证券业协会、期货业协会或者证券期货监督管理部门的工作人员，证券、期货咨询服务机构及其相关机构的人员，以及证券、期货交易的客户、行情分析人员等。

2. 行为人主观上具有犯罪故意，即明知编造并且传播影响证券、期货交易的虚假信息，会扰乱证券、期货交易市场秩序，仍实施该行为，并希望危害结果的发生。

3. 行为人客观上实施了编造并且传播影响证券、期货交易的虚假信息，扰乱证券、期货交易市场的行为。行为人必须既具有编造又具有传播影响证券、期货交易的虚假信息的行为。至于行为人是否从中牟利，不影响本罪的构成。

4. 构成本罪必须是扰乱证券、期货交易市场，造成严重后果的行为。主要表现为虚假信息引起股票价格、期货交易价格的重大波动，或者在股民、期货交易客户中引起了心理恐慌，大量抛售或者买进某种股票、期货交易品种，给股民、投资者造成重大经济损失，或者造成恶劣的社会影响，等等。

诱骗投资者买卖证券、期货合约罪 构成诱骗投资者买卖证券、期货合约罪须符合以下条件：

1. 本罪的犯罪主体是特殊主体，即证券交易所、期货交易所、证券公司、期货经纪公司的从业人员，证券业协会、期货业协会或者证券期货监督管理部门的工作人员。

2. 行为人主观上具有犯罪故意，即故意提供虚假信息，诱骗投资者买卖证券、期货合约。

3. 行为人客观上实施了提供虚假信息或者伪造、变造、销毁交易记录的行为。

4. 构成本罪还必须造成严重后果的行为。“造成严重后果”，主要是指：使投资者造成重大经济损失；造成证券、期货市场秩序严重混乱等情况。

关联参见

《全国人民代表大会常务委员会关于维护互联网安全的决定》三；《公安机关管辖的刑事案件立案追诉标准（二）》第32条、第33条

第一百八十二条　【操纵证券、期货市场罪】 有下列情形之一，操纵证券、期货市场，影响证券、期货交易价格或者证券、期货交易量，情节严重的，处五年以下有期徒刑或者拘役，并处或者单处罚金；情节特别严重的，处五年以上十年以下有期徒刑，并处罚金：

（一）单独或者合谋，集中资金优势、持股或者持仓优势或者利用信息优势联合或者连续买卖的；

（二）与他人串通，以事先约定的时间、价格和方式相互进行证券、期货交易的；

（三）在自己实际控制的帐户之间进行证券交易，或者以自己为交易对象，自买自卖期货合约的；

（四）不以成交为目的，频繁或者大量申报买入、卖出证券、期货合约并撤销申报的；

（五）利用虚假或者不确定的重大信息，诱导投资者进行证券、期货交易的；

（六）对证券、证券发行人、期货交易标的公开作出评价、预测或者投资建议，同时进行反向证券交易或者相关期货交易的；

（七）以其他方法操纵证券、期货市场的。

单位犯前款罪的，对单位判处罚金，并对其直接负责的主管人员和其他直接责任人员，依照前款的规定处罚。

条文解读

操纵证券、期货市场罪 本条是关于操纵证券、期货市场罪及其处罚的规定。

构成操纵证券、期货市场罪，必须同时具备以下条件：(1) 具有操纵证券、期货市场的行为。本条第1款共列举了七种操纵证券、期货交易市场的行为，只要实施了七种行为之一，影响证券、期货交易价格或者证券、期货交易量，情节严重的，就构成操纵证券、期货市场的犯罪。(2) 操纵行为要符合“影响证券、期货交易价格或者证券、期货交易量”的要求。操纵行为必然表现为影响了证券、期货交易价格或者证券、期货交易量。实践中，对认定构成操纵证券、期货市场犯罪的，一般都需要从“证券、期货交易价格或者证券、期货交易量”是否被影响的角度固定证据，如持有或者实际控制证券的流通股份数量、数个交易日总成交量等。(3) 行为人有操纵证券、期货市场的行为，情节严重的才构成犯罪。“情节严重”，主要是指行为人获取不正当利益巨大的；

多次操纵证券、期货市场的；造成恶劣社会影响的；造成股票、期货价格暴涨暴跌，严重影响证券、期货市场交易秩序的；给其他投资者造成巨大经济损失的等。

关联参见

《公安机关管辖的刑事案件立案追诉标准（二）》第34条

第一百八十三条　【职务侵占罪】保险公司的工作人员利用职务上的便利，故意编造未曾发生的保险事故进行虚假理赔，骗取保险金归自己所有的，依照本法第二百七十一条的规定定罪处罚。

【贪污罪】国有保险公司工作人员和国有保险公司委派到非国有保险公司从事公务的人员有前款行为的，依照本法第三百八十二条、第三百八十三条的规定定罪处罚。

条文解读

根据本条第1款的规定，保险工作人员虚假理赔犯罪有以下几个构成要件：

1. 本罪的犯罪主体是特殊主体，即保险公司的工作人员。如果是非保险公司的工作人员故意编造未曾发生的保险事故，进行虚假理赔，不构成此罪，而构成保险诈骗罪。

2. 行为人在主观上有犯罪故意。行为人有故意编造未曾发生的保险事故进行虚假理赔，骗取保险金的目的。

3. 行为人实施了利用职务上的便利，故意编造未曾发生的保险事故进行虚假理赔，并将骗取的保险金归自己所有的行为。本款所说的“保险”，是指投保人根据合同约定，向保险人支付保险费，保险人对于合同约定的可能发生的事故，因其发生所造成的财产损失承担赔偿保险金责任，或者当被保险人死亡、伤残、疾病或者达到合同约定的年龄、期限时，承担给付保险金责任的商业保险行为。“保险公司”，是指与投保人订立保险合同，并承担赔偿或者给付保险金责任的保险人。“保险公司的工作人员利用职务上的便利，故意编造未曾发生的保险事故进行虚假理赔”，是指保险公司的工作人员利用他们直接负责保险事故的理赔工作的便利条件，利用投保人与保险公司签订的保险合同关系，谎称发生保险事故，利用职务进行“理赔”，并将理赔款据为已有，从而骗取保险金的犯罪活动。本条所说的“保险事故”，是指保险合同约定的保险责任范围内的事故，是否骗取了保险金是区别罪与非罪的界限。如果行为人虽然有利用职务上的便利，故意编造未曾发生的保险事故进行虚假理赔，但其虚假理赔的行为被及时揭穿，骗取保险金的阴谋未能得逞，就不宜作为犯罪处理，其性质属于违反《保险法》的违法行为。如果行为人将骗取的保险金归自己所有，依照本款规定，应当依照《刑法》第271条侵占罪的规定定罪处罚，即对骗取保险金数额较大的，处5年以下有期徒刑或者拘役；数额巨大的，处5年以上有期徒刑，可以并处没收财产。

本条第2款规定，对于国有保险公司工作人员和国有保险公司委派到非国有保险公司从事公务的人员犯此罪，依照《刑法》第382条、第383条贪污罪的规定定罪处罚，法律作这样的规定，体现了对国家工作人员犯罪从重处罚的立法精神。

第一百八十四条　【金融机构工作人员受贿犯罪如何定罪处罚的规定】银行或者其他金融机构的工作人员在金融业务活动中索取他人财物或者非法收受他人财物，为他人谋取利益的，或者违反国家规定，收受各种名义的回扣、手续费，归个人所有的，依照本法第一百六十三条的规定定罪处罚。

国有金融机构工作人员和国有金融机构委派到非国有金融机构从事公务的人员有前款行为的，依照本法第三百八十五条、第三百八十六条的规定定罪处罚。

条文解读

本条所称“银行”，包括各商业银行以及其他在我国境内设立的合资、外资银行。本条所称“其他金融机构”，是指除银行以外的其他经营保险、信托投资、证券、外汇、期货、融资租赁等金融业务的机构。金融机构工作人员受贿有以下特征：(1) 主体是银行或者其他金融机构的工作人员，其他人员不能成为本罪的行为主体。(2) 行为人在办理金融业务的活动中有索取、收受贿赂的行为。

本条所称“金融业务”，是指银行办理的吸收公众存款，发放短期、中期和长期贷款，办理国内外结算，办理票据贴现，发行金融债券，代理发行、代理兑付、承销政府债券，买卖政府债券，从事同业拆借，买卖、代理外汇，提供信用证服务及担保，代理收付款项及代理保险业务，提供保管箱服务等业务，以及其他金融机构办理的保险、信托投资、证券、外汇、期货、融资租赁等业务。本条所称“索取”贿赂，是指行为人公开向对方索要财物，或者以各种方式提示对方行贿。所谓“收受贿赂”，是指行为人接受对方给予的财物。本条所称“违反国家规定收受各种名义的回扣、手续费”，是指银行或者其他金融机构的工作人员违反国家规定，以收取回扣或者其他各种名义的手续费的形式变相收取贿赂的行为。

本条所说的“国有金融机构工作人员和国有金融机构委派到非国有金融机构从事公务的人员”，主要是指中国人民银行、国有商业银行或者其他国有金融机构的工作人员以及受国有银行委派到非国有商业银行和金融机构从事公务的人员。

第一百八十五条　【挪用资金罪】商业银行、证券交易所、期货交易所、证券公司、期货经纪公司、保险公司或者其他金融机构的工作人员利用职务上的便利，挪用本单位或者客户资金的，依照本法第二百七十二条的规定定罪处罚。

【挪用公款罪】 国有商业银行、证券交易所、期货交易所、证券公司、期货经纪公司、保险公司或者其他国有金融机构的工作人员和国有商业银行、证券交易所、期货交易所、证券公司、期货经纪公司、保险公司或者其他国有金融机构委派到前款规定中的非国有机构从事公务的人员有前款行为的，依照本法第三百八十四条的规定定罪处罚。

条文解读

挪用资金罪 ➜ 根据本条第 1 款的规定，构成挪用本单位资金或者客户资金罪必须同时具备以下四个条件：第一，犯罪主体必须是商业银行、证券交易所、期货交易所、证券公司、期货经纪公司、保险公司或者其他金融机构的工作人员。这里的“其他金融机构的工作人员”，是指除本款明确规定的商业银行、证券交易所、期货交易所、证券公司、期货经纪公司、保险公司外从事信托投资、融资租赁等金融业务的机构，如信托投资公司、融资租赁公司、财务公司等机构的工作人员。第二，行为人在主观方面必须具有故意，而不是由于工作的过失或者因业务不熟而造成的失误。其挪用资金是为个人使用或者借贷给他人。第三，行为人挪用本单位或者客户资金的行为利用了职务上的便利。“利用职务上的便利”，是指本款所列主体利用分管、负责或者办理某项业务的权力或者职权所形成的便利条件。“挪用本单位或者客户资金”，是指个人利用职务之便，擅自挪用本单位所有或者有权支配的资金以及本单位客户存入本单位或者委托本单位办理结算、转汇、保管等业务的资金。第四，行为人擅自挪用本单位或者客户资金，必须达到法定的条件，才能构成犯罪。

本条第 2 款规定的犯罪主体与第 1 款规定的犯罪主体不同，有两种情形：一种是国有商业银行、证券交易所、期货交易所、证券公司、期货经纪公司、保险公司或者其他国有金融机构的工作人员；另一种是国有商业银行、证券交易所、期货交易所、证券公司、期货经纪公司、保险公司或者其他国有金融机构委派到非国有的商业银行、证券交易所、期货交易所、证券公司、期货经纪公司、保险公司或者其他金融机构中从事公务的人员。上述主体如果利用职务上的便利挪用本单位或者客户资金的，将以国家工作人员犯罪论处，按照《刑法》第384条的规定追究刑事责任。这里所说的“依照本法第三百八十四条的规定定罪处罚”，是指构成犯罪的条件、定罪量刑的情节和具体的处罚幅度按照《刑法》第384条的规定执行。

实务应用

29. 如何区分挪用资金罪与职务侵占罪？

二者有以下几点明显的区别：(1) 侵犯的客体和对象不同。挪用资金罪侵犯的客体是公司、企业或者其他单位的资金的使用权，对象是公司、企业或者其他单位的资金；职务侵占罪侵犯的客体是公司、企业或者其他单位的资金的所有权，对象是公司、企业或者其他单位的财物，既包括货币形态的资金和有价证券等，也包括实物形态的公司财产，如物资、设备等。(2) 客观方面表现不同。挪用资金罪表现为公司、企业或者其他单位的工作人员，利用职务上的便利，挪用本单位资金归个人使用或者借贷给他人，数额较大、超过3个月未还的，或者虽未超过3个月，但数额较大、进行营利活动的，或者进行非法活动的行为；职务侵占罪表现为公司、企业或者其他单位的工作人员，利用职务上的便利，将本单位财物非法占为己有，数额较大的行为。挪用资金罪的行为方式是挪用，即未经合法批准或许可而擅自挪归自己使用或者借贷给他人；职务侵占罪的行为方式是侵占，即行为人利用职务上的便利，侵吞、窃取、骗取或者以其他手段非法占有本单位财物。挪用本单位资金进行非法活动的，并不要求“数额较大”即可构成犯罪；职务侵占罪只有侵占本单位财物数额较大的，才能构成。(3) 主观方面不同。挪用资金罪行为人的目的在于非法取得本单位资金的使用权，但并不企图永久非法占有，而是准备用后归还；职务侵占罪的行为人的目的在于非法取得本单位财物的所有权，而并非暂时使用。挪用本单位资金数额较大不退还的，这里所说的不退还，是指在挪用本单位资金案发后，被司法机关、主管部门或者有关单位发现前不退还。一般认为，在实际生活中，挪用本单位资金不退还的，分为两种情况：一种是主观上想退还，但客观上无能力退还；另一种是客观上虽有能力退还，但主观上已发生变化，先前的挪用本单位资金的故意已经转化为侵占该资金的故意。在司法实践中，如果行为人在挪用本单位资金后，确属犯罪故意发生转变，不再想退还，而是企图永久非法占为己有，在客观上有能力退还而不退还的，属于《刑法》中的转化犯，应根据处理转化犯的原则，直接以职务侵占罪定罪处罚。

第一百八十五条之一　【背信运用受托财产罪】商业银行、证券交易所、期货交易所、证券公司、期货经纪公司、保险公司或者其他金融机构，违背受托义务，擅自运用客户资金或者其他委托、信托的财产，情节严重的，对单位判处罚金，并对其直接负责的主管人员和其他直接责任人员，处三年以下有期徒刑或者拘役，并处三万元以上三十万元以下罚金；情节特别严重的，处三年以上十年以下有期徒刑，并处五万元以上五十万元以下罚金。

【违法运用资金罪】社会保障基金管理机构、住房公积金管理机构等公众资金管理机构，以及保险公司、保险资产管理公司、证券投资基金管理公司，违反国家规定运用资金的，对其直接负责的主管人员和其他直接责任人员，依照前款的规定处罚。

第一百八十六条　【违法发放贷款罪】银行或者其他金融机构的工作人员违反国家规定发放贷款，数额巨大或者造成重大损失的，处五年以下有期徒刑或者拘役，并处一万元以上十万元以下罚金；数额特别巨大或者造成特别重大损失的，处五年以上有期徒刑，并处二万元以上二十万元以下罚金。

银行或者其他金融机构的工作人员违反国家规定，向关系人发放贷款的，依照前款的规定从重处罚。

单位犯前两款罪的，对单位判处罚金，并对其直接负责的主管人员和其他直接责任人员，依照前两款的规定处罚。

关系人的范围，依照《中华人民共和国商业银行法》和有关金融法规确定。

条文解读

违法发放贷款罪 ➔ 本条是关于违法发放贷款罪及其处罚的规定。

构成违法发放贷款罪必须符合以下几个要件：

1. 本罪的犯罪主体是银行或者其他金融机构的工作人员，非上述人员，不能构成本罪。“银行”，包括各商业银行以及其他在我国境内设立的合资、外资银行。“其他金融机构”，是指除银行以外的其他经营保险、信托投资、证券、外汇、期货、融资租赁等金融业务的机构。

2. 行为人必须实施了违反国家规定发放贷款的行为。“违反国家规定”，主要是指违反有关贷款的法律、行政法规等。关于发放贷款，《商业银行法》规定，商业银行贷款，应当对借款人的借款用途、偿还能力、还款方式等情况进行严格审查。商业银行贷款，应当实行审贷分离、分级审批的制度。商业银行贷款，借款人应当提供担保。商业银行应当对保证人的偿还能力，抵押物、质权的权属和价值以及实现抵押权、质权的可行性进行严格审查。经商业银行审查、评估，确认借款人资信良好，确能偿还贷款的，可以不提供担保。商业银行贷款，应当与借款人订立书面合同。合同应当约定贷款种类、借款用途、金额、利率、还款期限、还款方式、违约责任和双方认为需要约定的其他事项。

3. 行为人非法发放贷款行为，必须数额巨大或者造成了重大损失的，才构成犯罪。所谓“重大损失”，是指银行或者其他金融机构由于行为人的非法发放贷款行为，而致使贷款全部或者部分不能收回的情况。

关联参见

《公安机关管辖的刑事案件立案追诉标准（二）》第37条

第一百八十七条　【吸收客户资金不入帐罪】 银行或者其他金融机构的工作人员吸收客户资金不入帐，数额巨大或者造成重大损失的，处五年以下有期徒刑或者拘役，并处二万元以上二十万元以下罚金；数额特别巨大或者造成特别重大损失的，处五年以上有期徒刑，并处五万元以上五十万元以下罚金。

单位犯前款罪的，对单位判处罚金，并对其直接负责的主管人员和其他直接责任人员，依照前款的规定处罚。

条文解读

吸收客户资金不入帐罪 ➜ 本条是关于吸收客户资金不入帐罪及其处罚的规定。

1. 本罪的犯罪主体是特殊主体，即银行或者其他金融机构的工作人员。单位也可构成本罪。

2. 行为人客观上实施了吸收客户资金不入账的行为。“吸收客户资金不入帐”，是指违反金融法律、法规，对收受客户的存款资金不如实记入银行或者其他金融机构存款账目，账目上反映不出这笔新增款项业务，或者账目上的记载与出具给储户的存单、存折上的记载不相符。

3. 行为人吸收客户资金不入账，数额巨大或者造成重大损失的才构成犯罪。

关联参见

《公安机关管辖的刑事案件立案追诉标准（二）》第38条

第一百八十八条　【违规出具金融票证罪】银行或者其他金融机构的工作人员违反规定，为他人出具信用证或者其他保函、票据、存单、资信证明，情节严重的，处五年以下有期徒刑或者拘役；情节特别严重的，处五年以上有期徒刑。

单位犯前款罪的，对单位判处罚金，并对其直接负责的主管人员和其他直接责任人员，依照前款的规定处罚。

条文解读

违规出具金融票证罪 ➔ 本条是关于违规出具金融票证罪及其处罚的规定。

构成本罪必须具备以下几个条件：(1) 行为人必须是银行或者其他金融机构的工作人员。(2) 行为人必须有违反规定，为他人出具信用证或者其他保函、票据、存单、资信证明的行为。(3) 行为人非法为他人出具金融票证，情节严重的，才构成犯罪。“情节严重”，不仅包括给金融机构造成了较大损失，还包括虽然没有造成较大损失，但非法出具金融票证涉及金额巨大，或者多次非法出具金融票证等情形。如果行为人有以上违反规定的行为，但被及时发现并制止，情节不严重的，可作为违法行为处理，不宜以犯罪论处。

关联参见

《公安机关管辖的刑事案件立案追诉标准（二）》第 39 条

第一百八十九条　【对违法票据承兑、付款、保证罪】银行或者其他金融机构的工作人员在票据业务中，对违反票据法规定的票据予以承兑、付款或者保证，造成重大损失的，处五年以下有期徒刑或者拘役；造成特别重大损失的，处五年以上有期徒刑。

单位犯前款罪的，对单位判处罚金，并对其直接负责的主管人员和其他直接责任人员，依照前款的规定处罚。

第一百九十条 【逃汇罪】公司、企业或者其他单位，违反国家规定，擅自将外汇存放境外，或者将境内的外汇非法转移到境外，数额较大的，对单位判处逃汇数额百分之五以上百分之三十以下罚金，并对其直接负责的主管人员和其他直接责任人员，处五年以下有期徒刑或者拘役；数额巨大或者有其他严重情节的，对单位判处逃汇数额百分之五以上百分之三十以下罚金，并对其直接负责的主管人员和其他直接责任人员，处五年以上有期徒刑。

条文解读

逃汇罪 ➔ 本条是关于逃汇罪及其处罚的规定。

逃汇罪包含两种情况：一是公司、企业或者其他单位，违反国家规定，擅自将外汇存放境外，数额较大的。“违反国家规定，擅自将外汇存放境外”，是指违反了国家的有关外汇管理的规定，将应调回国内的外汇不调回国内，而存放境外的行为。二是公司、企业或者其他单位，违反国家规定，将境内的外汇非法转移到境外，数额较大的。“违反国家规定，将境内的外汇非法转移到境外”，是指未经批准，将境内外汇非法地转移到境外的行为。

本罪的犯罪主体限于公司、企业或者其他单位，个人不能成为逃汇罪的犯罪主体，不能构成逃汇罪。对个人持有的外汇，除限制私自买卖和私自携带或邮寄出境外，管理是比较宽松的，因此本条对个人一般的逃汇行为，未规定为犯罪。对于个人携带大量外汇或外币支付凭证、有价证券等出境，逃避海关监管，符合走私条件的，应当按照国家有关规定处理。

关联参见

《公安机关管辖的刑事案件立案追诉标准（二）》第41条；《最高人民法院关于审理骗购外汇、非法买卖外汇刑事案件具体应用法律若干问题的解释》第1条、第5—8条

第一百九十一条　【洗钱罪】 为掩饰、隐瞒毒品犯罪、黑社会性质的组织犯罪、恐怖活动犯罪、走私犯罪、贪污贿赂犯罪、破坏金融管理秩序犯罪、金融诈骗犯罪的所得及其产生的收益的来源和性质，有下列行为之一的，没收实施以上犯罪的所得及其产生的收益，处五年以下有期徒刑或者拘役，并处或者单处罚金；情节严重的，处五年以上十年以下有期徒刑，并处罚金：

（一）提供资金帐户的；

（二）将财产转换为现金、金融票据、有价证券的；

（三）通过转帐或者其他支付结算方式转移资金的；

（四）跨境转移资产的；

（五）以其他方法掩饰、隐瞒犯罪所得及其收益的来源和性质的。

单位犯前款罪的，对单位判处罚金，并对其直接负责的主管人员和其他直接责任人员，依照前款的规定处罚。

条文解读

洗钱罪 ➔ 本条是关于洗钱罪及其处罚的规定。

构成洗钱罪必须具备以下条件：

1. 主观上是为掩饰、隐瞒上游犯罪的所得及其产生的收益的来源和性质。“掩饰、隐瞒”是指行为人以窝藏、转移、转换、收购等方法将自己或者他人实施上游犯罪的所得及其产生的收益予以掩盖或洗白，本条对“掩饰、隐瞒”的方法作了具体列举。

2. 行为人实施了掩饰、隐瞒毒品犯罪、黑社会性质的组织犯罪、恐怖活动犯罪、走私犯罪、贪污贿赂犯罪、破坏金融管理秩序犯罪、金融诈骗犯罪的所得及其产生收益的来源和性质的行为。本条列举了五种洗钱行为：（1）提供资金账户，是指为犯罪行为人提供金融机构账户等的行为，包括提供各种真名账户、匿名账户、假名账户等，为其转移犯罪所得及其收益提供方便。（2）将财产转换为现金、金融票据或者有价证券，是指犯罪行为人本人或者协助他人将犯罪所得及其收益的财产通过交易等方式转换为现金或者汇票、本票、支票等金融票据或者股票、债券等有价证券，以掩饰、隐瞒犯罪所得财产的真实所有权关系。(3) 通过转账或者其他支付结算方式转移资金。这种行为的目的是犯罪行为人为自己或者为他人掩盖犯罪所得资金的来源、去向。这里的支付结算方式包括转账、票据承兑和贴现等资金支付结算业务。(4) 跨境转移资产，是指以各种方式将犯罪所得的资产转移到境外的国家或地区，兑换成外币、动产、不动产等；或者将犯罪所得的资产从境外转移到境内，兑换成人民币、动产、不动产等。(5) 以其他方法掩饰、隐瞒犯罪所得及其收益的来源和性质，是一个兜底性规定，包括将犯罪所得投资于各种行业进行合法经营，将非法获得的收入注入合法收入中，或者用犯罪所得购买不动产等各种手段，掩饰、隐瞒犯罪所得及其收益的来源和性质的行为。

需要注意的是，自洗钱也构成洗钱罪。

关联参见

《公安机关管辖的刑事案件立案追诉标准（二）》第 43 条；《最高人民法院关于审理洗钱等刑事案件具体应用法律若干问题的解释》第 3 条、第 4 条

第五节　金融诈骗罪

第一百九十二条　【集资诈骗罪】以非法占有为目的，使用诈骗方法非法集资，数额较大的，处三年以上七年以下有期徒刑，并处罚金；数额巨大或者有其他严重情节的，处七年以上有期徒刑或者无期徒刑，并处罚金或者没收财产。

单位犯前款罪的，对单位判处罚金，并对其直接负责的主管人员和其他直接责任人员，依照前款的规定处罚。

条文解读

集资诈骗罪 ➲ 本条是关于集资诈骗罪及其处罚的规定。

"以非法占有为目的"是指犯罪行为人在主观上具有将非法聚集的资金据为己有的目的。"非法占有"，通常是指将非法募集的资金的所有权转归为自己所有，或任意挥霍，或占有资金后携款潜逃等。根据司法实践，对于行为人通过诈骗的方法非法获取资金，造成较大数额资金不能归还，并具有下列情形之一的，可以认定为具有非法占有的目的：（1）明知没有归还能力而大量骗取资金的；（2）非法获取资金后逃跑的；（3）肆意挥霍骗取资金的；（4）使用骗取的资金进行违法犯罪活动的；（5）抽逃、转移资金、隐匿财产，以逃避返还资金的；（6）隐匿、销毁账目，或者搞假破产、假倒闭，以逃避返还资金的；（7）其他非法占有资金、拒不返还的行为。但是，在处理具体案件的时候，对于有证据证明行为人不具有非法占有目的，不能简单地以财产不能归还就按集资诈骗罪处罚。

构成本罪，必须符合以下几个要件：

1. 本罪的犯罪主体为复杂主体，既可以是自然人，也可以是公司、企业等单位。从实际发生的案例来看，在自然人作为犯罪主体时，一般都是以公司、企业或其他组织的名义进行这一犯罪。

2. 在犯罪的主观方面，本罪和普通诈骗罪一样，行为人在主观上都具有非法占有他人财物的目的。

3. 本罪侵犯的客体是复杂客体。这类犯罪一方面将公众的资金作为犯罪的直接侵害对象，严重地侵犯了公众财产的所有权；另一方面，还严重地扰乱了国家正常的金融秩序。

4. 在本罪的客观方面，行为人必须实施了"以诈骗的方法非法集资"的行为。根据本条的规定，行为人在客观方面，应当符合以下两个条件：一是行为人必须实施了虚构事实、隐瞒真相等欺骗他人的行为；二是这种欺骗行为具体体现在违反法律、法规在社会上进行非法集资的活动中。缺少其中任何一个条件都不符合该罪行为的特征。至于行为人是否已实际将他人的资金占为已有，并不影响本罪的成立。

案例指引

15. 如何正确认定集资诈骗罪主观方面的非法占有目的？[①]

周辉集资诈骗案

关键词 集资诈骗 非法占有目的 网络借贷信息中介机构

基本案情

被告人周辉，男，1982 年 2 月出生，原系浙江省衢州市中宝投资有限公司（以下简称中宝投资公司）法定代表人。

2011 年 2 月，被告人周辉注册成立中宝投资公司，担任法定代表人。公司上线运营“中宝投资”网络平台，借款人（发标人）在网络平台注册、缴纳会费后，可发布各种招标信息，吸引投资人投资。投资人在网络平台注册成为会员后可参与投标，通过银行汇款、支付宝、财付通等方式将投资款汇至周辉公布在网站上的 8 个个人账户或第三方支付平台账户。借款人可直接从周辉处取得所融资金。项目完成后，借款人返还资金，周辉将收益给予投标人。

运行前期，周辉通过网络平台为 13 个借款人提供总金额约 170 万余元的融资服务，因部分借款人未能还清借款造成公司亏损。此后，周辉除用本人真实身份信息在公司网络平台注册 2 个会员外，自 2011 年 5 月至 2013 年 12 月陆续虚构 34 个借款人，并利用上述虚假身份自行发布大量虚假抵押标、宝石标等，以支付投资人约 20%的年化收益率及额外奖励等为诱饵，向社会不特定公众募集资金。所募资金未进入公司账户，全部由周辉个人掌控和支配。除部分用于归还投资人到期的本金及收益外，其余主要用于购买房产、高档车辆、首饰等。这些资产绝大部分登记在周辉名下或供周辉个人使用。2011 年 5 月至案发，周辉通过中

① 最高人民检察院检例第 40 号。

宝投资网络平台累计向全国1586名不特定对象非法集资共计10.3亿余元，除支付本金及收益回报6.91亿余元外，尚有3.56亿余元无法归还。案发后，公安机关从周辉控制的银行账户内扣押现金1.80亿余元。

要旨

网络借贷信息中介机构或其控制人，利用网络借贷平台发布虚假信息，非法建立资金池募集资金，所得资金大部分未用于生产经营活动，主要用于借新还旧和个人挥霍，无法归还所募资金数额巨大，应认定为具有非法占有目的，以集资诈骗罪追究刑事责任。

指控与证明犯罪

2014年7月15日，浙江省衢州市公安局以周辉涉嫌集资诈骗罪移送衢州市人民检察院审查起诉。

审查起诉阶段，衢州市人民检察院审查了全案卷宗，讯问了犯罪嫌疑人。针对该案犯罪行为涉及面广，众多集资参与人财产遭受损失的情况，检察机关充分听取了辩护人和部分集资参与人意见，进一步核实了非法集资金额，对扣押的房产等作出司法鉴定或价格评估。针对辩护人提出的非法证据排除申请，检察机关审查后发现，涉案证据存在以下瑕疵：公安机关向部分证人取证时存在取证地点不符合刑事诉讼法规定以及个别辨认笔录缺乏见证人等情况。为此，检察机关要求公安机关予以补正或作出合理解释。公安机关作出情况说明：证人从外地赶来，经证人本人同意，取证在宾馆进行。关于此项情况说明，检察机关审查后予以采信。对于缺乏见证人的个别辨认笔录，检察机关审查后予以排除。

2015年1月19日，浙江省衢州市人民检察院以周辉犯集资诈骗罪向浙江省衢州市中级人民法院提起公诉。6月25日，衢州市中级人民法院公开开庭审理本案。

法庭调查阶段，公诉人宣读起诉书指控被告人周辉以高息为诱饵，虚构借款人和借款用途，利用网络P2P形式，面向社会公众吸收资金，主要用于个人肆意挥霍，其行为构成集资诈骗罪。对于指控的犯罪事实，公诉人出示了四组证据予以证明：一是被告人周辉的立案情况及基本信息；二是中宝投资公司的发标、招投标情况及相关证人证言；三是集资情况的证据，包括银行交易清单，司法会计鉴定意见书等；四是集资款的去向，包括购买车辆、房产等物证及相关证人证言。

法庭辩论阶段，公诉人发表公诉意见：被告人周辉注册网络借贷信息平台，早期从事少量融资信息服务。在公司亏损、经营难以为继的情况下，虚构借款人和借款标的，以欺诈方式面向不特定投资人吸收资金，自建资金池。在公安机关立案查处时，虽暂可通过“拆东墙补西墙”的方式偿还部分旧债维持周转，但根据其所募资金主要用于还本付息和个人肆意挥霍，未投入生产经营，不可能产生利润回报的事实，可以判断其后续资金缺口势必不断扩大，无法归还所募全部资金，故可以认定其具有非法占有的目的，应以集资诈骗罪对其定罪处罚。

辩护人提出：一是周辉行为系单位行为；二是周辉一直在偿还集资款，主观上不具有非法占有集资款的故意；三是周辉利用互联网从事P2P借贷融资，不构成集资诈骗罪，构成非法吸收公众存款罪。

公诉人针对辩护意见进行答辩：第一，中宝投资公司是由被告人周辉控制的一人公司，不具有经营实体，不具备单位意志，集资款未纳入公司财务进行核算，而是由周辉一人掌控和支配，因此周辉的行为不构成单位犯罪。第二，周辉本人主观上认识到资金不足，少量投资赚取的收益不足以支付许诺的高额回报，没有将集资款用于生产经营活动，而是主要用于个人肆意挥霍，其主观上对集资款具有非法占有的目的。第三，P2P网络借贷，是指个人利用中介机构的网络平台，将自己的资金出借给资金短缺者的商业模式。根据中国银行业监督管理委员会①、工业和信息化部、公安部、国家互联网信息办公室制定的《网络借贷信息中介机构业务活动管理暂行办法》等监管规定，P2P作为新兴金融业态，必须明确其信息中介性质，平台本身不得提供担保，不得归集资金搞资金池，不得非法吸收公众资金。周辉吸收资金建资金池，不属于合法的

① 已撤销。

P2P网络借贷。非法吸收公众存款罪与集资诈骗罪的区别，关键在于行为人对吸收的资金是否具有非法占有的目的。利用网络平台发布虚假高利借款标募集资金，采取借新还旧的手段，短期内募集大量资金，不用于生产经营活动，或者用于生产经营活动与筹集资金规模明显不成比例，致使集资款不能返还的，是典型的利用网络中介平台实施集资诈骗行为。本案中，周辉采用编造虚假借款人、虚假投标项目等欺骗手段集资，所融资金未投入生产经营，大量集资款被其个人肆意挥霍，具有明显的非法占有目的，其行为构成集资诈骗罪。

法庭经审理，认为公诉人出示的证据能够相互印证，予以确认。对周辉及其辩护人提出的不构成集资诈骗罪及本案属于单位犯罪的辩解、辩护意见，不予采纳。综合考虑犯罪事实和量刑情节，2015年8月14日，浙江省衢州市中级人民法院作出一审判决，以集资诈骗罪判处被告人周辉有期徒刑十五年，并处罚金人民币50万元。继续追缴违法所得，返还各集资参与人。

一审宣判后，浙江省衢州市人民检察院认为，被告人周辉非法集资10.3亿余元，属于刑法规定的集资诈骗数额特别巨大并且给人民利益造成特别重大损失的情形，依法应处无期徒刑或者死刑，并处没收财产，一审判决量刑过轻。2015年8月24日，向浙江省高级人民法院提出抗诉。被告人周辉不服一审判决，提出上诉。其上诉理由是量刑畸重，应判处缓刑。

本案二审期间，2015年8月29日，第十二届全国人大常委会第十六次会议审议通过了《中华人民共和国刑法修正案（九）》，删去《刑法》第一百九十九条关于犯集资诈骗罪“数额特别巨大并且给国家和人民利益造成特别重大损失的，处无期徒刑或者死刑，并处没收财产”的规定。刑法修正案（九）于2015年11月1日起施行。

浙江省高级人民法院经审理后认为，刑法修正案（九）取消了集资诈骗罪死刑的规定，根据从旧兼从轻原则，一审法院判处周辉有期徒刑十五年符合修订后的法律规定。上诉人周辉具有集资诈骗的主观故意及客观行为，原审定性准确。2016 年 4 月 29 日，二审法院作出裁定，维持原判。终审判决作出后，周辉及其父亲不服判决提出申诉，浙江省高级人民法院受理申诉并经审查后，认为原判事实清楚，证据确实充分，定性准确，量刑适当，于 2017 年 12 月 22 日驳回申诉，维持原裁判。

指导意义

是否具有非法占有目的，是正确区分非法吸收公众存款罪和集资诈骗罪的关键。对非法占有目的的认定，应当围绕融资项目真实性、资金去向、归还能力等事实、证据进行综合判断。行为人将所吸收资金大部分未用于生产经营活动，或名义上投入生产经营，但又通过各种方式抽逃转移资金，或供其个人肆意挥霍，归还本息主要通过借新还旧来实现，造成数额巨大的募集资金无法归还的，可以认定具有非法占有的目的。

集资诈骗罪是近年来检察机关重点打击的金融犯罪之一。对该类犯罪，检察机关应着重从以下几个方面开展工作：一是强化证据审查。非法集资类案件由于参与人数多、涉及面广，受主客观因素影响，取证工作易出现瑕疵和问题。检察机关对重大复杂案件要及时介入侦查、引导取证。在审查案件中要强化对证据的审查，需要退回补充侦查或者自行补充侦查的，要及时退查或补查，建立起完整、牢固的证据锁链，夯实认定案件事实的证据基础。二是在法庭审理中要突出指控和证明犯罪的重点。要紧紧围绕集资诈骗罪构成要件，特别是行为人主观上具有非法占有目的、客观上以欺骗手段非法集资的事实梳理组合证据，运用完整的证据体系对认定犯罪的关键事实予以清晰证明。三是要将办理案件与追赃挽损相结合。检察机关办理相关案件，要积极配合公安机关、人民法院依法开展追赃挽损、资产处置等工作，最大限度减少人民群众的实际损失。四是要结合办案开展以案释法，增强社会公众的法治观念和风险防范意识，有效预防相关犯罪的发生。

相关规定

《中华人民共和国刑法》第一百九十二条

《最高人民法院关于审理非法集资刑事案件具体应用法律若干问题的解释》第四条

《最高人民检察院、公安部关于公安机关管辖的刑事案件立案追诉标准的规定（二）》第四十九条①

关联参见

《公安机关管辖的刑事案件立案追诉标准（二）》第44条；《最高人民法院关于审理非法集资刑事案件具体应用法律若干问题的解释》第4条；《全国法院审理金融犯罪案件工作座谈会纪要》

第一百九十三条　【贷款诈骗罪】有下列情形之一，以非法占有为目的，诈骗银行或者其他金融机构的贷款，数额较大的，处五年以下有期徒刑或者拘役，并处二万元以上二十万元以下罚金；数额巨大或者有其他严重情节的，处五年以上十年以下有期徒刑，并处五万元以上五十万元以下罚金；数额特别巨大或者有其他特别严重情节的，处十年以上有期徒刑或者无期徒刑，并处五万元以上五十万元以下罚金或者没收财产：

（一）编造引进资金、项目等虚假理由的；

（二）使用虚假的经济合同的；

（三）使用虚假的证明文件的；

（四）使用虚假的产权证明作担保或者超出抵押物价值重复担保的；

（五）以其他方法诈骗贷款的。

条文解读

贷款诈骗罪 ➜ 本条是关于贷款诈骗罪及其处罚的规定。

① 现为《公安机关管辖的刑事案件立案追诉标准（二）》（2022年修订）第44条。

构成本罪应当具备下列条件：

1. 行为人必须具有诈骗银行或者其他金融机构贷款的行为。本条对诈骗银行或者其他金融机构贷款的行为作了具体的规定。（1）编造引进资金、项目等虚假理由骗取银行或者其他金融机构贷款。（2）使用虚假的经济合同诈骗银行或者其他金融机构的贷款。虚假的经济合同，是指伪造的合同、变造的合同（如篡改原合同的标的、价款等）、无效的合同（如采取欺诈手段签订的合同）以及伪造印章虚制的合同等。（3）使用虚假的证明文件诈骗银行或者其他金融机构的贷款。证明文件，包括银行的存款证明、公司和金融机构的担保函、划款证明等在向银行或者其他金融机构申请贷款时所需要的文件。（4）使用虚假的产权证明作担保，骗取银行或者其他金融机构贷款。“产权证明”，是指能够证明行为人对房屋等不动产或者汽车、货币，可即时兑付的票据等动产具有所有权的一切文件。（5）这里规定的“其他方法”，是指伪造单位公章、印鉴骗取贷款；以非法占有为目的，先借贷后采用欺诈手段拒不还贷等情况。根据这一规定，不论行为人是以何种方法诈骗贷款的，都要予以追究刑事责任。

2. 行为人在主观上具有非法占有银行或者其他金融机构贷款的目的。这是确定行为人构成诈骗银行或者其他金融机构贷款犯罪的要件之一。至于行为人非法占有贷款是为了挥霍享受，还是为了转移隐匿，都不影响本罪的构成。如果行为人虽然在向银行或者其他金融机构申请贷款的过程中使用欺骗的手段，但其目的是解决生产经营的一时急需等，以后还要想方设法归还贷款，而不是为了非法占有贷款的，则不能构成本罪。

3. 行为人诈骗银行或者其他金融机构的贷款数额较大。本条所指的“其他特别严重情节”，主要是指行为人的诈骗手段或者其诈骗行为给银行或其他金融机构造成的损失等情况。

实务应用

30. 在认定和处理贷款诈骗罪时需要注意哪些问题？

（1）单位不能构成贷款诈骗罪。对于单位实施的贷款诈骗行为，不能以贷款诈骗罪定罪处罚，也不能以贷款诈骗罪追究直接负责的主管人员和其他直接责任人员的刑事责任。但是，在司法实践中，对于单位十分明显地以非法占有为目的，利用签订、履行借款合同诈骗银行或其他金融机构贷款，符合《刑法》第 224 条规定的合同诈骗罪构成要件的，应当以合同诈骗罪定罪处罚。（2）要严格区分贷款诈骗与贷款纠纷的界限。对于合法取得贷款后，没有按规定的用途使用贷款，到期没有归还贷款的，不能以贷款诈骗罪定罪处罚；对于确有证据证明行为人不具有非法占有的目的，因为不具备贷款的条件而采取了欺骗手段获取贷款，案发时有能力履行还贷义务，或者案发时不能归还贷款是因为意志以外的原因，如因经营不善、被骗、市场风险等，不应以贷款诈骗罪定罪处罚。

关联参见

《公安机关管辖的刑事案件立案追诉标准（二）》第 45 条；《全国法院审理金融犯罪案件工作座谈会纪要》二、(三)

第一百九十四条　【票据诈骗罪】有下列情形之一，进行金融票据诈骗活动，数额较大的，处五年以下有期徒刑或者拘役，并处二万元以上二十万元以下罚金；数额巨大或者有其他严重情节的，处五年以上十年以下有期徒刑，并处五万元以上五十万元以下罚金；数额特别巨大或者有其他特别严重情节的，处十年以上有期徒刑或者无期徒刑，并处五万元以上五十万元以下罚金或者没收财产：

（一）明知是伪造、变造的汇票、本票、支票而使用的；

（二）明知是作废的汇票、本票、支票而使用的；

（三）冒用他人的汇票、本票、支票的；

（四）签发空头支票或者与其预留印鉴不符的支票，骗取财物的；

（五）汇票、本票的出票人签发无资金保证的汇票、本票或者在出票时作虚假记载，骗取财物的。

【金融凭证诈骗罪】使用伪造、变造的委托收款凭证、汇款凭证、银行存单等其他银行结算凭证的，依照前款的规定处罚。

条文解读

票据诈骗罪 本条第1款是关于票据诈骗罪及其处罚的规定。

“作废”票据，是指根据法律和有关规定不能使用的票据。它既包括《票据法》中所说的“过期”的票据，也包括无效的以及被依法宣布作废的票据。对无效的票据，《票据法》作了明确的规定，主要包括以下几类：（1）票据金额以中文大写和数码同时记载，二者不一致的。（2）更改票据金额、日期、收款人名称。（3）汇票未记载下列事项：①表明“汇票”的字样；②无条件支付的委托；③确定的金额；④付款人名称；⑤收款人名称；⑥出票日期；⑦出票人签章。（4）本票未记载下列事项：①表明“本票”的字样；②无条件支付的承诺；③确定的金额；④收款人名称；⑤出票日期；⑥出票人签章。（5）支票未记载下列事项：①表明“支票”的字样；②无条件支付的委托；③确定的金额；④付款人名称；⑤出票日期；⑥出票人签章。作废的汇票、本票或者支票，还包括银行根据国家有关规定予以作废的票据，如国家规定更换票据版本，而旧的不得再行使用的票据版本就是作废的票据。

“空头支票”是指出票人所签发的支票金额超过付款时其在付款人处实有的存款金额的支票。“签发与其预留印鉴不符的支票”，就是指票据签发人在其签发的支票上加盖与其预留存在银行或其他金融机构处印鉴不一致的财务公章或者支票签发人的名章。不符可以是与其预留的某一个印鉴不符，也可以是与所有预留印鉴都不符。

金融凭证诈骗罪 ➲ 本条第 2 款是关于金融凭证诈骗罪及其处罚的规定。

构成金融凭证诈骗罪，应符合以下条件：(1) 行为人使用的银行结算凭证，必须是伪造、变造的。(2) 行为人必须实施了“使用”伪造、变造的委托收款凭证、汇款凭证、银行存单等其他银行结算凭证的行为。如果行为人仅是伪造、变造了委托收款凭证、汇款凭证、银行存单等其他银行结算凭证，而没有使用的，则不构成本罪。

关联参见

《公安机关管辖的刑事案件立案追诉标准（二）》第 46 条、第 47 条

第一百九十五条　【信用证诈骗罪】 有下列情形之一，进行信用证诈骗活动的，处五年以下有期徒刑或者拘役，并处二万元以上二十万元以下罚金；数额巨大或者有其他严重情节的，处五年以上十年以下有期徒刑，并处五万元以上五十万元以下罚金；数额特别巨大或者有其他特别严重情节的，处十年以上有期徒刑或者无期徒刑，并处五万元以上五十万元以下罚金或者没收财产：

（一）使用伪造、变造的信用证或者附随的单据、文件的；

（二）使用作废的信用证的；

（三）骗取信用证的；

（四）以其他方法进行信用证诈骗活动的。

条文解读

信用证诈骗罪 ➲ 本条是关于信用证诈骗罪及其处罚的规定。

信用证是指开证银行根据作为进口商的开证申请人的请求，开给受益人（通常情况下为出口商）的一种在其具备了约定的条件以后，即可得到由开证银行或支付银行支付的约定金额的保证付款的凭证。

本条具体列举了以下四项信用证诈骗犯罪行为：

1. 使用伪造、变造的信用证或者附随的单据、文件的。使用伪造、变造信用证或者附随的单据、文件，既包括行为人自己伪造、变造后自己使用，也包括明知他人提供的信用证或附随的单据、文件是伪造的而使用。

2. 使用作废的信用证的。所谓使用作废的信用证，主要是指使用过期的信用证、使用无效的信用证、使用明知是经他人涂改的信用证等情况。

3. 骗取信用证的。所谓骗取信用证，是指行为人编造虚假的事实或隐瞒事实真相，欺骗银行为其开具信用证的行为。

4. 以其他方法进行信用证诈骗活动的。以其他方法进行信用证诈骗的手段很多，如有的利用“软条款”信用证进行诈骗活动的。所谓“软条款”信用证，是指在开立信用证时，故意制造一些隐蔽性的条款，这些条款实际上赋予了开证人或开证行单方面的主动权，从而使信用证随时因开证行或开证申请人单方面的行为而解除，以达到骗取财物的目的。如有些不法分子利用远期信用证诈骗，由于采用远期信用证支付时，进口商是先取货后付款，在信用证到期付款前存在一段时间，犯罪分子就利用这段时间，制造付款障碍，以达到骗取货物的目的。

关联参见

《公安机关管辖的刑事案件立案追诉标准（二）》第48条

第一百九十六条　【信用卡诈骗罪】 有下列情形之一，进行信用卡诈骗活动，数额较大的，处五年以下有期徒刑或者拘役，并处二万元以上二十万元以下罚金；数额巨大或者有其他严重情节的，处五年以上十年以下有期徒刑，并处五万元以上五十万元以下罚金；数额特别巨大或者有其他特别严重情节的，处十年以上有期徒刑或者无期徒刑，并处五万元以上五十万元以下罚金或者没收财产：

（一）使用伪造的信用卡，或者使用以虚假的身份证明骗领的信用卡的；

（二）使用作废的信用卡的；

（三）冒用他人信用卡的；

（四）恶意透支的。

前款所称恶意透支，是指持卡人以非法占有为目的，超过规定限额或者规定期限透支，并且经发卡银行催收后仍不归还的行为。

盗窃信用卡并使用的，依照本法第二百六十四条的规定定罪处罚。

条文解读

信用卡诈骗罪 本条是关于信用卡诈骗罪及其处罚的规定。

本罪有以下四种信用卡诈骗的犯罪行为：

1. 使用伪造的信用卡，或者使用以虚假的身份证明骗领的信用卡的。具体情形如：用伪造的信用卡或者以虚假的身份证明骗领的信用卡购买商品、在银行或者自动柜员机上支取现金以及接受用信用卡进行支付结算的各种有偿服务等。使用伪造的信用卡或者以虚假的身份证明骗领的信用卡，既包括自己伪造或者骗领后供自己使用，也包括明知是他人伪造或者骗领后自己使用。如果一些信用卡申领人为了顺利取得信用卡，或者获得较高的授信额度，而在申请信用卡时对自己的收入状况等作了不实陈述的行为，因为其主观上并无非法占有目的，性质是不同于上述骗领信用卡的行为的，不应作为犯罪处理。

2. 使用作废的信用卡的。“作废的信用卡”，是指因法定的原因失去效用的信用卡。根据规定，信用卡作废主要有以下几种情况：(1) 信用卡超过有效使用期而自动失效。(2) 信用卡持卡人在信用卡有效期限内中途停止使用信用卡，并将信用卡交回发卡机构。(3) 因挂失而使信用卡失效。

3. 冒用他人信用卡的。“冒用他人信用卡”，是指非持卡人以持卡人名义使用持卡人的信用卡而骗取财物的行为。构成本项规定的冒用他人信用卡的犯罪，行为人主观上必须具备骗取他人财物的目的。实践中有的信用卡持有人将自己的信用卡借给他人使用，如借给自己的亲属、朋友等，虽然这种行为是违反信用卡使用规定的，但是使用人在主观上不是以非法占有持卡人财物为目的，因此不具备诈骗罪的本质特征。在这种情况下可以对其进行纠正或者按照有关规定处理，不能适用本项规定作为犯罪处理。

4. 恶意透支的。这里规定的“透支”，是指在银行设立账户的客户在账户上已无资金或者资金不足的情况下，经过银行批准，以超过其账上资金的额度支用款项的行为。以非法占有为目的，超过规定限额或者规定期限透支，并且经发卡银行两次催收后超过 3 个月仍不归还的，应当认定为“恶意透支”。

根据《最高人民法院、最高人民检察院关于办理妨害信用卡管理刑事案件具体应用法律若干问题的解释》第 6 条第 3 款的规定，具有以下情形之一的，应当认定为“以非法占有为目的”：（1）明知没有还款能力而大量透支，无法归还的；（2）使用虚假资信证明申领信用卡后透支，无法归还的；（3）透支后逃匿、改变联系方式，逃避银行催收的；（4）抽逃、转移资金，隐匿财产，逃避还款的；（5）使用透支的资金进行违法犯罪活动的；（6）其他非法占有资金，拒不归还的行为。

需要注意的是，根据《最高人民检察院关于拾得他人信用卡并在自动柜员机（ATM 机）上使用的行为如何定性问题的批复》的规定，拾得他人信用卡并在自动柜员机（ATM 机）上使用的行为，属于“冒用他人信用卡”的情形，构成犯罪的，以信用卡诈骗罪追究刑事责任。

案例指引

16. 盗窃信用卡信息又复制伪卡，使用伪卡盗取现金的行为，应按照何罪定罪处罚？①

2013年5月份，被告人张某伙同他人事先预谋后，以虚假身份在上海某超市有限公司中山公园店应聘工作。其利用担任该超市收银员的身份趁顾客刷卡时利用读卡器盗取顾客的银行卡信息并偷记密码，并在广州利用盗取的信息制成伪卡。2013年9月18日、19日，被告人张某使用其中一张利用盗取受害人朱某某银行卡信息制作伪造的银行卡在陕西华阴市取现金3.5万元。当月20日晚，被告人张某使用另外一张利用盗取被害人篠崎某某（日本籍）银行卡信息制作伪造的银行卡在中国银行安阳市文明大道支行取现金2万元，另转款4万元至张某所控制的银行卡上，随后张某又从其所控制的该银行卡上取走现金2万元。当张某在另一家中国银行准备再次取钱时被抓获，从其身上搜出现金71200元、银行卡8张、不同姓名的身份证7张、口罩4个、帽子1个。案发后，公安机关追回赃款71200元，退还受害人朱某某31200元，退还篠崎某某40000元。另查明，张某因犯妨害信用卡管理罪，于2011年8月15日被温州市鹿城区人民法院判处有期徒刑十个月，并处罚金人民币50000元，2011年12月18日刑满释放。公诉机关指控，被告人张某的行为属于伪造信用卡并使用的情形，构成信用卡诈骗罪，应予处罚。

人民法院经审理后判决张某犯信用卡诈骗罪。

张某信用卡诈骗案是一起将盗取的信用卡信息进行复制，再利用复制的伪卡盗取现金的信用卡诈骗案，是近年来信用卡诈骗案中出现的新型作案手段。该案例明确了盗窃信用卡信息又复制伪卡，使用伪卡盗取现金的行为，应按照信用卡诈骗罪定罪处罚。近年来，随着信息技术的

---

① 参见《最高法院12月4日公布诈骗犯罪典型案例》（2015年12月4日发布），张某信用卡诈骗案，载最高人民法院网 https：//www.court.gov.cn/zixun-xiangqing-16206.html，最后访问日期：2023年3月3日。

快速发展和广泛应用，一方面给人们提供了高效便捷的生产生活方式，另一方面也给一些犯罪分子利用信息技术实施犯罪提供了便利条件。该案例既彰显了人民法院依法严惩利用信息技术实施犯罪的决心，同时也提醒人们要提高公民个人信息保护意识，维护好个人信息安全，不给犯罪分子以可乘之机。

关联参见

《全国人民代表大会常务委员会关于〈中华人民共和国刑法〉有关信用卡规定的解释》；《公安机关管辖的刑事案件立案追诉标准（二）》第 49 条

第一百九十七条　【有价证券诈骗罪】使用伪造、变造的国库券或者国家发行的其他有价证券，进行诈骗活动，数额较大的，处五年以下有期徒刑或者拘役，并处二万元以上二十万元以下罚金；数额巨大或者有其他严重情节的，处五年以上十年以下有期徒刑，并处五万元以上五十万元以下罚金；数额特别巨大或者有其他特别严重情节的，处十年以上有期徒刑或者无期徒刑，并处五万元以上五十万元以下罚金或者没收财产。

条文解读

有价证券诈骗罪 ➔ 本条是关于有价证券诈骗罪及其处罚的规定。

本罪有以下几个构成要件：（1）行为人在主观上有犯罪故意，即有获取不法利益的目的。（2）行为人在客观上实施了使用伪造、变造的国库券或者国家发行的其他有价证券，进行诈骗活动的行为。“使用”，是指行为人以伪造、变造的国库券或者国家发行的其他有价证券用于兑换现金、抵销债务等获取财物或者财产利益的活动。（3）行为人骗取财物数额较大的才构成犯罪。这是区分罪与非罪的重要界限。如果行为人在使用伪造、变造的国库券或者国家发行的其他有价证券进行诈骗活动时被识破，诈骗没有得逞，或者只诈骗了少量财物，不宜作为犯罪处理。

关联参见

《公安机关管辖的刑事案件立案追诉标准（二）》第50条

第一百九十八条　【保险诈骗罪】有下列情形之一，进行保险诈骗活动，数额较大的，处五年以下有期徒刑或者拘役，并处一万元以上十万元以下罚金；数额巨大或者有其他严重情节的，处五年以上十年以下有期徒刑，并处二万元以上二十万元以下罚金；数额特别巨大或者有其他特别严重情节的，处十年以上有期徒刑，并处二万元以上二十万元以下罚金或者没收财产：

（一）投保人故意虚构保险标的，骗取保险金的；

（二）投保人、被保险人或者受益人对发生的保险事故编造虚假的原因或者夸大损失的程度，骗取保险金的；

（三）投保人、被保险人或者受益人编造未曾发生的保险事故，骗取保险金的；

（四）投保人、被保险人故意造成财产损失的保险事故，骗取保险金的；

（五）投保人、受益人故意造成被保险人死亡、伤残或者疾病，骗取保险金的。

有前款第四项、第五项所列行为，同时构成其他犯罪的，依照数罪并罚的规定处罚。

单位犯第一款罪的，对单位判处罚金，并对其直接负责的主管人员和其他直接责任人员，处五年以下有期徒刑或者拘役；数额巨大或者有其他严重情节的，处五年以上十年以下有期徒刑；数额特别巨大或者有其他特别严重情节的，处十年以上有期徒刑。

保险事故的鉴定人、证明人、财产评估人故意提供虚假的证明文件，为他人诈骗提供条件的，以保险诈骗的共犯论处。

条文解读

保险诈骗罪 ➲ 本条是关于保险诈骗罪及其处罚的规定。

本条具体规定了保险诈骗罪的五种表现形式：

1. 投保人故意虚构保险标的，骗取保险金的。“投保人故意虚构保险标的”，是指投保人违背法律关于诚实信用的原则，在与他人订立保险合同时，为骗取保险金而故意虚构保险标的的行为。

2. 投保人、被保险人或者受益人对发生的保险事故编造虚假的原因或者夸大损失的程度，骗取保险金的。一般来说，保险合同中关于保险事故发生后的赔偿约定都是有条件的，不是对任何原因引起的保险事故保险人都负赔偿责任的。在我国，有关保险方面的法律、法规一般都明确规定了某种保险赔偿的责任范围以及除外条款，以明确保险人在什么情况下才负有保险赔偿的责任，什么情况下则不予赔偿。在许多情况下，发生保险事故后，引起保险事故发生的原因是确定保险合同双方当事人的责任以及是否予以理赔的一个重要依据。“编造虚假的原因”，主要是指编造使保险人承担保险赔偿责任的虚假原因。“夸大损失的程度，骗取保险金的”，是指投保人、被保险人或者受益人对发生的保险事故，故意夸大由于保险事故造成保险标的的损失程度，从而更多地取得保险赔偿金的行为。

3. 投保人、被保险人或者受益人编造未曾发生的保险事故，骗取保险金的。所谓编造未曾发生的保险事故，是指投保人、被保险人或者受益人在未发生保险事故的情况下，虚构事实，谎称发生保险事故，而骗取保险金的行为。

4. 投保人、被保险人故意造成财产损失的保险事故，骗取保险金的。根据《保险法》的规定，投保人、被保险人或者受益人故意制造保险事故的，他人不负赔偿责任。

5. 投保人、受益人故意造成被保险人死亡、伤残或者疾病，骗取保险金的。这种情况发生于人身保险。因为人身保险是以人的生命以及健康为保险内容的保险。

需要注意的是，根据《最高人民检察院法律政策研究室关于保险诈骗未遂能否按犯罪处理问题的答复》的规定，行为人已经着手实施保险诈骗行为，但由于其意志以外的原因未能获得保险赔偿的，是诈骗未遂，情节严重的，应依法追究刑事责任。

实务应用

31. 哪些情形下表明行为人不具有保险诈骗罪的诈骗故意？

具有下列情形之一，表明行为人不具有诈骗故意，其行为不构成保险诈骗罪：(1) 因过失而虚构保险标的的，如不知保险标的不合格而以合格标的保险，或者因对保险标的价值计算错误而逾额保险；(2) 对保险事故发生原因认识错误而错报或者对损失计算错误而夸大的；(3) 误认为发生保险事故的，如保险财产被人借走，行为人因忘记而以为丢失因而进行索赔的；(4) 投保人、被保险人因过失行为或意外行为造成财产损失的；(5) 投保人、受益人因过失行为或意外行为而致被保险人死亡、伤残或者疾病的。

关联参见

《公安机关管辖的刑事案件立案追诉标准（二）》第 51 条

第一百九十九条 （删去）

第二百条 【单位犯金融诈骗罪的处罚规定】 单位犯本节第一百九十四条、第一百九十五条规定之罪的，对单位判处罚金，并对其直接负责的主管人员和其他直接责任人员，处五年以下有期徒刑或者拘役，可以并处罚金；数额巨大或者有其他严重情节的，处五年以上十年以下有期徒刑，并处罚金；数额特别巨大或者有其他特别严重情节的，处十年以上有期徒刑或者无期徒刑，并处罚金。

第六节　危害税收征管罪

第二百零一条　【逃税罪】纳税人采取欺骗、隐瞒手段进行虚假纳税申报或者不申报，逃避缴纳税款数额较大并且占应纳税额百分之十以上的，处三年以下有期徒刑或者拘役，并处罚金；数额巨大并且占应纳税额百分之三十以上的，处三年以上七年以下有期徒刑，并处罚金。

扣缴义务人采取前款所列手段，不缴或者少缴已扣、已收税款，数额较大的，依照前款的规定处罚。

对多次实施前两款行为，未经处理的，按照累计数额计算。

有第一款行为，经税务机关依法下达追缴通知后，补缴应纳税款，缴纳滞纳金，已受行政处罚的，不予追究刑事责任；但是，五年内因逃避缴纳税款受过刑事处罚或者被税务机关给予二次以上行政处罚的除外。

条文解读

逃税罪 ➲ 本条是关于逃税罪及其处罚的规定。

逃税罪具有以下特征：

1. 犯罪主体必须是纳税人。即根据法律和行政法规的规定负有纳税义务的单位和个人。

2. 行为人实施了逃税行为。其主要是通过虚假纳税申报，或者不申报手段进行。实践中，虚假纳税申报主要有以下手段：(1) 伪造、变造、隐匿和擅自销毁账簿、记账凭证，如设立虚假的账簿、记账凭证；对账簿、记账凭证进行挖补、涂改等；未经税务主管机关批准而擅自将正在使用中或尚未过期的账簿、记账凭证销毁处理等行为。(2) 在账簿上多列支出或者不列、少列收入，如在账簿上大量填写超出实际支出的数额以冲抵或减少实际收入的数额。“不申报”，是指应依法办理纳税申报的纳税人，不按照法律、行政法规的规定办理纳税申报的行为。

3. 逃避缴纳税额达到一定数额并达到所占应纳税额的10%以上。“逃税数额”，是指行为人在一个纳税期间所偷逃的各种税的总额，既包括国税，也包括地税。“应纳税额”，是纳税义务人在一个纳税期间应当缴纳的各种税的总额，也包括国税和地税。一个纳税期间，一般是指一个会计年度，即从每年的1月1日至12月31日。

关联参见

《公安机关管辖的刑事案件立案追诉标准（二）》第52条；《最高人民法院关于审理偷税抗税刑事案件具体应用法律若干问题的解释》第1条、第2条

第二百零二条　【抗税罪】 以暴力、威胁方法拒不缴纳税款的，处三年以下有期徒刑或者拘役，并处拒缴税款一倍以上五倍以下罚金；情节严重的，处三年以上七年以下有期徒刑，并处拒缴税款一倍以上五倍以下罚金。

条文解读

抗税罪 ➲ 本条是关于抗税罪及其处罚的规定。

抗税罪，是指负有缴纳税款义务的纳税义务人，以暴力、威胁方法拒不缴纳税款的犯罪。“以暴力方法拒不缴纳税款”，是指行为人对税务人员采用暴力方法，包括殴打、推搡、伤害等直接侵害人身安全的暴力方法拒不缴纳税款的行为。“以威胁方法拒不缴纳税款”，是指纳税人采用威胁的方法拒不缴纳税款，如扬言以拼命的威胁方法拒缴税款，或扬言对税务人员及亲属的人身、财产的安全采取伤害、破坏手段，以威胁税务人员，达到拒不缴税的目的。其中，威胁方法包括当面直接威胁，也包括采取其他间接的威胁方法，如打恐吓电话、寄恐吓信件等。

关联参见

《公安机关管辖的刑事案件立案追诉标准（二）》第53条；《最高人民法院关于审理偷税抗税刑事案件具体应用法律若干问题的解释》第5条、第6条

第二百零三条　【逃避追缴欠税罪】纳税人欠缴应纳税款，采取转移或者隐匿财产的手段，致使税务机关无法追缴欠缴的税款，数额在一万元以上不满十万元的，处三年以下有期徒刑或者拘役，并处或者单处欠缴税款一倍以上五倍以下罚金；数额在十万元以上的，处三年以上七年以下有期徒刑，并处欠缴税款一倍以上五倍以下罚金。

第二百零四条　【骗取出口退税罪】以假报出口或者其他欺骗手段，骗取国家出口退税款，数额较大的，处五年以下有期徒刑或者拘役，并处骗取税款一倍以上五倍以下罚金；数额巨大或者有其他严重情节的，处五年以上十年以下有期徒刑，并处骗取税款一倍以上五倍以下罚金；数额特别巨大或者有其他特别严重情节的，处十年以上有期徒刑或者无期徒刑，并处骗取税款一倍以上五倍以下罚金或者没收财产。

纳税人缴纳税款后，采取前款规定的欺骗方法，骗取所缴纳的税款的，依照本法第二百零一条的规定定罪处罚；骗取税款超过所缴纳的税款部分，依照前款的规定处罚。

条文解读

骗取出口退税罪本条是关于骗取出口退税罪及其处罚的规定。

骗取出口退税罪同其他诈骗罪一样是故意犯罪。本罪特征如下：（1）行为人具有非法牟利的目的；（2）行为人实施了假报出口或者其他欺骗手段，骗取国家出口退税的行为。

第 2 款是关于纳税人缴纳税款后，采取第 1 款规定的欺骗方法，骗取所缴纳的税款及处刑的规定。第 2 款与第 1 款规定的不同之处在于第 2 款所规定的犯罪主体仅限于纳税人。“纳税人缴纳税款后”，是指纳税人骗取税款的行为是发生在缴纳税款后。“采取前款规定的欺骗方法”，是指采取本条第 1 款规定的“以假报出口或者其他欺骗手段”。“骗取所缴纳的税款的”，是指纳税人将已缴纳的税款骗回的行为。

关联参见

《公安机关管辖的刑事案件立案追诉标准（二）》第 55 条；《最高人民法院关于审理骗取出口退税刑事案件具体应用法律若干问题的解释》

第二百零五条　【虚开增值税专用发票、用于骗取出口退税、抵扣税款发票罪】 虚开增值税专用发票或者虚开用于骗取出口退税、抵扣税款的其他发票的，处三年以下有期徒刑或者拘役，并处二万元以上二十万元以下罚金；虚开的税款数额较大或者有其他严重情节的，处三年以上十年以下有期徒刑，并处五万元以上五十万元以下罚金；虚开的税款数额巨大或者有其他特别严重情节的，处十年以上有期徒刑或者无期徒刑，并处五万元以上五十万元以下罚金或者没收财产。

单位犯本条规定之罪的，对单位判处罚金，并对其直接负责的主管人员和其他直接责任人员，处三年以下有期徒刑或者拘役；虚开的税款数额较大或者有其他严重情节的，处三年以上十年以下有期徒刑；虚开的税款数额巨大或者有其他特别严重情节的，处十年以上有期徒刑或者无期徒刑。

虚开增值税专用发票或者虚开用于骗取出口退税、抵扣税款的其他发票，是指有为他人虚开、为自己虚开、让他人为自己虚开、介绍他人虚开行为之一的。

条文解读

虚开增值税专用发票、用于骗取出口退税、抵扣税款发票罪 ➲ 本条是关于虚开增值税专用发票、用于骗取出口退税、抵扣税款发票罪及其处罚的规定。

“增值税专用发票”，是指国家税务部门根据增值税征收管理需要，兼记货物或劳务所负担的增值税税额而设定的一种专用发票。“出口退税、抵扣税款的其他发票”，是指除增值税专用发票以外的，具有出口退税、抵扣税款功能的收付款凭证或者完税凭证。目前，在我国的税收征管制度中，除增值税专用发票以外，还有几种其他发票也具有抵扣税款的功能。即主要是农林牧水产品收购发票、废旧物品收购发票、运输发票以及海关出具的代征增值税专用缴款书等，还有征课消费税的产品出口所开具的发票也可以作为出口退税的凭证。“虚开”主要有两种情况：一种是根本不存在商品交易，无中生有，虚构商品交易内容和税额开具发票，然后利用虚开的发票抵扣税款；另一种是虽然存在真实的商品交易，但是以少开多，达到偷税的目的。

第二百零五条之一　【虚开发票罪】虚开本法第二百零五条规定以外的其他发票，情节严重的，处二年以下有期徒刑、拘役或者管制，并处罚金；情节特别严重的，处二年以上七年以下有期徒刑，并处罚金。

单位犯前款罪的，对单位判处罚金，并对其直接负责的主管人员和其他直接责任人员，依照前款的规定处罚。

条文解读

虚开发票罪 ➲ 本条是关于虚开发票罪及其处罚的规定。

“虚开发票”是指为他人虚开、为自己虚开、让他人为自己虚开、介绍他人虚开发票等行为。虚开的手段则多种多样，如“大头小尾”、开“阴阳票”、改变品目、使用地税营业税发票开国税业务发票，甚至使用假发票等。“第二百零五条规定以外的其他发票”是指除增值税专用发票或者其他具有退税、抵扣税款功能的发票以外的普通发票，既包括真的，也包括伪造、变造的普通发票。

第二百零六条　【伪造、出售伪造的增值税专用发票罪】伪造或者出售伪造的增值税专用发票的，处三年以下有期徒刑、拘役或者管制，并处二万元以上二十万元以下罚金；数量较大或者有其他严重情节的，处三年以上十年以下有期徒刑，并处五万元以上五十万元以下罚金；数量巨大或者有其他特别严重情节的，处十年以上有期徒刑或者无期徒刑，并处五万元以上五十万元以下罚金或者没收财产。

单位犯本条规定之罪的，对单位判处罚金，并对其直接负责的主管人员和其他直接责任人员，处三年以下有期徒刑、拘役或者管制；数量较大或者有其他严重情节的，处三年以上十年以下有期徒刑；数量巨大或者有其他特别严重情节的，处十年以上有期徒刑或者无期徒刑。

第二百零七条　【非法出售增值税专用发票罪】非法出售增值税专用发票的，处三年以下有期徒刑、拘役或者管制，并处二万元以上二十万元以下罚金；数量较大的，处三年以上十年以下有期徒刑，并处五万元以上五十万元以下罚金；数量巨大的，处十年以上有期徒刑或者无期徒刑，并处五万元以上五十万元以下罚金或者没收财产。

第二百零八条　【非法购买增值税专用发票、购买伪造的增值税专用发票罪】非法购买增值税专用发票或者购买伪造的增值税专用发票的，处五年以下有期徒刑或者拘役，并处或者单处二万元以上二十万元以下罚金。

非法购买增值税专用发票或者购买伪造的增值税专用发票又虚开或者出售的，分别依照本法第二百零五条、第二百零六条、第二百零七条的规定定罪处罚。

第二百零九条　【非法制造、出售非法制造的用于骗取出口退税、抵扣税款发票罪】伪造、擅自制造或者出售伪造、擅自制造的可以用于骗取出口退税、抵扣税款的其他发票的，处三年以下有期徒刑、拘役或者管制，并处二万元以上二十万元以下罚金；数量巨大的，处三年以上七年以下有期徒刑，并处五万元以上五十万元以下罚金；数量特别巨大的，处七年以上有期徒刑，并处五万元以上五十万元以下罚金或者没收财产。

【非法制造、出售非法制造的发票罪】伪造、擅自制造或者出售伪造、擅自制造的前款规定以外的其他发票的，处二年以下有期徒刑、拘役或者管制，并处或者单处一万元以上五万元以下罚金；情节严重的，处二年以上七年以下有期徒刑，并处五万元以上五十万元以下罚金。

【非法出售用于骗取出口退税、抵扣税款发票罪】非法出售可以用于骗取出口退税、抵扣税款的其他发票的，依照第一款的规定处罚。

【非法出售发票罪】非法出售第三款规定以外的其他发票的，依照第二款的规定处罚。

第二百一十条　【盗窃罪】盗窃增值税专用发票或者可以用于骗取出口退税、抵扣税款的其他发票的，依照本法第二百六十四条的规定定罪处罚。

【诈骗罪】使用欺骗手段骗取增值税专用发票或者可以用于骗取出口退税、抵扣税款的其他发票的，依照本法第二百六十六条的规定定罪处罚。

第二百一十条之一　【持有伪造的发票罪】明知是伪造的发票而持有，数量较大的，处二年以下有期徒刑、拘役或者管制，并处罚金；数量巨大的，处二年以上七年以下有期徒刑，并处罚金。

单位犯前款罪的，对单位判处罚金，并对其直接负责的主管人员和其他直接责任人员，依照前款的规定处罚。

条文解读

持有伪造的发票罪 ➔ 本条是关于持有伪造的发票罪及其处罚的规定。

1. 行为人对持有伪造的发票必须以明知为前提，不明知的不能认定为犯罪。

2. “持有”是指行为人对伪造的发票处于占有、支配、控制的一种状态，不仅随身携带的伪造的发票可以认定为持有，而且在其住所、驾驶的运输工具上发现的伪造的发票也同样可以认定为持有。“伪造的发票”，不仅包括伪造的普通发票，而且包括伪造的增值税专用发票和其他具有出口退税、抵扣税款功能的收付款凭证或者完税凭证。

3. 持有伪造的发票必须达到“数量较大”，才构成犯罪。根据《公安机关管辖的刑事案件立案追诉标准（二）》第65条的规定，明知是伪造的发票而持有，涉嫌下列情形之一的，应予立案追诉：（1）持有伪造的增值税专用发票或者可以用于骗取出口退税、抵扣税款的其他发票50份以上且票面税额累计在25万元以上的；（2）持有伪造的增值税专用发票或者可以用于骗取出口退税、抵扣税款的其他发票票面税额累计在50万元以上的；（3）持有伪造的第1项规定以外的其他发票100份以上且票面金额在50万元以上的；（4）持有伪造的第1项规定以外的其他发票票面金额累计在100万元以上的。

关联参见

《公安机关管辖的刑事案件立案追诉标准（二）》第65条

第二百一十一条　【单位犯危害税收征管罪的处罚规定】单位犯本节第二百零一条、第二百零三条、第二百零四条、第二百零七条、第二百零八条、第二百零九条规定之罪的，对单位判处罚金，并对其直接负责的主管人员和其他直接责任人员，依照各该条的规定处罚。

第二百一十二条　【税收征缴优先原则】犯本节第二百零一条至第二百零五条规定之罪，被判处罚金、没收财产的，在执行前，应当先由税务机关追缴税款和所骗取的出口退税款。

第七节　侵犯知识产权罪

第二百一十三条　【假冒注册商标罪】未经注册商标所有人许可，在同一种商品、服务上使用与其注册商标相同的商标，情节严重的，处三年以下有期徒刑，并处或者单处罚金；情节特别严重的，处三年以上十年以下有期徒刑，并处罚金。

条文解读

假冒注册商标罪 ➲ 本条是关于假冒注册商标罪及其处罚的规定。

构成本罪应具备以下几个条件：

1. 行为人使用他人注册商标未经注册商标人许可。“注册商标所有人”，即商标注册人。在我国，凡依法提出商标注册申请，并经商标局核准的，该商标注册申请人即成为注册商标所有人。本条规定的“未经注册商标所有人许可”，是指行为人使用他人注册商标时，未经注册商标所有人同意。这是构成本罪的前提条件。根据《商标法》第 43 条的规定，商标注册人可以通过签订商标使用许可合同，许可他人使用其注册商标。如果行为人已得到注册商标所有人的许可，而只是未按法定程序办理有关手续，不能认为构成犯罪。

2. 行为人在客观上实施了在同一种商品、服务上使用与他人注册商标相同的商标的行为。具有下列情形之一的，可以认定为“与其注册商标相同的商标”：（1）改变注册商标的字体、字母大小写或者文字横竖排列，与注册商标之间基本无差别的；（2）改变注册商标的文字、字母、数字等之间的间距，与注册商标之间基本无差别的；（3）改变注册商标颜色，不影响体现注册商标显著特征的；（4）在注册商标上仅增加商品通用名称、型号等缺乏显著特征要素，不影响体现注册商标显著特征的；（5）与立体注册商标的三维标志及平面要素基本无差别的；（6）其他与注册商标基本无差别、足以对公众产生误导的商标。

3. 根据本条规定，行为人的上述行为，情节严重的才构成犯罪。这是区分罪与非罪的界限。

案例指引

17. 如何认定假冒注册商标罪中的非法经营数额、违法所得数额？①

郭明升、郭明锋、孙淑标假冒注册商标案

（最高人民法院审判委员会讨论通过　2017年3月6日发布）

关键词　刑事/假冒注册商标罪/非法经营数额/网络销售/刷信誉

裁判要点

假冒注册商标犯罪的非法经营数额、违法所得数额，应当综合被告人供述、证人证言、被害人陈述、网络销售电子数据、被告人银行账户往来记录、送货单、快递公司电脑系统记录、被告人等所作记账等证据认定。被告人辩解称网络销售记录存在刷信誉的不真实交易，但无证据证实的，对其辩解不予采纳。

相关法条

《中华人民共和国刑法》第二百一十三条

基本案情

公诉机关指控：2013年11月底至2014年6月期间，被告人郭明升

① 最高人民法院指导案例87号。

为谋取非法利益，伙同被告人孙淑标、郭明锋在未经三星（中国）投资有限公司授权许可的情况下，从他人处批发假冒三星手机裸机及配件进行组装，利用其在淘宝网上开设的“三星数码专柜”网店进行“正品行货”宣传，并以明显低于市场价格公开对外销售，共计销售假冒的三星手机20000余部，销售金额2000余万元，非法获利200余万元，应当以假冒注册商标罪追究其刑事责任。被告人郭明升在共同犯罪中起主要作用，系主犯。被告人郭明锋、孙淑标在共同犯罪中起辅助作用，系从犯，应当从轻处罚。

被告人郭明升、孙淑标、郭明锋及其辩护人对其未经“SΛMSUNG”商标注册人授权许可，组装假冒的三星手机，并通过淘宝网店进行销售的犯罪事实无异议，但对非法经营额、非法获利提出异议，辩解称其淘宝网店存在请人刷信誉的行为，真实交易量只有10000多部。

法院经审理查明：“SΛMSUNG”是三星电子株式会社在中国注册的商标，该商标有效期至2021年7月27日；三星（中国）投资有限公司是三星电子株式会社在中国投资设立，并经三星电子株式会社特别授权负责三星电子株式会社名下商标、专利、著作权等知识产权管理和法律事务的公司。2013年11月，被告人郭明升通过网络中介购买店主为“汪亮”、账号为play2011—1985的淘宝店铺，并改名为“三星数码专柜”，在未经三星（中国）投资公司授权许可的情况下，从深圳市华强北远望数码城、深圳福田区通天地手机市场批发假冒的三星I8552手机裸机及配件进行组装，并通过“三星数码专柜”在淘宝网上以“正品行货”进行宣传、销售。被告人郭明锋负责该网店的客服工作及客服人员的管理，被告人孙淑标负责假冒的三星I8552手机裸机及配件的进货、包装及联系快递公司发货。至2014年6月，该网店共计组装、销售假冒三星I8552手机20000余部，非法经营额2000余万元，非法获利200余万元。

裁判结果

江苏省宿迁市中级人民法院于2015年9月8日作出（2015）宿中

知刑初字第0004号刑事判决，以被告人郭明升犯假冒注册商标罪，判处有期徒刑五年，并处罚金人民币160万元；被告人孙淑标犯假冒注册商标罪，判处有期徒刑三年，缓刑五年，并处罚金人民币20万元。被告人郭明锋犯假冒注册商标罪，判处有期徒刑三年，缓刑四年，并处罚金人民币20万元。宣判后，三被告人均没有提出上诉，该判决已经生效。

裁判理由

法院生效裁判认为，被告人郭明升、郭明锋、孙淑标在未经“SAMSUNG”商标注册人授权许可的情况下，购进假冒“SAMSUNG”注册商标的手机机头及配件，组装假冒“SAMSUNG”注册商标的手机，并通过网店对外以“正品行货”销售，属于未经注册商标所有人许可在同一种商品上使用与其相同的商标的行为，非法经营数额达2000余万元，非法获利200余万元，属情节特别严重，其行为构成假冒注册商标罪。被告人郭明升、郭明锋、孙淑标虽然辩解称其网店销售记录存在刷信誉的情况，对公诉机关指控的非法经营数额、非法获利提出异议，但三被告人在公安机关的多次供述，以及公安机关查获的送货单、支付宝向被告人郭明锋银行账户付款记录、郭明锋银行账户对外付款记录、“三星数码专柜”淘宝记录、快递公司电脑系统记录、公安机关现场扣押的笔记等证据之间能够互相印证，综合公诉机关提供的证据，可以认定公诉机关关于三被告人共计销售假冒的三星I8552手机20000余部，销售金额2000余万元，非法获利200余万元的指控能够成立，三被告人关于销售记录存在刷信誉行为的辩解无证据予以证实，不予采信。被告人郭明升、郭明锋、孙淑标，系共同犯罪，被告人郭明升起主要作用，是主犯；被告人郭明锋、孙淑标在共同犯罪中起辅助作用，是从犯，依法可以从轻处罚。故依法作出上述判决。

关联参见

《最高人民法院、最高人民检察院、公安部关于办理侵犯知识产权刑事案件适用法律若干问题的意见》六、十四、十五、十六；《最高人民法院、最高人民检察院关于办理侵犯知识产权刑事案件具体应用法律若干问题的解释（三）》第1条；《最高人民法院、最高人民检察院关于办理侵犯知识产权刑事案件具体应用法律若干问题的解释（二）》第3条、第4—6条；《最高人民法院、最高人民检察院关于办理侵犯知识产权刑事案件具体应用法律若干问题的解释》第13条、第15条、第16条

第二百一十四条　【销售假冒注册商标的商品罪】 销售明知是假冒注册商标的商品，违法所得数额较大或者有其他严重情节的，处三年以下有期徒刑，并处或者单处罚金；违法所得数额巨大或者有其他特别严重情节的，处三年以上十年以下有期徒刑，并处罚金。

条文解读

销售假冒注册商标的商品罪 ➔ 本条是关于销售假冒注册商标的商品罪及其处罚的规定。

构成本罪，应具备以下条件：

1. 行为人主观上必须是明知，即明知是假冒他人注册商标的商品仍然销售，从中牟取非法利益。行为人是否明知，是本罪的罪与非罪的重要界限。实践中，主要从以下几个方面判断行为人是否明知：（1）行为人是否曾被告知所销售的商品是假冒注册商标的商品；（2）销售商品进货价格和质量明显低于市场上被假冒的注册商标商品的进货价格和质量；（3）根据行为人本人的经验和知识，能够知道自己销售的是假冒注册商标的商品。

根据《最高人民法院、最高人民检察院关于办理侵犯知识产权刑事案件具体应用法律若干问题的解释》第9条的规定，具有下列情形之一的，应当认定为《刑法》第214条规定的“明知”：（1）知道自己销售的商品上的注册商标被涂改、调换或者覆盖的；（2）因销售假冒注册商

标的商品受到过行政处罚或者承担过民事责任、又销售同一种假冒注册商标的商品的；（3）伪造、涂改商标注册人授权文件或者知道该文件被伪造、涂改的；（4）其他知道或者应当知道是假冒注册商标的商品的情形。

2. 行为人在客观上实施了销售明知是假冒注册商标的商品的行为。这里的“销售”应是广义的，包括批发、零售、代售、贩卖等各个销售环节。“假冒注册商标”是指假冒他人已经注册了的商标。如果是将还未有人注册过的商标冒充已经注册的商标在商品上使用，不构成本条规定的犯罪，属于违反注册商标管理的行为。

3. 销售金额必须达到数额较大，才构成犯罪。这也是罪与非罪的重要界限。实践中，如果行为人销售的商品假冒了他人的注册商标，同时商品本身是伪劣产品，构成生产、销售伪劣商品罪的，应依照刑法规定的处罚较重的规定处罚。

关联参见

《最高人民法院、最高人民检察院、公安部关于办理侵犯知识产权刑事案件适用法律若干问题的意见》八；《最高人民法院、最高人民检察院关于办理非法生产、销售烟草专卖品等刑事案件具体应用法律若干问题的解释》第1条

第二百一十五条　【非法制造、销售非法制造的注册商标标识罪】伪造、擅自制造他人注册商标标识或者销售伪造、擅自制造的注册商标标识，情节严重的，处三年以下有期徒刑，并处或者单处罚金；情节特别严重的，处三年以上十年以下有期徒刑，并处罚金。

条文解读

非法制造、销售非法制造的注册商标标识罪 ➲ 本条是关于非法制造、销售非法制造的注册商标标识罪及其处罚的规定。

本条规定了两种行为。第一种行为是伪造、擅自制造他人注册商标标识的行为。构成这一犯罪，行为人必须实施了伪造、擅自制造他人注册商标标识的行为。商标作为区别商品、服务来源的标识，它的有形载体是商标标识。“商标标识”，是指在商品、商品的包装上，或者在服务场所、招牌、广告及其他宣传用品中使用的附有商标图案的物质实体，具体包括带有商标的包装物、标签、封签、说明书、合格证等物品。“伪造”，是指未经商标注册人许可而仿照他人注册商标的图样及物质实体制造出的与该注册商标标识相同的商标标识，商标标识本身就是假的。“擅自制造”，是指未经商标注册人许可在商标印制合同规定的印数之外，又私自加印商标标识的行为，商标标识本身是真的。第二种行为是销售伪造、擅自制造的注册商标标识的行为。这里的“销售”包括批发、零售、代售、贩卖等各个销售环节，既包括在内部销售，也包括在市场上销售。前述两种行为都需要达到情节严重，才构成本罪。

关联参见

《最高人民法院、最高人民检察院、公安部关于办理侵犯知识产权刑事案件适用法律若干问题的意见》九

第二百一十六条　【假冒专利罪】假冒他人专利，情节严重的，处三年以下有期徒刑或者拘役，并处或者单处罚金。

条文解读

假冒专利罪 ➲ 本条是关于假冒专利罪及其处罚的规定。

“假冒他人专利”，是指侵权人在自己产品上加上他人的专利标记和专利号，或使其与专利产品相类似，使公众认为该产品是他人的专利产品，以假乱真，侵害他人合法权利的行为。专利侵权，主要是指未经专利权人许可，使用其专利的行为。“专利权人”包括单位和个人，也包括在我国申请专利的国外的单位和个人。“使用其专利”，是指行为

人为生产经营目的，将他人专利用于生产、制造产品的行为。根据《专利法》的规定，任何单位或者个人实施他人专利，必须与专利权人订立书面实施许可合同，向专利权人支付专利使用费。被许可人无权允许合同规定以外的任何单位或个人实施该专利。这里规定的“许可”不是一般的口头同意，而是要签订专利许可合同。专利许可意味着专利权人允许被许可人在专利权期限内，在其效力所及的范围内对该发明创造加以利用。如果行为人已经得到专利权人同意，只是还未签订书面许可合同，或者还未向专利权人支付使用费，不构成犯罪。行为人的上述行为必须达到情节严重的程度，才构成犯罪，这是罪与非罪的界限。

第二百一十七条　【侵犯著作权罪】以营利为目的，有下列侵犯著作权或者与著作权有关的权利的情形之一，违法所得数额较大或者有其他严重情节的，处三年以下有期徒刑，并处或者单处罚金；违法所得数额巨大或者有其他特别严重情节的，处三年以上十年以下有期徒刑，并处罚金：

（一）未经著作权人许可，复制发行、通过信息网络向公众传播其文字作品、音乐、美术、视听作品、计算机软件及法律、行政法规规定的其他作品的；

（二）出版他人享有专有出版权的图书的；

（三）未经录音录像制作者许可，复制发行、通过信息网络向公众传播其制作的录音录像的；

（四）未经表演者许可，复制发行录有其表演的录音录像制品，或者通过信息网络向公众传播其表演的；

（五）制作、出售假冒他人署名的美术作品的；

（六）未经著作权人或者与著作权有关的权利人许可，故意避开或者破坏权利人为其作品、录音录像制品等采取的保护著作权或者与著作权有关的权利的技术措施的。

条文解读

侵犯著作权罪 ➲ 本条是关于侵犯著作权罪及其处罚的规定。

构成侵犯著作权罪必须具备以下条件：

1. 行为人在主观上是故意的，并且是以营利为目的。这是罪与非罪的界限。有些个人复制了音像制品或计算机某一程序是供个人观赏、学习、使用，没有将其作为商品进入商品的流通领域，不是以营利为目的，不构成犯罪。

2. 行为人在客观上实施了本条规定的侵犯他人著作权的行为。本条对侵犯他人著作权的行为具体规定为以下六种情形：

（1）未经著作权人许可，复制发行、通过信息网络向公众传播其文字作品、音乐、美术、视听作品、计算机软件及法律、行政法规规定的其他作品。"未经著作权人许可"，既包括没有得到著作权人授权或者超出授权许可范围的情形，也包括伪造、涂改著作权人授权的许可文件等。"复制"，是指以印刷、复印、临摹、拓印、录音、录像、翻录、翻拍等方式将作品制作一份或多份的行为。"发行"，既包括通过批发、出售、出租等方式，向公众提供作品的复制品，也包括侵权产品的持有人通过广告、征订等方式推销侵权产品的行为。随着侵权行为网络化，通过信息网络向公众传播作品也成为侵犯著作权的重要途径和方式。复制发行、通过信息网络向公众传播的行为未得到著作权人的许可，是构成犯罪的必备条件。"作品"包括法律、行政法规规定的所有作品类型，包括《著作权法》第 3 条规定的文字作品，口述作品，音乐、戏剧、曲艺、舞蹈、杂技艺术作品，美术、建筑作品，摄影作品，视听作品，工程设计图、产品设计图、地图、示意图等图形作品和模型作品，计算机软件等作品类型。本条选择性地明确规定了文字作品、音乐、美术、视听作品、计算机软件等几种常见的作品类型，并作了"法律、行政法规规定的其他作品"的兜底规定。

（2）出版他人享有专有出版权的图书。"出版"，是指将作品编辑加工后，经过复制向公众发行。“专有出版权”，是指图书出版者依据其与著作权人之间订立的出版合同而享有的独家出版权。

（3）未经录音录像制作者许可，复制发行、通过信息网络向公众传播其制作的录音录像。录音录像制作者，通过对原著作品编辑加工，以声音图像直观感性的形式把抽象的原著作品再现出来，对再现出来的作品形式享有专有出版权。未经录音录像制作者许可，复制发行、通过信息网络向公众传播其制作的录音录像，是一种侵犯他人著作权的行为，需要予以处罚。一般来说，只有经过录音录像制作者许可，才能以复制发行等方式使用其制作的录音录像，但《著作权法》第42条作了除外规定，即录音制作者使用他人已经合法录制为录音制品的音乐作品制作录音制品，可以不经著作权人许可，但应当按照规定支付报酬；著作权人声明不许使用的不得使用。

（4）未经表演者许可，复制发行录有其表演的录音录像制品，或者通过信息网络向公众传播其表演。根据《著作权法》第39条第1款第5项和第6项的规定，表演者有许可他人复制发行录有其表演的录音录像制品，通过信息网络向公众传播其表演，并获得报酬的权利，这是表演者的一项重要权利，行为人未经表演者许可，擅自复制发行录有其表演的录音录像制品，或者通过信息网络向公众传播其表演的，是一种严重的侵权行为，以营利为目的，违法所得数额较大或者有其他严重情节的，应当依照本条规定追究刑事责任。

（5）制作、出售假冒他人署名的美术作品。“美术作品”，是指以线条、色彩或其他方式构成的有审美意义的平面或立体的造型艺术作品，包括绘画、书法、雕塑、建筑、工艺美术等。制作、出售假冒他人署名的美术作品，主要有以下三种方式：一是临摹他人的画，署上他人的名，假冒他人的画出售；二是以自己的画，署上名画家的名，假冒他人的画出售；三是把他人的画，署上名画家的名，假冒名画家的画出售，从中牟利。

（6）未经著作权人或者与著作权有关的权利人许可，故意避开或者破坏权利人为其作品、录音录像制品等采取的保护著作权或者与著作权有关的权利的技术措施。"技术措施"是指用于防止、限制未经权利人许可浏览、欣赏作品、表演、录音录像制品或者通过信息网络向公众提供作品、表演、录音录像制品的有效技术、装置或者部件。

3. 行为人的上述行为，必须是违法所得数额较大或者有其他严重情节的，才构成犯罪。

关联参见

《公安机关管辖的刑事案件立案追诉标准（一）》第26条；《最高人民法院关于审理非法出版物刑事案件具体应用法律若干问题的解释》

第二百一十八条　【销售侵权复制品罪】以营利为目的，销售明知是本法第二百一十七条规定的侵权复制品，违法所得数额巨大或者有其他严重情节的，处五年以下有期徒刑，并处或者单处罚金。

条文解读

销售侵权复制品罪 ➲ 本条是关于销售侵权复制品及其处罚的规定。

构成本罪必须具备以下条件：（1）行为人主观上必须以营利为目的，且明知是侵权复制品而销售。（2）行为人实施了销售侵权复制品的行为，并且其所销售的复制品必须是《刑法》第217条规定的侵权复制品。（3）违法所得数额巨大或者有其他严重情节。

关联参见

《公安机关管辖的刑事案件立案追诉标准（一）》第27条；《最高人民法院、最高人民检察院关于办理侵犯知识产权刑事案件具体应用法律若干问题的解释》第6条、第12条、第15条、第16条

第二百一十九条　【侵犯商业秘密罪】有下列侵犯商业秘密行为之一，情节严重的，处三年以下有期徒刑，并处或者单处罚

金；情节特别严重的，处三年以上十年以下有期徒刑，并处罚金：

（一）以盗窃、贿赂、欺诈、胁迫、电子侵入或者其他不正当手段获取权利人的商业秘密的；

（二）披露、使用或者允许他人使用以前项手段获取的权利人的商业秘密的；

（三）违反保密义务或者违反权利人有关保守商业秘密的要求，披露、使用或者允许他人使用其所掌握的商业秘密的。

明知前款所列行为，获取、披露、使用或者允许他人使用该商业秘密的，以侵犯商业秘密论。

本条所称权利人，是指商业秘密的所有人和经商业秘密所有人许可的商业秘密使用人。

条文解读

侵犯商业秘密罪 ➲ 本条是关于侵犯商业秘密罪及其处罚的规定。

本罪包含了三种侵犯商业秘密的行为：（1）以盗窃、贿赂、欺诈、胁迫、电子侵入或者其他不正当手段获取权利人的商业秘密。实施这一行为的人，一般是享有商业秘密的权利人的竞争对手。（2）披露、使用或者允许他人使用以前项手段获取的权利人的商业秘密。“披露”，是指向他人透露行为人以盗窃、贿赂、欺诈、胁迫、电子侵入或者其他不正当手段获取的他人商业秘密的行为，将权利人的商业秘密披露公开，会破坏权利人的竞争优势；“使用”，是指自己使用；“允许他人使用”是指将以非法手段获取的商业秘密，提供给其他人使用的行为。无论是行为人自己使用或者允许他人使用上述商业秘密，都是侵犯权利人商业秘密的违法行为。（3）违反保密义务或者违反权利人有关保守商业秘密的要求，披露、使用或者允许他人使用其所掌握的商业秘密。主要是指行为人所掌握的商业秘密虽然是先前合法获取的，但是违反了保密义务或者违反了权利人有关保守商业秘密的要求，向第三人披露、使用或者允许第三人使用其所获取的商业秘密。

《最高人民法院、最高人民检察院关于办理侵犯知识产权刑事案件具体应用法律若干问题的解释（三）》第4条对“给商业秘密的权利人造成重大损失”的认定作出了规定，具体情形包括：（1）给商业秘密的权利人造成损失数额或者因侵犯商业秘密违法所得数额在30万元以上的；（2）直接导致商业秘密的权利人因重大经营困难而破产、倒闭的；（3）造成商业秘密的权利人其他重大损失的。此外，还规定，给商业秘密的权利人造成损失数额或者因侵犯商业秘密违法所得数额在250万元以上的，应当认定为“造成特别严重后果”。

第二百一十九条之一　【为境外窃取、刺探、收买、非法提供商业秘密罪】为境外的机构、组织、人员窃取、刺探、收买、非法提供商业秘密的，处五年以下有期徒刑，并处或者单处罚金；情节严重的，处五年以上有期徒刑，并处罚金。

条文解读

为境外窃取、刺探、收买、非法提供商业秘密罪 本条是关于为境外窃取、刺探、收买、非法提供商业秘密罪及其处罚的规定。

构成本罪，需要具备以下条件：（1）行为人必须实施了窃取、刺探、收买、非法提供商业秘密的行为。其中，“窃取”是指行为人采用各种秘密手段非法获取，如通过盗窃、偷拍、偷录等行为而取得商业秘密的行为；“刺探”是指行为人通过各种途径和手段非法探知商业秘密的行为；“收买”是指行为人以给予财物或者其他财产性利益等好处，或者通过提供工作机会、拉拢人心等手段非法得到商业秘密的行为；“非法提供”是指知悉、保管、持有商业秘密的人，将自己知悉、保管、持有的商业秘密非法出售、交付、披露给其他不应知悉该秘密的境外机构、组织、人员的行为。（2）行为人为境外的机构、组织和人员实施了本条规定的窃取、刺探、收买、非法提供商业秘密的行为。这里的“境外的机构、组织”包括境外机构、组织及其在中华人民共和国境内设立的分支（代表）机构和分支组织；“境外的个人”包括该个人身处境外，也包括虽然身处境内但身份属于外国人或者其他境外个人的情况。如果是为境内的公司、企业等实施窃取、刺探、收买、非法提供商业秘密的行为，与境外的机构、组织和人员没有关联的，不构成本条规定的为境外窃取、刺探、收买、非法提供商业秘密罪，若其行为构成第219条规定的侵犯商业秘密罪的，依照该规定定罪处罚。

关联参见

《刑法》第219条、第220条；《最高人民法院、最高人民检察院关于办理侵犯知识产权刑事案件具体应用法律若干问题的解释》第15条；《最高人民法院、最高人民检察院关于办理侵犯知识产权刑事案件具体应用法律若干问题的解释（二）》第3条、第6条；《最高人民法院、最高人民检察院关于办理侵犯知识产权刑事案件具体应用法律若干问题的解释（三）》第8条、第9条、第10条

第二百二十条　【单位犯侵犯知识产权罪的处罚规定】单位犯本节第二百一十三条至第二百一十九条之一规定之罪的，对单位判处罚金，并对其直接负责的主管人员和其他直接责任人员，依照本节各该条的规定处罚。

第八节　扰乱市场秩序罪

第二百二十一条　【损害商业信誉、商品声誉罪】捏造并散布虚伪事实，损害他人的商业信誉、商品声誉，给他人造成重大损失或者有其他严重情节的，处二年以下有期徒刑或者拘役，并处或者单处罚金。

条文解读

损害商业信誉、商品声誉罪 ➲ 本条是关于损害商业信誉、商品声

誉罪及其处罚的规定。

“捏造”，既包括完全虚构，也包括在真实情况基础上的部分虚构，歪曲事实真相。“散布”，既包括口头散布，也包括以书面方式散布，如宣传媒介、信函等。“他人的商业信誉”主要是指他人在从事商业活动中的信用程度和名誉等，如他人在信守合约或履行合同中的信誉度，他人的生产能力和资金状况是否良好等。“他人的商品声誉”主要是指他人商品在质量等方面的可信赖程度和经过长期良好的生产、经营所形成的知名度等。造成损害他人的商业信誉、商品声誉的后果可以是多方面的，既可以是直接的，也可以是潜在的。如使他人的商业信用降低、无法签订合同或无法开展正常的商业活动等；或者使他人的商品声誉遭到破坏，产品大量积压，无法销售等。

关联参见

《全国人民代表大会常务委员会关于维护互联网安全的决定》三；《公安机关管辖的刑事案件立案追诉标准（二）》第66条

第二百二十二条　【虚假广告罪】广告主、广告经营者、广告发布者违反国家规定，利用广告对商品或者服务作虚假宣传，情节严重的，处二年以下有期徒刑或者拘役，并处或者单处罚金。

条文解读

虚假广告罪 ➲ 本罪是关于虚假广告罪及其处罚的规定。

本罪的犯罪主体是特殊主体，即“广告主、广告经营者和广告发布者”。根据《广告法》的规定，“广告主”，是指为推销商品或者提供服务，自行或者委托他人设计、制作、发布广告的自然人、法人或者其他组织；“广告经营者”，是指受委托提供广告设计、制作、代理服务的自然人、法人或者其他组织；“广告发布者”，是指为广告主或者广告主委托的广告经营者发布广告的自然人、法人或者其他组织。

行为人实施了违反国家规定，利用广告对商品或者服务进行虚假宣传的行为。“违反国家规定”，在这里主要是指违反了国家制定发布的有关广告管理的法律、法规。《广告法》规定，广告不得含有虚假或者引人误解的内容，不得欺骗、误导消费者。《反不正当竞争法》规定，经营者不得对其商品的性能、功能、质量、销售状况、用户评价、曾获荣誉等作虚假或者引人误解的商业宣传，欺骗、误导消费者。本条规定的“利用广告对商品或者服务作虚假的宣传”，就是指违反了上述法律及其有关法律、法规规定，利用广告这种特殊的传播媒介，对所生产的产品或者提供的服务作夸张、虚假和不实的宣扬或传播，足以产生使消费者受到欺骗或误导消费者的消费行为的作用的行为。有本条规定的行为，“情节严重的”，才构成犯罪。对行为人实施了一般的虚假广告的行为，可以根据《广告法》或其他有关法律、法规的规定给予相应的行政处罚或者通过民事索赔的方法解决。

关联参见

《全国人民代表大会常务委员会关于维护互联网安全的决定》三；《公安机关管辖的刑事案件立案追诉标准（二）》第67条；《最高人民法院、最高人民检察院关于办理危害药品安全刑事案件适用法律若干问题的解释》第9条；《最高人民法院、最高人民检察院关于办理危害食品安全刑事案件适用法律若干问题的解释》第14条

第二百二十三条　【串通投标罪】投标人相互串通投标报价，损害招标人或者其他投标人利益，情节严重的，处三年以下有期徒刑或者拘役，并处或者单处罚金。

投标人与招标人串通投标，损害国家、集体、公民的合法利益的，依照前款的规定处罚。

条文解读

串通投标罪 ➜ 本条是关于串通投标罪及其处罚的规定。

“投标人”，是指参加投标活动，并能影响投标报价的投标参与人。“相互串通投标报价”，是指投标人在投标前和投标过程中，串通一气，商量好抬高标价或者压低标价等行为，既包括双方相互串通，也包括多方串通。“损害招标人或者其他投标人利益”，是指由于投标人相互串通投标报价而使招标人无法达到最佳的竞标结果或者其他投标人无法在公平竞争的条件下参与投标竞争而受到损害的情况，包括已经造成损害和造成潜在的损害两种情况。

关联参见

《公安机关管辖的刑事案件立案追诉标准（二）》第68条

第二百二十四条　【合同诈骗罪】 有下列情形之一，以非法占有为目的，在签订、履行合同过程中，骗取对方当事人财物，数额较大的，处三年以下有期徒刑或者拘役，并处或者单处罚金；数额巨大或者有其他严重情节的，处三年以上十年以下有期徒刑，并处罚金；数额特别巨大或者有其他特别严重情节的，处十年以上有期徒刑或者无期徒刑，并处罚金或者没收财产：

（一）以虚构的单位或者冒用他人名义签订合同的；

（二）以伪造、变造、作废的票据或者其他虚假的产权证明作担保的；

（三）没有实际履行能力，以先履行小额合同或者部分履行合同的方法，诱骗对方当事人继续签订和履行合同的；

（四）收受对方当事人给付的货物、货款、预付款或者担保财产后逃匿的；

（五）以其他方法骗取对方当事人财物的。

条文解读

合同诈骗罪 ➜ 本条是关于合同诈骗罪及其处罚的规定。

根据本条规定，构成合同诈骗罪具有以下特征：

1. 行为人在主观上具有“以非法占有为目的”，这是构成本条规定之罪的主观要件。

2. 行为人实施了本条规定的诈骗行为。本条共列举了五种犯罪行为：（1）以虚构的单位或者冒用他人名义签订合同的，即虚构合同主体的情形。其中，“虚构的单位”是指采用根本不存在的单位的名义订立合同；“冒用他人名义”，是指未经他人允许或委托而冒用他人的名义，即冒名订立合同的行为。（2）以伪造、变造、作废的票据或者其他虚假的产权证明作担保的，即虚构担保。在签订合同时，根据法律、法规的规定或者对方当事人的要求，出具合同担保，是减少合同风险和保障合同履行的常规做法。采用虚构的担保文件的方式欺骗对方当事人与其签订、履行合同，是合同诈骗中一种常见的方式。（3）没有实际履行能力，以先履行小额合同或者部分履行合同的方法，诱骗对方当事人继续与其签订合同的。即通常讲的“钓鱼式合同”，即行为人先以履行小额合同或者部分履行合同为诱饵，骗取对方当事人的信任后，继续与其签订合同，以骗取更多的财物的情况。（4）收受对方当事人给付的货物、货款、预付款或者担保财产后逃匿的。这是指行为人一旦收受了对方当事人按合同约定给付的上述财产后，一逃了之的行为。这里的“逃匿”即指行为人采取使对方当事人无法寻找到的任何逃跑、隐藏、躲避的方式。（5）以其他方法骗取对方当事人财物的。这一项规定是指采取上述四项规定以外的其他方法骗取对方当事人财物的行为，也是为了适应这类犯罪的多样性、复杂性而规定的。

关联参见

《公安机关管辖的刑事案件立案追诉标准（二）》第 69 条；《最高

人民法院关于在审理经济纠纷案件中涉及经济犯罪嫌疑若干问题的规定》第2—7条

第二百二十四条之一 【组织、领导传销活动罪】 组织、领导以推销商品、提供服务等经营活动为名，要求参加者以缴纳费用或者购买商品、服务等方式获得加入资格，并按照一定顺序组成层级，直接或者间接以发展人员的数量作为计酬或者返利依据，引诱、胁迫参加者继续发展他人参加，骗取财物，扰乱经济社会秩序的传销活动的，处五年以下有期徒刑或者拘役，并处罚金；情节严重的，处五年以上有期徒刑，并处罚金。

条文解读

组织、领导传销活动罪 ➲ 本条是关于组织、领导传销活动罪及其处罚的规定。

根据本条规定，组织、领导传销活动罪中的传销活动具有以下特征：

1. 往往以从事商品、服务推销等经营活动为名，诱骗他人参加。

2. 要求参加者以缴纳费用或者购买商品、服务等方式获得加入资格。传销活动的目的就是诱骗尽可能多的参加者加入传销组织，以骗取参加者缴纳的钱财。参加传销组织的条件，就是按照传销组织的要求，购买传销组织“经营”的“商品”或者“服务”，又称“入门费”。

3. 按照一定顺序组成层级，直接或者间接以发展人员的数量作为计酬或者返利的依据。这是关于传销组织在结构特征上的层级性的规定。各种传销活动不论名目如何，在组织结构上都是按照加入的顺序、发展人员的多少、“业绩”大小等因素组成“金字塔”型层级结构。

4. 传销活动最本质的特征在于其诈骗性。传销活动尽管名目繁多，组织内部的结构也不尽相同，但其共同点在于以高额回报为诱饵，对参加者进行精神乃至人身控制，诱骗甚至迫使其成员不断发展新成员（下线），以敛取成员缴纳的入门费。

5. 传销活动具有多方面的社会危害性。一方面，传销活动的组织者、领导者利用传销活动骗取参与传销者大量财产，给传销参与者造成重大财产损失。另一方面，从实际情况看，受蒙蔽参与传销的多是农民、下岗工人等低收入、不具有抗风险能力的群体，传销活动使这些受害者倾家荡产，生活无着，影响社会稳定。

根据《最高人民法院、最高人民检察院、公安部关于办理组织领导传销活动刑事案件适用法律若干问题的意见》的规定，下列人员可以认定为传销活动的组织者、领导者：（1）在传销活动中起发起、策划、操纵作用的人员；（2）在传销活动中承担管理、协调等职责的人员；（3）在传销活动中承担宣传、培训等职责的人员；（4）曾因组织、领导传销活动受过刑事处罚，或者1年以内因组织、领导传销活动受过行政处罚，又直接或者间接发展参与传销活动人员在15人以上且层级在3级以上的人员；（5）其他对传销活动的实施、传销组织的建立、扩大等起关键作用的人员。以单位名义实施组织、领导传销活动犯罪的，对于受单位指派，仅从事劳务性工作的人员，一般不予追究刑事责任。

关联参见

《公安机关管辖的刑事案件立案追诉标准（二）》第70条；《最高人民法院、最高人民检察院、公安部关于办理组织领导传销活动刑事案件适用法律若干问题的意见》二

第二百二十五条　【非法经营罪】违反国家规定，有下列非法经营行为之一，扰乱市场秩序，情节严重的，处五年以下有期徒刑或者拘役，并处或者单处违法所得一倍以上五倍以下罚金；情节特别严重的，处五年以上有期徒刑，并处违法所得一倍以上五倍以下罚金或者没收财产：

（一）未经许可经营法律、行政法规规定的专营、专卖物品或者其他限制买卖的物品的；

（二）买卖进出口许可证、进出口原产地证明以及其他法律、行政法规规定的经营许可证或者批准文件的；

（三）未经国家有关主管部门批准非法经营证券、期货、保险业务的，或者非法从事资金支付结算业务的；

（四）其他严重扰乱市场秩序的非法经营行为。

条文解读

非法经营罪 ➲ 本条是关于非法经营罪及其处罚的规定。

本条所列举的非法经营罪的四项行为是：

1. 未经许可经营法律、行政法规规定的专营、专卖物品或者其他限制买卖的物品的。其中，“未经许可”是指未经国家有关主管部门的批准；“法律、行政法规规定的专营、专卖的物品”是指法律、行政法规明确规定由专门的机构经营的专营、专卖的物品，如食盐、烟草等；“其他限制买卖的物品”是指国家根据经济发展和维护国家、社会和人民群众利益的需要，规定在一定时期实行限制性经营的物品，如化肥、农药等。

2. 买卖进出口许可证、进出口原产地证明以及其他法律、行政法规规定的经营许可证或者批准文件的。“其他法律、行政法规规定的经营许可证或者批准文件”，指的是法律、行政法规规定的所有的经营许可证或者批准文件，如林木采伐、矿产开采、野生动物狩猎等。

3. 未经国家有关主管部门批准非法经营证券、期货、保险业务的，或者非法从事资金支付结算业务的。其中，“非法经营证券、期货业务”，主要是指以下几种行为：未经有关主管部门批准，擅自开展证券或者期货经纪业务；从事证券、期货咨询性业务的证券、期货咨询公司、投资服务公司擅自超越经营范围从事证券、期货业务。“非法经营保险业务”，主要是指以下几种行为：未经授权进行保险代理业务；保险经纪人超越经营范围从事保险业务等。“非法从事资金支付结算业务”主要是指不具有法定的从事资金支付结算业务的资格，非法为他人办理资金支付结算业务的行为，如为他人非法提供境内资金转移、分散提取现金服务等。

4. 其他严重扰乱市场秩序的非法经营行为。本项属于概括性的规定。其他非法经营行为应当具备以下条件：第一，这种行为发生在经营活动中，主要是生产、流通领域。第二，这种行为违反法律、法规的规定。第三，具有社会危害性，严重扰乱市场经济秩序。

需要注意的是，根据《全国法院毒品犯罪审判工作座谈会纪要》的规定，行为人向走私、贩卖毒品的犯罪分子或者吸食、注射毒品的人员贩卖国家规定管制的能够使人形成瘾癖的麻醉药品或者精神药品的，以贩卖毒品罪定罪处罚。行为人出于医疗目的，违反有关药品管理的国家规定，非法贩卖上述麻醉药品或者精神药品，扰乱市场秩序，情节严重的，以非法经营罪定罪处罚。

实务应用

32. 实施危害食品安全的行为，在什么情形下可构成非法经营罪？

根据《公安机关管辖的刑事案件立案追诉标准（二）》第71条的规定，实施下列危害食品安全行为，非法经营数额在10万元以上，或者违法所得数额在5万元以上的，应予立案追诉：(1) 以提供给他人生产、销售食品为目的，违反国家规定，生产、销售国家禁止用于食品生产、销售的非食品原料的；(2) 以提供给他人生产、销售食用农产品为目的，违反国家规定，生产、销售国家禁用农药、食品动物中禁止使用的药品及其他化合物等有毒、有害的非食品原料，或者生产、销售添加上述有毒、有害的非食品原料的农药、兽药、饲料、饲料添加剂、饲料原料的；(3) 违反国家规定，私设生猪屠宰厂（场），从事生猪屠宰、销售等经营活动的。

关联参见

《公安机关管辖的刑事案件立案追诉标准（二）》第71条

第二百二十六条　【强迫交易罪】以暴力、威胁手段，实施下列行为之一，情节严重的，处三年以下有期徒刑或者拘役，并处或者单处罚金；情节特别严重的，处三年以上七年以下有期徒刑，并处罚金：

（一）强买强卖商品的；

（二）强迫他人提供或者接受服务的；

（三）强迫他人参与或者退出投标、拍卖的；

（四）强迫他人转让或者收购公司、企业的股份、债券或者其他资产的；

（五）强迫他人参与或者退出特定的经营活动的。

条文解读

强迫交易罪 ➲ 本条是关于强迫交易罪及其处罚的规定。

强迫交易罪是复行为犯：一是手段行为，二是目的行为。手段行为是暴力、威胁。暴力，是指身体强制；威胁，是指精神强制。目的行为是强买强卖商品，强迫他人提供服务或者强迫他人接受服务、强迫他人参与或退出投标、拍卖等。本罪中“情节特别严重”，主要是指采用的强迫交易手段特别恶劣、非法牟利数额特别巨大、造成特别严重后果等情形。应当注意的是，如果行为人在使用暴力过程中造成被害人重伤死亡的，则应依照《刑法》有关规定定罪处罚。

需要注意的是，根据《最高人民检察院关于强迫借贷行为适用法律问题的批复》的规定，以暴力、胁迫手段强迫他人借贷，属于《刑法》第 226 条第 2 项规定的“强迫他人提供或者接受服务”，情节严重的，以强迫交易罪追究刑事责任；同时构成故意伤害罪等其他犯罪的，依照处罚较重的规定定罪处罚。以非法占有为目的，以借贷为名采用暴力、胁迫手段获取他人财物，符合《刑法》第 263 条或者第 274 条规定的，以抢劫罪或者敲诈勒索罪追究刑事责任。

实务应用

33. 以暴力、胁迫手段索取超出正常交易价钱、费用的钱财的行为如何定性处罚？

从事正常商品买卖、交易或者劳动服务的人，以暴力、胁迫手段迫使他人交出与合理价钱、费用相差不大钱物，情节严重的，以强迫交易罪定罪处罚；以非法占有为目的，以买卖、交易、服务为幌子采用暴力、胁迫手段迫使他人交出与合理价钱、费用相差悬殊的钱物的，以抢劫罪定罪处刑。在具体认定时，既要考虑超出合理价钱、费用的绝对数额，还要考虑超出合理价钱、费用的比例，加以综合判断。

关联参见

《公安机关管辖的刑事案件立案追诉标准（一）》第28条

第二百二十七条　【伪造、倒卖伪造的有价票证罪】伪造或者倒卖伪造的车票、船票、邮票或者其他有价票证，数额较大的，处二年以下有期徒刑、拘役或者管制，并处或者单处票证价额一倍以上五倍以下罚金；数额巨大的，处二年以上七年以下有期徒刑，并处票证价额一倍以上五倍以下罚金。

【倒卖车票、船票罪】倒卖车票、船票，情节严重的，处三年以下有期徒刑、拘役或者管制，并处或者单处票证价额一倍以上五倍以下罚金。

第二百二十八条　【非法转让、倒卖土地使用权罪】以牟利为目的，违反土地管理法规，非法转让、倒卖土地使用权，情节严重的，处三年以下有期徒刑或者拘役，并处或者单处非法转让、倒卖土地使用权价额百分之五以上百分之二十以下罚金；情节特别严重的，处三年以上七年以下有期徒刑，并处非法转让、倒卖土地使用权价额百分之五以上百分之二十以下罚金。

第二百二十九条　【提供虚假证明文件罪】承担资产评估、验资、验证、会计、审计、法律服务、保荐、安全评价、环境影响评价、环境监测等职责的中介组织的人员故意提供虚假证明文件，情节严重的，处五年以下有期徒刑或者拘役，并处罚金；有下列情形之一的，处五年以上十年以下有期徒刑，并处罚金：

（一）提供与证券发行相关的虚假的资产评估、会计、审计、法律服务、保荐等证明文件，情节特别严重的；

（二）提供与重大资产交易相关的虚假的资产评估、会计、审计等证明文件，情节特别严重的；

（三）在涉及公共安全的重大工程、项目中提供虚假的安全评价、环境影响评价等证明文件，致使公共财产、国家和人民利益遭受特别重大损失的。

有前款行为，同时索取他人财物或者非法收受他人财物构成犯罪的，依照处罚较重的规定定罪处罚。

【出具证明文件重大失实罪】第一款规定的人员，严重不负责任，出具的证明文件有重大失实，造成严重后果的，处三年以下有期徒刑或者拘役，并处或者单处罚金。

条文解读

提供虚假证明文件罪 ➔ 本条第1款是关于提供虚假证明文件罪及其处罚的规定。

构成本罪，必须符合以下特征：

1. 主体特定，必须是中介组织的从业人员。“承担资产评估、验资、验证、会计、审计、法律服务、保荐、安全评价、环境影响评价、环境监测等职责的中介组织”，是指依法承担相关中介服务职责的资产评估机构、验资机构、验证机构、会计师事务所、审计师事务所、律师事务所、保荐机构、安全评价机构、环境影响评价机构、环境监测机构等。“人员”，是指在这些中介机构中，具有国家认可的专业资格的负有相关职责的专业从业人员。

2. 行为人实施了故意提供虚假证明文件的行为。这里所说的虚假证明文件，既包括伪造的证明文件，也包括内容虚假、有重大遗漏、误导性内容的文件。这些文件的载体有多种形式，如资产评估报告、验资报告、发行保荐书、安全评价报告、环境影响报告书（表）等。

3. 构成本罪需要符合“情节严重”的要件。根据《公安机关管辖的刑事案件立案追诉标准（二）》第73条的规定，承担资产评估、验资、验证、会计、审计、法律服务、保荐、安全评价、环境影响评价、环境监测等职责的中介组织的人员故意提供虚假证明文件，涉嫌下列情形之一的，应予立案追诉：(1) 给国家、公众或者其他投资者造成直接经济损失数额在50万元以上的；(2) 违法所得数额在10万元以上的；(3) 虚假证明文件虚构数额在100万元以上且占实际数额30%以上的；(4) 虽未达到上述数额标准，但2年内因提供虚假证明文件受过2次以上行政处罚，又提供虚假证明文件的；(5) 其他情节严重的情形。

出具证明文件重大失实罪 ➜ 本条第2款是关于出具证明文件重大失实罪及其处罚的规定。“第一款规定的人员”，是指第1款规定的中介组织的人员，包括“承担资产评估、验资、验证、会计、审计、法律服务、保荐、安全评价、环境影响评价、环境监测等职责的中介组织的人员”；“出具的证明文件有重大失实”，是指所出具的证明文件，在内容上存在重大的不符合实际的错误或者内容虚假。本款规定的犯罪与第1款规定的犯罪的主要区别在于行为人主观方面不同，第1款规定的犯罪是故意犯罪，而本款规定的则是过失犯罪。因此，本款规定“造成严重后果的”，才负刑事责任。这里可以参考《公安机关管辖的刑事案件立案追诉标准（二）》。该标准第74条规定，承担资产评估、验资、验证、会计、审计、法律服务、保荐、安全评价、环境影响评价、环境监测等职责的中介组织的人员严重不负责任，出具的证明文件有重大失实，涉嫌下列情形之一的，应予立案追诉：(1) 给国家、公众或者其他投资者造成直接经济损失数额在100万元以上的；（2）其他造成严重后果的情形。

需要注意的是，《最高人民检察院关于公证员出具公证书有重大失实行为如何适用法律问题的批复》规定，《公证法》施行以后，公证员在履行公证职责过程中，严重不负责任，出具的公证书有重大失实，造成严重后果的，依照出具证明文件重大失实罪追究刑事责任。

关联参见

《公安机关管辖的刑事案件立案追诉标准（二）》第73条、第74条；《最高人民法院、最高人民检察院关于办理妨害信用卡管理刑事案件具体应用法律若干问题的解释》第4条

第二百三十条　【逃避商检罪】违反进出口商品检验法的规定，逃避商品检验，将必须经商检机构检验的进口商品未报经检验而擅自销售、使用，或者将必须经商检机构检验的出口商品未报经检验合格而擅自出口，情节严重的，处三年以下有期徒刑或者拘役，并处或者单处罚金。

第二百三十一条　【单位犯扰乱市场秩序罪的处罚规定】单位犯本节第二百二十一条至第二百三十条规定之罪的，对单位判处罚金，并对其直接负责的主管人员和其他直接责任人员，依照本节各该条的规定处罚。

第四章　侵犯公民人身权利、民主权利罪

第二百三十二条　【故意杀人罪】故意杀人的，处死刑、无期徒刑或者十年以上有期徒刑；情节较轻的，处三年以上十年以下有期徒刑。

条文解读

故意杀人罪 ➔ 本条是关于故意杀人罪及其处罚的规定。

故意杀人罪，是指故意非法剥夺他人生命的行为，是一种最严重的侵犯公民人身权利的犯罪。本罪侵犯的客体是他人的生命权利。本罪在客观方面表现为非法剥夺他人生命的行为，在实际发生的案件中，非法剥夺他人生命的方法是多种多样的，行为人采用什么方法，不影响本罪的成立。本罪是故意犯罪，包括直接故意和间接故意。直接故意是有明确的杀人目的，并且希望其行为能致使被害人死亡；间接故意是对自己的行为可能造成被害人死亡的后果采取放任的态度。

"情节较轻"，主要是指防卫过当致使他人死亡、出于义愤杀人等情况。实践中应当注意的是，认定故意杀人罪不能客观归罪，不能只看行为的后果，要根据行为人的故意内容来认定。如果行为人不是要故意非法剥夺他人生命，而是出于其他故意行为致人死亡的，如故意伤害致人死亡的，强奸妇女致使被害人死亡的，使用暴力进行抢劫致人死亡的等，不能认定为故意杀人罪，而应将致人死亡这一后果作为该罪量刑的情节考虑。

根据《最高人民法院、最高人民检察院、公安部、司法部关于依法办理家庭暴力犯罪案件的意见》的规定，准确区分遗弃罪与故意杀人罪的界限，要根据被告人的主观故意、所实施行为的时间与地点、是否立即造成被害人死亡，以及被害人对被告人的依赖程度等进行综合判断。对于只是为了逃避扶养义务，并不希望或者放任被害人死亡，将生活不能自理的被害人弃置在福利院、医院、派出所等单位或者广场、车站等行人较多的场所，希望被害人得到他人救助的，一般以遗弃罪定罪处罚。对于希望或者放任被害人死亡，不履行必要的扶养义务，致使被害人因缺乏生活照料而死亡，或者将生活不能自理的被害人带至荒山野岭等人迹罕至的场所扔弃，使被害人难以得到他人救助的，应当以故意杀人罪定罪处罚。

实务应用

34. 法律拟制的故意杀人罪有哪些?

(1) 在非法拘禁过程中，使用暴力致人伤残、死亡的，按照故意伤害罪、故意杀人罪论处。(2) 刑讯逼供、暴力取证，致人伤残、死亡的，依照故意伤害罪、故意杀人罪论处。(3) 虐待被监管人，致人伤残、死亡的，依照故意伤害罪、故意杀人罪论处。(4) 聚众斗殴，致人重伤、死亡的，依照故意伤害罪、故意杀人罪论处。(5) 聚众“打砸抢”，致人伤残、死亡的。依照故意伤害罪、故意杀人罪论处。

关联参见

《最高人民法院关于审理交通肇事刑事案件具体应用法律若干问题的解释》第6条；《最高人民法院、最高人民检察院关于办理危害生产安全刑事案件适用法律若干问题的解释》第10条；《最高人民法院、最高人民检察院关于办理组织、利用邪教组织破坏法律实施等刑事案件适用法律若干问题的解释》第11条

第二百三十三条　【过失致人死亡罪】 过失致人死亡的，处三年以上七年以下有期徒刑；情节较轻的，处三年以下有期徒刑。本法另有规定的，依照规定。

条文解读

过失致人死亡罪 ➲ 本条是关于过失致人死亡罪及其处罚的规定。

过失致人死亡，除本条的一般规定外，刑法规定的其他犯罪中也有过失致人死亡的情况，根据特殊规定优于一般规定的原则，对于本法另有特殊规定的，一律适用特殊规定，而不按本条定罪处罚。如《刑法》第115条关于失火、过失决水、爆炸、投放危险物质或者以其他危险方法致人死亡的规定；第133条关于交通肇事致人死亡的规定；第134条

关于重大责任事故致人死亡的规定等。

在实践中应当注意区分过于自信的过失致人死亡与间接故意杀人的区别。虽然二者行为人都预见到可能发生他人死亡的后果，但前者行为人并不希望或放任这种结果发生，而只是轻信能够避免；后者行为人则对结果的发生采取放任、听之任之和漠不关心的态度。

第二百三十四条 **【故意伤害罪】** 故意伤害他人身体的，处三年以下有期徒刑、拘役或者管制。

犯前款罪，致人重伤的，处三年以上十年以下有期徒刑；致人死亡或者以特别残忍手段致人重伤造成严重残疾的，处十年以上有期徒刑、无期徒刑或者死刑。本法另有规定的，依照规定。

条文解读

故意伤害罪 ➔ 本条是关于故意伤害罪及其处罚的规定。

故意伤害，是指故意非法损害他人身体健康的行为。

本条中的“重伤”，依照《刑法》第 95 条的规定，是指有下列情形之一的伤害：（1）使人肢体残废或者毁人容貌的；（2）使人丧失听觉、视觉或者其他器官机能的；（3）其他对于人身健康有重大伤害的。其中“其他对于人身健康有重大伤害的”，主要是指上述几种重伤之外的在受伤当时危及生命或者在损伤过程中能够引起威胁生命的并发症，以及其他严重影响人体健康的损伤，主要包括颅脑损伤、颈部损伤、胸部损伤、腹部损伤、骨盆部损伤、脊柱和脊髓损伤以及烧伤、烫伤、冻伤、电击损伤、物理、化学或者生物等致伤因素引起的损伤等。

在实践中应当注意划清以下两个界限：（1）故意伤害罪与故意杀人罪的界限。两罪的主要区别在于是否以非法剥夺他人生命为故意的内容，如果行为人没有非法剥夺他人生命的故意，而只有伤害他人身体健康的故意，即使其行为导致了他人的死亡，也只能定故意伤害罪；如果行为人有非法剥夺他人生命的故意，即使其行为没有造成他人死亡的结果，也构成故意杀人罪（未遂）。（2）故意伤害罪与过失致人重伤罪的界限。过失致人重伤罪在主观上是过失的，而且法律要求必须造成他人重伤的结果才能构成犯罪，而故意伤害罪在主观上是故意的，即使致人轻伤，也构成故意伤害罪。

实务应用

35. 如何区分虐待犯罪致人重伤、死亡与故意伤害、故意杀人犯罪致人重伤、死亡？

准确区分虐待犯罪致人重伤、死亡与故意伤害、故意杀人犯罪致人重伤、死亡的界限，要根据被告人的主观故意、所实施的暴力手段与方式、是否立即或者直接造成被害人伤亡后果等进行综合判断。对于被告人主观上不具有侵害被害人健康或者剥夺被害人生命的故意，而是出于追求被害人肉体上和精神上的痛苦，长期或者多次实施虐待行为，逐渐造成被害人身体损害，过失导致被害人重伤或者死亡的；或者因虐待致使被害人不堪忍受而自残、自杀，导致重伤或者死亡的，属于《刑法》第260条第2款规定的虐待“致使被害人重伤、死亡”，应当以虐待罪定罪处罚。对于被告人虽然实施家庭暴力呈现出经常性、持续性、反复性的特点，但其主观上具有希望或者放任被害人重伤或者死亡的故意，持凶器实施暴力，暴力手段残忍，暴力程度较强，直接或者立即造成被害人重伤或者死亡的，应当以故意伤害罪或者故意杀人罪定罪处罚。

关联参见

《人体损伤程度鉴定标准》；《最高人民法院关于审理交通肇事刑事案件具体应用法律若干问题的解释》第6条；《最高人民法院、最高人民检察院关于办理危害生产安全刑事案件适用法律若干问题的解释》第10条；《最高人民法院、最高人民检察院关于办理组织、强迫、引诱、容留、介绍卖淫刑事案件适用法律若干问题的解释》第12条；《最高人民法院关于审理毒品犯罪案件适用法律若干问题的解释》第11条；《最

高人民法院、最高人民检察院关于办理组织、利用邪教组织破坏法律实施等刑事案件适用法律若干问题的解释》第 11 条

第二百三十四条之一　【组织出卖人体器官罪】组织他人出卖人体器官的，处五年以下有期徒刑，并处罚金；情节严重的，处五年以上有期徒刑，并处罚金或者没收财产。

未经本人同意摘取其器官，或者摘取不满十八周岁的人的器官，或者强迫、欺骗他人捐献器官的，依照本法第二百三十四条、第二百三十二条的规定定罪处罚。

违背本人生前意愿摘取其尸体器官，或者本人生前未表示同意，违反国家规定，违背其近亲属意愿摘取其尸体器官的，依照本法第三百零二条的规定定罪处罚。

条文解读

组织出卖人体器官罪 ➔ 本条是关于组织出卖人体器官罪及其处罚的规定。

“组织他人出卖人体器官”，是指在违反国家有关规定的情况下，组织他人进行出卖人体器官的行为。《人体器官移植条例》第 3 条规定，任何组织或者个人不得以任何形式买卖人体器官，不得从事与买卖人体器官有关的活动。由此可见，组织他人出卖人体器官的行为严重破坏了国家对人体器官移植规范的正常秩序，严重损害他人的身体健康、侵犯了他人基本人权，具有严重的社会危害性，必须给予严厉打击。“情节严重”是指多次组织他人出卖人体器官或者获利数额较大等情况。

本条第 2 款中的“未经本人同意摘取其器官”，是指在没有得到被摘取器官的本人的同意，就摘取其器官的行为，包括在本人不明真相的情况下摘取其器官和未经本人同意，采取强制手段摘取其器官两种情况。根据国务院《人体器官移植条例》的规定，严禁未经公民本人同意摘取其活体器官。因此，未经本人同意摘取其器官，根据本条的规定就

已经构成了犯罪行为。

本条第3款中的“违背本人生前意愿摘取其尸体器官”，是指虽然已故公民在生前已经明确表示死后不愿意捐献人体器官但仍违背其生前意愿摘取其尸体器官的行为。“违反国家规定，违背其近亲属意愿摘取其尸体器官的”，是指违反了国务院颁布的《人体器官移植条例》第8条第2款的规定，即“公民生前未表示不同意捐献其人体器官的，该公民死亡后，其配偶、成年子女、父母可以以书面形式共同表示同意捐献该公民人体器官的意愿”。

关联参见

《刑法》第232条、第234条、第302条；《人体器官移植条例》第3条、第7条、第8条、第25条

第二百三十五条　【过失致人重伤罪】过失伤害他人致人重伤的，处三年以下有期徒刑或者拘役。本法另有规定的，依照规定。

条文解读

过失致人重伤罪 ➔ 本条是关于过失致人重伤罪及其处罚的规定。

过失致人重伤罪，是指过失伤害他人身体，致人重伤的行为。行为人的过失行为，只有造成他人重伤的才能构成犯罪，造成他人轻伤的不构成犯罪。如果行为人主观上没有过失，而是由于其无法预见的原因导致他人重伤的，属于意外事故，行为人不负刑事责任。

过失行为致人重伤的，除本条的一般性规定外，《刑法》规定的其他犯罪中也有过失致人重伤的情况，根据特别规定优于一般规定的原则，对于本法另有特别规定的，一律适用特别规定，而不依照本条的规定定罪处罚。如《刑法》第133条关于交通肇事致人重伤的规定，第134条关于重大责任事故致人重伤的规定等。

第二百三十六条　【强奸罪】以暴力、胁迫或者其他手段强奸妇女的，处三年以上十年以下有期徒刑。

奸淫不满十四周岁的幼女的，以强奸论，从重处罚。

强奸妇女、奸淫幼女，有下列情形之一的，处十年以上有期徒刑、无期徒刑或者死刑：

（一）强奸妇女、奸淫幼女情节恶劣的；

（二）强奸妇女、奸淫幼女多人的；

（三）在公共场所当众强奸妇女、奸淫幼女的；

（四）二人以上轮奸的；

（五）奸淫不满十周岁的幼女或者造成幼女伤害的；

（六）致使被害人重伤、死亡或者造成其他严重后果的。

条文解读

强奸罪 ➔ 本条是关于强奸罪及其处罚的规定。

强奸罪，是指违背妇女的意志，以暴力、胁迫或者其他手段强行与妇女发生性关系的行为。

本罪的犯罪主体一般是男子，教唆、帮助男子强奸妇女的女子，也可以成为强奸罪的共犯。本罪在客观方面表现为违背妇女意志强行与妇女发生性关系的行为。这种行为具有以下特征：

1. 必须是违背了妇女的真实意愿。判断与妇女发生性关系是否违背妇女的意志，要结合发生性关系的时间、周围环境、妇女的性格、体质等各种因素进行综合分析，不能将妇女抗拒作为违背其意愿的唯一要件。对于有的被害妇女由于害怕等原因不敢反抗、失去反抗能力的，也应认定是违背了妇女的真实意愿。同无责任能力的妇女（如呆傻妇女或精神病患者）发生性关系的，由于这些妇女无法正常表达自己的真实意愿，因此无论其是否“同意”，均构成强奸罪。

2. 行为人必须以暴力、胁迫或者其他手段，强行与妇女发生性关系。这里所说的“暴力”手段，是指犯罪分子直接对被害妇女施以殴打等危害妇女人身安全和人身自由，使妇女不能抗拒的手段；“胁迫”手段，是指犯罪分子对被害妇女施以威胁、恫吓，进行精神上的强制，以迫使妇女就范，不敢抗拒的手段。如以杀害被害人、加害被害人的亲属相威胁的；以揭发被害人的隐私相威胁的；利用职权、教养关系、从属关系及妇女孤立无援的环境相胁迫的，等等。“其他手段”，是指犯罪分子使用暴力、胁迫以外的使被害妇女不知抗拒、无法抗拒的手段。如借为妇女治病为由而进行奸淫的；利用妇女患病、熟睡之机进行奸淫的；将妇女灌醉、麻醉后进行奸淫的，等等。

奸淫幼女，是指与不满14周岁的幼女发生性关系的行为。构成这种行为应具备两个要件：(1) 被害人必须是不满14周岁的幼女；(2) 必须具有奸淫幼女的行为。不论采用什么手段，也不论幼女是否同意，只要与幼女发生了性关系，就构成本罪。此外，对嫖宿不满14周岁的幼女的，应当依照本条规定定罪处罚。

“轮奸”，是指两个以上的男子在同一犯罪活动中，以暴力、胁迫或者其他手段对同一妇女或幼女进行强奸或者奸淫的行为。“致使被害人重伤、死亡”，是指因强奸妇女、奸淫幼女导致被害人性器官严重损伤，或者造成其他严重伤害，甚至死亡的。犯强奸罪，只要具有本条第3款所列五种情形之一的，就属于情节严重的情形，依法应当予以严惩。

案例指引

18. 在学校中的教室、集体宿舍、公共厕所、集体洗澡间等实施强奸、猥亵未成年人犯罪的，是否应当认定为在“公共场所当众”实施犯罪？[①]

齐某强奸、猥亵儿童案

关键词 强奸罪 猥亵儿童罪 情节恶劣 公共场所当众

① 最高人民检察院检例第42号。

基本案情

被告人齐某，男，1969年1月出生，原系某县某小学班主任。

2011年夏天至2012年10月，被告人齐某在担任班主任期间，利用午休、晚自习及宿舍查寝等机会，在学校办公室、教室、洗澡堂、男生宿舍等处多次对被害女童A（10岁）、B（10岁）实施奸淫、猥亵，并以带A女童外出看病为由，将其带回家中强奸。齐某还在女生集体宿舍等地多次猥亵被害女童C（11岁）、D（11岁）、E（10岁），猥亵被害女童F（11岁）、G（11岁）各一次。

要旨

1. 性侵未成年人犯罪案件中，被害人陈述稳定自然，对于细节的描述符合正常记忆认知、表达能力，被告人辩解没有证据支持，结合生活经验对全案证据进行审查，能够形成完整证明体系的，可以认定案件事实。

2. 奸淫幼女具有《最高人民法院、最高人民检察院、公安部、司法部关于依法惩治性侵害未成年人犯罪的意见》[①] 规定的从严处罚情节，社会危害性与刑法第二百三十六条第三款第二至四项规定的情形相当的，可以认定为该款第一项规定的“情节恶劣”。

3. 行为人在教室、集体宿舍等场所实施猥亵行为，只要当时有多人在场，即使在场人员未实际看到，也应当认定犯罪行为是在“公共场所当众”实施。

指控与证明犯罪

（一）提起公诉及原审判决情况

2013年4月14日，某市人民检察院以齐某犯强奸罪、猥亵儿童罪对其提起公诉。5月9日，某市中级人民法院依法不公开开庭审理本案。9月23日，该市中级人民法院作出判决，认定齐某犯强奸罪，判处死刑

---

① 该文件已废止，相关内容参见《最高人民法院、最高人民检察院、公安部、司法部关于办理性侵害未成年人刑事案件的意见》，下同。

缓期二年执行，剥夺政治权利终身；犯猥亵儿童罪，判处有期徒刑四年六个月；决定执行死刑，缓期二年执行，剥夺政治权利终身。被告人未上诉，判决生效后，报某省高级人民法院复核。

2013 年 12 月 24 日，某省高级人民法院以原判认定部分事实不清为由，裁定撤销原判，发回重审。

2014 年 11 月 13 日，某市中级人民法院经重新审理，作出判决，认定齐某犯强奸罪，判处无期徒刑，剥夺政治权利终身；犯猥亵儿童罪，判处有期徒刑四年六个月；决定执行无期徒刑，剥夺政治权利终身。齐某不服提出上诉。

2016 年 1 月 20 日，某省高级人民法院经审理，作出终审判决，认定齐某犯强奸罪，判处有期徒刑六年，剥夺政治权利一年；犯猥亵儿童罪，判处有期徒刑四年六个月；决定执行有期徒刑十年，剥夺政治权利一年。

（二）提起审判监督程序及再审改判情况

某省人民检察院认为该案终审判决确有错误，提请最高人民检察院抗诉。最高人民检察院经审查，认为该案适用法律错误，量刑不当，应予纠正。2017 年 3 月 3 日，最高人民检察院依照审判监督程序向最高人民法院提出抗诉。

2017 年 12 月 4 日，最高人民法院依法不公开开庭审理本案，最高人民检察院指派检察员出席法庭，辩护人出庭为原审被告人进行辩护。

法庭调查阶段，针对原审被告人不认罪的情况，检察员着重就齐某辩解与在案证据是否存在矛盾，以及有无其他证据或线索支持其辩解进行发问和举证，重点核实以下问题：案发前齐某与被害人及其家长关系如何，是否到女生宿舍查寝，是否多次单独将女生叫出教室，是否带女生回家过夜。齐某当庭供述与被害人及其家长没有矛盾，承认曾到女生宿舍查寝，为女生揉肚子，单独将女生叫出教室问话，带女生外出看病以及回家过夜。通过当庭讯问，进一步印证了被害人陈述细节的真实性、客观性。

法庭辩论阶段，检察员发表出庭意见：

首先，原审被告人齐某犯强奸罪、猥亵儿童罪的犯罪事实清楚，证据确实充分。1. 各被害人及其家长和齐某在案发前没有矛盾。报案及时，无其他介入因素，可以排除诬告的可能。2. 各被害人陈述内容自然合理，可信度高，且有同学的证言予以印证。被害人对于细节的描述符合正常记忆认知、表达能力，如齐某实施性侵害的大致时间、地点、方式、次数等内容基本一致。因被害人年幼、报案及作证距案发时间较长等客观情况，具体表达存在不尽一致之处，完全正常。3. 各被害人陈述的基本事实得到本案其他证据印证，如齐某卧室勘验笔录、被害人辨认现场的笔录、现场照片、被害人生理状况诊断证明等。

其次，原审被告人齐某犯强奸罪情节恶劣，且在公共场所当众猥亵儿童，某省高级人民法院判决对此不予认定，属于适用法律错误，导致量刑畸轻。1. 齐某奸淫幼女“情节恶劣”。齐某利用教师身份，多次强奸二名幼女，犯罪时间跨度长。本案发生在校园内，对被害人及其家人伤害非常大，对其他学生造成了恐惧。齐某的行为具备《最高人民法院、最高人民检察院、公安部、司法部关于依法惩治性侵害未成年人犯罪的意见》第25条规定的多项“更要依法从严惩处”的情节，综合评判应认定为“情节恶劣”，判处十年有期徒刑以上刑罚。2. 本案中齐某的行为属于在“公共场所当众”猥亵儿童。公共场所系供社会上多数人从事工作、学习、文化、娱乐、体育、社交、参观、旅游和满足部分生活需求的一切公用建筑物、场所及其设施的总称，具备由多数人进出、使用的特征。基于对未成年人保护的需要，《最高人民法院、最高人民检察院、公安部、司法部关于依法惩治性侵害未成年人犯罪的意见》第23条[①]明确将“校园”这种除师生外，其他人不能随便进出的场所认定为公共场所。司法实践中也已将教室这种相对封闭的场所认定

① 现为《最高人民法院、最高人民检察院、公安部、司法部关于办理性侵害未成年人刑事案件的意见》第18条，下同。

为公共场所。本案中女生宿舍是20多人的集体宿舍，和教室一样属于校园的重要组成部分，具有相对涉众性、公开性，应当是公共场所。《最高人民法院、最高人民检察院、公安部、司法部关于依法惩治性侵害未成年人犯罪的意见》第23条规定，在公共场所对未成年人实施猥亵犯罪，“只要有其他多人在场，不论在场人员是否实际看到”，均可认定为当众猥亵。本案中齐某在熄灯后进入女生集体宿舍，当时就寝人数较多，床铺之间没有遮挡，其猥亵行为易被同寝他人所感知，符合上述规定“当众”的要求。

原审被告人及其辩护人坚持事实不清、证据不足的辩护意见，理由是：一是认定犯罪的直接证据只有被害人陈述，齐某始终不认罪，其他证人证言均是传来证据，没有物证，证据链条不完整。二是被害人陈述前后有矛盾，不一致。且其中一个被害人在第一次陈述中只讲到被猥亵，第二次又讲到被强奸，前后有重大矛盾。

针对辩护意见，检察员答辩：一是被害人陈述的一些细节，如强奸的地点、姿势等，结合被害人年龄及认知能力，不亲身经历，难以编造。二是齐某性侵次数多、时间跨度长，被害人年龄小，前后陈述有些细节上的差异和模糊是正常的，恰恰符合被害人的记忆特征。且被害人对基本事实和情节的描述是稳定的。有的被害人虽然在第一次询问时没有陈述被强奸，但在此后对没有陈述的原因做了解释，即当时学校老师在场，不敢讲。这一理由符合孩子的心理。三是被害人同学证言虽然是传来证据，但其是在犯罪发生之后即得知有关情况，因此证明力较强。四是齐某及其辩护人对其辩解没有提供任何证据或者线索的支持。

2018年6月11日，最高人民法院召开审判委员会会议审议本案，最高人民检察院检察长列席会议并发表意见：一是最高人民检察院抗诉书认定的齐某犯罪事实、情节符合客观实际。性侵害未成年人案件具有客观证据、直接证据少，被告人往往不认罪等特点。本案中，被害人家长与原审被告人之前不存在矛盾，案发过程自然。被害人陈述及同学证言符合案发实际和儿童心理，证明力强。综合全案证据看，足以排除合理怀疑，能够认定原审被告人强奸、猥亵儿童的犯罪事实。二是原审被告人在女生宿舍猥亵儿童的犯罪行为属于在“公共场所当众”猥亵。考虑本案具体情节，原审被告人猥亵儿童的犯罪行为应当判处十年有期徒刑以上刑罚。三是某省高级人民法院二审判决确有错误，依法应当改判。

2018 年 7 月 27 日，最高人民法院作出终审判决，认定原审被告人齐某犯强奸罪，判处无期徒刑，剥夺政治权利终身；犯猥亵儿童罪，判处有期徒刑十年；决定执行无期徒刑，剥夺政治权利终身。

指导意义

（一）准确把握性侵未成人犯罪案件证据审查判断标准

对性侵未成年人犯罪案件证据的审查，要根据未成年人的身心特点，按照有别于成年人的标准予以判断。审查言词证据，要结合全案情况予以分析。根据经验和常识，未成年人的陈述合乎情理、逻辑，对细节的描述符合其认知和表达能力，且有其他证据予以印证，被告人的辩解没有证据支持，结合双方关系不存在诬告可能的，应当采纳未成年人的陈述。

（二）准确适用奸淫幼女“情节恶劣”的规定

刑法第二百三十六条第三款第一项规定，奸淫幼女“情节恶劣”的，处十年以上有期徒刑、无期徒刑或者死刑。《最高人民法院、最高人民检察院、公安部、司法部关于依法惩治性侵害未成年人犯罪的意见》第 25 条规定了针对未成年人实施强奸、猥亵犯罪“更要依法从严惩处”的七种情形。实践中，奸淫幼女具有从严惩处情形，社会危害性与刑法第二百三十六条第三款第二至四项相当的，可以认为属于该款第一项规定的“情节恶劣”。例如，该款第二项规定的“奸淫幼女多人”，一般是指奸淫幼女三人以上。本案中，被告人具备教师的特殊身份，奸淫二名幼女，且分别奸淫多次，其危害性并不低于奸淫幼女三人的行为，据此可以认定符合“情节恶劣”的规定。

（三）准确适用“公共场所当众”实施强奸、猥亵未成年人犯罪的规定

刑法对“公共场所当众”实施强奸、猥亵未成年人犯罪，作出了从

重处罚的规定。《最高人民法院、最高人民检察院、公安部、司法部关于依法惩治性侵害未成年人犯罪的意见》第23条规定了在“校园、游泳馆、儿童游乐场等公共场所”对未成年人实施强奸、猥亵犯罪，可以认定为在“公共场所当众”实施犯罪。适用这一规定，是否属于“当众”实施犯罪至为关键。对在规定列举之外的场所实施强奸、猥亵未成年人犯罪的，只要场所具有相对公开性，且有其他多人在场，有被他人感知可能的，就可以认定为在“公共场所当众”犯罪。最高人民法院对本案的判决表明：学校中的教室、集体宿舍、公共厕所、集体洗澡间等，是不特定未成年人活动的场所，在这些场所实施强奸、猥亵未成年人犯罪的，应当认定为在“公共场所当众”实施犯罪。

相关规定

《中华人民共和国刑法》第236条、第237条

《中华人民共和国刑事诉讼法》第55条

《最高人民法院、最高人民检察院、公安部、司法部关于依法惩治性侵害未成年人犯罪的意见》第2条①、第23条、第25条

关联参见

《最高人民法院关于审理未成年人刑事案件具体应用法律若干问题的解释》第6条；《最高人民法院、最高人民检察院、公安部、司法部关于办理性侵害未成年人刑事案件的意见》第2条、第18条

第二百三十六条之一　【负有照护职责人员性侵罪】对已满十四周岁不满十六周岁的未成年女性负有监护、收养、看护、教育、医疗等特殊职责的人员，与该未成年女性发生性关系的，处三年以下有期徒刑；情节恶劣的，处三年以上十年以下有期徒刑。

① 现为《最高人民法院、最高人民检察院、公安部、司法部关于办理性侵害未成年人刑事案件的意见》第2条。

有前款行为，同时又构成本法第二百三十六条规定之罪的，依照处罚较重的规定定罪处罚。

条文解读

负有照护职责人员性侵罪 本条是关于负有照护职责人员性侵罪及其处罚的规定。

本罪的犯罪主体是特殊主体，即对已满14周岁不满16周岁的未成年女性负有监护、收养、看护、教育、医疗等特殊职责的人员。“负有特殊职责的人员”，是相对于未成年女性具体而言的。“监护”，是指行为人负有保障无民事行为能力人和限制民事行为能力人的权益，弥补其民事行为能力不足的职责。“收养”，是指自然人依法领养他人子女为自己子女的民事法律行为。通过收养行为，原本没有父母子女关系的收养人与被收养人形成了法律上拟制的父母子女关系，被收养人与生父母及其亲属之间的关系则相应终止。“看护”，是指对已满14周岁不满16周岁的未成年女性负有看护职责的人，如雇佣的服务人员、保安等。这种看护职责通常是基于合同、雇佣、服务等关系确定，也可以通过口头约定、志愿性的服务等形式确定，如邻居受托或自愿代人照顾。“教育、医疗”，主要是指对已满14周岁不满16周岁的未成年女性负有教育、医疗职责的人，如学校、培训机构、医院等机构的工作人员，包括教师、医生、护士等。

“情节恶劣”，主要是包括多人、多次、给遭受性侵害的未成年人造成重大伤害等。实施本罪，同时又构成强奸罪的，依照处罚较重的规定定罪处罚。

关联参见

《刑法》第236条；《未成年人保护法》第54条

第二百三十七条　【强制猥亵、侮辱罪】 以暴力、胁迫或者其他方法强制猥亵他人或者侮辱妇女的，处五年以下有期徒刑或者拘役。

聚众或者在公共场所当众犯前款罪的，或者有其他恶劣情节的，处五年以上有期徒刑。

【猥亵儿童罪】 猥亵儿童的，处五年以下有期徒刑；有下列情形之一的，处五年以上有期徒刑：

（一）猥亵儿童多人或者多次的；

（二）聚众猥亵儿童的，或者在公共场所当众猥亵儿童，情节恶劣的；

（三）造成儿童伤害或者其他严重后果的；

（四）猥亵手段恶劣或者有其他恶劣情节的。

条文解读

强制猥亵、侮辱罪 ➜ 本条第 1 款、第 2 款是关于强制猥亵、侮辱罪及其处罚的规定。

第 1 款规定的“暴力”，是指行为人直接对他人或被害妇女施以伤害、殴打等危害他人或妇女人身安全和人身自由，使他人或妇女不能抗拒的方法；“胁迫”，是指行为人对他人或被害妇女施以威胁、恫吓，进行精神上的强制，迫使他人或妇女就范，不敢抗拒的方法。例如，以杀害被害人、加害被害人的亲属相威胁的；以揭发被害人的隐私相威胁的；利用职权、教养关系、从属关系及他人或妇女孤立无援的环境相胁迫的，等等。“其他方法”，是指行为人使用暴力、胁迫以外的使他人或被害妇女不能抗拒的方法。例如，利用他人或妇女患病、熟睡之机进行猥亵、侮辱的；用酒将他人或妇女灌醉、用药物将他人或妇女麻醉后进行猥亵、侮辱的，等等。“强制猥亵”，主要是指违背他人的意愿，以搂抱、抠摸等淫秽下流的手段侵犯他人性权利的行为。“他人”，是指年满 14 周岁的人。“侮辱妇女”，主要是指对妇女实施猥亵行为以外的、损害妇女人格尊严的淫秽下流的、伤风败俗的行为。例如，以多次偷剪妇女的发辫、衣服，向妇女身上泼洒腐蚀物、涂抹污物，故意向妇女显露生殖器，追逐、堵截妇女等手段侮辱妇女的行为。行为人“侮辱妇女”的，既是出于减损妇女的人格和名誉等目的，也是出于寻欢作乐的淫秽下流心理。依照本款的规定，以暴力、胁迫或者其他方法强制猥亵他人或者侮辱妇女的，处五年以下有期徒刑或者拘役。

第 2 款是关于对强制猥亵、侮辱罪加重处罚情形的规定。强制猥亵他人、侮辱妇女是对被害人的人格、尊严等人身权利的严重侵害，而聚众或者在公共场所实施强制猥亵、侮辱的行为，以及多次实施等“情节恶劣的行为”，对被害人造成的伤害更大，社会影响更恶劣，应当予以严惩。“其他恶劣情节”，主要是指对多人实施猥亵或侮辱行为的，多次实施猥亵、侮辱行为，造成被害人伤亡等严重后果的以及手段特别恶劣的，等等。本款规定，聚众或者在公共场所当众犯前款罪，或者有其他恶劣情节的，处 5 年以上有期徒刑。

司法实践中应当注意以下两个问题：（1）要注意区分罪与非罪的界限，要将强制猥亵他人、侮辱妇女的行为与一般的猥亵他人、侮辱妇女的违法行为加以区分，具有“强制”行为的，才能作为犯罪处理。（2）要区分本罪与侮辱罪的区别，侮辱罪以败坏他人名誉为目的，必须是公然地针对特定的人实施，而且侵犯的对象不限于妇女、儿童；而侮辱妇女罪则是出于满足行为人的淫秽下流的欲望，不要求公然地针对特定的人实施，侵犯的对象只限于妇女。

猥亵儿童罪 ➲ 本条第 3 款是关于猥亵儿童罪的规定。

猥亵儿童罪，是指猥亵不满 14 周岁的儿童的行为。这里所说的“猥亵”，主要是指以抠摸、指奸、鸡奸等淫秽下流的手段猥亵儿童的行为。考虑到不满 14 周岁的儿童的认识能力，尤其是对性的认识能力很欠缺，为了保护儿童的身心健康，构成猥亵儿童罪并不要求以暴力、胁迫或者其他方法强制进行。只要对儿童实施了猥亵行为，就构成了本款规定的犯罪。本款在实际执行中应当注意区分猥亵儿童与一般的对儿童表示"亲昵"的行为。猥亵儿童的行为是出于行为人的淫秽下流的欲望，往往对儿童的身体或者思想、认识造成伤害或者不良影响，行为一般为当地的风俗、习惯所不容。此外，猥亵儿童同时对儿童造成伤害的情况时有发生。在猥亵儿童时，造成儿童轻伤以上后果，同时符合《刑法》第234条或者第232条的规定，构成故意伤害罪、故意杀人罪的，依照处罚较重的规定定罪处罚。仅具有猥亵儿童行为的，依照本款的规定，在5年以下有期徒刑量刑幅度内处罚；聚众、在公共场所或者具有其他恶劣情节的猥亵儿童行为，在5年以上有期徒刑量刑幅度内从重处罚。

关联参见

《治安管理处罚法》第42条、第44条；《妇女权益保障法》第23—25条、第27条；《最高人民法院、最高人民检察院关于执行〈中华人民共和国刑法〉确定罪名的补充规定（六）》

第二百三十八条　【非法拘禁罪】非法拘禁他人或者以其他方法非法剥夺他人人身自由的，处三年以下有期徒刑、拘役、管制或者剥夺政治权利。具有殴打、侮辱情节的，从重处罚。

犯前款罪，致人重伤的，处三年以上十年以下有期徒刑；致人死亡的，处十年以上有期徒刑。使用暴力致人伤残、死亡的，依照本法第二百三十四条、第二百三十二条的规定定罪处罚。

为索取债务非法扣押、拘禁他人的，依照前两款的规定处罚。

国家机关工作人员利用职权犯前三款罪的，依照前三款的规定从重处罚。

条文解读

非法拘禁罪➡本条是关于非法拘禁罪及其处罚的规定。

非法拘禁罪，是指以拘禁或者其他强制方法非法剥夺他人人身自由的行为。非法拘禁主要表现在两个方面：首先是实施了拘禁他人的行为，其次是这种拘禁行为是非法的。拘禁行为的方法多种多样，如捆绑、关押、扣留等，其实质就是强制剥夺他人的人身自由。在我国，对逮捕、拘留有严格的法律规定，必须由专门机关按照法律规定的程序进行。依照《刑事诉讼法》及有关法律的规定，公民对正在实行犯罪或者犯罪后被及时发觉的、通缉在案的、越狱逃跑的、正在被追捕的人有权立即扭送到司法机关。这种扭送行为，包括在途中实施的捆绑、扣留等行为，不能认为是非法拘禁行为。此外，构成非法拘禁罪的行为还必须是故意实施的，过失不构成本罪。这里所说的“具有殴打、侮辱情节”，是指在非法拘禁的过程中，对被害人实施了殴打、侮辱行为，如打骂、游街示众等。

本条第 2 款规定的“致人重伤”，是指在非法拘禁过程中，由于捆绑过紧、长期囚禁、进行虐待等致使被害人身体健康受到重大伤害的；被害人在被非法拘禁期间不堪忍受，自伤自残，身体健康受到重大伤害的。“致人死亡”，是指在非法拘禁过程中，由于捆绑过紧、用东西堵住嘴导致窒息等，致使被害人死亡的，以及被害人在被非法拘禁期间自杀身亡的。“使用暴力致人伤残、死亡”，是指在非法拘禁的同时，故意使用暴力损害被害人的身体健康或者杀害被害人致使被害人伤残、死亡的。

需要注意的是，实践中有的非法拘禁行为中轻微的推搡、拉扯行为不能认为是使用了暴力，因为被害人被非法拘禁后会自然产生一种抵抗，行为人为了达到其拘禁的目的，不可避免地会与被害人发生身体上的接触。是否使用了暴力，可根据行为人的主观意志是否存在损害被害人身体的故意及当时作案情况等因素综合分析。

本条第 3 款所说的“为索取债务非法扣押、拘禁他人”，是指为了胁迫他人履行合法的债务，而将他人非法扣留，剥夺其人身自由的行为。这种行为在特征上与一般的非法拘禁不同，其目的不在于剥夺他人的人身自由，而是以剥夺他人人身自由为手段，来胁迫他人履行债务。考虑到这类犯罪情况比较复杂，以索取合法的债务为目的，主观恶性与以勒索财物等为目的绑架他人有所不同，对被非法扣押、拘禁的人的人身危险性也要小一些，但不能放任这种非法行为。因此本条规定，这类犯罪也认定为非法拘禁罪，依照前 2 款的规定处罚。

本条第 4 款是关于国家机关工作人员利用职权犯前 3 款罪应当从重处罚的规定。在实践中应当注意：（1）对出于非法剥夺他人生命的故意，而以非法拘禁为手段杀人，如故意以拘禁的方法冻死、饿死他人的，不能认定为本条第 2 款规定的非法拘禁他人“致人死亡”，而应当以故意杀人罪定罪处罚。（2）根据本条第 4 款的规定，国家机关工作人员只有利用职权犯非法拘禁罪的，才能依照本条前 3 款的规定从重处罚，对于未利用职权而犯非法拘禁罪，应当分别依照本条第 1 款、第 2 款、第 3 款的规定处罚。

根据《最高人民法院关于对为索取法律不予保护的债务非法拘禁他人行为如何定罪问题的解释》的规定，行为人为索取高利贷、赌债等法律不予保护的债务，非法扣押、拘禁他人的，依照非法拘禁罪定罪处罚。

第二百三十九条　【绑架罪】以勒索财物为目的绑架他人的，或者绑架他人作为人质的，处十年以上有期徒刑或者无期徒刑，并处罚金或者没收财产；情节较轻的，处五年以上十年以下有期徒刑，并处罚金。

犯前款罪，杀害被绑架人的，或者故意伤害被绑架人，致人重伤、死亡的，处无期徒刑或者死刑，并处没收财产。

以勒索财物为目的偷盗婴幼儿的，依照前两款的规定处罚。

条文解读

绑架罪 ➔ 本条是关于绑架罪及其处罚的规定。

本条共分 3 款。第 1 款是关于绑架罪的构成及其处刑的规定，共规定了 2 种犯罪情形。

第一，“以勒索财物为目的绑架他人的”勒索型绑架，即通常所说的“绑票”或者“掳人勒赎”。“勒索财物”是指行为人在绑架他人以后，以不答应要求就杀害或伤害人质相威胁，勒令与人质有特殊关系的人于指定时间，以特定方式，在指定地点交付一定数量的金钱或财物。这里的“绑架”指行为人完全控制了人质，人质被剥夺了人身自由。绑架的行为方式多样，可以是暴力劫持、强抢，也可以是暴力威胁，还可以是用欺骗、诱惑甚至麻醉的方法实施。行为人控制人质，常以非法将他人掳走、带离原来常习的处所的方法，使他人丧失行动自由，但也不排除行为人将他人拘禁于原处所作为人质的情形。同时，绑架人质的行为人会向与人质有特殊关系的人或组织提出财物给付的要求。在勒索型绑架犯罪中，犯罪既遂与否的实质标准是看绑架行为是否实施，从而使被害人丧失行动自由并受到行为人的实际支配。至于勒索财物的行为是否来得及实施，以及虽实施了勒索行为，但由于行为人意志以外的原因而未达到勒索财物的目的，都不影响勒索型绑架既遂的成立。勒索财物目的是否实现仅是一个量刑加以考虑的情节。现实生活中，与被害人有特殊关系的他人或组织会收到行为人将要杀死或伤害人质的威胁，但是人质自身可能仍处于平和的被控制状态，甚至都无从察觉其所陷入的危险，比如，孩童被行为人引诱去打游戏机的情形。因此，有的情况下，被害人自身是否认识到被绑架，并不影响绑架罪既遂的认定。

第二，绑架他人作为人质的情形。行为人实施绑架行为是为了要求对方作出妥协、让步或满足某种要求，有时还具有政治目的。绑架行为作为一种持续性犯罪，犯罪既遂以后所造成的不法状态在一段时间内仍然延续，会给被害人造成长期的身心折磨和伤害。应当注意的是，以出卖为目的，使用暴力、胁迫或者麻醉方法绑架妇女、儿童的行为不属于本条所规定的绑架罪的范围，而应当依照拐卖妇女、儿童罪的规定处罚。本款对绑架罪规定了两档刑罚。第一档刑为“处五年以上十年以下有期徒刑，并处罚金”，需要符合“情节较轻”的条件，例如有些行为人没有伤害被绑架人的意图、勒索小额财物，绑架过程中没有使用暴力，绑架他人后善待人质，又主动释放的，控制被绑架人时间较短的，等等。第二档刑为“处十年以上有期徒刑或者无期徒刑，并处罚金或者没收财产”，适用于没有较轻情节的一般绑架犯罪。

第2款是关于对绑架罪加重处罚的规定。本款的“杀害被绑架人”即通常所说的“撕票”，是指以剥夺被绑架人生命为目的实施的各种行为。“杀害”只需要行为人有故意杀人的故意及行为，并不要求“杀死”被绑架人的结果。“杀害”既可以是积极作为，也可以是消极不作为。积极作为指以杀害为目的，将被绑架人抛入深潭或水库中让其溺毙等情形；消极不作为，指以杀害为目的，将被绑架人抛入人迹罕至的地方等待其冻饿死等情形。实践中，杀害被绑架人未遂的情况时有发生。对于被绑架人基于各种原因最终生还的，并不影响“杀害”行为的认定。本款经2015年修改后，规定了“故意伤害被绑架人，致人重伤、死亡的”加重处罚情形。这里规定的“故意伤害”是指以伤害被绑架人的身体为目的实施各种行为。“致人重伤、死亡”，是指造成被绑架人重伤、死亡的结果。依照本款规定，故意伤害被绑架人，致人重伤、死亡的，处无期徒刑或者死刑。需要注意的是，这里的故意伤害被绑架人的行为应与被绑架人重伤、死亡的加重结果具有直接因果关系，两者仅具有间接关系的，如行为人实施故意伤害行为，被绑架人自杀而造成重伤或死亡结果的，可依本条第1款的规定处罚。此外，对行为人过失造成被绑架人重伤、死亡后果的，可以依照第1款规定，最高处以无期徒刑。

本条第3款是对“以勒索财物为目的偷盗婴幼儿的”行为应如何处罚的规定。这里所说的“以勒索财物为目的偷盗婴幼儿”，是指以向婴幼儿的亲属或者其他监护人索取财物为目的，将婴幼儿秘密窃取并扣作人质的行为。“偷盗”，主要是指趁婴幼儿亲属或者监护人不备，将该婴幼儿抱走、带走的行为，如潜入他人住宅将婴儿抱走，趁家长不备将正在玩耍的幼儿带走，以及采取利诱、拐骗方法将婴幼儿哄骗走等。婴幼儿的具体年龄界限，《刑法》未作具体规定，实践中一般是指未满6周岁的未成年人。需要特别注意的是，由于婴幼儿缺乏辨别是非的能力，无论是将其抱走、带走，还是哄骗走，都是偷盗婴幼儿的行为，都应当依照绑架罪的规定处罚。依照本款的规定，以勒索财物为目的偷盗婴幼儿的，处10年以上有期徒刑或者无期徒刑，并处罚金或者没收财产；情节较轻的，处5年以上10年以下有期徒刑，并处罚金；杀害被偷盗的婴幼儿或者故意伤害被偷盗的婴幼儿致使其重伤、死亡的，处无期徒刑或者死刑，并处没收财产。

根据《最高人民法院关于对在绑架过程中以暴力、胁迫等手段当场劫取被害人财物的行为如何适用法律问题的答复》的规定，行为人在绑架过程中，又以暴力、胁迫等手段当场劫取被害人财物，构成犯罪的，择一重罪处罚。

实务应用

36. 绑架罪与抢劫罪的区别是什么？

绑架罪与抢劫罪的区别在于：第一，主观方面不尽相同。抢劫罪的行为人一般出于非法占有他人财物的故意实施抢劫行为，绑架罪的行为人既可能为勒索他人财物而实施绑架行为，也可能出于其他非经济目的实施绑架行为。第二，行为手段不尽相同。抢劫罪表现为行为人劫取财物一般应在同一时间、同一地点，具有“当场性”；绑架罪表现为行为人以杀害、伤害等方式向被绑架人的亲属、其他人或单位发出威胁，索取赎金或提出其他非法要求，劫取财物一般不具有“当场性”。绑架过程中又当场劫取被害人随身携带财物的，同时触犯绑架罪和抢劫罪两个罪名，应择一重罪定罪处罚。

关联参见

《最高人民检察院关于相对刑事责任年龄的人承担刑事责任范围有关问题的答复》一；《最高人民法院关于对在绑架过程中以暴力、胁迫等手段当场劫取被害人财物的行为如何适用法律问题的答复》

第二百四十条　【拐卖妇女、儿童罪】 拐卖妇女、儿童的，处五年以上十年以下有期徒刑，并处罚金；有下列情形之一的，处十年以上有期徒刑或者无期徒刑，并处罚金或者没收财产；情节特别严重的，处死刑，并处没收财产：

（一）拐卖妇女、儿童集团的首要分子；

（二）拐卖妇女、儿童三人以上的；

（三）奸淫被拐卖的妇女的；

（四）诱骗、强迫被拐卖的妇女卖淫或者将被拐卖的妇女卖给他人迫使其卖淫的；

（五）以出卖为目的，使用暴力、胁迫或者麻醉方法绑架妇女、儿童的；

（六）以出卖为目的，偷盗婴幼儿的；

（七）造成被拐卖的妇女、儿童或者其亲属重伤、死亡或者其他严重后果的；

（八）将妇女、儿童卖往境外的。

拐卖妇女、儿童是指以出卖为目的，有拐骗、绑架、收买、贩卖、接送、中转妇女、儿童的行为之一的。

条文解读

拐卖妇女、儿童罪 ➲ 本条是关于拐卖妇女、儿童罪及其处罚的规定。

拐卖妇女罪中的“妇女”，既包括具有中国国籍的妇女，也包括具有外国国籍和无国籍的妇女。被拐卖的妇女没有身份证明的，不影响对犯罪分子的定罪处罚。

根据《最高人民法院关于审理拐卖妇女儿童犯罪案件具体应用法律若干问题的解释》的规定，医疗机构、社会福利机构等单位的工作人员以非法获利为目的，将所诊疗、护理、抚养的儿童出卖给他人的，以拐卖儿童罪论处。以介绍婚姻为名，采取非法扣押身份证件、限制人身自由等方式，或者利用妇女人地生疏、语言不通、孤立无援等境况，违背妇女意志，将其出卖给他人的，应当以拐卖妇女罪追究刑事责任。

本罪共具体列举了八项加重处罚情形：(1) 拐卖妇女、儿童集团的首要分子。集团作案是拐卖妇女、儿童犯罪的主要特点之一。“首要分子”，是指在犯罪集团中起组织、领导、指挥作用的犯罪分子。(2) 拐卖妇女、儿童 3 人以上的。这里所说的“三人以上”，是指犯罪分子直接参与拐卖的人数（包括本数在内)。“拐卖妇女、儿童三人以上”既包括以出卖为目的拐骗妇女、儿童 3 人以上，也包括在拐卖妇女、儿童犯罪活动中中转、接送、收买、贩卖妇女、儿童 3 人以上；既包括在一次犯罪活动中拐卖妇女、儿童 3 人以上，也包括多次进行拐卖活动，累计拐卖妇女、儿童 3 人以上。(3) 奸淫被拐卖的妇女的。只要犯罪分子在拐卖过程中与被害妇女发生了性关系，无论其是否使用了暴力或者胁迫手段，也无论被害人是否有反抗的表示或行为，都应按照本项规定追究刑事责任。根据这一规定，拐卖人强奸被拐卖妇女的行为已作为处重刑的情节之一，所以对犯罪分子不再适用数罪并罚。(4) 诱骗、强迫被拐卖的妇女卖淫或者将被拐卖的妇女卖给他人迫使其卖淫的。“将被拐卖的妇女卖给他人迫使其卖淫”，是指犯罪分子明知收买人收买被拐卖的妇女后将迫使其卖淫，但出于营利等目的，仍将该妇女出卖的行为。(5) 以出卖为目的，使用暴力、胁迫或者麻醉方法绑架妇女、儿童的，这里所规定的绑架妇女、儿童，只要求以出卖为目的，不论犯罪分子是否将被绑架的妇女、儿童卖掉，都构成本项规定的情形。(6) 以出卖为目的，偷盗婴幼儿的。根据《最高人民法院关于审理拐卖妇女儿童犯罪案件具体应用法律若干问题的解释》的规定，对婴幼儿采取欺骗、利诱等手段使其脱离监护人或者看护人的，视为偷盗婴幼儿。(7) 造成被拐卖的妇女、儿童或者其亲属重伤、死亡或者其他严重后果的，即在拐卖过程中，犯罪分子采用捆绑、殴打、虐待、侮辱等手段，造成被害人重伤、死亡等严重后果，以及被害人及其亲属因犯罪分子的拐卖行为而自杀、精神失常或者造成其他严重后果的。如果犯罪分子对被拐卖的妇女、儿童故意伤害、杀害的，则应以故意伤害罪、故意杀人罪与拐卖妇女、儿童罪实行数罪并罚。(8) 将妇女、儿童卖往境外的，即犯罪分子为了牟取暴利，与境外的人贩子相勾结，将妇女、儿童卖往境外的行为。"境外"，是指国境外和边境外，既包括中华人民共和国领土以外的其他国家，也包括我国香港、澳门和台湾地区。

需要注意的是，根据《最高人民法院关于审理拐卖妇女儿童犯罪案件具体应用法律若干问题的解释》的规定，《刑法》第240条、第241条规定的儿童，是指不满14周岁的人。其中，不满1周岁的为婴儿，1周岁以上不满6周岁的为幼儿。

实务应用

37. 拐卖妇女、儿童罪的共同犯罪情形有哪些？

根据《最高人民法院、最高人民检察院、公安部、司法部关于依法惩治拐卖妇女儿童犯罪的意见》的规定，明知他人拐卖妇女、儿童，仍然向其提供被拐卖妇女、儿童的健康证明、出生证明或者其他帮助的，以拐卖妇女、儿童罪的共犯论处。认定是否"明知"，应当根据证人证言、犯罪嫌疑人、被告人及其同案人供述和辩解，结合提供帮助的人次，以及是否明显违反相关规章制度、工作流程等，予以综合判断。

明知他人系拐卖儿童的"人贩子"，仍然利用从事诊疗、福利救助等工作的便利或者了解被拐卖方情况的条件，居间介绍的，以拐卖儿童罪的共犯论处。对于拐卖妇女、儿童犯罪的共犯，应当根据各被告人在共同犯罪中的分工、地位、作用，参与拐卖的人数、次数，以及分赃数额等，准确区分主从犯。

关联参见

《最高人民法院关于审理拐卖妇女案件适用法律有关问题的解释》；《最高人民检察院法律政策研究室关于以出卖为目的的倒卖外国妇女的行为是否构成拐卖妇女罪的答复》；《最高人民法院、最高人民检察院、公安部、司法部关于依法惩治拐卖妇女儿童犯罪的意见》；《最高人民法院关于审理拐卖妇女儿童犯罪案件具体应用法律若干问题的解释》第1—3条、第9条

第二百四十一条　【收买被拐卖的妇女、儿童罪】收买被拐卖的妇女、儿童的，处三年以下有期徒刑、拘役或者管制。

收买被拐卖的妇女，强行与其发生性关系的，依照本法第二百三十六条的规定定罪处罚。

收买被拐卖的妇女、儿童，非法剥夺、限制其人身自由或者有伤害、侮辱等犯罪行为的，依照本法的有关规定定罪处罚。

收买被拐卖的妇女、儿童，并有第二款、第三款规定的犯罪行为的，依照数罪并罚的规定处罚。

收买被拐卖的妇女、儿童又出卖的，依照本法第二百四十条的规定定罪处罚。

收买被拐卖的妇女、儿童，对被买儿童没有虐待行为，不阻碍对其进行解救的，可以从轻处罚；按照被买妇女的意愿，不阻碍其返回原居住地的，可以从轻或者减轻处罚。

条文解读

收买被拐卖的妇女、儿童罪 ➲ 本条是关于收买被拐卖的妇女、儿童罪及其处罚的规定。

“收买被拐卖的妇女、儿童”，是指不是以出卖为目的，而用金钱财物收买被拐卖的妇女、儿童的行为。本罪的侵害对象只限于被拐卖的妇女、儿童。这里的“妇女”指年满14周岁的女性；“儿童”指不满14周岁的男女儿童。妇女和儿童包括具有中国国籍的妇女、儿童，也包括具有外国国籍和无国籍的妇女、儿童。被拐卖妇女、儿童没有身份证明的，不影响对行为人的定罪处罚。行为人收买是为了达到“结婚”“收养”等目的。

关联参见

《最高人民法院、最高人民检察院、公安部、司法部关于依法惩治拐卖妇女儿童犯罪的意见》21

第二百四十二条　【妨害公务罪】以暴力、威胁方法阻碍国家机关工作人员解救被收买的妇女、儿童的，依照本法第二百七十七条的规定定罪处罚。

【聚众阻碍解救被收买的妇女、儿童罪】聚众阻碍国家机关工作人员解救被收买的妇女、儿童的首要分子，处五年以下有期徒刑或者拘役；其他参与者使用暴力、威胁方法的，依照前款的规定处罚。

条文解读

妨害公务罪 ➲ 本条第1款规定的犯罪必须具备以下两个条件：（1）犯罪人必须采用暴力、威胁方法实施了阻碍国家机关工作人员解救被收买的妇女、儿童的行为；（2）犯罪分子阻碍的对象必须是依法执行解救职责的国家机关工作人员。依照本款的规定，以暴力、威胁方法阻碍国家机关工作人员解救被收买的妇女、儿童的，依照妨害公务罪定罪处罚。

聚众阻碍解救被收买的妇女、儿童罪 ➲ 本条第2款是关于聚众阻碍解救被收买的妇女、儿童罪及其处罚的规定。

构成本罪，对于首要分子，不论其是否使用暴力、威胁方法，都按本款规定定罪处罚；对于其他参与者，则只有使用暴力、威胁方法的，才构成本罪，未使用暴力、威胁方法的，不构成犯罪，应当按照《治安管理处罚法》的有关规定予以治安处罚。

第二百四十三条　【诬告陷害罪】 捏造事实诬告陷害他人，意图使他人受刑事追究，情节严重的，处三年以下有期徒刑、拘役或者管制；造成严重后果的，处三年以上十年以下有期徒刑。

国家机关工作人员犯前款罪的，从重处罚。

不是有意诬陷，而是错告，或者检举失实的，不适用前两款的规定。

条文解读

诬告陷害罪 ➔ 本条是关于诬告陷害罪及其处罚的规定。

诬告陷害罪，是指捏造事实，作虚假告发，意图陷害他人，使他人受刑事追究的行为。这里所说的“他人”，既包括一般的干部、群众，也包括正在服刑的罪犯和其他在押的被告人和犯罪嫌疑人。本罪侵犯的客体是复杂客体，既侵犯了他人的人身权利，也侵犯了司法机关的正常活动。

构成本罪必须具备以下条件：(1) 诬告陷害他人，必须是以使他人受刑事追究为目的，如果不以使他人受刑事追究为目的而捏造事实诬告的，如以败坏他人名誉、阻止他人得到某种奖励或者提升等为目的而诬告他人有违法或不道德行为的，则不构成本罪。(2) 捏造的事实必须是他人的犯罪事实，如果捏造的事实不足以使他人受到刑事追究，则不构成本罪。(3) 不仅捏造了他人的犯罪事实，而且将捏造的犯罪事实向有关机关进行了告发。(4) 诬告陷害的行为必须有明确的对象，如果行为人只是捏造了某种犯罪事实，向有关机关告发，并没有具体的告发对象，这种行为虽然也侵犯了司法机关的正常活动，但并未直接侵犯他人的人身权利，因此，也不构成本罪。(5) 诬告陷害的行为必须达到情节严重，这里所规定的“情节严重”，主要是指捏造的犯罪事实情节严重、诬陷手段恶劣、严重影响了司法机关的正常工作、社会影响恶劣等。只要诬告陷害的行为符合以上条件，就构成本罪。

第二百四十四条　【强迫劳动罪】以暴力、威胁或者限制人身自由的方法强迫他人劳动的，处三年以下有期徒刑或者拘役，并处罚金；情节严重的，处三年以上十年以下有期徒刑，并处罚金。

明知他人实施前款行为，为其招募、运送人员或者有其他协助强迫他人劳动行为的，依照前款的规定处罚。

单位犯前两款罪的，对单位判处罚金，并对其直接负责的主管人员和其他直接责任人员，依照第一款的规定处罚。

条文解读

强迫劳动罪 ➜ 本条是关于强迫劳动罪及其处罚的规定。

强迫劳动犯罪，是指以暴力、威胁或者限制人身自由的方法强迫他人劳动的行为。“限制人身自由的方法”则是指以限制离厂、不让回家，甚至雇用打手看管等方法非法限制被害人的人身自由，强迫其参加劳动。“强迫劳动的对象”既包括与用人单位订有劳动合同的职工，也包括犯罪分子非法招募的工人、智障人等。本罪是故意犯罪。所谓“情节严重”通常是指强迫多人劳动，长时间强迫他人劳动，以非人道手段对待被强迫劳动者等，具体标准应由司法机关根据实际情况通过司法解释确定。

实践中，对于犯罪分子在强迫劳动的过程中使用暴力，致使被害人伤残、死亡的，应当根据本法的有关规定，以强迫劳动、故意伤害或故意杀人罪数罪并罚。

关联参见

《公安机关管辖的刑事案件立案追诉标准（一）》第 31 条

第二百四十四条之一　【雇用童工从事危重劳动罪】违反劳动管理法规，雇用未满十六周岁的未成年人从事超强度体力劳动的，或者从事高空、井下作业的，或者在爆炸性、易燃性、放射性、毒害性等危险环境下从事劳动，情节严重的，对直接责任人员，处三年以下有期徒刑或者拘役，并处罚金；情节特别严重的，处三年以上七年以下有期徒刑，并处罚金。

有前款行为，造成事故，又构成其他犯罪的，依照数罪并罚的规定处罚。

第二百四十五条　【非法搜查罪】【非法侵入住宅罪】非法搜查他人身体、住宅，或者非法侵入他人住宅的，处三年以下有期徒刑或者拘役。

司法工作人员滥用职权，犯前款罪的，从重处罚。

条文解读

非法搜查罪、非法侵入住宅罪 ➜ 本条是关于非法搜查罪、非法侵入住宅罪及其处罚的规定。

非法搜查罪，是指非法对他人的身体、住宅进行搜查的行为。我国《刑事诉讼法》及其他有关法律规定，搜查只能由人民检察院、公安机关、国家安全机关依照法律规定的程序进行。所以，此处的“非法搜查”一是指无权进行搜查的机关、团体、单位的工作人员或者个人，非法对他人人身、住宅进行搜查；二是指有搜查权的国家机关工作人员，滥用职权，非法对他人的人身、住宅进行搜查或者搜查的程序和手续不符合法律规定。具有其中之一的，即为非法搜查。本罪是故意犯罪，过失不构成本罪。

非法侵入住宅罪，是指未经住宅主人同意，非法强行闯入他人住宅，或者经住宅主人要求其退出仍拒不退出的行为。“非法”，主要是指无权或者无理进入他人住宅而强行闯入或者拒不退出。如果是事先征得住宅主人的同意的，或者是司法工作人员为依法执行搜查、逮捕、拘留等任务而进入他人住宅的，不属于非法侵入他人住宅。非法侵入他人住宅的行为须是故意的，过失不构成本罪。

关联参见

《最高人民检察院关于渎职侵权犯罪案件立案标准的规定》二、(二)

第二百四十六条　【侮辱罪】【诽谤罪】 以暴力或者其他方法公然侮辱他人或者捏造事实诽谤他人，情节严重的，处三年以下有期徒刑、拘役、管制或者剥夺政治权利。

前款罪，告诉的才处理，但是严重危害社会秩序和国家利益的除外。

通过信息网络实施第一款规定的行为，被害人向人民法院告诉，但提供证据确有困难的，人民法院可以要求公安机关提供协助。

条文解读

侮辱罪、诽谤罪 ➲ 本条是关于侮辱罪、诽谤罪及其处罚的规定。

侮辱罪，是指以暴力或者其他方法公然侮辱他人，情节严重的行为；诽谤罪，是指故意捏造事实，公然损害他人人格和名誉，情节严重的行为。

侮辱罪、诽谤罪侵犯的客体是他人的人格尊严和名誉权，人格尊严和名誉权是公民基本的人身权利。所谓人格尊严，是指公民基于自己所处的社会环境、地位、声望等客观条件而对自己或他人的人格价值和社会价值的认识和尊重。所谓名誉，是指公民在社会生活中所获得的名望声誉，是一个人的品德、才干、信誉等在社会生活中所获得的社会评价。所谓名誉权，是指以名誉的维护和安全为内容的人格权。侮辱罪、诽谤罪的犯罪对象只能是自然人，侮辱、诽谤法人以及其他团体、组织等单位，不构成侮辱罪和诽谤罪。需要注意的是，根据《刑法》第299条的规定，在公共场合，故意以焚烧、毁损、涂划、玷污、践踏等方式侮辱中华人民共和国国旗、国徽的，应以侮辱国旗、国徽罪依法追究刑事责任。

在客观表现方面，侮辱罪和诽谤罪有所不同。侮辱罪客观方面主要表现为以暴力或其他方法公然贬损他人人格、破坏他人声誉，情节严重的行为。诽谤罪在客观方面表现为行为人实施捏造并散布某种虚构的事实，足以贬损他人人格、名誉的行为。对于被害人向人民法院告诉的通过网络实施的侮辱、诽谤行为，被害人提供证据确有困难，受理被害人告诉的人民法院可以根据具体情况，要求公安机关提供协助。“被害人提供证据确有困难”是指被害人通过正常的途径难以查明犯罪嫌疑人身份，难以收集、固定相应的犯罪证据。“提供协助”，主要是指由公安机关查明犯罪嫌疑人的身份信息，向互联网企业调取有关犯罪证据，协助人民法院查明有关案情等。根据《人民警察法》的规定，公安机关的人民警察负有预防、制止和侦查违法犯罪活动的职责；在人民法院要求公安机关提供协助的情况下，公安机关可以行使法律赋予的职权，开展相应调查工作。

实务应用

38. 侮辱罪与强制猥亵他人、侮辱妇女犯罪的区别是什么？

当行为人采用强扒妇女衣服、对女性身体进行某些猥亵、侮辱动作时，对行为人是定侮辱罪还是强制猥亵他人的犯罪、侮辱妇女犯罪，容易发生混淆。二者的区别在于，行为人的主观目的和动机不同，侮辱罪中的侮辱妇女，行为人的目的在于败坏妇女的名誉，贬低其人格，动机多出于私愤报复、发泄不满等，与侮辱男性没有什么区别；而猥亵他人、侮辱妇女行为，行为人的目的在于寻求畸形的性刺激，满足其下流的心理需求。此外，侮辱罪的对象一般是针对特定的人，而猥亵、侮辱妇女犯罪的对象具有不特定性。

关联参见

《最高人民法院、最高人民检察院关于办理利用信息网络实施诽谤等刑事案件适用法律若干问题的解释》第1—4条、第9条、第10条

第二百四十七条　【刑讯逼供罪】【暴力取证罪】司法工作人员对犯罪嫌疑人、被告人实行刑讯逼供或者使用暴力逼取证人证言的，处三年以下有期徒刑或者拘役。致人伤残、死亡的，依照本法第二百三十四条、第二百三十二条的规定定罪从重处罚。

条文解读

刑讯逼供罪、暴力取证罪 ➔ 本条所规定的“犯罪嫌疑人、被告人”，根据我国《刑事诉讼法》的有关规定，是指在刑事诉讼中，被指控有犯罪行为而被司法机关依法追究刑事责任的人。公诉案件中，在向人民法院提起公诉前称为犯罪嫌疑人，在向人民法院提起公诉后、人民法院判决前称为被告人；自诉案件中，在人民法院判决前称为被告人。“使用暴力”，是指司法工作人员对证人施以肉刑、伤害、殴打等危害证人人身的行为。“证人”，是指在刑事诉讼中，知道案件情况而向司法机关作证的人。应当特别注意的是，对于不知道案件情况或者知道案件情况但拒绝作证的人，司法工作人员使用暴力逼迫提供证言的人，也属于本条规定的“证人”。“致人伤残、死亡”，是指司法工作人员在刑讯逼供和逼取证人证言过程中，故意使用肉刑、变相肉刑或者使用暴力致使犯罪嫌疑人、被告人、证人身体健康受到严重伤害、残疾或者死亡。

实践中应当注意区分刑讯逼供罪、暴力取证罪与非法拘禁罪的区别：(1) 二者的主体不同，刑讯逼供罪、暴力取证罪的犯罪主体必须是司法工作人员；非法拘禁罪的主体是一般主体，非司法工作人员也可成为犯罪主体。(2) 刑讯逼供罪、暴力取证罪所侵害的对象只限于被指控有犯罪行为的犯罪嫌疑人、被告人和刑事诉讼中的证人，而非法拘禁罪侵害的对象则是依法享有人身自由权利的任何公民。(3) 刑讯逼供罪、暴力取证罪在客观上表现为对犯罪嫌疑人、被告人使用肉刑、变相肉刑或者使用暴力逼取口供或者证人证言的行为；非法拘禁罪在客观上表现为以拘禁或者其他强制方法非法剥夺他人人身自由的行为。(4) 刑讯逼供罪、暴力取证罪要求行为人具有逼取口供、证人证言的目的，而非法拘禁罪的构成则没有这一要求。

关联参见

《最高人民检察院关于渎职侵权犯罪案件立案标准的规定》二、(三)、(四)

第二百四十八条　【虐待被监管人罪】 监狱、拘留所、看守所等监管机构的监管人员对被监管人进行殴打或者体罚虐待，情节严重的，处三年以下有期徒刑或者拘役；情节特别严重的，处三年以上十年以下有期徒刑。致人伤残、死亡的，依照本法第二百三十四条、第二百三十二条的规定定罪从重处罚。

监管人员指使被监管人殴打或者体罚虐待其他被监管人的，依照前款的规定处罚。

条文解读

虐待被监管人罪 ➜ 虐待被监管人罪，是指监狱、拘留所、看守所等监管机构的监管人员对被监管人进行殴打或者体罚虐待，情节严重的行为。“监管人员”，是指在监狱、拘留所、看守所等监管机构中行使监管职责的工作人员。

根据《最高人民检察院关于强制隔离戒毒所工作人员能否成为虐待被监管人罪主体问题的批复》的规定，根据有关法律规定，强制隔离戒毒所是对符合特定条件的吸毒成瘾人员限制人身自由，进行强制隔离戒毒的监管机构，其履行监管职责的工作人员属于《刑法》第248条规定的监管人员。对于强制隔离戒毒所监管人员殴打或者体罚虐待戒毒人员，或者指使戒毒人员殴打、体罚虐待其他戒毒人员，情节严重的，应当适用《刑法》第248条的规定，以虐待被监管人罪追究刑事责任；造成戒毒人员伤残、死亡后果的，应当依照《刑法》第234条、第232条的规定，以故意伤害罪、故意杀人罪从重处罚。

关联参见

《最高人民检察院关于渎职侵权犯罪案件立案标准的规定》二、(五)

第二百四十九条　【煽动民族仇恨、民族歧视罪】煽动民族仇恨、民族歧视，情节严重的，处三年以下有期徒刑、拘役、管制或者剥夺政治权利；情节特别严重的，处三年以上十年以下有期徒刑。

第二百五十条　【出版歧视、侮辱少数民族作品罪】在出版物中刊载歧视、侮辱少数民族的内容，情节恶劣，造成严重后果的，对直接责任人员，处三年以下有期徒刑、拘役或者管制。

第二百五十一条　【非法剥夺公民宗教信仰自由罪】【侵犯少数民族风俗习惯罪】国家机关工作人员非法剥夺公民的宗教信仰自由和侵犯少数民族风俗习惯，情节严重的，处二年以下有期徒刑或者拘役。

第二百五十二条　【侵犯通信自由罪】隐匿、毁弃或者非法开拆他人信件，侵犯公民通信自由权利，情节严重的，处一年以下有期徒刑或者拘役。

第二百五十三条　【私自开拆、隐匿、毁弃邮件、电报罪】邮政工作人员私自开拆或者隐匿、毁弃邮件、电报的，处二年以下有期徒刑或者拘役。

犯前款罪而窃取财物的，依照本法第二百六十四条的规定定罪从重处罚。

条文解读

私自开拆、隐匿、毁弃邮件、电报罪 ➔ 本条是关于私自开拆、隐匿、毁弃邮件、电报罪及其处罚的规定。

“邮政工作人员”，是指邮政部门的营业员、分拣员、投递员、押运员以及其他从事邮政工作的人员。本罪的主体只能是邮政工作人员，而且私自开拆、隐匿、毁弃邮件、电报的行为必须是利用职务之便实施的行为。如果隐匿、毁弃或者非法开拆他人信件、电报的行为人不是邮政工作人员或者邮政工作人员不是利用职务之便而实施上述行为的，不构成本罪，情节严重的，构成《刑法》第252条规定的侵犯通信自由罪。邮政工作人员依法检查邮件的行为，属于正当的职务行为，不构成犯罪。私自开拆、隐匿、毁弃邮件、电报罪只能是故意犯罪，可能出于各种各样的动机，如报复、图财、逃避工作等。因过失而遗失、毁弃邮件、电报的，不构成本罪。

第二百五十三条之一　【侵犯公民个人信息罪】 违反国家有关规定，向他人出售或者提供公民个人信息，情节严重的，处三年以下有期徒刑或者拘役，并处或者单处罚金；情节特别严重的，处三年以上七年以下有期徒刑，并处罚金。

违反国家有关规定，将在履行职责或者提供服务过程中获得的公民个人信息，出售或者提供给他人的，依照前款的规定从重处罚。

窃取或者以其他方法非法获取公民个人信息的，依照第一款的规定处罚。

单位犯前三款罪的，对单位判处罚金，并对其直接负责的主管人员和其他直接责任人员，依照各该款的规定处罚。

条文解读

侵犯公民个人信息罪 ➲ 本条是关于侵犯公民个人信息罪及其处罚的规定。

“公民个人信息”，主要是指公民的姓名、住址、身份证号、电话号码、银行账号、银行卡号和财产状况等能够识别公民个人身份情况的信息。“出售”，是指将自己掌握的公民信息卖给他人，自己从中牟利的行为。“非法提供”，是指违反国家有关规定，将自己掌握的公民信息提供给他人的行为，如现实生活中公民安装网络宽带，需将个人的身份证号提供给电信部门，电信部门只能以安装网络宽带的目的使用公民个人身份号码，如果电信部门的工作人员违反国家有关规定，将公民的身份证号提供给他人的，则属于非法提供。这里的“他人”，包括单位和个人。根据第1款规定，向他人出售或者非法提供公民个人信息达到情节严重的程度，是构成本罪的条件，尚未达到情节严重的，可依据法律、法规有关规定予以行政处罚。“情节严重”，一般是指大量出售公民个人信息的，多次出售公民个人信息的，出售公民个人信息获利数额较大的，以及公民个人信息被他人使用后，给公民造成了经济上的重大损失或者严重影响到公民个人的正常生活等情况。具体情节的认定，应当由司法机关依法根据案件的具体情况认定。“以其他方法非法获取”，是指通过购买、欺骗等方式非法获取公民个人信息的行为。

案例指引

19. 购买涉及姓名、电话、住址等内容的公民个人信息并拨打电话实施诈骗的，如何定罪处罚？[①]

2018年5至6月，被告人邓某辉、林某明共谋采用“猜猜我是谁”的方式骗取他人钱财。二人共同出资，邓某辉购买手机、电话卡等作案工具，纠集被告人陈某、张某坤等人，利用邓某辉购买的涉及姓名、电话、住址等内容的公民个人信息，拨打诈骗电话，让被害人猜测自己的身份，当被害人误以为系自己的某个熟人后，被告人即冒充该熟人身份，编造理由让被害人转账。2018年6月至8月，邓某辉等人采用此种方式大量拨打诈骗电话，骗取被害人罗某某等五人共计39.2万元。案

---

① 参见《人民法院依法惩治电信网络诈骗犯罪及其关联犯罪典型案例》（2022年9月6日发布），被告人邓某辉等六人诈骗、侵犯公民个人信息案，载最高人民法院网 https://www.court.gov.cn/xinshidai-xiangqing-371131.html，最后访问日期：2023年3月1日。

发后，从邓某辉处查获其购买的公民个人信息39482条。

法院认为，被告人邓某辉、林某明等人以非法占有为目的，虚构事实，隐瞒真相，采用冒充熟人拨打电话的手段骗取他人财物，其行为均已构成诈骗罪；被告人邓某辉非法获取公民个人信息，情节严重，其行为还构成侵犯公民个人信息罪，依法应当数罪并罚。

行为人借助非法获取的公民个人信息，拨打诈骗电话，通过准确说出被害人个人信息的骗术，骗得被害人信任，实施精准诈骗。侵犯公民个人信息系电信网络诈骗的上游关联犯罪，二者合流后，使得电信网络诈骗犯罪更易得逞，社会危害性更重。《最高人民法院、最高人民检察院、公安部关于办理电信网络诈骗等刑事案件适用法律若干问题的意见》规定，使用非法获取的公民个人信息，实施电信网络诈骗犯罪行为，构成数罪的，应当依法予以并罚。法院对被告人邓某辉以诈骗罪和侵犯公民个人信息罪予以并罚，是从严惩处、全面惩处电信网络诈骗犯罪及其关联犯罪的具体体现。

关联参见

《最高人民法院、最高人民检察院关于办理侵犯公民个人信息刑事案件适用法律若干问题的解释》

第二百五十四条　【报复陷害罪】 国家机关工作人员滥用职权、假公济私，对控告人、申诉人、批评人、举报人实行报复陷害的，处二年以下有期徒刑或者拘役；情节严重的，处二年以上七年以下有期徒刑。

条文解读

关于本条的适用，实践中应当注意的是，如果国家机关工作人员采取捏造犯罪事实的方法诬告陷害他人，意图使他人受刑事追究的，无论其是否滥用职权、假公济私，都应以诬告陷害罪论处，而不以本罪论处。

关联参见

《最高人民检察院关于渎职侵权犯罪案件立案标准的规定》二、(六)

第二百五十五条　【打击报复会计、统计人员罪】公司、企业、事业单位、机关、团体的领导人，对依法履行职责、抵制违反会计法、统计法行为的会计、统计人员实行打击报复，情节恶劣的，处三年以下有期徒刑或者拘役。

第二百五十六条　【破坏选举罪】在选举各级人民代表大会代表和国家机关领导人员时，以暴力、威胁、欺骗、贿赂、伪造选举文件、虚报选举票数等手段破坏选举或者妨害选民和代表自由行使选举权和被选举权，情节严重的，处三年以下有期徒刑、拘役或者剥夺政治权利。

第二百五十七条　【暴力干涉婚姻自由罪】以暴力干涉他人婚姻自由的，处二年以下有期徒刑或者拘役。

犯前款罪，致使被害人死亡的，处二年以上七年以下有期徒刑。

第一款罪，告诉的才处理。

条文解读

暴力干涉婚姻自由罪 ➲ 本条是关于暴力干涉婚姻自由罪及其处罚的规定。

"暴力"，是指使用捆绑、吊打、禁闭、强抢等手段，使被干涉者不能行使婚姻自由的权利。"暴力干涉"是构成本罪的主要特征，没有使用暴力的，不构成本罪；如果行为人采取的暴力行为，不足以干涉被害人行使婚姻自由权利的，也不构成本罪。本罪属于告诉才处理的犯罪。在没有致使被害人死亡的情况下，只有被害人向司法机关提出控告的才处理。对于被害人不控告的，司法机关不能主动追究行为人的刑事责任。但如果被害人因受强制或者威吓而无法告诉的，人民检察院和被害人的近亲属可以告诉。

关联参见

《宪法》第49条；《民法典》第1041条、第1042条

第二百五十八条　【重婚罪】有配偶而重婚的，或者明知他人有配偶而与之结婚的，处二年以下有期徒刑或者拘役。

条文解读

重婚罪 本条是关于重婚罪及其处罚的规定。

我国《民法典》明确规定，我国实行婚姻自由、一夫一妻、男女平等的婚姻制度。重婚罪是对一夫一妻婚姻制度的严重破坏。根据本条的规定，重婚罪是指有配偶而重婚，或者明知他人有配偶而与之结婚的行为。本条规定了两种重婚行为：一种是“有配偶而重婚”，是指已经结婚的人，在婚姻关系存续期间，又与他人结婚。另一种是“明知他人有配偶而与之结婚”，是指本人明知他人有配偶而仍然与之结婚。这里规定的“明知”是本罪的罪与非罪的重要界限，如果行为人是蒙受欺骗，不知道对方已有配偶而与之结婚的，则不构成本罪。本条所规定的“结婚”，既包括骗取合法手续登记结婚，也包括虽未登记结婚，但以夫妻名义共同生活。只要是有配偶而又结婚，或者是明知他人有配偶而与之结婚的，无论是骗取合法手续登记结婚，还是未登记结婚，但以夫妻名义共同生活的，都构成重婚罪。依照本条规定，对犯重婚罪的，处2年以下有期徒刑或者拘役。

关联参见

《民法典》第1041条

第二百五十九条　【破坏军婚罪】 明知是现役军人的配偶而与之同居或者结婚的，处三年以下有期徒刑或者拘役。

利用职权、从属关系，以胁迫手段奸淫现役军人的妻子的，依照本法第二百三十六条的规定定罪处罚。

条文解读

破坏军婚罪 ➲ 本条是关于破坏军婚罪及其处罚的规定。

本罪是直接故意犯罪，行为人在明知对方是现役军人配偶的情况下，仍然与之同居或者结婚的，才构成犯罪。如果行为人不知道对方是现役军人的配偶甚至受欺骗而与现役军人的配偶同居或者结婚的，则不构成犯罪。“现役军人”，是指中国人民解放军或者人民武装警察部队的现役军官、文职干部、士兵及具有军籍的学员。在军事部门或者人民武装警察部队中工作，但没有取得军籍的人员，以及复员退伍军人、转业军人、残废军人等，都不属于现役军人。

第二百六十条　【虐待罪】 虐待家庭成员，情节恶劣的，处二年以下有期徒刑、拘役或者管制。

犯前款罪，致使被害人重伤、死亡的，处二年以上七年以下有期徒刑。

第一款罪，告诉的才处理，但被害人没有能力告诉，或者因受到强制、威吓无法告诉的除外。

条文解读

虐待罪 ➲ 本条是关于虐待罪及其处罚的规定。

本条规定的“虐待”，是指折磨、摧残家庭成员身心健康的行为。虐待具有经常性和连续性的特点，行为人对共同生活的家庭成员在相当长的时间里，进行持续或连续的肉体摧残、精神折磨，致使被害人的身心遭受严重创伤，通常表现为打骂、冻饿、捆绑、强迫超体力劳动、限制自由、凌辱人格等行为。偶尔发生的打骂、冻饿等行为，不构成虐待罪。这里所说的“家庭成员”，是指在同一家庭中共同生活的成员，如夫妻、父母、子女、兄弟、姐妹等。根据我国有关法律的规定，家庭成员关系主要有以下四种情形：一是由婚姻关系形成的家庭成员关系，如丈夫和妻子，夫妻关系是父母、子女关系产生的前提和基础；二是由血缘关系形成的家庭成员关系，包括直系血亲关系而联系起来的父母、子女、孙子女、曾孙子女以及祖父母、曾祖父母、外祖父母等，也包括由旁系血亲而联系起来的兄、弟、姐、妹、叔、伯、姑、姨、舅等；三是由收养关系而形成的家庭成员关系，即养父母和养子女之间的关系；四是由其他关系所产生的家庭成员，现实生活中还存在区别于前三种情形而形成的非法定义务的扶养关系，如同居关系、对孤寡老人的自愿赡养关系等。非家庭成员间的虐待行为，不构成本罪。

本条第3款包含两层意思：一是一般而言对于犯虐待罪，在没有致使被害人重伤、死亡的情况下，只有被害人向司法机关提出控告的才处理，对于被害人不控告的，司法机关不能主动受理，追究行为人的刑事责任。这样规定主要是因为本条规定的虐待行为发生在家庭成员之间，法律将是否告诉的选择权赋予被害人，这样有利于保护家庭关系，切实维护被害人权益。二是如果被害人没有能力告诉，或者因受到强制、威吓无法告诉的，不适用告诉才处理的规定，而应作为公诉案件处理。被虐待人的亲属、朋友、邻居等任何人发现被害人被虐待，没有能力告诉或者因受到强制、威吓无法告诉的，都可以向公安机关报案。公安机关应当立案进行侦查，由检察机关依法向人民法院提起公诉。

关联参见

《最高人民法院、最高人民检察院、公安部、司法部关于依法办理家庭暴力犯罪案件的意见》三

第二百六十条之一　【虐待被监护、看护人罪】对未成年人、老年人、患病的人、残疾人等负有监护、看护职责的人虐待被监护、看护的人，情节恶劣的，处三年以下有期徒刑或者拘役。

单位犯前款罪的，对单位判处罚金，并对其直接负责的主管人员和其他直接责任人员，依照前款的规定处罚。

有第一款行为，同时构成其他犯罪的，依照处罚较重的规定定罪处罚。

条文解读

虐待被监护、看护人罪 ➔ 本条是关于虐待被监护、看护人罪及其处罚的规定。

本罪的犯罪主体是负有监护、看护职责的人，如幼儿园的教师对在园幼儿、养老院的工作人员对在院老人、医生和护士对病人等负有监护、看护职责。这种监护、看护职责通常是基于合同、雇佣、服务等关系确定，也可以通过口头约定、志愿性的服务等形式确定，如邻居受托或自愿代人照顾老人、儿童。本罪的主观方面表现为故意，即行为人故意对被害人进行肉体上或精神上的折磨和摧残，故意实施虐待行为，不论出于何种动机，均不影响本罪的成立。本罪侵犯的客体是被监护、看护的人的人身权利和监护、看护职责，未成年人、老年人、患病的人、残疾人等均是社会的弱势群体，行为人负有监护、看护职责，应尽职履责，做好照顾、服务工作，如果行为人对这些弱势群体实施虐待，会对他们的身心造成严重伤害。本罪的客观方面主要表现为“虐待”，即折磨、摧残被监护、看护人身心健康的行为。与《刑法》第260条规定的虐待罪的客观表现相似，本条的虐待行为同样具有经常性和连续性的特点，行为人对被监护、看护的人在相当长的时间里，进行持续或连续的肉体摧残、精神折磨，致使被害人的身心遭受严重创伤，通常表现为打骂、冻饿、捆绑、强迫超体力劳动、限制自由、凌辱人格行为等。偶尔发生的打骂、冻饿等行为，不构成犯罪。

关联参见

《民法典》第 112 条；《未成年人保护法》第 17 条、第 54 条、第 62 条、第 98 条；《老年人权益保障法》第 2 条、第 3 条；《残疾人保障法》第 2 条；《精神卫生法》第 5 条、第 78 条；《妇女权益保障法》第 21 条

第二百六十一条　【遗弃罪】 对于年老、年幼、患病或者其他没有独立生活能力的人，负有扶养义务而拒绝扶养，情节恶劣的，处五年以下有期徒刑、拘役或者管制。

条文解读

遗弃罪 ➲ 本条是关于遗弃罪及其处罚的规定。

遗弃罪的犯罪对象是年老、年幼、患病或者其他没有独立生活能力的人。遗弃罪的犯罪主体，是指对上述对象负有扶养义务的人。扶养关系主要包括以下几个方面：夫妻间有相互扶养的义务；父母对子女有抚养教育的义务；子女对父母有赡养扶助的义务；养父母与养子女、继父母与继子女之间有相互扶养的义务；有负担能力的祖父母、外祖父母对父母已经死亡的未成年的孙子女、外孙子女有抚养义务；有负担能力的孙子女、外孙子女，对子女已经死亡的祖父母、外祖父母有赡养义务；有负担能力的兄姐对父母已经死亡或者父母无力抚养的未成年弟妹有抚养的义务，等等。本罪在客观方面表现为具有扶养义务而拒绝扶养。根据本条规定，遗弃行为必须是情节恶劣的才能构成犯罪。这是划清本罪罪与非罪的重要界限之一。这里所规定的“情节恶劣”，主要是指由于遗弃造成被害人重伤、死亡等严重后果的；有遗弃行为屡教不改的；遗弃手段、情节特别恶劣的，等等。

关联参见

《最高人民法院、最高人民检察院、公安部、司法部关于依法办理家庭暴力犯罪案件的意见》三

第二百六十二条　【拐骗儿童罪】拐骗不满十四周岁的未成年人，脱离家庭或者监护人的，处五年以下有期徒刑或者拘役。

条文解读

拐骗儿童罪 ➲ 本条是关于拐骗儿童罪及其处罚的规定。

"拐骗"，是指用欺骗、利诱或者其他手段，将不满14周岁的未成年人带走。"脱离家庭或者监护人"，是指使不满14周岁的未成年人脱离家庭或者离开父母或其他监护人，致使不满14周岁的未成年人的父母或者监护人不能继续对该未成年人行使监护权。

拐骗儿童罪与拐卖妇女、儿童罪以及绑架罪的区别：拐骗不满14周岁的未成年人脱离家庭或者监护人的行为的目的，往往是出于收养，也可以是出于奴役等目的，如果是以出卖或勒索财物为目的而拐骗未成年人或者偷盗婴幼儿的，应依照《刑法》第240条、第239条关于拐卖妇女、儿童罪或者绑架罪的规定定罪处罚。

第二百六十二条之一　【组织残疾人、儿童乞讨罪】以暴力、胁迫手段组织残疾人或者不满十四周岁的未成年人乞讨的，处三年以下有期徒刑或者拘役，并处罚金；情节严重的，处三年以上七年以下有期徒刑，并处罚金。

第二百六十二条之二　【组织未成年人进行违反治安管理活动罪】组织未成年人进行盗窃、诈骗、抢夺、敲诈勒索等违反治安管理活动的，处三年以下有期徒刑或者拘役，并处罚金；情节严重的，处三年以上七年以下有期徒刑，并处罚金。

第五章　侵犯财产罪

第二百六十三条　【抢劫罪】以暴力、胁迫或者其他方法抢劫公私财物的，处三年以上十年以下有期徒刑，并处罚金；有下列情形之一的，处十年以上有期徒刑、无期徒刑或者死刑，并处罚金或者没收财产：

（一）入户抢劫的；

（二）在公共交通工具上抢劫的；

（三）抢劫银行或者其他金融机构的；

（四）多次抢劫或者抢劫数额巨大的；

（五）抢劫致人重伤、死亡的；

（六）冒充军警人员抢劫的；

（七）持枪抢劫的；

（八）抢劫军用物资或者抢险、救灾、救济物资的。

条文解读

抢劫罪 ➲ 本条是关于抢劫罪及其处罚的规定。

抢劫罪，是指以非法占有为目的，当场使用暴力、胁迫或者其他方法强行劫取公私财物的行为。

根据本条规定，构成抢劫罪的显著特征是“以暴力、胁迫或者其他方法抢劫公私财物”。所谓“暴力”，是指犯罪人对财物的所有者、管理人员实施暴力侵袭或者其他强制力，包括捆绑、殴打、伤害直至杀害等使他人处于不能或者不敢反抗的状态当即抢走财物的方法。所谓“胁迫”，是指当场使用暴力相威胁，对被害人实行精神强制，使其产生恐惧，不敢反抗，被迫当场交出财物或者不敢阻止而由行为人强行劫走财物。如果不是以暴力相威胁，而是对被害人以将要揭露隐私、毁坏财产等手段相威胁，则构成敲诈勒索罪，而不是抢劫罪。所谓“其他方法”，是指对被害人采取暴力、胁迫以外的使被害人处于不知反抗或者不能反抗的状态的方法。例如，用酒灌醉、用药物麻醉等方法使被害人处于暂时丧失知觉而不能反抗的状态，将财物当场掠走。在这里，必须是由于犯罪分子故意使被害人处于不能反抗的状态，如果犯罪分子利用被害人睡熟或者醉酒不醒，趁机秘密取走数额较大的财物，则不构成本罪。行为人实施抢劫后，为灭口而故意杀人的，以抢劫罪和故意杀人罪定罪，实行数罪并罚。

构成本罪，必须具备以下两个条件：(1) 行为人具有非法占有公私财物的目的，并且实施了非法占有或者意图非法占有的行为。(2) 行为人对被害人当场使用暴力、胁迫或者其他方法。暴力、胁迫或者其他方法，必须是犯罪分子当场使用，才能构成抢劫罪。如果犯罪分子没有使用暴力或者胁迫的方法就取得了财物，除本法第 267 条规定的携带凶器抢夺的情形外，不能以抢劫罪论处。反之，如果犯罪分子事先只是准备盗窃或者抢夺，但在实施盗窃或者抢夺的过程中遭到反抗或者阻拦，于是当场使用暴力或者以暴力相威胁强取财物，其行为就由盗窃或者抢夺转化为抢劫，应以抢劫罪定罪处罚。

为了有利于执法的统一，减少随意性，增加可操作性，本条具体列举了犯抢劫罪应当判处 10 年以上有期徒刑、无期徒刑或者死刑的八种情形：

1. 入户抢劫的。这里所说的“户”，是指公民的私人住宅。入户抢劫，不仅严重侵犯公民的财产所有权，更为严重的是危及公民的人身安全。“入户抢劫”，是指为实施抢劫行为而进入他人生活的与外界相对隔离的住所，包括封闭的院落、牧民的帐篷、渔民作为家庭生活场所的渔船、为生活租用的房屋等进行抢劫的行为。对于入户盗窃，被发现而当场使用暴力或者以暴力相威胁的行为，应当认定为入户抢劫。认定“入户抢劫”，要注重审查行为人“入户”的目的，将“入户抢劫”与“在户内抢劫”区别开来。以侵害户内人员的人身、财产为目的，入户后实施抢劫，包括入户实施盗窃、诈骗等犯罪而转化为抢劫的，应当认定为“入户抢劫”。因访友办事等原因经户内人员允许入户后，临时起意实施抢劫，或者临时起意实施盗窃、诈骗等犯罪而转化为抢劫的，不应认定为“入户抢劫”。对于部分时间从事经营、部分时间用于生活起居的场所，行为人在非营业时间强行入内抢劫或者以购物等为名骗开房门入内抢劫的，应认定为“入户抢劫”。对于部分用于经营、部分用于生活且之间有明确隔离的场所，行为人进入生活场所实施抢劫的，应认定为“入户抢劫”；如场所之间没有明确隔离，行为人在营业时间入内实施抢劫的，不认定为“入户抢劫”，但在非营业时间入内实施抢劫的，应认定为“入户抢劫”。

2. 在公共交通工具上抢劫的。“公共交通工具”，包括从事旅客运输的各种公共汽车，大、中型出租车，火车，地铁，轻轨，轮船，飞机等，不含小型出租车。对于虽不具有商业营运执照，但实际从事旅客运输的大、中型交通工具，可认定为“公共交通工具”。接送职工的单位班车、接送师生的校车等大、中型交通工具，视为“公共交通工具”。“在公共交通工具上抢劫”，既包括在处于运营状态的公共交通工具上对旅客及司售、乘务人员实施抢劫，也包括拦截运营途中的公共交通工具对旅客及司售、乘务人员实施抢劫，但不包括在未运营的公共交通工具上针对司售、乘务人员实施抢劫。以暴力、胁迫或者麻醉等手段对公共交通工具上的特定人员实施抢劫的，一般应认定为“在公共交通工具上抢劫”。

3. 抢劫银行或者其他金融机构的。“抢劫银行或者其他金融机构”，是指抢劫银行或者其他金融机构的经营资金、有价证券和客户的资金等。抢劫正在使用中的银行或者其他金融机构的运钞车的，视为“抢劫银行或者其他金融机构”。

4. 多次抢劫或者抢劫数额巨大的。“多次抢劫”，是指抢劫3次以上。对于“抢劫数额巨大”的认定标准，根据最高人民法院对此问题的解释，参照各地认定盗窃罪数额巨大的标准执行。抢劫数额以实际抢劫到的财物数额为依据。对以数额巨大的财物为明确目标，由于意志以外的原因，未能抢到财物或实际抢得的财物数额不大的，应同时认定“抢劫数额巨大”和犯罪未遂的情节，根据《刑法》有关规定，结合未遂犯的处理原则量刑。

5. 抢劫致人重伤、死亡的。这里所说的“致人重伤、死亡”，是指为抢劫公私财物实施暴力行为，伤害或者杀害他人，造成被害人重伤或者死亡的后果。

6. 冒充军警人员抢劫的。“军警”，是指军人和警察。军人，是指中国人民解放军、中国人民武装警察部队的现役军官（警官）、文职干部、士兵及具有军籍的学员。警察，是指我国武装性质的国家治安行政力量，包括公安机关、国家安全机关、监狱等机关的人民警察和人民法院、人民检察院的司法警察。认定“冒充军警人员抢劫”，要注重对行为人是否穿着军警制服、携带枪支、是否出示军警证件等情节进行综合审查，判断是否足以使他人误以为是军警人员。对于行为人仅穿着类似军警的服装或仅以言语宣称系军警人员但未携带枪支、也未出示军警证件而实施抢劫的，要结合抢劫地点、时间、暴力或威胁的具体情形，依照常人判断标准，确定是否认定为“冒充军警人员抢劫”。

7. 持枪抢劫的。“持枪抢劫”，是指行为人使用枪支或者向被害人显示持有、佩带的枪支进行抢劫的行为。根据《枪支管理法》第46条的规定，枪支，是指以火药或者压缩气体等为动力，利用管状器具发射金属弹丸或者其他物质，足以致人伤亡或者丧失知觉的各种枪支。

8. 抢劫军用物资或者抢险、救灾、救济物资的。

实务应用

39. 冒充正在执行公务的人民警察、治安联防人员，以抓嫖、抓赌为名非法占有财物的行为如何定性？

行为人冒充正在执行公务的人民警察“抓赌”“抓嫖”，没收赌资或者罚款的行为，构成犯罪的，以招摇撞骗罪从重处罚；在实施上述行为中使用暴力或者暴力威胁的，以抢劫罪定罪处罚。行为人冒充治安联防队员“抓赌”“抓嫖”、没收赌资或者罚款的行为，构成犯罪的，以敲诈勒索罪定罪处罚；在实施上述行为中使用暴力或者以暴力相威胁的，以抢劫罪定罪处罚。

40. 如何区分寻衅滋事罪与抢劫罪？

寻衅滋事罪是严重扰乱社会秩序的犯罪，行为人在实施寻衅滋事的行为时，客观上也可能表现为强拿硬要公私财物。这种强拿硬要的行为与抢劫罪的区别在于：前者行为人主观上还具有逞强好胜和通过强拿硬要来填补其精神空虚等目的，后者行为人一般只具有非法占有他人财物的目的；前者行为人客观上一般不以严重侵犯他人人身权利的方法强拿硬要财物，而后者行为人则以暴力、胁迫等方式作为劫取他人财物的手段。已满 14 周岁不满 16 周岁的人使用轻微暴力或者威胁，强行索要其他未成年人随身携带的生活、学习用品或者钱财数量不大，且未造成被害人轻微伤以上或者不敢正常到校学习、生活等危害后果的，不认为是犯罪。已满 16 周岁不满 18 周岁的人具有前述规定情形的，一般也不认为是犯罪。已满 16 周岁不满 18 周岁的人出于以大欺小、以强凌弱或者寻求精神刺激，随意殴打其他未成年人、多次对其他未成年人强拿硬要或者任意损毁公私财物，扰乱学校及其他公共场所秩序，情节严重的，以寻衅滋事罪定罪处罚。

关联参见

《最高人民法院关于审理未成年人刑事案件具体应用法律若干问题的解释》第 7 条；《最高人民法院关于审理抢劫、抢夺刑事案件适用法律若干问题的意见》六；《最高人民法院关于审理抢劫案件具体应用法律若干问题的解释》

第二百六十四条　【盗窃罪】盗窃公私财物，数额较大的，或者多次盗窃、入户盗窃、携带凶器盗窃、扒窃的，处三年以下有期徒刑、拘役或者管制，并处或者单处罚金；数额巨大或者有其他严重情节的，处三年以上十年以下有期徒刑，并处罚金；数额特别巨大或者有其他特别严重情节的，处十年以上有期徒刑或者无期徒刑，并处罚金或者没收财产。

条文解读

盗窃罪 ➔ 本条是关于盗窃罪及其处罚的规定。

本条规定的“盗窃”，是指以非法占有为目的，秘密窃取公私财物的行为。本罪的主体是一般犯罪主体。构成盗窃罪必须具备以下条件：

1. 行为人具有非法占有公私财物的目的。

2. 行为人实施了秘密窃取公私财物的行为。秘密窃取，是指采用不易被财物所有人、保管人或者其他人发现的方法，将公私财物占为己有的行为。如溜门撬锁、挖洞跳墙、潜入他人室内、掏兜割包、利用网络技术窃取等。秘密窃取是盗窃罪的重要特征，也是区别于其他侵犯财产罪的主要标志。

3. 盗窃公私财物数额较大的，或者多次盗窃、入户盗窃、携带凶器盗窃、扒窃的。数额较大，是盗窃行为构成犯罪的基本要件。如果盗窃的财物数额较小，一般应当依照《治安管理处罚法》的规定予以处罚，不需要动用刑罚。但对于一些特定的盗窃行为，只要实施了该盗窃行为，即使达不到数额较大的条件，因该行为本身的社会危害性，本条也规定其构成犯罪。这些行为包括：(1) 多次盗窃。盗窃犯罪具有常习性，且犯罪分子又具有一定的反侦查能力，一经抓获，往往只能认定现场查获的数额，而对其以往数额的交代也难以查证，将多次盗窃规定为犯罪正是针对盗窃犯罪的这一特点。（2）入户盗窃。这里所说的“户”，是指公民日常生活的住所，包括用于生活的与外界相对隔离的封闭的院落、牧民的帐篷、渔民生活的渔船等，不包括办公场所。入户盗窃不仅侵犯了公民的财产，还侵犯了公民的住宅，并对公民的人身安全形成严重威胁，应当予以严厉打击。(3) 携带凶器盗窃。“凶器”，是指枪支、爆炸物、管制刀具等可用于实施暴力的器具。行为人携带凶器盗窃，往往有恃无恐，一旦被发现或者被抓捕时，则使用凶器进行反抗。这种行为以暴力为后盾，不仅侵犯了他人的财产，而且对他人的人身形成严重威胁，应当予以刑事处罚。需要明确的是，本条规定的构成盗窃罪的“携带凶器盗窃”，是指行为人携带凶器进行盗窃而未使用的情况，如果行为人在携带凶器盗窃时，为窝藏赃物、抗拒抓捕或者毁灭罪证而当场使用凶器施暴或者威胁的，根据《刑法》第 269 条的规定，应当以抢劫罪定罪处罚。（4）扒窃。“扒窃”，是指在公共场所或者公共交通工具上窃取他人随身携带的财物。扒窃行为往往采取掏兜、割包等手法，严重侵犯公民的财产和人身安全，扰乱公共场所秩序，且技术性强，多为屡抓屡放的惯犯，应当予以严厉打击。

实务应用

41. 盗窃网络域名可以构成盗窃罪吗？

网络域名具备法律意义上的财产属性，盗窃网络域名可以认定为盗窃行为。

网络域名是网络用户进入门户网站的一种便捷途径，是吸引网络用户进入其网站的窗口。网络域名注册人注册了某域名后，该域名将不能再被其他人申请注册并使用，因此网络域名具有专属性和唯一性。网络域名属稀缺资源，其所有人可以对域名行使出售、变更、注销、抛弃等处分权利。网络域名具有市场交换价值，所有人可以以货币形式进行交易。通过合法途径获得的网络域名，其注册人利益受法律承认和保护。若行为人利用技术手段，通过变更网络域名绑定邮箱及注册 ID，实现对域名的非法占有，并使原所有人丧失了对网络域名的合法占有和控制，其目的是非法获取网络域名的财产价值，其行为给网络域名的所有人带来直接的经济损失。该行为符合以非法占有为目的窃取他人财产利益的盗窃罪本质属性，应以盗窃罪论处。

20. 行为人利用信息网络，诱骗他人点击虚假链接而实际通过预先植入的计算机程序窃取财物构成犯罪的，应以何罪定罪处罚？[①]

臧进泉等盗窃、诈骗案

（最高人民法院审判委员会讨论通过　2014年6月23日发布）

关键词　刑事　盗窃　诈骗　利用信息网络

裁判要点

行为人利用信息网络，诱骗他人点击虚假链接而实际通过预先植入的计算机程序窃取财物构成犯罪的，以盗窃罪定罪处罚；虚构可供交易的商品或者服务，欺骗他人点击付款链接而骗取财物构成犯罪的，以诈骗罪定罪处罚。

相关法条

《中华人民共和国刑法》第二百六十四条、第二百六十六条

基本案情

一、盗窃事实

2010年6月1日，被告人郑必玲骗取被害人金某195元后，获悉金某的建设银行网银账户内有305000余元存款且无每日支付限额，遂电话告知被告人臧进泉，预谋合伙作案。臧进泉赶至网吧后，以尚未看到金某付款成功的记录为由，发送给金某一个交易金额标注为1元而实际植入了支付305000元的计算机程序的虚假链接，谎称金某点击该1元支付链接后，其即可查看到付款成功的记录。金某在诱导下点击了该虚假链接，其建设银行网银账户中的305000元随即通过臧进泉预设的计算机程序，经上海快钱信息服务有限公司的平台支付到臧进泉提前在福州海都阳光信息科技有限公司注册的“kissal23”账户中。臧进泉使用其中的116863元购买大量游戏点卡，并在“小泉先生哦”的淘宝网店

---

① 最高人民法院指导案例27号。

上出售套现。案发后，公安机关追回赃款187126.31元发还被害人。

二、诈骗事实

2010年5月至6月间，被告人臧进泉、郑必玲、刘涛分别以虚假身份开设无货可供的淘宝网店铺，并以低价吸引买家。三被告人事先在网游网站注册一账户，并对该账户预设充值程序，充值金额为买家欲支付的金额，后将该充值程序代码植入到一个虚假淘宝网链接中。与买家商谈好商品价格后，三被告人各自以方便买家购物为由，将该虚假淘宝网链接通过阿里旺旺聊天工具发送给买家。买家误以为是淘宝网链接而点击该链接进行购物、付款，并认为所付货款会汇入支付宝公司为担保交易而设立的公用账户，但该货款实际通过预设程序转入网游网站在支付宝公司的私人账户，再转入被告人事先在网游网站注册的充值账户中。三被告人获取买家货款后，在网游网站购买游戏点卡、腾讯Q币等，然后将其按事先约定统一放在臧进泉的“小泉先生哦”的淘宝网店铺上出售套现，所得款均汇入臧进泉的工商银行卡中，由臧进泉按照获利额以约定方式分配。

被告人臧进泉、郑必玲、刘涛经预谋后，先后到江苏省苏州市、无锡市、昆山市等地网吧采用上述手段作案。臧进泉诈骗22000元，获利5000余元，郑必玲诈骗获利5000余元，刘涛诈骗获利12000余元。

裁判结果

浙江省杭州市中级人民法院于2011年6月1日作出（2011）浙杭刑初字第91号刑事判决：一、被告人臧进泉犯盗窃罪，判处有期徒刑十三年，剥夺政治权利一年，并处罚金人民币三万元；犯诈骗罪，判处有期徒刑二年，并处罚金人民币五千元，决定执行有期徒刑十四年六个月，剥夺政治权利一年，并处罚金人民币三万五千元。二、被告人郑必玲犯盗窃罪，判处有期徒刑十年，剥夺政治权利一年，并处罚金人民币一万元；犯诈骗罪，判处有期徒刑六个月，并处罚金人民币二千元，决定执行有期徒刑十年三个月，剥夺政治权利一年，并处罚金人民币一万二千元。三、被告人刘涛犯诈骗罪，判处有期徒刑一年六个月，并处罚金人民币五千元。

宣判后，臧进泉提出上诉。浙江省高级人民法院于2011年8月9日作出（2011）浙刑三终字第132号刑事裁定，驳回上诉，维持原判。

裁判理由

法院生效裁判认为：盗窃是指以非法占有为目的，秘密窃取公私财物的行为；诈骗是指以非法占有为目的，采用虚构事实或者隐瞒真相的方法，骗取公私财物的行为。对既采取秘密窃取手段又采取欺骗手段非法占有财物行为的定性，应从行为人采取主要手段和被害人有无处分财物意识方面区分盗窃与诈骗。如果行为人获取财物时起决定性作用的手段是秘密窃取，诈骗行为只是为盗窃创造条件或作掩护，被害人也没有“自愿”交付财物的，就应当认定为盗窃；如果行为人获取财物时起决定性作用的手段是诈骗，被害人基于错误认识而“自愿”交付财物，盗窃行为只是辅助手段的，就应当认定为诈骗。在信息网络情形下，行为人利用信息网络，诱骗他人点击虚假链接而实际上通过预先植入的计算机程序窃取他人财物构成犯罪的，应当以盗窃罪定罪处罚；行为人虚构可供交易的商品或者服务，欺骗他人为支付货款点击付款链接而获取财物构成犯罪的，应当以诈骗罪定罪处罚。本案中，被告人臧进泉、郑必玲使用预设计算机程序并植入的方法，秘密窃取他人网上银行账户内巨额钱款，其行为均已构成盗窃罪。臧进泉、郑必玲和被告人刘涛以非法占有为目的，通过开设虚假的网络店铺和利用伪造的购物链接骗取他人数额较大的货款，其行为均已构成诈骗罪。对臧进泉、郑必玲所犯数罪，应依法并罚。

关于被告人臧进泉及其辩护人所提非法获取被害人金某的网银账户内305000元的行为，不构成盗窃罪而是诈骗罪的辩解与辩护意见，经查，臧进泉和被告人郑必玲在得知金某网银账户内有款后，即产生了通过植入计算机程序非法占有目的；随后在网络聊天中诱导金某同意支付1元钱，而实际上制作了一个表面付款“1元”却支付305000元的假淘宝网链接，致使金某点击后，其网银账户内305000元即被非法转移到臧进泉的注册账户中，对此金某既不知情，也非自愿。可见，臧进泉、郑必玲获取财物时起决定性作用的手段是秘密窃取，诱骗被害人点击“1元”的虚假链接系实施盗窃的辅助手段，只是为盗窃创造条件或作掩护，被害人也没有“自愿”交付巨额财物，获取银行存款实际上是通过隐藏的事先植入的计算机程序来窃取的，符合盗窃罪的犯罪构成要件，依照刑法第二百六十四条、第二百八十七条的规定，应当以盗窃罪定罪处罚。故臧进泉及其辩护人所提上述辩解和辩护意见与事实和法律规定不符，不予采纳。

关联参见

《治安管理处罚法》第49条；《最高人民法院、最高人民检察院关于办理盗窃刑事案件适用法律若干问题的解释》；《最高人民法院、最高人民检察院关于办理妨害文物管理等刑事案件适用法律若干问题的解释》第2条、第8条、第9条

第二百六十五条　【盗窃罪】以牟利为目的，盗接他人通信线路、复制他人电信码号或者明知是盗接、复制的电信设备、设施而使用的，依照本法第二百六十四条的规定定罪处罚。

第二百六十六条　【诈骗罪】诈骗公私财物，数额较大的，处三年以下有期徒刑、拘役或者管制，并处或者单处罚金；数额巨大或者有其他严重情节的，处三年以上十年以下有期徒刑，并处罚金；数额特别巨大或者有其他特别严重情节的，处十年以上有期徒刑或者无期徒刑，并处罚金或者没收财产。本法另有规定的，依照规定。

条文解读

诈骗罪 ➲ 本条是关于诈骗罪及其处罚的规定。

“诈骗”，主要是指以非法占有为目的，用虚构事实或者隐瞒真相的方法，骗取公私财物的行为。

诈骗罪具有以下特征：（1）行为人主观上出于故意，并且具有非法

占有公私财物的目的。(2) 行为人实施了诈骗行为，至于诈骗财物归自己挥霍享用，还是转归第三人，都不影响本罪的成立。(3) 诈骗公私财物数额较大才能构成犯罪，如果诈骗数额较小，则不构成犯罪。但是诈骗多少公私财物才构成“数额较大”，本条没有作出具体规定，可由司法机关依据各地具体情况作出具体规定。“情节严重”以及“情节特别严重”也是如此。

“本法另有规定的，依照规定。”这里所说的“另有规定”，是指《刑法》对某些特定的诈骗犯罪专门作了具体规定，如金融诈骗、合同诈骗等，对这些诈骗犯罪应当适用这些专门的规定，不适用本条。实践中，要注意区分诈骗罪与债务纠纷的界限：二者的根本区别在于后者不具有非法占有的目的，只是由于客观原因，一时无法偿还。诈骗罪是以非法占有为目的，不是因为客观的原因不能归还，而是根本不打算偿还。

需要注意的是，根据《全国人民代表大会常务委员会关于〈中华人民共和国刑法〉第二百六十六条的解释》的规定，以欺诈、伪造证明材料或者其他手段骗取养老、医疗、工伤、失业、生育等社会保险金或者其他社会保障待遇的，属于诈骗公私财物的行为。

案例指引

21. 参保人员以超量购买药品后转卖的方式骗取医疗保障基金的，如何处理？①

2014 年至 2020 年 6 月，被告人赵某某为转卖药品牟利，持自己的医保卡多次到医药机构多开、虚开药品，并将药品低价出售给李某某等人，骗取国家医保基金至少 49.4 万余元。2016 年 11 月 15 日，赵某某的医保诈骗行为被社会保障局发现并被责令退回医保损失，至 2018 年 8

① 参见《赵某某诈骗案——参保人员以超量购买药品后转卖的方式骗取医疗保障基金》，载中国法院网 https://www.chinacourt.org/article/detail/2021/10/id/6335343.shtml，最后访问日期：2023 年 3 月 1 日。

月赵某某已退回16.3万余元。被处罚后赵某某仍未收手，继续作案直至案发。

另，被告人赵某某未患有乙肝、阿尔茨海默症、帕金森病、精神类疾病。经对赵某某个人医保卡流水核查，2014年至2020年6月，赵某某虚开治疗乙肝、阿尔茨海默症、帕金森、精神类疾病的药物，价值7.9万余元。

法院审理认为，被告人赵某某以非法占有为目的，采取虚构事实、隐瞒真相的方式，骗取国家医保基金，数额巨大，其行为已构成诈骗罪。

参保人员不得利用享受医疗保障待遇的机会转卖药品，接受返还现金、实物或者获得其他非法利益。参保人员实施前述行为的，医疗保障行政部门可暂停其医疗费用联网结算3个月至12个月；以骗取医疗保障基金为目的，实施前述行为，造成医疗保障基金损失的，医疗保障行政部门应当处以骗取金额2倍以上5倍以下的罚金；达到数额较大标准，触犯《刑法》的，应以诈骗罪追究刑事责任。本案被告人赵某某为参保人员，以牟利为目的，利用享受医疗保障待遇的机会超量购买医保药物并转卖，造成国家医疗保障基金损失，数额巨大，其行为已构成诈骗罪，应依法惩处。

关联参见

《全国人民代表大会常务委员会关于维护互联网安全的决定》四；《最高人民法院、最高人民检察院关于办理诈骗刑事案件具体应用法律若干问题的解释》；《最高人民法院、最高人民检察院、公安部关于办理电信网络诈骗等刑事案件适用法律若干问题的意见》；《最高人民法院、最高人民检察院、公安部关于办理电信网络诈骗等刑事案件适用法律若干问题的意见（二）》

第二百六十七条　【抢夺罪】 抢夺公私财物，数额较大的，或者多次抢夺的，处三年以下有期徒刑、拘役或者管制，并处或者单处罚金；数额巨大或者有其他严重情节的，处三年以上十年以下有期徒刑，并处罚金；数额特别巨大或者有其他特别严重情节的，处十年以上有期徒刑或者无期徒刑，并处罚金或者没收财产。

携带凶器抢夺的，依照本法第二百六十三条的规定定罪处罚。

条文解读

抢夺罪 ➜ 本条是关于抢夺罪及其处罚和携带凶器抢夺如何定罪处罚的规定。

抢夺，是指以非法占有为目的，公然夺取公私财物的行为。抢夺罪的主体是一般主体，具有以下特征：（1）行为人主观上具有非法占有公私财物的目的。（2）行为人客观上实施了夺取他人财物的行为，如趁本人不备夺取其财物等。抢夺罪以没有针对被害人人身使用暴力或者胁迫为前提，如果以针对人身使用暴力或者胁迫的方法夺取他人财物，应当以抢劫罪定罪处罚。（3）抢夺公私财物数额较大的，或者多次抢夺的，才构成犯罪，抢夺“数额巨大”“数额特别巨大”或者有“其他严重情节”“其他特别严重情节”的，要加重处罚。

本条第 2 款是关于携带凶器进行抢夺按抢劫罪定罪处罚的规定。行为人携带凶器进行抢夺的，意图在于抢夺不成时加以使用，具有抢劫的心理准备。这种行为以暴力做后盾，不仅侵犯了他人的财产，而且对他人的人身也构成了严重威胁，危害程度较普通的抢夺行为大得多，具有抢劫罪的特征。为了更好地保护公民的人身权利、财产权利，本款规定，对携带凶器抢夺的，依照《刑法》第 263 条关于抢劫罪的规定定罪处罚。这里的“携带凶器抢夺”，《最高人民法院关于审理抢劫、抢夺刑事案件适用法律若干问题的意见》中进行了具体界定，是指行为人随身携带枪支、爆炸物、管制刀具等国家禁止个人携带的器械进行抢夺或者为了实施犯罪而携带其他器械进行抢夺的行为。行为人随身携带国家禁止个人携带的器械以外的其他器械抢夺，但有证据证明该器械确实不是为了实施犯罪准备的，不以抢劫罪定罪。

实务应用

42. 实践中如何区分抢劫罪与抢夺罪？

二者的区别在于行为人在夺取财物的过程中是否对被害人采取暴力、胁迫或者其他强制方法。需要注意的是，如果行为人随身携带凶器并在“抢夺”时将凶器有意加以显示、能为被害人察觉，会使被害人产生恐惧感或者精神强制，不敢进行反抗，实质上是一种胁迫行为，应当直接适用《刑法》关于抢劫罪的规定定罪处罚。此外，根据《最高人民法院、最高人民检察院关于办理抢夺刑事案件适用法律若干问题的解释》第6条的规定，驾驶机动车、非机动车夺取他人财物，具有下列情形之一的，应当以抢劫罪定罪处罚：（1）夺取他人财物时因被害人不放手而强行夺取的；（2）驾驶车辆逼挤、撞击或者强行逼倒他人夺取财物的；（3）明知会致人伤亡仍然强行夺取并放任造成财物持有人轻伤以上后果的。

关联参见

《最高人民法院、最高人民检察院关于办理抢夺刑事案件适用法律若干问题的解释》

第二百六十八条　【聚众哄抢罪】聚众哄抢公私财物，数额较大或者有其他严重情节的，对首要分子和积极参加的，处三年以下有期徒刑、拘役或者管制，并处罚金；数额巨大或者有其他特别严重情节的，处三年以上十年以下有期徒刑，并处罚金。

第二百六十九条　【转化的抢劫罪】犯盗窃、诈骗、抢夺罪，为窝藏赃物、抗拒抓捕或者毁灭罪证而当场使用暴力或者以暴力相威胁的，依照本法第二百六十三条的规定定罪处罚。

条文解读

转化型抢劫罪 ➲ 本条是关于转化型抢劫罪的规定。

根据《最高人民法院关于审理抢劫刑事案件适用法律若干问题的指导意见》的规定，“犯盗窃、诈骗、抢夺罪”，主要是指行为人已经着手实施盗窃、诈骗、抢夺行为，一般不考察盗窃、诈骗、抢夺行为是否既遂。但是所涉财物数额明显低于“数额较大”的标准，又不具有《最高人民法院关于审理抢劫、抢夺刑事案件适用法律若干问题的意见》第5条所列情形之一的（盗窃、诈骗、抢夺接近“数额较大”标准的；入户或在公共交通工具上盗窃、诈骗、抢夺后在户外或交通工具外实施上述行为的；使用暴力致人轻微伤以上后果的；使用凶器或以凶器相威胁的；具有其他严重情节的），不构成抢劫罪。“当场”是指在盗窃、诈骗、抢夺的现场以及行为人刚离开现场即被他人发现并抓捕的情形。对于以摆脱的方式逃脱抓捕，暴力强度较小，未造成轻伤以上后果的，可不认定为“使用暴力”，不以抢劫罪论处。入户或者在公共交通工具上盗窃、诈骗、抢夺后，为了窝藏赃物、抗拒抓捕或者毁灭罪证，在户内或者公共交通工具上当场使用暴力或者以暴力相威胁的，构成“入户抢劫”或者“在公共交通工具上抢劫”。两人以上共同实施盗窃、诈骗、抢夺犯罪，其中部分行为人为窝藏赃物、抗拒抓捕或者毁灭罪证而当场使用暴力或者以暴力相威胁的，对于其余行为人是否以抢劫罪共犯论处，主要看其对实施暴力或者以暴力相威胁的行为人是否形成共同犯意、提供帮助。基于一定意思联络，对实施暴力或者以暴力相威胁的行为人提供帮助或实际成为帮凶的，可以抢劫共犯论处。

第二百七十条　【侵占罪】将代为保管的他人财物非法占为己有，数额较大，拒不退还的，处二年以下有期徒刑、拘役或者罚金；数额巨大或者有其他严重情节的，处二年以上五年以下有期徒刑，并处罚金。

将他人的遗忘物或者埋藏物非法占为己有，数额较大，拒不交出的，依照前款的规定处罚。

本条罪，告诉的才处理。

条文解读

侵占罪 ➲ 本条是关于侵占罪及其处罚的规定。

本条第1款是关于将代为保管的他人财物非法占为己有的犯罪的规定。构成本罪必须符合三个条件：（1）行为人因代为保管他人财物而将他人财物合法占有。这种保管必须是合法的，如果不是合法的保管，而是使用盗窃、抢夺、诈骗、敲诈勒索等手段占有他人财物的，则构成别的犯罪。行为人合法占有他人的财物，是构成本罪的前提条件。（2）行为人主观上以非法占为己有为目的。如果行为人不是意图非法占为己有，而是由于对合同或者事实认识上的错误等而将其保管的他人财物占为己有，则不能构成本罪。（3）行为人实施了将他人财物非法占为己有，拒不退还的行为，且非法占有的财物数额达到较大以上。构成本罪必须同时具备以上三个条件。

本条第2款是将他人的遗忘物或者埋藏物非法占为己有的犯罪的规定。构成本罪也必须符合三个条件：（1）行为人主观上必须是故意，且以非法占为己有为目的。（2）行为人实施了将他人的遗忘物或者埋藏物非法占为己有，数额较大，且拒不交出的行为。遗忘物和遗失物是有区别的，遗忘物一般是指被害人明确知道自己遗忘在某处的物品，而遗失物则是失主丢失的物品，对于拾得遗失物未交还失主的，不得按本罪处理。“埋藏物”，是指所有权不明的埋藏于地下的财物、物品。遗忘物的所有权属于遗忘该财物的公民个人或者单位。埋藏物的所有权，依法属于国家所有。（3）行为人所侵占的埋藏物或者他人的遗忘物必须达到数额较大，否则不能构成犯罪。至于具体数额多少才是“数额较大”，由司法机关根据案件具体情况确定。构成本罪，必须经过告诉才能处理。考虑到在这种犯罪行为中，有些行为人往往是基于一时的贪欲，临时产生犯意；代为保管他人财物，当事人之间往往是邻居、同事，甚至是朋友关系；拾得他人遗忘物、埋藏物，与故意占有他人财物性质也大不相同，如果事后能够协商解决，没有必要定罪处罚。如果当事人本身没有告诉，则不予以处理，即不告不理。

第二百七十一条　【职务侵占罪】 公司、企业或者其他单位的工作人员，利用职务上的便利，将本单位财物非法占为己有，数额较大的，处三年以下有期徒刑或者拘役，并处罚金；数额巨大的，处三年以上十年以下有期徒刑，并处罚金；数额特别巨大的，处十年以上有期徒刑或者无期徒刑，并处罚金。

国有公司、企业或者其他国有单位中从事公务的人员和国有公司、企业或者其他国有单位委派到非国有公司、企业以及其他单位从事公务的人员有前款行为的，依照本法第三百八十二条、第三百八十三条的规定定罪处罚。

条文解读

职务侵占罪 ➔ 本条是关于职务侵占罪及其处罚的规定。

“侵占”，是指公司、企业或者其他单位的人员利用职务上的便利，侵吞、窃取、骗取或者以其他手段非法占有本单位的财物的行为。“公司”，是指依照《公司法》在中国境内设立的有限责任公司和股份有限公司。“企业”，是指进行企业登记从事经营活动的非以公司形式组成的经济实体，如厂矿、商店、宾馆饭店以及其他服务性企业。

构成本罪必须符合以下三个条件：(1) 主体是公司、企业或者其他单位的人员。(2) 行为人必须具有侵占本单位财物的行为，即公司、企业或者其他单位的人员利用职务上的便利，将本单位的财物非法占为己有，且数额较大的行为。例如，经理将应为本单位的财产收入转到个人账户或者私自送给他人；会计人员将公司收入不入账、据为己有等。“利用职务上的便利”，主要是指行为人利用其在本单位中所担任的职务形成的便利条件将本单位的财物非法占为己有。(3) 行为人在主观方面是故意的，犯罪目的是非法占有本单位的财产，过失不构成本罪。另外，本条规定的职务侵占罪中的“数额较大”“数额巨大”的数额起点，按照《最高人民法院、最高人民检察院关于办理贪污贿赂刑事案件适用法律若干问题的解释》中关于贪污罪相对应的数额标准规定的2倍、5倍执行。

需要注意以下问题：(1) 根据《最高人民法院关于在国有股份有限公司中从事管理工作的人员非法行为如何定罪问题的批复》的规定，在国有资本控股、参股的股份有限公司中从事管理工作的人员，除受国家机关、国有公司、企业、事业单位委派从事公务的以外，不属于国家工作人员。对其利用职务上的便利，将本单位财物非法占为己有，数额较大的，以职务侵占罪定罪处罚。(2) 根据《最高人民法院关于村民小组组长利用职务便利非法占有公共财物行为如何定性问题的批复》的规定，对村民小组组长利用职务上的便利，将村民小组集体财产非法占为己有，数额较大的行为，以职务侵占罪定罪处罚。

关联参见

《公安机关管辖的刑事案件立案追诉标准（二）》第76条；《最高人民法院关于审理贪污、职务侵占案件如何认定共同犯罪几个问题的解释》第2条、第3条

第二百七十二条　【挪用资金罪】公司、企业或者其他单位的工作人员，利用职务上的便利，挪用本单位资金归个人使用或者借贷给他人，数额较大、超过三个月未还的，或者虽未超过三个月，但数额较大、进行营利活动的，或者进行非法活动的，处三年以下有期徒刑或者拘役；挪用本单位资金数额巨大的，处三年以上七年以下有期徒刑；数额特别巨大的，处七年以上有期徒刑。

国有公司、企业或者其他国有单位中从事公务的人员和国有公

司、企业或者其他国有单位委派到非国有公司、企业以及其他单位从事公务的人员有前款行为的，依照本法第三百八十四条的规定定罪处罚。

有第一款行为，在提起公诉前将挪用的资金退还的，可以从轻或者减轻处罚。其中，犯罪较轻的，可以减轻或者免除处罚。

条文解读

挪用资金罪 ➜ 本条是关于挪用资金罪及其处罚的规定。

构成挪用资金罪，必须符合以下几个条件：

1. 行为人必须是公司、企业或者其他单位的工作人员。国有公司、企业或者其他国有单位中从事公务的人员和国有公司、企业或者其他国有单位委派到非国有公司、企业以及其他单位的从事公务的人员不能构成本罪。

2. 行为人实施了挪用本单位资金的行为。“挪用本单位资金”，是指公司、企业或者其他单位的工作人员利用其经手、主管本单位资金的便利条件，私自将本单位的资金挪作自己使用或者借贷给他人使用的行为。

本条对挪用本单位资金的行为规定了以下几种情况：（1）挪用本单位资金归个人使用或者借贷给他人，数额较大、超过 3 个月未还的。（2）挪用本单位资金归个人使用或者借贷给他人，数额较大、进行营利活动的。“进行营利活动”，是指用所挪用的资金进行经营或者其他获取利润的行为，至于其是否实际获得利益不影响本罪的成立。（3）挪用本单位资金归个人使用或者借贷给他人，进行非法活动的。“非法活动”是广义的，既包括一般的违法行为，如赌博、嫖娼，也包括犯罪行为，如走私、贩毒等。（4）挪用本单位资金数额巨大，或者数额较大不退还的。这里所称“不退还”，是指案发后仍未退还或者无法退还。

3. 行为人主观上必须是故意。至于其出于何种动机，不影响本罪的成立。

注意第3款的规定，有挪用资金的行为，在提起公诉前将挪用的资金退还的，可以从轻或者减轻处罚。其中，犯罪较轻的，可以减轻或者免除处罚。

需要注意的是，根据《最高人民法院关于对受委托管理、经营国有财产人员挪用国有资金行为如何定罪问题的批复》的规定，对于受国家机关、国有公司、企业、事业单位、人民团体委托，管理、经营国有财产的非国家工作人员，利用职务上的便利，挪用国有资金归个人使用构成犯罪的，应当依照《刑法》第272条第1款的规定（挪用资金罪）定罪处罚。

实务应用

43. 挪用尚未注册成立公司资金的行为如何适用法律？

根据《最高人民检察院关于挪用尚未注册成立公司资金的行为适用法律问题的批复》的规定，筹建公司的工作人员在公司登记注册前，利用职务上的便利，挪用准备设立的公司在银行开设的临时账户上的资金，归个人使用或者借贷给他人，数额较大、超过3个月未还的，或者虽未超过3个月，但数额较大、进行营利活动的，或者进行非法活动的，应当以挪用资金罪定罪处罚。

关联参见

《公安机关管辖的刑事案件立案追诉标准（二）》第77条；《最高人民法院、最高人民检察院关于办理贪污贿赂刑事案件适用法律若干问题的解释》第11条

第二百七十三条　【挪用特定款物罪】挪用用于救灾、抢险、防汛、优抚、扶贫、移民、救济款物，情节严重，致使国家和人民群众利益遭受重大损害的，对直接责任人员，处三年以下有期徒刑或者拘役；情节特别严重的，处三年以上七年以下有期徒刑。

条文解读

挪用特定款物罪 ➔ 本条是关于挪用特定款物罪及其处罚的规定。

挪用特定款物罪，是指违反国家财经管理制度和民政事业制度，挪用国家和社会救灾、抢险、防汛、优抚、扶贫、移民、救济款物，情节严重，致使国家和人民群众利益遭受重大损害的行为。构成挪用特定款物罪必须符合以下几个条件：(1) 犯罪主体只能是对挪用行为负有责任的主管人员、直接实施挪用行为的人员，一般是经手、掌管国家救灾、抢险、防汛、优抚、扶贫、移民、救济款物的人员，包括国家工作人员、集体经济组织工作人员、事业单位工作人员、社会团体工作人员以及受上述单位委托经手、管理特定款物的人员。(2) 客观表现为挪用救灾、抢险、防汛、优抚、扶贫、移民、救济款物，情节严重，致使国家和人民群众的利益遭受重大损害的行为。“挪用”，是指不经合法批准，擅自将自己经手、管理的救灾、抢险、防汛、优抚、扶贫、移民、救济款物调拨、使用到其他方面。(3) 行为人主观上必须是故意，过失不构成本罪。(4) 挪用款物的目的是用于单位的其他项目，如果挪用上述特定款物归个人使用，构成犯罪的，应按挪用公款罪从重处罚。

根据《最高人民检察院关于挪用失业保险基金和下岗职工基本生活保障资金的行为适用法律问题的批复》的规定，挪用失业保险基金和下岗职工基本生活保障资金属于挪用救济款物。挪用失业保险基金和下岗职工基本生活保障资金，情节严重，致使国家和人民群众利益遭受重大损害的，对直接责任人员，以挪用特定款物罪追究刑事责任；国家工作人员利用职务上的便利，挪用失业保险基金和下岗职工基本生活保障资金归个人使用，构成犯罪的，以挪用公款罪追究刑事责任。

关联参见

《最高人民法院、最高人民检察院关于办理妨害预防、控制突发传染病疫情等灾害的刑事案件具体应用法律若干问题的解释》第14条

第二百七十四条　【敲诈勒索罪】 敲诈勒索公私财物，数额较大或者多次敲诈勒索的，处三年以下有期徒刑、拘役或者管制，并处或者单处罚金；数额巨大或者有其他严重情节的，处三年以上十年以下有期徒刑，并处罚金；数额特别巨大或者有其他特别严重情节的，处十年以上有期徒刑，并处罚金。

条文解读

敲诈勒索罪 ➜ 本条是关于敲诈勒索罪及其处罚的规定。

"敲诈勒索"，是指以非法占有为目的，对公私财物的所有人、保管人使用威胁或者要挟的方法，勒索公私财物的行为。本罪的主体是一般犯罪主体。构成敲诈勒索罪必须具备以下条件：(1) 行为人具有非法占有他人财物的目的。(2) 行为人实施了以威胁或者要挟的方法勒索财物的行为，这是敲诈勒索罪的最主要的特点。(3) 敲诈勒索的财物数额较大或者多次敲诈勒索的。数额较大，是敲诈勒索行为构成犯罪的基本要件。如果敲诈勒索的财物数额较小，一般应当依照《治安管理处罚法》的规定予以处罚，不需要动用刑罚。对多次敲诈勒索的行为，即使敲诈勒索的财物数额没有达到较大的标准，也应当依法定罪处罚。

关联参见

《全国人民代表大会常务委员会关于维护互联网安全的决定》四；《最高人民法院、最高人民检察院关于办理敲诈勒索刑事案件适用法律若干问题的解释》；《最高人民法院关于审理抢劫、抢夺刑事案件适用法律若干问题的意见》九；《最高人民法院、最高人民检察院关于办理利用信息网络实施诽谤等刑事案件适用法律若干问题的解释》第6条

第二百七十五条　【故意毁坏财物罪】 故意毁坏公私财物，数额较大或者有其他严重情节的，处三年以下有期徒刑、拘役或者罚金；数额巨大或者有其他特别严重情节的，处三年以上七年以下有期徒刑。

条文解读

故意毁坏财物罪 ➲ 本条是关于故意毁坏财物罪及其处罚的规定。

构成故意毁坏财物罪，必须符合下列条件：

1. 故意毁坏财物罪主观上必须是故意，犯罪目的只是毁坏公私财物，不具有非法占有的目的，这是本罪与其他侵犯财产罪的本质区别。过失毁坏公私财物的，不构成本罪。

2. 行为人客观上实施故意毁坏公私财物数额较大或者有其他严重情节的行为。所采用的方式主要是毁灭和损坏。其中毁灭，是指使用各种方法故意使公私财物的价值和使用价值全部丧失。损坏，是指将某项公私财物部分毁坏，使其部分丧失价值和使用价值。

3. 本罪侵犯的客体是公私财物所有权，侵犯对象是各种公私财物。但是破坏某些特定的公私财物，侵犯了其他客体，则不能以毁坏财物罪论处，例如，故意毁坏使用中的交通设备、交通工具、电力煤气设备、易燃易爆设备，危害公共安全的，以危害公共安全罪中的有关犯罪论处；故意毁坏机器设备、残害耕畜，破坏生产经营的，以破坏生产经营罪论处。

关联参见

《公安机关管辖的刑事案件立案追诉标准（一）》第 33 条

第二百七十六条　【破坏生产经营罪】 由于泄愤报复或者其他个人目的，毁坏机器设备、残害耕畜或者以其他方法破坏生产经营的，处三年以下有期徒刑、拘役或者管制；情节严重的，处三年以上七年以下有期徒刑。

第二百七十六条之一　【拒不支付劳动报酬罪】 以转移财产、逃匿等方法逃避支付劳动者的劳动报酬或者有能力支付而不支付劳动者的劳动报酬，数额较大，经政府有关部门责令支付仍不支付的，处三年以下有期徒刑或者拘役，并处或者单处罚金；造成严重后果的，处三年以上七年以下有期徒刑，并处罚金。

单位犯前款罪的，对单位判处罚金，并对其直接负责的主管人员和其他直接责任人员，依照前款的规定处罚。

有前两款行为，尚未造成严重后果，在提起公诉前支付劳动者的劳动报酬，并依法承担相应赔偿责任的，可以减轻或者免除处罚。

条文解读

拒不支付劳动报酬罪 ➡ 本条是关于拒不支付劳动报酬及其处罚的规定。

本罪是故意犯罪，主体是自然人或单位。主观方面必须有逃避支付或者不支付劳动者的劳动报酬的故意。其侵犯的客体为双重客体，既侵犯了劳动者的财产权，又扰乱了市场经济秩序。客观方面，行为人实施了以转移财产或逃匿等手段，逃避支付劳动者的劳动报酬或者虽没有转移财产和逃匿等行为，但有能力支付而故意不支付劳动者的劳动报酬的行为。

“劳动报酬”，是指劳动者按照《劳动法》和《劳动合同法》的规定，通过自己的劳动而应得的报酬，其范围不仅限于工资，还包括：（1）单位支付给劳动者个人的社会保险福利费用，如丧葬抚恤救济费、生活困难补助费、计划生育补贴等；（2）劳动保护方面的费用，如用人单位支付给劳动者的工作服、解毒剂、清凉饮料费用等；（3）按规定未列入工资总额的各种劳动报酬及其他劳动收入，指用人单位为劳动者直接向政府和保险部门支付的失业、养老、人身、医疗、家庭财产等保险金。“数额较大并经政府有关部门责令支付仍不支付”是构成本罪的必备条件，缺一不可。也就是说，行为人采取转移财产、逃匿等方法逃避支付劳动者的劳动报酬，或者有能力支付而不支付劳动者的劳动报酬都必须达到数额较大且经政府有关部门责令支付仍不支付的，才能构成本罪。仅符合数额较大的条件或者经政府有关部门责令支付仍不支付的条件都不构成本罪。“造成严重后果的”，一般是指以下几种情况：（1）由于不支付或没有及时支付劳动者报酬，以至于影响到劳动者家庭的生活或生存；（2）导致劳动者自伤、精神失常或实施犯罪行为。如偷盗、伤人等；（3）引发群体性事件等严重后果。

案例指引

22. 不具备用工主体资格的单位或者个人能否成为拒不支付劳动报酬罪的犯罪主体？①

胡克金拒不支付劳动报酬案

（最高人民法院审判委员会讨论通过　2014年6月23日发布）

关键词　刑事　拒不支付劳动报酬罪　不具备用工主体资格的单位或者个人

裁判要点

1. 不具备用工主体资格的单位或者个人（包工头），违法用工且拒不支付劳动者报酬，数额较大，经政府有关部门责令支付仍不支付的，应当以拒不支付劳动报酬罪追究刑事责任。

2. 不具备用工主体资格的单位或者个人（包工头）拒不支付劳动报酬，即使其他单位或者个人在刑事立案前为其垫付了劳动报酬的，也不影响追究该用工单位或者个人（包工头）拒不支付劳动报酬罪的刑事责任。

相关法条

《中华人民共和国刑法》第二百七十六条之一第一款

基本案情

被告人胡克金于2010年12月分包了位于四川省双流县黄水镇的三盛翡俪山一期景观工程的部分施工工程，之后聘用多名民工入场施工。

① 最高人民法院指导案例28号。

施工期间，胡克金累计收到发包人支付的工程款51万余元，已超过结算时确认的实际工程款。2011年6月5日工程完工后，胡克金以工程亏损为由拖欠李朝文等20余名民工工资12万余元。6月9日，双流县人力资源和社会保障局责令胡克金支付拖欠的民工工资，胡克金却于当晚订购机票并在次日早上乘飞机逃匿。6月30日，四川锦天下园林工程有限公司作为工程总承包商代胡克金垫付民工工资12万余元。7月4日，公安机关对胡克金拒不支付劳动报酬案立案侦查。7月12日，胡克金在浙江省慈溪市被抓获。

裁判结果

四川省双流县人民法院于2011年12月29日作出（2011）双流刑初字第544号刑事判决，认定被告人胡克金犯拒不支付劳动报酬罪，判处有期徒刑一年，并处罚金人民币二万元。宣判后被告人未上诉，判决已发生法律效力。

裁判理由

法院生效裁判认为：被告人胡克金拒不支付20余名民工的劳动报酬达12万余元，数额较大，且在政府有关部门责令其支付后逃匿，其行为构成拒不支付劳动报酬罪。被告人胡克金虽然不具有合法的用工资格，又属没有相应建筑工程施工资质而承包建筑工程施工项目，且违法招用民工进行施工，上述情况不影响以拒不支付劳动报酬罪追究其刑事责任。本案中，胡克金逃匿后，工程总承包企业按照有关规定清偿了胡克金拖欠的民工工资，其清偿拖欠民工工资的行为属于为胡克金垫付，这一行为虽然消减了拖欠行为的社会危害性，但并不能免除胡克金应当支付劳动报酬的责任，因此，对胡克金仍应当以拒不支付劳动报酬罪追究刑事责任。鉴于胡克金系初犯、认罪态度好，依法作出如上判决。

关联参见

《最高人民法院关于审理拒不支付劳动报酬刑事案件适用法律若干

问题的解释》；《最高人民法院、最高人民检察院、人力资源和社会保障部、公安部关于加强涉嫌拒不支付劳动报酬犯罪案件查处衔接工作的通知》

第六章　妨害社会管理秩序罪

第一节　扰乱公共秩序罪

第二百七十七条　**【妨害公务罪】**以暴力、威胁方法阻碍国家机关工作人员依法执行职务的，处三年以下有期徒刑、拘役、管制或者罚金。

以暴力、威胁方法阻碍全国人民代表大会和地方各级人民代表大会代表依法执行代表职务的，依照前款的规定处罚。

在自然灾害和突发事件中，以暴力、威胁方法阻碍红十字会工作人员依法履行职责的，依照第一款的规定处罚。

故意阻碍国家安全机关、公安机关依法执行国家安全工作任务，未使用暴力、威胁方法，造成严重后果的，依照第一款的规定处罚。

【袭警罪】暴力袭击正在依法执行职务的人民警察的，处三年以下有期徒刑、拘役或者管制；使用枪支、管制刀具，或者以驾驶机动车撞击等手段，严重危及其人身安全的，处三年以上七年以下有期徒刑。

条文解读

妨害公务罪 ➜ 本条第1至4款是关于妨害公务罪及其处罚的规定。

“阻碍国家机关工作人员依法执行职务”，是指以暴力、威胁方法阻挠、妨碍国家机关工作人员依照法律规定执行自己的职务，致使依法执行职务的活动无法正常进行。其中“国家机关工作人员”，是指中央及地方各级权力机关、党政机关、司法机关和军事机关的工作人员；

"依法执行职务"，是指国家机关工作人员依照法律、法规规定所进行的职务活动。如果阻碍的不是国家机关工作人员的活动，或者不是职务活动，或者不是依法进行的职务活动，都不构成本罪。

袭警罪 ➜ 本条第 5 款是关于袭警罪及其处罚的规定。

构成本罪应当具备以下条件：(1) 必须是实施了暴力袭击行为，如果行为人实施的不是暴力袭击行为而是威胁、辱骂等其他行为，则不构成本款犯罪，对于构成一般妨害公务犯罪的，可依照本条第 1 款的规定处罚。(2) 暴力袭击的对象必须是正在依法执行职务的人民警察，如果行为人袭击的对象不是人民警察而是其他国家机关工作人员，或者袭击的人民警察不是正在依法执行职务，都不构成本款犯罪，对于袭击其他依法执行职务的国家机关工作人员，构成妨害公务罪的，依照本条第 1 款规定处罚。

实务应用

44. 以暴力、威胁方法阻碍事业编制人员依法执行行政执法职务是否可对侵害人以妨害公务罪论处？

根据《最高人民检察院关于以暴力威胁方法阻碍事业编制人员依法执行行政执法职务是否可对侵害人以妨害公务罪论处的批复》的规定，对于以暴力、威胁方法阻碍国有事业单位人员依照法律、行政法规的规定执行行政执法职务的，或者以暴力、威胁方法阻碍国家机关中受委托从事行政执法活动的事业编制人员执行行政执法职务的，可以对侵害人以妨害公务罪追究刑事责任。

关联参见

《最高人民法院、最高人民检察院关于办理妨害预防、控制突发传染病疫情等灾害的刑事案件具体应用法律若干问题的解释》第 8 条；《最高人民检察院关于以暴力威胁方法阻碍事业编制人员依法执行行政执法职务是否可对侵害人以妨害公务罪论处的批复》；《最高人民法院、

最高人民检察院、公安部、国家工商行政管理局[①]关于依法查处盗窃、抢劫机动车案件的规定》第1条

第二百七十八条　【煽动暴力抗拒法律实施罪】煽动群众暴力抗拒国家法律、行政法规实施的，处三年以下有期徒刑、拘役、管制或者剥夺政治权利；造成严重后果的，处三年以上七年以下有期徒刑。

第二百七十九条　【招摇撞骗罪】冒充国家机关工作人员招摇撞骗的，处三年以下有期徒刑、拘役、管制或者剥夺政治权利；情节严重的，处三年以上十年以下有期徒刑。

冒充人民警察招摇撞骗的，依照前款的规定从重处罚。

条文解读

招摇撞骗罪 ➲ 本条是关于招摇撞骗罪及其处罚的规定。

实践中，应当注意区分招摇撞骗罪与诈骗罪。诈骗罪骗取的对象只限于公私财物，并且要求财物达到一定的数额，侵害的是公私合法财产利益；招摇撞骗罪骗取的对象主要不是财产，而是财产以外的其他利益，如地位、待遇等，侵害的主要是国家机关的威信和形象。如果行为人冒充国家机关工作人员是为了骗取财物，应当以诈骗罪处罚。

关联参见

《最高人民法院关于审理抢劫、抢夺刑事案件适用法律若干问题的意见》九

第二百八十条　【伪造、变造、买卖国家机关公文、证件、印章罪】【盗窃、抢夺、毁灭国家机关公文、证件、印章罪】伪造、

① 已撤销。

变造、买卖或者盗窃、抢夺、毁灭国家机关的公文、证件、印章的，处三年以下有期徒刑、拘役、管制或者剥夺政治权利，并处罚金；情节严重的，处三年以上十年以下有期徒刑，并处罚金。

【伪造公司、企业、事业单位、人民团体印章罪】伪造公司、企业、事业单位、人民团体的印章的，处三年以下有期徒刑、拘役、管制或者剥夺政治权利，并处罚金。

【伪造、变造、买卖身份证件罪】伪造、变造、买卖居民身份证、护照、社会保障卡、驾驶证等依法可以用于证明身份的证件的，处三年以下有期徒刑、拘役、管制或者剥夺政治权利，并处罚金；情节严重的，处三年以上七年以下有期徒刑，并处罚金。

条文解读

伪造、变造、买卖国家机关公文、证件、印章罪，盗窃、抢夺、毁灭国家机关公文、证件、印章罪 ➔ 构成本条第1款规定的犯罪需具备以下条件：一是行为人在主观上是出于故意，至于行为人出于何种动机不影响本罪成立。二是行为人在客观上实施了伪造、变造、买卖或者盗窃、抢夺、毁灭国家机关公文、证件、印章的行为。

伪造、变造、买卖身份证件罪 ➔ 构成本条第3款规定的犯罪须具备以下条件：一是行为人在主观上是出于故意，至于行为人出于何种动机不影响本罪成立。二是行为人客观上实施了“伪造、变造、买卖”居民身份证、护照、社会保障卡、驾驶证等依法可以用于证明身份的证件的行为。其中，“伪造”是指制作虚假的居民身份证等依法可以用于证明身份的证件；“变造”是对真的证件进行改制，变更其原有真实内容的行为；“买卖”是指为了某种目的，非法购买或者销售这些证件的行为。

实践中应当注意以下问题：（1）根据《最高人民法院研究室关于对行为人通过伪造国家机关公文、证件担任国家工作人员职务并利用职务上的便利侵占本单位财物、收受贿赂、挪用本单位资金等行为如何适用法律问题的答复》的规定，行为人通过伪造国家机关公文、证件担任国家工作人员职务以后，又利用职务上的便利实施侵占本单位财物、收受贿赂、挪用本单位资金等行为，构成犯罪的，应当分别以伪造国家机关公文、证件罪和相应的贪污罪、受贿罪、挪用公款罪等追究刑事责任，实行数罪并罚。（2）根据《最高人民检察院法律政策研究室关于伪造、变造、买卖政府设立的临时性机构的公文、证件、印章行为如何适用法律问题的答复》的规定，伪造、变造、买卖各级人民政府设立的行使行政管理权的临时性机构的公文、证件、印章行为，构成犯罪的，应当依照《刑法》第280条第1款的规定，以伪造、变造、买卖国家机关公文、证件、印章罪追究刑事责任。（3）根据《最高人民法院、最高人民检察院关于办理伪造、贩卖伪造的高等院校学历、学位证明刑事案件如何适用法律问题的解释》的规定，对于伪造高等院校印章制作学历、学位证明的行为，应当依照《刑法》第280条第2款的规定，以伪造事业单位印章罪定罪处罚。明知是伪造高等院校印章制作的学历、学位证明而贩卖的，以伪造事业单位印章罪的共犯论处。

第二百八十条之一　【使用虚假身份证件、盗用身份证件罪】 在依照国家规定应当提供身份证明的活动中，使用伪造、变造的或者盗用他人的居民身份证、护照、社会保障卡、驾驶证等依法可以用于证明身份的证件，情节严重的，处拘役或者管制，并处或者单处罚金。

有前款行为，同时构成其他犯罪的，依照处罚较重的规定定罪处罚。

第二百八十条之二　【冒名顶替罪】 盗用、冒用他人身份，顶替他人取得的高等学历教育入学资格、公务员录用资格、就业安置待遇的，处三年以下有期徒刑、拘役或者管制，并处罚金。

组织、指使他人实施前款行为的，依照前款的规定从重处罚。

国家工作人员有前两款行为，又构成其他犯罪的，依照数罪并罚的规定处罚。

条文解读

冒名顶替罪 ➲ 本条是关于冒名顶替罪及其处罚的规定。

1. “盗用、冒用他人身份”是指盗用、冒用能够证明他人身份的证件、证明文件、身份档案、材料信息以达到自己替代他人的社会或法律地位，行使他人相关权利的目的。

2. “顶替他人取得的高等学历教育入学资格、公务员录用资格、就业安置待遇”。“高等学历教育入学资格”是指经过考试合格等程序依法获取的高等学历教育（专科教育、本科教育和研究生教育）的入学资格；“公务员录用资格”主要是根据《公务员法》规定的公务员录用程序取得的公务员录用资格；“就业安置待遇”是根据法律法规和相关政策规定由各级人民政府对特殊主体予以安排就业、照顾就业等优待。

关联参见

《高等教育法》第 15 条、第 16 条、第 19 条；《公务员法》第 109 条；《退役军人保障法》第 22 条；《英雄烈士保护法》第 21 条

第二百八十一条　【非法生产、买卖警用装备罪】非法生产、买卖人民警察制式服装、车辆号牌等专用标志、警械，情节严重的，处三年以下有期徒刑、拘役或者管制，并处或者单处罚金。

单位犯前款罪的，对单位判处罚金，并对其直接负责的主管人员和其他直接责任人员，依照前款的规定处罚。

第二百八十二条　【非法获取国家秘密罪】以窃取、刺探、收买方法，非法获取国家秘密的，处三年以下有期徒刑、拘役、管制或者剥夺政治权利；情节严重的，处三年以上七年以下有期徒刑。

【非法持有国家绝密、机密文件、资料、物品罪】非法持有属于国家绝密、机密的文件、资料或者其他物品，拒不说明来源与用途的，处三年以下有期徒刑、拘役或者管制。

条文解读

非法获取国家秘密罪 ➲ 本条第1款是关于非法获取国家秘密罪及其处罚的规定。

本条第1款规定的“窃取”，是指行为人采取非法手段秘密取得国家秘密的行为；“刺探”，是指行为人通过各种途径和手段非法探知国家秘密的行为；“收买”，是指行为人以给予金钱或者其他物质利益的方法非法得到国家秘密的行为。这里的“国家秘密”，在《保守国家秘密法》中已有明确规定，是指关系国家安全和利益，依照法定程序确定，在一定时间内只限一定范围的人员知悉的事项。国家秘密分为三级：绝密、机密和秘密。

非法持有国家绝密、机密文件、资料、物品罪 ➲ 本条第2款是关于非法持有国家绝密、机密文件、资料、物品罪及其处罚的规定。

第2款规定的“非法持有属于国家绝密、机密的文件、资料或者其他物品”，是指根据《保守国家秘密法》以及国家其他有关规定，不该持有而持有属于国家绝密、机密的文件、资料或者其他物品，包括传递、携带、保存这些文件、资料和物品。“属于国家绝密、机密的文件、资料”，是指依照法定程序确定并且标明为绝密、机密两个密级的文件、资料，不包括秘密一级的文件、资料；属于国家绝密、机密的“其他物品”，是指依照有关法律被确定为国家绝密、机密的物品，如被确定为国家绝密或者机密的先进设备、高科技产品、军工产品。所谓“拒不说明来源与用途”，是指在有关机关责令说明其非法持有的属于国家绝密、机密的文件、资料和其他物品的来源和用途时，行为人拒不回答或者作虚假回答。

在实践中应当注意，有本条第1款规定的非法获取国家秘密的犯罪行为，但如果行为人窃取、刺探、收买情报是为了提供给境外的机构、组织、人员的，应当以为境外窃取、刺探、收买、非法提供国家秘密、情报罪定罪处罚；在认定本条第2款规定的非法持有属于国家绝密、机密的文件、资料或者其他物品犯罪时，应当首先查清行为人的行为是否构成非法获取国家秘密等犯罪。

第二百八十三条　【非法生产、销售专用间谍器材、窃听、窃照专用器材罪】 非法生产、销售专用间谍器材或者窃听、窃照专用器材的，处三年以下有期徒刑、拘役或者管制，并处或者单处罚金；情节严重的，处三年以上七年以下有期徒刑，并处罚金。

单位犯前款罪的，对单位判处罚金，并对其直接负责的主管人员和其他直接责任人员，依照前款的规定处罚。

条文解读

非法生产、销售专用间谍器材、窃听、窃照专用器材罪 ➜ 本条是关于非法生产、销售专用间谍器材、窃听、窃照专用器材罪及其处罚的规定。

构成本条规定的犯罪需具备以下条件：一是行为人在主观上是故意，至于行为人出于何种动机不影响本罪成立。二是行为人实施了非法生产、销售专用间谍器材或者窃听、窃照专用器材的行为。这里规定的“非法生产、销售”，是指未经有关主管部门批准、许可，擅自生产、销售专用间谍器材或者窃听、窃照专用器材，或者虽经有关主管部门批准、许可生产、销售，但在实际生产、销售过程中违反有关主管部门关于数量、规格、范围等的要求，非法生产、销售。这里规定的“专用间谍器材”是指专门用于实施间谍活动的工具。这里规定的“窃听、窃照专用器材”，是指具有窃听、窃照功能，并专门用于窃听、窃照的器材，如专用于窃听、窃照的窃听器、微型录音机、微型照相机等。所谓“窃听”，是指使用专用器材、设备，在当事人未察觉、不知晓或无法防范的情况下，偷听其谈话或者通话以及其他活动的行为；所谓“窃照”，是指使用专用器材、设备，对窃照对象的形象或者活动进行的秘密拍照摄录的活动。

第二百八十四条　【非法使用窃听、窃照专用器材罪】 非法使用窃听、窃照专用器材，造成严重后果的，处二年以下有期徒刑、拘役或者管制。

第二百八十四条之一　【组织考试作弊罪】 在法律规定的国家考试中，组织作弊的，处三年以下有期徒刑或者拘役，并处或者单处罚金；情节严重的，处三年以上七年以下有期徒刑，并处罚金。

为他人实施前款犯罪提供作弊器材或者其他帮助的，依照前款的规定处罚。

【非法出售、提供试题、答案罪】 为实施考试作弊行为，向他人非法出售或者提供第一款规定的考试的试题、答案的，依照第一款的规定处罚。

【代替考试罪】 代替他人或者让他人代替自己参加第一款规定的考试的，处拘役或者管制，并处或者单处罚金。

条文解读

组织考试作弊罪 ➲ 本条第 1、2 款是关于组织考试作弊罪及其处罚的规定。

“法律规定的国家考试”，仅限于全国人民代表大会及其常务委员会制定的法律所规定的考试。根据有关法律规定，下列考试属于“法律规定的国家考试”：(1) 普通高等学校招生考试、研究生招生考试、高等教育自学考试、成人高等学校招生考试等国家教育考试；(2) 中央和地方公务员录用考试；(3) 国家统一法律职业资格考试、国家教师资格考试、注册会计师全国统一考试、会计专业技术资格考试、资产评估师资格考试、医师资格考试、执业药师职业资格考试、注册建筑师考试、建造师执业资格考试等专业技术资格考试；(4) 其他依照法律由中央或者地方主管部门以及行业组织的国家考试。前述规定的考试涉及的特殊类型招生、特殊技能测试、面试等考试，属于“法律规定的国家考试”。

第2款规定的帮助行为主要分为两大类：一是提供作弊器材。互联网和无线考试作弊器材是高科技作弊的关键环节，通过互联网，试题和答案得以大面积传播；有了无线考试作弊器材，试题和答案才得以在考场内外顺利传递。从功能上看，作弊器材的作用就是将考场内的试题传出去或将答案发送给考生，相应地，相关器材包括密拍、发送和接收设备三大类。密拍设备日益小型化、伪装也更加先进，如纽扣式数码相机、眼镜式和手表式密拍设备，其发射天线通常采用背心、腰带、发卡等形式；发送设备包括各种大功率发射机，负责将答案传送到考场中，实践中有的发射距离可达数公里；接收设备包括语音和数据接收器，语音接收机包括米粒耳机、牙齿接收机、颅骨接收机等；数据接收机则出现了尺子、橡皮、眼镜、签字笔等多种伪装。这里规定的“提供”作弊器材包括为其生产，向其销售、出租、出借等多种方式。二是提供其他帮助。包括进行无线作弊器材使用培训，窃取、出售考生信息以及作弊网站的设立与维护等。

非法出售、提供试题、答案罪 ➔ 本条第3款是关于非法出售、提供试题、答案罪及其处罚的规定。

根据《最高人民法院、最高人民检察院关于办理组织考试作弊等刑事案件适用法律若干问题的解释》第5条的规定，为实施考试作弊行为，非法出售或者提供法律规定的国家考试的试题、答案，具有下列情形之一的，应当认定为“情节严重”：(1) 非法出售或者提供普通高等学校招生考试、研究生招生考试、公务员录用考试的试题、答案的；(2) 导致考试推迟、取消或者启用备用试题的；(3) 考试工作人员非法出售或者提供试题、答案的；(4) 多次非法出售或者提供试题、答案的；(5) 向30人次以上非法出售或者提供试题、答案的；(6) 违法所得30万元以上的；(7) 其他情节严重的情形。前述司法解释第6条规定，为实施考试作弊行为，向他人非法出售或者提供法律规定的国家考试的试题、答案，试题不完整或者答案与标准答案不完全一致的，不影响非法出售、提供试题、答案罪的认定。

代替考试罪 ➔ 本条第 4 款是关于代替考试罪及其处罚的规定。

代替他人或者让他人代替自己参加法律规定的国家考试的，以代替考试罪定罪处罚。对于行为人犯罪情节较轻，确有悔罪表现，综合考虑行为人替考情况以及考试类型等因素，认为符合缓刑适用条件的，可以宣告缓刑；犯罪情节轻微的，可以不起诉或者免予刑事处罚；情节显著轻微危害不大的，不以犯罪论处。

关联参见

《最高人民法院、最高人民检察院关于办理组织考试作弊等刑事案件适用法律若干问题的解释》；《最高人民法院关于〈中华人民共和国刑法修正案（九）〉时间效力问题的解释》第 6 条

第二百八十五条　【非法侵入计算机信息系统罪】 违反国家规定，侵入国家事务、国防建设、尖端科学技术领域的计算机信息系统的，处三年以下有期徒刑或者拘役。

【非法获取计算机信息系统数据、非法控制计算机信息系统罪】 违反国家规定，侵入前款规定以外的计算机信息系统或者采用其他技术手段，获取该计算机信息系统中存储、处理或者传输的数据，或者对该计算机信息系统实施非法控制，情节严重的，处三年以下有期徒刑或者拘役，并处或者单处罚金；情节特别严重的，处三年以上七年以下有期徒刑，并处罚金。

【提供侵入、非法控制计算机信息系统程序、工具罪】 提供专门用于侵入、非法控制计算机信息系统的程序、工具，或者明知他人实施侵入、非法控制计算机信息系统的违法犯罪行为而为其提供程序、工具，情节严重的，依照前款的规定处罚。

单位犯前三款罪的，对单位判处罚金，并对其直接负责的主管人员和其他直接责任人员，依照各该款的规定处罚。

条文解读

非法侵入计算机信息系统罪 ➔ 本条第1款是关于非法侵入计算机信息系统罪及其处罚的规定。

构成本罪应当符合以下条件：(1) 必须是违反国家规定。“违反国家规定”，是指违反国家关于保护计算机安全的法律和行政法规。(2) 行为人实施了侵入国家事务、国防建设、尖端科学技术领域的计算机信息系统的行为。(3) 犯罪对象仅限于国家事务、国防建设、尖端科学技术领域的计算机信息系统。“计算机信息系统”，是指具备自动处理数据功能的系统，包括计算机、网络设备、通信设备、自动化控制设备等。

非法获取计算机信息系统数据、非法控制计算机信息系统罪 ➔ 本条第2款是关于非法获取计算机信息系统数据、非法控制计算机信息系统罪及其处罚的规定。

构成本罪应当符合以下条件：(1) 行为人实施了非法获取他人计算机信息系统中存储、处理或者传输的数据的行为，或者实施了对他人计算机信息系统进行非法控制的行为。(2) 行为人非法获取他人计算机信息系统中的数据或者对他人计算机信息系统加以非法控制，是基于“侵入”或者“其他技术手段”。“侵入”，是指未经授权或者他人同意，通过技术手段进入计算机信息系统。“其他技术手段”是关于行为人可能采用的手段的兜底性规定，是针对实践中随着计算机技术的发展可能出现的各种手段作出的规定。

提供侵入、非法控制计算机信息系统程序、工具罪 ➔ 本条第3款是关于提供侵入、非法控制计算机信息系统程序、工具罪及其处罚的规定。

本款的“提供”，既包括出售等有偿提供，也包括提供免费下载等行为；包括直接提供给他人，也包括在网上供他人下载等。根据《最高人民法院、最高人民检察院关于办理危害计算机信息系统安全刑事案件应用法律若干问题的解释》第2条、第3条的规定，具有下列情形之一的程序、工具，应当认定为《刑法》第285条第3款规定的“专门用于侵入、非法控制计算机信息系统的程序、工具”：（1）具有避开或者突破计算机信息系统安全保护措施，未经授权或者超越授权获取计算机信息系统数据的功能的；（2）具有避开或者突破计算机信息系统安全保护措施，未经授权或者超越授权对计算机信息系统实施控制的功能的；（3）其他专门设计用于侵入、非法控制计算机信息系统、非法获取计算机信息系统数据的程序、工具。提供侵入、非法控制计算机信息系统的程序、工具，具有下列情形之一的，应当认定为《刑法》第285条第3款规定的“情节严重”：（1）提供能够用于非法获取支付结算、证券交易、期货交易等网络金融服务身份认证信息的专门性程序、工具5人次以上的；（2）提供第（1）项以外的专门用于侵入、非法控制计算机信息系统的程序、工具20人次以上的；（3）明知他人实施非法获取支付结算、证券交易、期货交易等网络金融服务身份认证信息的违法犯罪行为而为其提供程序、工具5人次以上的；（4）明知他人实施第（3）项以外的侵入、非法控制计算机信息系统的违法犯罪行为而为其提供程序、工具20人次以上的；（5）违法所得5000元以上或者造成经济损失1万元以上的；（6）其他情节严重的情形。

实务应用

45. 超出授权范围使用账号、密码登录计算机信息系统，是否属于侵入计算机信息系统的行为？

超出授权范围使用账号、密码登录计算机信息系统，属于侵入计算机信息系统的行为；侵入计算机信息系统后下载其储存的数据，可以认定为非法获取计算机信息系统数据。非法获取计算机信息系统数据罪中的“侵入”，是指违背被害人意愿、非法进入计算机信息系统的行为。其表现形式既包括采用技术手段破坏系统防护进入计算机信息系统，也包括未取得被害人授权擅自进入计算机信息系统，还包括超出被害人授权范围进入计算机信息系统。

23. 通过修改、增加计算机信息系统数据，对该计算机信息系统实施非法控制，但未造成系统功能实质性破坏或者不能正常运行的，是否应认定为非法控制计算机信息系统罪？①

张竣杰等非法控制计算机信息系统案

（最高人民法院审判委员会讨论通过　2020年12月29日发布）

关键词　刑事/非法控制计算机信息系统罪/破坏计算机信息系统罪/采用其他技术手段/修改增加数据/木马程序

裁判要点

1. 通过植入木马程序的方式，非法获取网站服务器的控制权限，进而通过修改、增加计算机信息系统数据，向相关计算机信息系统上传网页链接代码的，应当认定为刑法第二百八十五条第二款“采用其他技术手段”非法控制计算机信息系统的行为。

2. 通过修改、增加计算机信息系统数据，对该计算机信息系统实施非法控制，但未造成系统功能实质性破坏或者不能正常运行的，不应当认定为破坏计算机信息系统罪，符合刑法第二百八十五条第二款规定的，应当认定为非法控制计算机信息系统罪。

相关法条

《中华人民共和国刑法》第285条第1款、第2款

基本案情

自2017年7月开始，被告人张竣杰、彭玲珑、祝东、姜宇豪经事先共谋，为赚取赌博网站广告费用，在马来西亚吉隆坡市租住的Trillion公寓B幢902室内，相互配合，对存在防护漏洞的目标服务器进行检索、筛查后，向目标服务器植入木马程序（后门程序）进行控制，再使用“菜刀”等软件链接该木马程序，获取目标服务器后台浏览、增加、

① 最高人民法院指导案例145号。

删除、修改等操作权限，将添加了赌博关键字并设置自动跳转功能的静态网页，上传至目标服务器，提高赌博网站广告被搜索引擎命中几率。截止2017年9月底，被告人张竣杰、彭玲珑、祝东、姜宇豪链接被植入木马程序的目标服务器共计113台，其中部分网站服务器还被植入了含有赌博关键词的广告网页。后公安机关将被告人张竣杰、彭玲珑、祝东、姜宇豪抓获到案。公诉机关以破坏计算机信息系统罪对四人提起公诉。被告人张竣杰、彭玲珑、祝东、姜宇豪及其辩护人在庭审中均对指控的主要事实予以承认；被告人张竣杰、彭玲珑、祝东及其辩护人提出，各被告人的行为仅是对目标服务器的侵入或非法控制，非破坏，应定性为非法侵入计算机信息系统罪或非法控制计算机信息系统罪，不构成破坏计算机信息系统罪。

裁判结果

江苏省南京市鼓楼区人民法院于2019年7月29日作出（2018）苏0106刑初487号刑事判决：一、被告人张竣杰犯非法控制计算机信息系统罪，判处有期徒刑四年，罚金人民币五万元。二、被告人彭玲珑犯非法控制计算机信息系统罪，判处有期徒刑三年九个月，罚金人民币五万元。三、被告人祝东犯非法控制计算机信息系统罪，判处有期徒刑三年六个月，罚金人民币四万元。四、被告人姜宇豪犯非法控制计算机信息系统罪，判处有期徒刑二年三个月，罚金人民币二万元。一审宣判后，被告人姜宇豪以一审量刑过重为由提出上诉，其辩护人请求对被告人姜宇豪宣告缓刑。江苏省南京市中级人民法院于2019年9月16日作出（2019）苏01刑终768号裁定：驳回上诉，维持原判。

裁判理由

法院生效裁判认为，被告人张竣杰、彭玲珑、祝东、姜宇豪共同违反国家规定，对我国境内计算机信息系统实施非法控制，情节特别严重，其行为均已构成非法控制计算机信息系统罪，且系共同犯罪。南京市鼓楼区人民检察院指控被告人张竣杰、彭玲珑、祝东、姜宇豪实施侵犯计算机信息系统犯罪的事实清楚，证据确实、充分，但以破坏计算机信息系统罪予以指控不当。经查，被告人张竣杰、彭玲珑、祝东、姜宇豪虽对目标服务器的数据实施了修改、增加的侵犯行为，但未造成该信息系统功能实质性的破坏，或不能正常运行，也未对该信息系统内有价值的数据进行增加、删改，其行为不属于破坏计算机信息系统犯罪中的对计算机信息系统中存储、处理或者传输的数据进行删除、修改、增加的行为，应认定为非法控制计算机信息系统罪。部分被告人及辩护人提出相同定性的辩解、辩护意见，予以采纳。关于上诉人姜宇豪提出“量刑过重”的上诉理由及辩护人提出宣告缓刑的辩护意见，经查，该上诉人及其他被告人链接被植入木马程序的目标服务器共计 113 台，属于情节特别严重。一审法院依据本案的犯罪事实和上诉人的犯罪情节，对上诉人减轻处罚，量刑适当且与其他被告人的刑期均衡。综合上诉人犯罪行为的性质、所造成的后果及其社会危害性，不宜对上诉人适用缓刑。故对上诉理由及辩护意见，不予采纳。

关联参见

《全国人民代表大会常务委员会关于维护互联网安全的决定》一；《最高人民法院、最高人民检察院关于办理危害计算机信息系统安全刑事案件应用法律若干问题的解释》第 1—3 条、第 8—10 条

第二百八十六条　【破坏计算机信息系统罪】违反国家规定，对计算机信息系统功能进行删除、修改、增加、干扰，造成计算机信息系统不能正常运行，后果严重的，处五年以下有期徒刑或者拘役；后果特别严重的，处五年以上有期徒刑。

违反国家规定，对计算机信息系统中存储、处理或者传输的数据和应用程序进行删除、修改、增加的操作，后果严重的，依照前款的规定处罚。

故意制作、传播计算机病毒等破坏性程序，影响计算机系统正常运行，后果严重的，依照第一款的规定处罚。

单位犯前三款罪的，对单位判处罚金，并对其直接负责的主管人员和其他直接责任人员，依照第一款的规定处罚。

条文解读

破坏计算机信息系统罪 ➲ 本条是关于破坏计算机信息系统罪及其处罚的规定。

“计算机信息系统功能”，是指在计算机中，按照一定的应用目标和规则对信息进行采集、加工、存储、传输、检索的功用和能力。“删除”，是指将原有的计算机信息系统功能除去，使之不能正常运转。“修改”，是指对原有的计算机信息功能进行改动，使之不能正常运转。“增加”，是指在计算机系统里增加某种功能，致使原有的功能受到影响或者破坏，无法正常运转。“干扰”，是指用删除、修改、增加以外的其他方法，破坏计算机信息系统功能，使其不能正常运行。“计算机应用程序”是指用户使用数据库的一种方式，是用户按数据库授予的子模式的逻辑结构，书写对数据进行操作和运算的程序。“删除操作”是指将计算机信息系统中存储、处理或者传输的数据和应用程序的全部或者一部分删去；“修改操作”，是指对上述数据和应用程序进行改动；“增加操作”是指在计算机信息系统中增加新的数据和应用程序。

根据《最高人民法院、最高人民检察院关于办理危害计算机信息系统安全刑事案件应用法律若干问题的解释》第 4 条第 1 款的规定，破坏计算机信息系统功能、数据或者应用程序，具有下列情形之一的，应当认定为本条第 1 款、第 2 款规定的“后果严重”：（1）造成 10 台以上计算机信息系统的主要软件或者硬件不能正常运行的；（2）对 20 台以上计算机信息系统中存储、处理或者传输的数据进行删除、修改、增加操作的；（3）违法所得 5000 元以上或者造成经济损失 1 万元以上的；（4）造成为 100 台以上计算机信息系统提供域名解析、身份认证、计费等基础服务或者为 1 万以上用户提供服务的计算机信息系统不能正常运行累计 1 小时以上的；（5）造成其他严重后果的。前述解释第 5 条规定，具有下列情形之一的程序，应当认定为本条第3款规定的“计算机病毒等破坏性程序”：(1) 能够通过网络、存储介质、文件等媒介，将自身的部分、全部或者变种进行复制、传播，并破坏计算机系统功能、数据或者应用程序的；(2) 能够在预先设定条件下自动触发，并破坏计算机系统功能、数据或者应用程序的；(3) 其他专门设计用于破坏计算机系统功能、数据或者应用程序的程序。

实务应用

46. 冒用购物网站买家身份进入网站内部评价系统删改购物评价的行为属于破坏计算机信息系统吗?

冒用购物网站买家身份进入网站内部评价系统删改购物评价，属于对计算机信息系统内存储数据进行修改操作，应当认定为破坏计算机信息系统的行为。

购物网站评价系统是对店铺销量、买家评价等多方面因素进行综合计算分值的系统，其内部储存的数据直接影响到搜索流量分配、推荐排名、营销活动报名资格、同类商品在消费者购买比较时的公平性等。买家在购买商品后，根据用户体验对所购商品分别给出好评、中评、差评三种不同评价。所有的评价都是以数据形式存储于买家评价系统之中，成为整个购物网站计算机信息系统整体数据的重要组成部分。

侵入评价系统删改购物评价，其实质是对计算机信息系统内存储的数据进行删除、修改操作的行为。这种行为危害到计算机信息系统数据采集和流量分配体系运行，使网站注册商户及其商品、服务的搜索受到影响，导致网站商品、服务评价功能无法正常运作，侵害了购物网站所属公司的信息系统安全和消费者的知情权。若造成严重后果，则构成破坏计算机信息系统罪。

案例指引

24. 违反国家规定，对企业的机械远程监控系统功能进行破坏，造成计算机信息系统不能正常运行，后果严重的，是否构成破坏计算机信息系统罪?[①]

徐强破坏计算机信息系统案

（最高人民法院审判委员会讨论通过　2018 年 12 月 25 日发布）

关键词　刑事/破坏计算机信息系统罪/机械远程监控系统

裁判要点

企业的机械远程监控系统属于计算机信息系统。违反国家规定，对企业的机械远程监控系统功能进行破坏，造成计算机信息系统不能正常运行，后果严重的，构成破坏计算机信息系统罪。

相关法条

《中华人民共和国刑法》第 286 条第 1 款、第 2 款

基本案情

为了加强对分期付款的工程机械设备的管理，中联重科股份有限公司（以下简称中联重科）投入使用了中联重科物联网 GPS 信息服务系统，该套计算机信息系统由中联重科物联网远程监控平台、GPS 终端、控制器和显示器等构成，该系统具备自动采集、处理、存储、回传、显示数据和自动控制设备的功能，其中，控制器、GPS 终端和显示器由中联重科在工程机械设备的生产制造过程中安装到每台设备上。

中联重科对“按揭销售”的泵车设备均安装了中联重科物联网 GPS 信息服务系统，并在产品买卖合同中明确约定“如买受人出现违反合同约定的行为，出卖人有权采取停机、锁机等措施”以及“在买受人付清全部货款前，产品所有权归出卖人所有。即使在买受人已经获得机动车辆登记文件的情况下，买受人未付清全部货款前，产品所有权

① 最高人民法院指导案例 103 号。

仍归出卖人所有”的条款。然后由中联重科总部的远程监控维护平台对泵车进行监控，如发现客户有拖欠、赖账等情况，就会通过远程监控系统进行“锁机”，泵车接收到“锁机”指令后依然能发动，但不能作业。

2014年5月间，被告人徐强使用“GPS干扰器”先后为钟某某、龚某某、张某某名下或管理的五台中联重科泵车解除锁定。具体事实如下：

1. 2014年4月初，钟某某发现其购得的牌号为贵A77462的泵车即将被中联重科锁机后，安排徐某某帮忙打听解锁人。徐某某遂联系龚某某告知钟某某泵车需解锁一事。龚某某表示同意后，即通过电话联系被告人徐强给泵车解锁。2014年5月18日，被告人徐强携带“GPS干扰器”与龚某某一起来到贵阳市清镇市，由被告人徐强将“GPS干扰器”上的信号线连接到泵车右侧电控柜，再将“GPS干扰器”通电后使用干扰器成功为牌号为贵A77462的泵车解锁。事后，钟某某向龚某某支付了解锁费用人民币40000元，龚某某亦按约定将其中人民币9600元支付给徐某某作为介绍费。当日及次日，龚某某还带着被告人徐强为其管理的其妹夫黄某从中联重科及长沙中联重科二手设备销售有限公司以分期付款方式购得的牌号分别为湘AB0375、湘AA6985、湘AA6987的三台泵车进行永久解锁。事后，龚某某向被告人徐强支付四台泵车的解锁费用共计人民币30000元。

2. 2014年5月间，张某某从中联重科以按揭贷款的方式购买泵车一台，因拖欠货款被中联重科使用物联网系统将泵车锁定，无法正常作业。张某某遂通过电话联系到被告人徐强为其泵车解锁。2014年5月17日，被告人徐强携带“GPS干扰器”来到湖北襄阳市，采用上述同样的方式为张某某名下牌号为鄂FE7721的泵车解锁。事后，张某某向被告人徐强支付解锁费用人民币15000元。

经鉴定，中联重科的上述牌号为贵A77462、湘AB0375、湘AA6985、湘AA6987泵车GPS终端被拆除及控制程序被修改后，中联重科物联网GPS信息服务系统无法对泵车进行实时监控和远程锁车。

2014年11月7日，被告人徐强主动到公安机关投案。在本院审理过程中，被告人徐强退缴了违法所得人民币45000元。

裁判结果

湖南省长沙市岳麓区人民法院于2015年12月17日作出（2015）岳刑初字第652号刑事判决：一、被告人徐强犯破坏计算机信息系统罪，判处有期徒刑二年六个月。二、追缴被告人徐强的违法所得人民币四万五千元，上缴国库。被告人徐强不服，提出上诉。湖南省长沙市中级人民法院于2016年8月9日作出（2016）湘01刑终58号刑事裁定：驳回上诉，维持原判。该裁定已发生法律效力。

裁判理由

法院生效裁判认为，《最高人民法院、最高人民检察院关于办理危害计算机信息系统安全刑事案件应用法律若干问题的解释》第十一条规定，“计算机信息系统”和“计算机系统”，是指具备自动处理数据功能的系统，包括计算机、网络设备、通信设备、自动化控制设备等。本案中，中联重科物联网GPS信息服务系统由中联重科物联网远程监控平台、GPS终端、控制器和显示器等构成，具备自动采集、处理、存储、回传、显示数据和自动控制设备的功能。该系统属于具备自动处理数据功能的通信设备与自动化控制设备，属于刑法意义上的计算机信息系统。被告人徐强利用“GPS干扰器”对中联重科物联网GPS信息服务系统进行修改、干扰，造成该系统无法对案涉泵车进行实时监控和远程锁车，是对计算机信息系统功能进行破坏，造成计算机信息系统不能正常运行的行为，且后果特别严重。根据刑法第二百八十六条的规定，被告人徐强构成破坏计算机信息系统罪。徐强犯罪以后自动投案，如实供述了自己的罪行，系自首，依法可减轻处罚。徐强退缴全部违法所得，有悔罪表现，可酌情从轻处罚。针对徐强及辩护人提出“自己系自首，且全部退缴违法所得，一审量刑过重”的上诉意见与辩护意见，经查，徐强破坏计算机信息系统，违法所得45000元，后果特别严重，应当判处五年以上有期徒刑，一审判决综合考虑其自首、退缴全部违法所得等情节，对其减轻处罚，判处有期徒刑二年六个月，量刑适当。该上诉意见、辩护意见，不予采纳。原审判决认定事实清楚，证据确实充分，适用法律正确，量刑适当，审判程序合法。

关联参见

《计算机信息系统安全保护条例》；《最高人民法院、最高人民检察院关于办理危害计算机信息系统安全刑事案件应用法律若干问题的解释》第4—6条、第8—10条

第二百八十六条之一 【拒不履行信息网络安全管理义务罪】

网络服务提供者不履行法律、行政法规规定的信息网络安全管理义务，经监管部门责令采取改正措施而拒不改正，有下列情形之一的，处三年以下有期徒刑、拘役或者管制，并处或者单处罚金：

（一）致使违法信息大量传播的；

（二）致使用户信息泄露，造成严重后果的；

（三）致使刑事案件证据灭失，情节严重的；

（四）有其他严重情节的。

单位犯前款罪的，对单位判处罚金，并对其直接负责的主管人员和其他直接责任人员，依照前款的规定处罚。

有前两款行为，同时构成其他犯罪的，依照处罚较重的规定定罪处罚。

条文解读

拒不履行信息网络安全管理义务罪 ➲ 本条是关于拒不履行信息网络安全管理义务罪及其处罚的规定。

拒不履行信息网络安全管理义务犯罪的主体是网络服务提供者，包括通过计算机互联网、广播电视网、固定通信网、移动通信网等信息网络，向公众提供网络服务的机构和个人。根据其提供的服务内容，可以

分为互联网接入服务提供者和互联网内容服务提供者。其中，互联网接入服务提供者为终端用户提供专线、拨号上网或者其他接入互联网的服务，包括物理网络提供商和网络接口提供商；互联网内容服务提供者向用户提供新闻、信息、资料、音视频等内容服务。此外，按照服务对象和提供的信息的不同，还可以进一步分为网上媒体运营商、数据库运营商、信息咨询商和信息发布代理商等。

第二百八十七条　【利用计算机实施犯罪的定罪处罚】 利用计算机实施金融诈骗、盗窃、贪污、挪用公款、窃取国家秘密或者其他犯罪的，依照本法有关规定定罪处罚。

第二百八十七条之一　【非法利用信息网络罪】 利用信息网络实施下列行为之一，情节严重的，处三年以下有期徒刑或者拘役，并处或者单处罚金：

（一）设立用于实施诈骗、传授犯罪方法、制作或者销售违禁物品、管制物品等违法犯罪活动的网站、通讯群组的；

（二）发布有关制作或者销售毒品、枪支、淫秽物品等违禁物品、管制物品或者其他违法犯罪信息的；

（三）为实施诈骗等违法犯罪活动发布信息的。

单位犯前款罪的，对单位判处罚金，并对其直接负责的主管人员和其他直接责任人员，依照第一款的规定处罚。

有前两款行为，同时构成其他犯罪的，依照处罚较重的规定定罪处罚。

条文解读

非法利用信息网络罪 ➲ 本条是关于非法利用信息网络罪及其处罚的规定。

根据第 1 款的规定，利用信息网络实施以下三类行为，且情节严重的，依法追究刑事责任：

1. 设立用于实施诈骗、传授犯罪方法、制作或者销售违禁物品、管制物品等违法犯罪活动的网站、通讯群组。“网站”是其设立者或者维护者制作的用于展示特定内容的相关网页的集合，便于使用者在其上发布信息或者获取信息；“通讯群组”是网上供具有相同需求的人群集合在一起进行交流的平台和工具，如QQ、微信等。网站和通讯群组为人们获取资讯、从事经济社会活动、相互通讯提供了极大便利，同时也成为一些违法犯罪人员纠集聚合、实施犯罪的工具和手段。实践中，认定这类行为有以下几点需要注意：(1) 行为人设立网站、通讯群组的目的是用于实施违法犯罪活动。如果行为人是出于发布合法信息，从事正常的社交或者网络经营行为等目的设立网站、通讯群组，事后被他人用于从事违法犯罪行为的，不属于本项规定的设立用于违法犯罪活动的网站、通讯群组。(2) 行为人设立违法犯罪网站、通讯群组，主要是从事诈骗、传授犯罪方法、制作或者销售违禁物品、管制物品，但并不限于法律明确列举的这几类违法犯罪活动。司法实践中，如果行为人设立网站是为了实施其他违法犯罪行为的，也可以构成本罪，《刑法》列举的是比较常见多发的几类违法犯罪活动。为实施诈骗而设立网站和通讯群组，是实践中最为常见的一种犯罪情形。典型的如设立“钓鱼网站”，通过钓鱼网站窃取、记录用户网上银行账号、密码等数据，进而用于诈骗、窃取用户网银资金；假冒网上购物、在线支付网站，欺骗用户直接将钱打入专门账户；通过假冒产品和广告宣传获取用户信任，骗取用户财物；恶意团购网站或购物网站，假借“限时抢购”“秒杀”“团购”等噱头，骗取个人信息和银行账号等。

2. 发布有关制作或者销售毒品、枪支、淫秽物品等违禁物品、管制物品或者其他违法犯罪信息。这里的违法犯罪信息主要是指制作、销售毒品、枪支、淫秽物品等违禁物品、管制物品的信息，但不限于这些信息，即还包括“其他违法犯罪信息”。实践中比较常见的发布“其他违法犯罪信息”的行为，有发布招嫖、销售假证、假发票、赌博、传销的信息等。

3. 为实施诈骗等违法犯罪活动发布信息。本项中行为人发布的信息，从表面上看往往不具有违法性，但行为人发布信息的目的，是吸引他人关注，借以实施诈骗等违法犯罪活动，相关信息只是其从事犯罪的幌子。如通过发布低价机票、旅游产品、保健品等商品信息，吸引他人购买，进而实施诈骗、传销等违法犯罪行为。

关联参见

《最高人民法院、最高人民检察院关于办理利用信息网络实施诽谤等刑事案件适用法律若干问题的解释》第 10 条；《最高人民法院、最高人民检察院关于办理非法利用信息网络、帮助信息网络犯罪活动等刑事案件适用法律若干问题的解释》第 7—10 条

第二百八十七条之二　【帮助信息网络犯罪活动罪】 明知他人利用信息网络实施犯罪，为其犯罪提供互联网接入、服务器托管、网络存储、通讯传输等技术支持，或者提供广告推广、支付结算等帮助，情节严重的，处三年以下有期徒刑或者拘役，并处或者单处罚金。

单位犯前款罪的，对单位判处罚金，并对其直接负责的主管人员和其他直接责任人员，依照第一款的规定处罚。

有前两款行为，同时构成其他犯罪的，依照处罚较重的规定定罪处罚。

案例指引

25. 明知他人实施电信网络诈骗犯罪，仍为其提供大量银行卡的，如何处理？①

2021 年 4 月，被告人隆某某通过微信与他人联系，明知对方系用于

① 参见《人民法院依法惩治电信网络诈骗犯罪及其关联犯罪典型案例》（2022 年 9 月 6 日公布），被告人隆某某帮助信息网络犯罪活动案，载最高人民法院网 https：//www.court.gov.cn/xinshidai-xiangqing-371131.html，最后访问日期：2023 年 3 月 1 日。

实施信息网络犯罪，仍商定以每张每月 100 元的价格将自己的银行卡出租给对方使用。之后，隆某某将其办理的 9 张银行卡的账号、密码等信息提供给对方，其中 6 张银行卡被对方用于接收电信网络诈骗等犯罪资金，隆某某获利共计 5000 余元。

法院认为，被告人隆某某明知他人利用信息网络实施犯罪，为他人提供帮助，其行为已构成帮助信息网络犯罪活动罪。

非法交易银行卡、手机卡即“两卡”现象泛滥，大量“两卡”被用于犯罪，是电信网络诈骗犯罪持续高发多发的重要推手之一。加强对电信网络诈骗犯罪的源头治理，必须依法打击涉“两卡”犯罪。《最高人民法院、最高人民检察院、公安部关于办理电信网络诈骗等刑事案件适用法律若干问题的意见（二）》规定，为他人利用信息网络实施犯罪而收购、出售、出租信用卡、银行账户、非银行支付账户、具有支付结算功能的互联网账号密码、网络支付接口、网上银行数字证书 5 张（个）以上，或者手机卡、流量卡、物联网卡 20 张以上的，以帮助信息网络犯罪活动罪追究刑事责任。本案准确适用这一规定，对被告人隆某某依法定罪处罚。

第二百八十八条　【扰乱无线电通讯管理秩序罪】违反国家规定，擅自设置、使用无线电台（站），或者擅自使用无线电频率，干扰无线电通讯秩序，情节严重的，处三年以下有期徒刑、拘役或者管制，并处或者单处罚金；情节特别严重的，处三年以上七年以下有期徒刑，并处罚金。

单位犯前款罪的，对单位判处罚金，并对其直接负责的主管人员和其他直接责任人员，依照前款的规定处罚。

条文解读

扰乱无线电通讯管理秩序罪 ➲ 本条是关于扰乱无线电通讯管理秩序罪及其处罚的规定。

“擅自设置、使用无线电台（站）”，是指行为人违反国家有关无线电站设置方面的管理规定，未经申请、未办理设置无线电台站的审批手续或者未领取电台执照而设置、使用无线电台站的行为。“擅自使用无线电频率”，主要是指违反国家有关无线电使用的管理规定，未经批准获得使用权而使用无线电频率的行为。根据《无线电管理条例》的规定，国家无线电管理机构对无线电频率实行统一划分和分配。行为人擅自使用无线电频率，包括无线电台站本身属于未经批准而设置的；也包括无线电台站虽经依法批准设立，但在使用过程中，违反国家有关无线电使用的管理规定，擅自改变主管部门为其指配的频率而非法使用其他频率的等情形。

第二百八十九条　【故意伤害罪】【故意杀人罪】【抢劫罪】聚众“打砸抢”，致人伤残、死亡的，依照本法第二百三十四条、第二百三十二条的规定定罪处罚。毁坏或者抢走公私财物的，除判令退赔外，对首要分子，依照本法第二百六十三条的规定定罪处罚。

条文解读

聚众“打砸抢”，是指聚集多人肆意打人、毁坏或者抢劫公私财物，严重危害社会秩序的行为。这里的“聚众”，是指聚集多人进行“打砸抢”的行为。“致人伤残、死亡的，依照本法第 234 条、第 232 条的规定定罪处罚”，是指聚众“打砸抢”造成他人轻伤、重伤的，依照《刑法》第 234 条关于故意伤害罪的规定定罪处罚；造成他人死亡的，依照《刑法》第 232 条关于故意杀人罪的规定定罪处罚。“毁坏或者抢走公私财物的，除判令退赔外，对首要分子，依照本法第二百六十三条的规定定罪处罚”，是指毁坏或者抢走公私财物，应当判令原物退还或者按价赔偿，对首要分子依照《刑法》第 263 条关于抢劫罪的规定定罪处罚。

第二百九十条 【聚众扰乱社会秩序罪】聚众扰乱社会秩序，情节严重，致使工作、生产、营业和教学、科研、医疗无法进行，造成严重损失的，对首要分子，处三年以上七年以下有期徒刑；对其他积极参加的，处三年以下有期徒刑、拘役、管制或者剥夺政治权利。

【聚众冲击国家机关罪】聚众冲击国家机关，致使国家机关工作无法进行，造成严重损失的，对首要分子，处五年以上十年以下有期徒刑；对其他积极参加的，处五年以下有期徒刑、拘役、管制或者剥夺政治权利。

【扰乱国家机关工作秩序罪】多次扰乱国家机关工作秩序，经行政处罚后仍不改正，造成严重后果的，处三年以下有期徒刑、拘役或者管制。

【组织、资助非法聚集罪】多次组织、资助他人非法聚集，扰乱社会秩序，情节严重的，依照前款的规定处罚。

第二百九十一条 【聚众扰乱公共场所秩序、交通秩序罪】聚众扰乱车站、码头、民用航空站、商场、公园、影剧院、展览会、运动场或者其他公共场所秩序，聚众堵塞交通或者破坏交通秩序，抗拒、阻碍国家治安管理工作人员依法执行职务，情节严重的，对首要分子，处五年以下有期徒刑、拘役或者管制。

第二百九十一条之一 【投放虚假危险物质罪】【编造、故意传播虚假恐怖信息罪】投放虚假的爆炸性、毒害性、放射性、传染病病原体等物质，或者编造爆炸威胁、生化威胁、放射威胁等恐怖信息，或者明知是编造的恐怖信息而故意传播，严重扰乱社会秩序的，处五年以下有期徒刑、拘役或者管制；造成严重后果的，处五年以上有期徒刑。

【编造、故意传播虚假信息罪】编造虚假的险情、疫情、灾情、警情，在信息网络或者其他媒体上传播，或者明知是上述虚假信息，故意在信息网络或者其他媒体上传播，严重扰乱社会秩序的，处三年以下有期徒刑、拘役或者管制；造成严重后果的，处三年以上七年以下有期徒刑。

条文解读

编造、故意传播虚假信息罪 ➔ 本条第2款是关于编造、故意传播虚假信息罪及其处罚的规定。

对第2款规定需要注意以下几个方面的内容：（1）虚假信息的范围包括险情、疫情、灾情、警情。“险情”包括突发可能造成重大人员伤亡或者财产损失的情况以及其他危险情况，“疫情”包括疫病尤其是传染病的发生、发展等情况，“灾情”包括火灾、水灾、地质灾害等灾害情况，“警情”包括有违法犯罪行为发生需要出警等情况。（2）行为方式上包括编造虚假信息后传播和明知是虚假信息故意传播两种情况。所谓“编造”是指出于各种目的故意虚构并不存在的险情、疫情、灾情、警情的情况。“传播”虚假信息，是对编造的虚假信息在信息网络上发布、转发、转帖，在其他媒体上登载、刊发等情况。（3）传播方式为在信息网络或者其他媒体发布或者传播。（4）本款规定的为故意犯罪。对行为人确实无法辨别信息真伪，主观上认为是真实的信息而误传播的，不是本罪的适用范围。（5）构成本罪需要达到“严重扰乱社会秩序”的程度。严重扰乱社会秩序，是指造成社会秩序严重混乱，致使工作、生产、营业和教学、科研、医疗等活动受到严重干扰甚至无法进行的情况，如致使车站、码头等人员密集场所秩序严重混乱或采取紧急疏散措施，影响航空器、列车、船舶等大型客运交通工具正常运行，致使厂矿企业等单位的生产、经营活动中断，造成人民群众生活秩序严重混乱等。

关联参见

《最高人民法院关于审理编造、故意传播虚假恐怖信息刑事案件适用法律若干问题的解释》；《最高人民法院、最高人民检察院关于办理妨害预防、控制突发传染病疫情等灾害的刑事案件具体应用法律若干问题的解释》第 10 条

第二百九十一条之二　【高空抛物罪】从建筑物或者其他高空抛掷物品，情节严重的，处一年以下有期徒刑、拘役或者管制，并处或者单处罚金。

有前款行为，同时构成其他犯罪的，依照处罚较重的规定定罪处罚。

条文解读

高空抛物罪 ➲ 本条是关于高空抛物罪及其处罚的规定。

构成本罪应当具备以下特征：(1) 行为人实施了从建筑物或者其他高空抛掷物品的行为。首先，物品必须是从建筑物或者其他高空抛掷，如果不是从建筑物或者其他高空抛掷的，不构成本罪。“建筑物”，是指人工建筑而成的东西，既包括居住建筑、公共建筑，也包括构筑物。其次，行为人必须是实施了抛掷物品的行为。“抛掷物品”，是指向外投、扔、丢弃物品的行为。如果行为人没有实施抛掷物品的行为，物品是由于刮风、下雨等原因，从建筑物或高空中坠落的，即使该物品是行为人的，也不构成本罪，如果给受害人造成损害的，可以依照《民法典》的有关规定处理。(2) 必须是情节严重的。“情节严重”，主要是指多次实施高空抛掷物品行为；高空抛掷物品数量较大的；在人员密集场所实施的；造成一定损害等，具体可以视情节依照相关规定处理。

实施本条规定的行为，同时构成其他犯罪的，依照处罚较重的规定定罪处罚。

关联参见

《最高人民法院关于依法妥善审理高空抛物、坠物案件的意见》

第二百九十二条 **【聚众斗殴罪】**聚众斗殴的，对首要分子和其他积极参加的，处三年以下有期徒刑、拘役或者管制；有下列情形之一的，对首要分子和其他积极参加的，处三年以上十年以下有期徒刑：

（一）多次聚众斗殴的；

（二）聚众斗殴人数多，规模大，社会影响恶劣的；

（三）在公共场所或者交通要道聚众斗殴，造成社会秩序严重混乱的；

（四）持械聚众斗殴的。

聚众斗殴，致人重伤、死亡的，依照本法第二百三十四条、第二百三十二条的规定定罪处罚。

条文解读

聚众斗殴罪 ➲ 本条是关于聚众斗殴罪及其处罚的规定。

“聚众斗殴”，是指纠集多人成帮结伙地打架斗殴。这种斗殴通常是不法团伙之间大规模地打群架，往往带有匕首、棍棒等凶器，极易造成一方或者双方人身伤亡，甚至造成周围无辜群众的伤亡或者财产损失。“多次聚众斗殴”，一般是指聚众斗殴 3 次或者 3 次以上的；“聚众斗殴人数多，规模大，社会影响恶劣的”，主要是指流氓团伙大规模打群架，在群众中造成很坏的影响；“在公共场所或者交通要道聚众斗殴，造成社会秩序严重混乱的”，是指在人群聚集的场所中或者车辆、行人频繁通行的道路上聚众斗殴，造成公共场所秩序和交通秩序严重混乱；“持械聚众斗殴的”，主要是指参加聚众斗殴的人员使用棍棒、刀具以及各种枪支武器进行斗殴。

《最高人民法院研究室关于对参加聚众斗殴受重伤或者死亡的人及其家属提出的民事赔偿请求能否予以支持问题的答复》规定，根据《刑法》第 292 条第 1 款的规定，聚众斗殴的参加者，无论是否首要分子，均明知自己的行为有可能产生伤害他人以及自己被他人的行为伤害的后果，其仍然参加聚众斗殴的，应当自行承担相应的刑事和民事责任。根据《刑法》第292条第2款的规定，对于参加聚众斗殴，造成他人重伤或者死亡的，行为性质发生变化，应认定为故意伤害罪或者故意杀人罪。聚众斗殴中受重伤或者死亡的人，既是故意伤害罪或者故意杀人罪的受害人，又是聚众斗殴犯罪的行为人。对于参加聚众斗殴受重伤或者死亡的人或其家属提出的民事赔偿请求，依法应予支持，并适用混合过错责任原则。

实务应用

47. 参加聚众斗殴受重伤或者死亡的人及其家属提出的民事赔偿请求能否予以支持？

根据《最高人民法院研究室关于对参加聚众斗殴受重伤或者死亡的人及其家属提出的民事赔偿请求能否予以支持问题的答复》，根据《刑法》第292条第1款的规定，聚众斗殴的参加者，无论是否首要分子，均明知自己的行为有可能产生伤害他人以及自己被他人的行为伤害的后果，其仍然参加聚众斗殴的，应当自行承担相应的刑事和民事责任。根据《刑法》第292条第2款的规定，对于参加聚众斗殴，造成他人重伤或者死亡的，行为性质发生变化，应认定为故意伤害罪或者故意杀人罪。聚众斗殴中受重伤或者死亡的人，既是故意伤害罪或者故意杀人罪的受害人，又是聚众斗殴犯罪的行为人。对于参加聚众斗殴受重伤或者死亡的人或其家属提出的民事赔偿请求，依法应予支持，并适用混合过错责任原则。

关联参见

《公安机关管辖的刑事案件立案追诉标准（一）》第36条

第二百九十三条　【寻衅滋事罪】有下列寻衅滋事行为之一，破坏社会秩序的，处五年以下有期徒刑、拘役或者管制：

（一）随意殴打他人，情节恶劣的；

（二）追逐、拦截、辱骂、恐吓他人，情节恶劣的；

（三）强拿硬要或者任意损毁、占用公私财物，情节严重的；

（四）在公共场所起哄闹事，造成公共场所秩序严重混乱的。

纠集他人多次实施前款行为，严重破坏社会秩序的，处五年以上十年以下有期徒刑，可以并处罚金。

条文解读

寻衅滋事罪 ➡ 本条是关于寻衅滋事罪及其处罚的规定。

"寻衅滋事"，是指在公共场所无事生非，起哄捣乱，无理取闹，殴打伤害无辜，肆意挑衅，横行霸道，破坏公共秩序的行为。

实施寻衅滋事行为，同时符合寻衅滋事罪和故意杀人罪、故意伤害罪、故意毁坏财物罪、敲诈勒索罪、抢夺罪、抢劫罪等罪的构成要件的，依照处罚较重的犯罪定罪处罚。

关联参见

《公安机关管辖的刑事案件立案追诉标准（一）》第37条；《最高人民法院、最高人民检察院关于办理寻衅滋事刑事案件适用法律若干问题的解释》

第二百九十三条之一　【催收非法债务罪】 有下列情形之一，催收高利放贷等产生的非法债务，情节严重的，处三年以下有期徒刑、拘役或者管制，并处或者单处罚金：

（一）使用暴力、胁迫方法的；

（二）限制他人人身自由或者侵入他人住宅的；

（三）恐吓、跟踪、骚扰他人的。

第二百九十四条　【组织、领导、参加黑社会性质组织罪】 组织、领导黑社会性质的组织的，处七年以上有期徒刑，并处没收财产；积极参加的，处三年以上七年以下有期徒刑，可以并处罚金或者没收财产；其他参加的，处三年以下有期徒刑、拘役、管制或者剥夺政治权利，可以并处罚金。

【入境发展黑社会组织罪】境外的黑社会组织的人员到中华人民共和国境内发展组织成员的，处三年以上十年以下有期徒刑。

【包庇、纵容黑社会性质组织罪】国家机关工作人员包庇黑社会性质的组织，或者纵容黑社会性质的组织进行违法犯罪活动的，处五年以下有期徒刑；情节严重的，处五年以上有期徒刑。

犯前三款罪又有其他犯罪行为的，依照数罪并罚的规定处罚。

黑社会性质的组织应当同时具备以下特征：

（一）形成较稳定的犯罪组织，人数较多，有明确的组织者、领导者，骨干成员基本固定；

（二）有组织地通过违法犯罪活动或者其他手段获取经济利益，具有一定的经济实力，以支持该组织的活动；

（三）以暴力、威胁或者其他手段，有组织地多次进行违法犯罪活动，为非作恶，欺压、残害群众；

（四）通过实施违法犯罪活动，或者利用国家工作人员的包庇或者纵容，称霸一方，在一定区域或者行业内，形成非法控制或者重大影响，严重破坏经济、社会生活秩序。

条文解读

根据《全国人民代表大会常务委员会关于〈中华人民共和国刑法〉第二百九十四条第一款的解释》的规定，“黑社会性质的组织”应当同时具备以下特征：（1）形成较稳定的犯罪组织，人数较多，有明确的组织者、领导者，骨干成员基本固定；（2）有组织地通过违法犯罪活动或者其他手段获取经济利益，具有一定的经济实力，以支持该组织的活动；（3）以暴力、威胁或者其他手段，有组织地多次进行违法犯罪活动，为非作恶，欺压、残害群众；（4）通过实施违法犯罪活动，或者利用国家工作人员的包庇或者纵容，称霸一方，在一定区域或者行业内，形成非法控制或者重大影响，严重破坏经济、社会生活秩序。

所谓“组织”黑社会性质的组织，是指倡导、发起、策划、建立黑社会性质的组织的行为。“领导”黑社会性质的组织，是指在黑社会性质的组织中处于领导地位，对该组织的活动进行策划、决策、指挥、协调的行为。“积极参加”黑社会性质的组织，是指积极、主动加入黑社会性质的组织的行为。“其他参加的”，即指一般参加者，是指在黑社会性质的组织中，除组织、领导和积极参加者外，其他参加该组织的成员。

“境外的黑社会组织”，是指被境外国家和地区确定为黑社会组织，既包括外国的黑社会组织，也包括我国香港、澳门、台湾地区的黑社会组织。所谓“到中华人民共和国境内发展组织成员”，是指境外黑社会组织通过引诱、拉拢、腐蚀、强迫、威胁、暴力、贿赂等手段，在我国境内将境内或者境外人员吸收为该黑社会组织成员的行为。

案例指引

26. 如何认定黑社会性质组织？[1]

龚品文等组织、领导、参加黑社会性质组织案

（最高人民法院审判委员会讨论通过　2022 年 11 月 29 日发布）

关键词　刑事/组织、领导、参加黑社会性质组织罪/行为特征/软暴力

裁判要点

犯罪组织以其势力、影响和暴力手段的现实可能性为依托，有组织地长期采用多种“软暴力”手段实施大量违法犯罪行为，同时辅之以“硬暴力”，“软暴力”有向“硬暴力”转化的现实可能性，足以使群众产生恐惧、恐慌进而形成心理强制，并已造成严重危害后果，严重破坏

---

① 最高人民法院指导案例 186 号。

经济、社会生活秩序的，应认定该犯罪组织具有黑社会性质组织的行为特征。

相关法条

《中华人民共和国刑法》第294条

基本案情

2013年以来，被告人龚品文、刘海涛在江苏省常熟市从事开设赌场、高利放贷活动，并主动结识社会闲杂人员，逐渐积累经济实力。2014年7月起，被告人龚品文、刘海涛组织被告人马海波、赵杰、王海东、王德运、陈春雷等人，形成了以被告人龚品文、刘海涛为首的较为稳定的犯罪组织，并于2015年4月实施了首次有组织犯罪。2016年下半年、2017年8月梁立志、崔海华先后加入该组织。

该组织人数众多，组织者、领导者明确，骨干成员固定。被告人龚品文为该组织的组织者、领导者，被告人刘海涛为该组织的领导者，被告人马海波、赵杰、王海东、王德运、陈春雷等人为积极参加者，被告人崔海华、梁立志等人为一般成员。该组织内部分工明确，龚品文、刘海涛负责决策和指挥整个组织的运转；被告人马海波、赵杰、王海东、王德运、陈春雷受被告人龚品文、刘海涛的指派开设赌场牟取利益，并在赌场内抽取"庄风款""放水"、记账，按照被告人龚品文、刘海涛的指派为讨债而实施非法拘禁、寻衅滋事、敲诈勒索、强迫交易等违法犯罪行为，崔海华、梁立志参与寻衅滋事违法犯罪行为。该组织为规避侦查，强化管理，维护自身利益，逐步形成了"红钱按比例分配""放贷本息如实上报，不得做手脚"等不成文的规约，对成员的行动进行约束。在借款时使用同伙名义，资金出借时留下痕迹，讨债时规避法律。建立奖惩制度，讨债积极者予以奖励，讨债不积极者予以训斥。该组织通过有组织地实施开设赌场、高利放贷等违法手段聚敛资产，具有较强的经济实力。其中，该组织通过开设赌场非法获利的金额仅查实的就达人民币300余万元。另，在上述被告人处搜查到放贷借条金额高达人民币4000余万元，资金流水人民币上亿元。该组织以非法聚敛的财产用于支持违法犯罪活动，或为违法犯罪活动“善后”，如购买GPS等装备、赔付因讨债而砸坏的物品，以及支付被刑事拘留后聘请律师的费用。该组织为维护其非法利益，以暴力、威胁等手段，有组织地实施了开设赌场、寻衅滋事、非法拘禁、强迫交易、敲诈勒索等违法犯罪活动，并长期实施多种“软暴力”行为，为非作恶，欺压、残害群众，严重破坏社会治安，妨害社会管理秩序，在江苏省常熟市及周边地区造成了恶劣的社会影响。该黑社会性质组织在形成、发展过程中，为寻求建立稳定犯罪组织，牟取高额非法利益而实施大量违法犯罪活动。主要犯罪事实如下：

（一）开设赌场罪

2015年4月至2018年2月，被告人龚品文、刘海涛、马海波、王海东、赵杰、王德运、陈春雷多次伙同他人在江苏省常熟市海虞镇、辛庄镇等地开设赌场，仅查明的非法获利就达人民币300余万元。

（二）寻衅滋事罪

2014年至2018年，被告人龚品文、刘海涛伙同其他被告人，在江苏省常熟市原虞山镇、梅李镇、辛庄镇等多地，发放年息84%-360%的高利贷，并为索要所谓“利息”，有组织地对被害人及其亲属采取拦截、辱骂、言语威胁、砸玻璃、在被害人住所喷漆、拉横幅等方式进行滋事，共计56起120余次。

（三）非法拘禁罪

2015年至2016年，被告人龚品文、刘海涛、马海波、王海东、赵杰、王德运、陈春雷在江苏省常熟市等多地，为索要高利贷等目的非法拘禁他人10起，其中对部分被害人实施辱骂、泼水、打砸物品等行为。

（四）强迫交易罪

1. 2013年3月，被告人龚品文向胡某某发放高利贷，张某某担保。为索要高利贷本金及利息，在非法拘禁被害人后，被告人龚品文强迫被害人张某某到王某某家提供家政服务长达一年有余，被告人龚品文从中非法获利人民币25500元。

2. 2014年11月，被告人刘海涛、王海东向陈某某发放高利贷，陶某某担保。在多次进行滋事后，被告人王海东、刘海涛强迫被害人陶某某于2017年4月至2018年1月到被告人住处提供约定价值人民币6000余元的家政服务共计80余次。

（五）敲诈勒索罪

2017年8月31日至2018年1月21日，被告人刘海涛、王海东、王德运、陈春雷实施敲诈勒索3起，以签订“车辆抵押合同”、安装GPS的方式，与被害人签订高出实际出借资金的借条并制造相应的资金走账流水，通过拖走车辆等方式对被害人进行要挟，并非法获利合计人民币5.83万元。

裁判结果

江苏省常熟市人民法院于2018年10月19日作出（2018）苏0581刑初1121号刑事判决，认定被告人龚品文犯组织、领导黑社会性质组织罪，与其所犯开设赌场罪、寻衅滋事罪、非法拘禁罪等数罪并罚，决定执行有期徒刑二十年，剥夺政治权利二年，并处没收个人全部财产，罚金人民币十二万元；认定被告人刘海涛犯领导黑社会性质组织罪，与其所犯开设赌场罪、寻衅滋事罪、非法拘禁罪等数罪并罚，决定执行有期徒刑十八年，剥夺政治权利二年，并处没收个人全部财产，罚金人民币十一万元；对其他参加黑社会性质组织的成员亦判处了相应刑罚。一审宣判后，龚品文、刘海涛等人提出上诉。江苏省苏州市中级人民法院于2019年1月7日作出（2018）苏05刑终1055号刑事裁定：驳回上诉，维持原判。

裁判理由

法院生效裁判认为：

（一）关于组织特征。一是该犯罪组织的成长轨迹明确。龚品文与刘海涛二人于2007年左右先后至江苏省常熟市打工，后龚品文从少量资金起步，与刘海涛等人合作开设赌场并放高利贷，逐步积累经济实力，后其他组织成员相继加入，参股放贷。在高利放贷过程中，因互相占股分利，组织成员利益相互交织，关系日趋紧密，架构不断成熟，并最终形成了以龚品文为组织者、领导者，刘海涛为领导者，王海东、王德运、陈春雷、马海波、赵杰为积极参加者，崔海华、梁立志为一般参加者的较稳定的违法犯罪组织。二是该犯罪组织的行为方式和组织意图明确，该组织通过开设赌场和高利放贷聚敛非法财富，在讨债过程中，以滋扰纠缠、打砸恐吓、出场摆势、言语威胁、围堵拦截等“软暴力”方式为惯常行为手段，实施一系列违法犯罪活动，目的是实现非法债权，意图最大限度攫取经济利益。由于组织成员系互相占股出资及分利，故无论组织中哪些成员实施违法犯罪活动，相关非法利益的实现均惠及全体出资的组织成员，符合组织利益及组织意图，为组织不断扩大非法放贷规模，增强犯罪能力等进一步发展提供基础，创造条件。三是该犯罪组织的层级结构明确，该组织以龚品文、刘海涛为基础，龚品文吸收发展马海波、赵杰，刘海涛吸收发展王海东、王德运、陈春雷，形成二元层级关系，各被告人对所谓“替谁帮忙、找谁商量”均有明确认识。在具体违法犯罪活动中，以共同开设赌场并非法放贷为标志，两股势力由合作进而汇流，互相占股出资放贷，共同违法犯罪讨债，后期又吸收崔海华、梁立志加入，形成三元层级结构。在组织架构中，组织、领导者非常明显，积极参加者和骨干成员基本固定，人员规模逐渐增大，且本案后续所涉及的黑社会性质组织的其他犯罪均是由这些组织成员所为。四是该犯罪组织的行为规则明确，组织成员均接受并认同出资后按比例记公账分利、讨债时替组织出头等行为规则。这些规则不仅有组织成员供述，也与组织的实际运作模式和实际违法犯罪活动情况相吻合，相关行事规则为纠合组织成员，形成共同利益，保持组织正常运转起到重要作用。综上，该组织有一定规模，人员基本稳定，有明确的组织者、领导者，骨干成员固定，内部层次分明，符合黑社会性质组织的组织特征。

（二）关于经济特征。一是该犯罪组织通过违法犯罪活动快速聚敛经济利益。该组织以开设赌场、非法高利放贷为基础和资金来源，通过大量实施寻衅滋事、非法拘禁等违法犯罪活动保障非法债权实现，大量攫取非法经济利益。其中，开设赌场并实施非法高利放贷部分，有据可查的非法获利金额就达人民币300余万元，且大部分被继续用于非法放贷。在案查获的部分放贷单据显示该组织放贷规模已达人民币4000余万元，查实银行资金流水已过亿元，具有较强的经济实力。二是该犯罪组织以经济实力支持该组织的活动。该组织获得的经济利益部分用于支持为组织利益而实施的违法犯罪活动，该组织经济利益的获取过程也是强化组织架构的过程。综上，该组织聚敛大量钱财，又继续用于维系和强化组织生存发展，符合黑社会性质组织的经济特征。

（三）关于行为特征。该组织为争取、维护组织及组织成员的经济利益，利用组织势力和形成的便利条件，有组织地多次实施开设赌场、寻衅滋事、非法拘禁、强迫交易等不同种类的违法犯罪活动，违法犯罪手段以"软暴力"为主，并体现出明显的组织化特点，多人出场摆势、分工配合，并以"硬暴力"为依托，实施多种"软暴力"讨债等违法犯罪活动，软硬暴力行为交织，"软暴力"可随时向"硬暴力"转化。这些行为系相关组织成员为确立强势地位、实现非法债权、牟取不法利益、按照组织惯常的行为模式与手段实施的，相关违法犯罪行为符合组织利益，体现组织意志，黑社会性质组织的行为特征明显。

（四）关于危害性特征。该犯罪组织通过实施一系列违法犯罪活动，为非作恶，欺压、残害群众。在社会秩序层面上，该犯罪组织长期实施开设赌场、非法放贷，"软暴力"讨债等违法犯罪活动，范围波及江苏省常熟市多个街道，给被害人及其家庭正常生活带来严重影响，给部分被害人企业的正常生产经营带来严重破坏，给部分被害人所在机关学校的正常工作和教学秩序带来严重冲击。相关违法犯罪行为败坏社会风气，冲击治安秩序，严重降低群众安全感、幸福感，影响十分恶劣。在管理秩序层面上，该犯罪组织刻意逃避公安机关的管理、整治和打击，破坏了正常社会管理秩序。在社会影响层面上，这些违法犯罪活动在一定区域内致使多名群众合法权益遭受侵害，从在案证据证实的群众切身感受看，群众普遍感觉心里恐慌，安全感下降，群众普遍要求进行整治，恢复经济、社会生活秩序。

综上所述，本案犯罪组织符合黑社会性质组织认定标准。该组织已经形成了“以黑养黑”的组织运作模式，这一模式使该组织明显区别于一般的共同犯罪和恶势力犯罪集团。龚品文犯罪组织虽然未发现“保护伞”，但通过实施违法犯罪行为，使当地群众产生心理恐惧和不安全感，严重破坏了当地的社会治安秩序、市场经济秩序。对黑社会组织的认定，不能仅根据一个或数个孤立事实来认定，而是要通过一系列的违法犯罪事实来反映。因为以“软暴力”为手段的行为通常不是实施一次就能符合刑法规定的犯罪构成，其单个的行为通常因为情节轻微或显著轻微、后果不严重而不作为犯罪处理或不能认定为犯罪，此时必须综合考虑“软暴力”行为的长期性、多样性来判断其社会影响及是否构成黑恶犯罪。黑社会性质组织犯罪的危害性特征所要求的“造成重大影响”是通过一系列的违法犯罪活动形成的，具有一定的深度和广度，而非个别的、一时的，特别是在以“软暴力”为主要手段的犯罪组织中，要结合违法犯罪活动的次数、时间跨度、性质、后果、侵害对象的个数、是否有向“硬暴力”转化的现实可能、造成的社会影响及群众安全感是否下降等因素综合判断，不能局限在必须要求具体的违法犯罪活动都要造成严重后果或者在社会上造成恶劣影响，也不能简单地以当地普通群众不知晓、非法控制不明显等，认为其危害性不严重。从本案中被告人非法放贷后通过“软暴力”讨债造成的被害人及其家庭、单位所受的具体影响和周边群众的切身感受等来看，社会危害性极其严重，构成了组织、领导、参加黑社会性质组织罪。

关联参见

《最高人民法院关于审理黑社会性质组织犯罪的案件具体应用法律若干问题的解释》第3条

第二百九十五条　【传授犯罪方法罪】传授犯罪方法的，处五年以下有期徒刑、拘役或者管制；情节严重的，处五年以上十年以下有期徒刑；情节特别严重的，处十年以上有期徒刑或者无期徒刑。

条文解读

传授犯罪方法罪 ➔ 本条是关于传授犯罪方法罪及其处罚的规定。

"犯罪方法"，主要是指犯罪的经验与技能，包括手段、步骤、反侦查方法等。"传授犯罪方法"，是指以语言、文字、动作、图像或者其他方法，故意将实施某种犯罪的具体方法、技能、经验传授给他人的行为。不论采取何种方式传授，均不影响本罪的成立。传授犯罪方法罪在客观上只要求行为人实施了传授犯罪方法的行为，只要行为人故意向他人传授犯罪方法，即可构成本罪。无论行为人是否教唆被传授人实施犯罪，也无论被传授人是否实施了传授人所传授的犯罪方法，以及是否已经造成实际的危害结果，都不影响本罪的成立。

第二百九十六条　【非法集会、游行、示威罪】举行集会、游行、示威，未依照法律规定申请或者申请未获许可，或者未按照主管机关许可的起止时间、地点、路线进行，又拒不服从解散命令，严重破坏社会秩序的，对集会、游行、示威的负责人和直接责任人员，处五年以下有期徒刑、拘役、管制或者剥夺政治权利。

条文解读

非法集会、游行、示威罪 ➔ 本条是关于非法集会、游行、示威罪及其处罚的规定。

根据本条规定，非法举行集会、游行、示威的犯罪，是指举行集会、游行、示威，未依照法律规定申请或者申请未获许可，或者未按照主管机关许可的起止时间、地点、路线进行，又拒不服从解散命令，严重破坏社会秩序的行为。这里规定的“集会”，是指聚众于公共场所，发表意见、表达意愿的活动；“游行”，是指在公共道路、露天公共场所列队行进，表达共同意愿的活动；“示威”，是指在公共场所或者公共道路上以集会、游行、静坐等方式，表达共同意愿的活动。“未依照法律规定申请或者申请未获许可，或者未按照主管机关许可的起止时间、地点、路线进行”，是指未依照《集会游行示威法》的规定进行申请或者申请没有得到许可，或者没有按照主管机关许可的起止时间、地点、路线进行。

关联参见

《公安机关管辖的刑事案件立案追诉标准（一）》第38条

第二百九十七条　【非法携带武器、管制刀具、爆炸物参加集会、游行、示威罪】违反法律规定，携带武器、管制刀具或者爆炸物参加集会、游行、示威的，处三年以下有期徒刑、拘役、管制或者剥夺政治权利。

第二百九十八条　【破坏集会、游行、示威罪】扰乱、冲击或者以其他方法破坏依法举行的集会、游行、示威，造成公共秩序混乱的，处五年以下有期徒刑、拘役、管制或者剥夺政治权利。

第二百九十九条　【侮辱国旗、国徽、国歌罪】在公共场合，故意以焚烧、毁损、涂划、玷污、践踏等方式侮辱中华人民共和国国旗、国徽的，处三年以下有期徒刑、拘役、管制或者剥夺政治权利。

在公共场合，故意篡改中华人民共和国国歌歌词、曲谱，以歪曲、贬损方式奏唱国歌，或者以其他方式侮辱国歌，情节严重的，依照前款的规定处罚。

条文解读

侮辱国旗、国徽、国歌罪 ➜ 本条是关于侮辱国旗、国徽、国歌罪及其处罚的规定。

侮辱国旗、国徽罪是指在公共场合，故意以焚烧、毁损、涂划、玷污、践踏等方式侮辱中华人民共和国国旗、国徽的行为。构成本罪应当符合以下条件：(1) 行为人是在公共场合实施侮辱国旗、国徽的行为。“公共场合”，包括悬挂国旗、国徽的公共场所或者国家机关所在地以及其他人员聚集的场所。本罪行为必须发生在公共场合，如果发生在非公共场合，不构成本罪。(2) 行为人故意实施侮辱国旗、国徽的行为。(3) 行为人采用的是焚烧、毁损、涂划、玷污、践踏等方式。“焚烧”，是指放火燃烧国旗、国徽的行为；“毁损”，是指撕毁、砸毁或者以其他破坏方法使国旗、国徽遭到毁坏、损坏的行为；“涂划”，是指用笔墨、颜料等在国旗、国徽上涂抹刻画的行为；“玷污”，是指用粪便等污物玷污国旗、国徽的行为；“践踏”，是指将国旗、国徽放在脚下、车轮下等处进行踩踏、碾压的行为。侮辱国旗、国徽的具体行为不止上述五种，所以本条还规定了“等方式”，以包括复杂的实际情况，如实践中发生的将国旗倒插、倒放等，只要实施了任何一种侮辱行为即可构成本罪。

侮辱国歌的行为，根据《国歌法》第 15 条的规定，主要有以下几种：(1) 故意篡改中华人民共和国国歌歌词、曲谱的；(2) 以歪曲、贬损方式的奏唱国歌；(3) 以其他方式侮辱国歌。

关联参见

《国旗法》第 4 条、第 23 条；《国徽法》第 3 条、第 18 条；《国歌法》第 3 条、第 6 条、第 7 条、第 8 条、第 15 条

第二百九十九条之一　【侵害英雄烈士名誉、荣誉罪】侮辱、诽谤或者以其他方式侵害英雄烈士的名誉、荣誉，损害社会公共利益，情节严重的，处三年以下有期徒刑、拘役、管制或者剥夺政治权利。

条文解读

侵害英雄烈士名誉、荣誉罪 ➔ 本条是关于侵害英雄烈士名誉、荣誉罪及其处罚的规定。

“英雄烈士”，包括近代以来，为国家、为民族、为人民作出牺牲和贡献的英烈先驱和革命先行者，重点是中国共产党、人民军队和中华人民共和国历史上涌现出的无数英雄烈士。英雄烈士既包括个人也包括群体，既包括有名英烈也包括无名英烈。“侮辱”主要是指通过语言、文字或者其他方式辱骂、贬低、嘲讽英雄烈士的行为。“诽谤”是指针对英雄烈士，捏造事实并进行散播，公然丑化、贬损英雄烈士，损害英雄烈士名誉、荣誉的行为。“情节严重的”是指侮辱、诽谤或者以其他方式侵害英雄烈士的名誉、荣誉，损害社会公共利益，造成严重的不良影响或者侵害行为持续时间长、范围广等情形。

关联参见

《英雄烈士保护法》第 26 条、第 27 条；《民法典》第 185 条、第 994 条

第三百条　【组织、利用会道门、邪教组织、利用迷信破坏法律实施罪】组织、利用会道门、邪教组织或者利用迷信破坏国家法律、行政法规实施的，处三年以上七年以下有期徒刑，并处罚金；情节特别严重的，处七年以上有期徒刑或者无期徒刑，并处罚金或者没收财产；情节较轻的，处三年以下有期徒刑、拘役、管制或者剥夺政治权利，并处或者单处罚金。

【组织、利用会道门、邪教组织、利用迷信致人重伤、死亡罪】组织、利用会道门、邪教组织或者利用迷信蒙骗他人，致人重伤、死亡的，依照前款的规定处罚。

犯第一款罪又有奸淫妇女、诈骗财物等犯罪行为的，依照数罪并罚的规定处罚。

条文解读

所谓“组织、利用会道门、邪教组织”，是指建立或者借助会道门、邪教组织进行违法犯罪活动的行为。其中，“会道门”，是封建迷信活动组织的总称，如我国历史上曾经出现的九宫道、哥老会、先天道、后天道等组织。冒用宗教、气功或者以其他名义建立，神化、鼓吹首要分子，利用制造、散布迷信邪说等手段蛊惑、蒙骗他人，发展、控制成员，危害社会的非法组织，应当认定为“邪教组织”。所谓“迷信”，是在生产力低下、文化落后、群众缺乏知识的情况下，作为科学的对立物出现的一种信奉鬼神的唯心主义的宿命论，其信仰、崇拜和活动形式带有浓厚的封建色彩。“利用迷信”是指通过会道门、邪教组织以外的其他利用迷信的活动。这里的“破坏国家法律、行政法规实施”的行为有两种方式：一种是组织、利用会道门、邪教组织，蛊惑、煽动、欺骗群众破坏国家法律、行政法规的实施。另一种是利用迷信破坏国家法律、行政法规实施，主要是利用占卜、算命、看星象等形式，散布迷信谣言，制造混乱，煽动群众抗拒、破坏国家法律、行政法规的实施。

关联参见

《全国人民代表大会常务委员会关于维护互联网安全的决定》二；《全国人民代表大会常务委员会关于取缔邪教组织、防范和惩治邪教活动的决定》；《最高人民法院、最高人民检察院关于办理组织、利用邪教组织破坏法律实施等刑事案件适用法律若干问题的解释》

第三百零一条　【聚众淫乱罪】聚众进行淫乱活动的，对首要分子或者多次参加的，处五年以下有期徒刑、拘役或者管制。

【引诱未成年人聚众淫乱罪】引诱未成年人参加聚众淫乱活动的，依照前款的规定从重处罚。

条文解读

所谓“淫乱活动”，主要是指性交行为，即群奸群宿。“首要分子”，是指在聚众淫乱犯罪中起策划、组织、指挥、纠集作用的为首分子。“多次参加的”，一般是指3次或者3次以上参加聚众淫乱的。对偶尔参加者，应当进行批评教育或者给予必要的治安处罚，不宜定罪处刑。“引诱”，是指通过语言、观看录像、表演及做示范等手段，诱惑未成年的男女参加淫乱活动的行为。

关联参见

《公安机关管辖的刑事案件立案追诉标准（一）》第41条、第42条

第三百零二条　【盗窃、侮辱、故意毁坏尸体、尸骨、骨灰罪】盗窃、侮辱、故意毁坏尸体、尸骨、骨灰的，处三年以下有期徒刑、拘役或者管制。

条文解读

盗窃、侮辱、故意毁坏尸体、尸骨、骨灰罪 ➔ 本条是关于盗窃、侮辱、故意毁坏尸体、尸骨、骨灰的犯罪及其刑罚的规定。

本条规定的内容包含以下几层意思：第一，犯罪对象是尸体、尸骨、骨灰。“尸体”是指人死亡后遗留的躯体，尚未死亡的被害人的身体，不是尸体。“尸骨”是指人死后留下的遗骨。“骨灰”是指人的尸体焚烧后骨骼化成的灰。第二，行为人实施了盗窃、侮辱、故意毁坏尸

体、尸骨、骨灰的行为。这里的“盗窃”，是指行为人秘密窃取尸体、尸骨、骨灰的行为，也就是采取他人所不知晓的方法将尸体、尸骨、骨灰置于行为人自己实际控制支配之下，如从墓地、停尸房或其他场所秘密窃取尸体、尸骨、骨灰等。“侮辱”，主要是指对直接对死者尸体、尸骨、骨灰进行奸淫、猥亵、鞭打、遗弃等凌辱行为。这里的侮辱行为应当是直接针对尸体、尸骨、骨灰实施的，如果只是以书面、文字或言词等侮辱贬损死者名誉的，不应适用本罪。“故意毁坏”，主要是指对尸体、尸骨、骨灰予以物理上或者化学性的损伤或破坏，既包括对整个尸体、尸骨、骨灰的毁损或破坏，也包括对尸体、尸骨、骨灰一部分的损坏，如肢解、割裂或非法解剖尸体，毁损死者的面容，抛撒骨灰等。第三，行为人主观上应当是故意的。即行为人不仅认识到其行为侵害的对象是尸体、尸骨、骨灰，而且具有窃取、侮辱、毁坏之故意，如果行为人由于过失而损坏或玷污尸体、尸骨、骨灰则不构成本罪。

第三百零三条 【赌博罪】以营利为目的，聚众赌博或者以赌博为业的，处三年以下有期徒刑、拘役或者管制，并处罚金。

【开设赌场罪】开设赌场的，处五年以下有期徒刑、拘役或者管制，并处罚金；情节严重的，处五年以上十年以下有期徒刑，并处罚金。

【组织参与国（境）外赌博罪】组织中华人民共和国公民参与国（境）外赌博，数额巨大或者有其他严重情节的，依照前款的规定处罚。

条文解读

赌博罪 ➲ 本条第 1 款是关于赌博罪及其处罚的规定。

本款规定的赌博犯罪共列举了两种行为：第一种行为是以营利为目的而聚众赌博的行为。第二种行为是“以赌博为业的”，是指以赌博为常业，即以赌博所得为其生活或者挥霍的主要来源的行为。既包括没有正式职业和其他正当收入而以赌博为生的人，也包括那些虽然有职业或其他收入而其经济收入的主要部分来自参与赌博活动的人。构成以赌博为业的犯罪的主观方面也必须是以营利为目的。

开设赌场罪 ➲ 本条第 2 款是关于开设赌场罪及其处罚的规定。

“开设赌场”，是指开设专门用于进行赌博的场所。根据《最高人民法院、最高人民检察院、公安部关于办理网络赌博犯罪案件适用法律若干问题的意见》第 1 条的规定，利用互联网、移动通讯终端等传输赌博视频、数据，组织赌博活动，具有下列情形之一的，属于“开设赌场”行为：（1）建立赌博网站并接受投注的；（2）建立赌博网站并提供给他人组织赌博的；（3）为赌博网站担任代理并接受投注的；（4）参与赌博网站利润分成的。

组织参与国（境）外赌博罪 ➲ 本条第 3 款是关于组织参与国（境）外赌博罪及其处罚的规定。

构成本罪应当符合以下条件：（1）犯罪主体是组织者。这里所说的“组织”者，是指组织、召集中华人民共和国公民参与国（境）外赌博的人员，既包括犯罪集团，也包括比较松散的犯罪团伙，还可以是个人组织他人参与国（境）外赌博；组织者可以是一个人，也可以是多人。（2）组织的对象必须是中华人民共和国公民。“中华人民共和国公民”仅限于中国大陆具有中华人民共和国国籍的人。（3）行为人实施了组织中华人民共和国公民参与国（境）外赌博的行为。（4）必须达到数额巨大或者有其他严重情节。

实务应用

48. 对设置圈套诱骗他人参赌又向索还钱财的受骗者施以暴力或暴力威胁的行为应如何定罪？

行为人设置圈套诱骗他人参赌获取钱财，属赌博行为，构成犯罪的，应当以赌博罪定罪处罚。参赌者识破骗局要求退还所输钱财，设赌者又使用暴力或者以暴力相威胁，拒绝退还的，应以赌博罪从重处罚；

致参赌者伤害或者死亡的，应以赌博罪和故意伤害罪或者故意杀人罪，依法实行数罪并罚。

案例指引

27. 以营利为目的，通过邀请人员加入微信群，利用微信群进行控制管理，以抢红包方式进行赌博的，如何处理？①

谢检军、高垒、高尔樵、杨泽彬开设赌场案

（最高人民法院审判委员会讨论通过　2018年12月25日发布）

关键词　刑事/开设赌场罪/网络赌博/微信群/微信群抢红包

裁判要点

以营利为目的，通过邀请人员加入微信群，利用微信群进行控制管理，以抢红包方式进行赌博，在一段时间内持续组织赌博活动的行为，属于刑法第三百零三条第二款规定的“开设赌场”。

相关法条

《中华人民共和国刑法》第303条第2款

基本案情

2015年9月至2015年11月，向某（已判决）在杭州市萧山区活动期间，分别伙同被告人谢检军、高垒、高尔樵、杨泽彬等人，以营利为目的，邀请他人加入其建立的微信群，组织他人在微信群里采用抢红包的方式进行赌博。期间，被告人谢检军、高垒、高尔樵、杨泽彬分别帮助向某在赌博红包群内代发红包，并根据发出赌博红包的个数，从抽头款中分得好处费。

裁判结果

浙江省杭州市萧山区人民法院于2016年11月9日作出（2016）浙0109刑初1736号刑事判决：一、被告人谢检军犯开设赌场罪，判处有期徒刑三年六个月，并处罚金人民币25000元。二、被告人高垒犯开设

---

① 最高人民法院指导案例106号。

赌场罪，判处有期徒刑三年三个月，并处罚金人民币20000元。三、被告人高尔樵犯开设赌场罪，判处有期徒刑三年三个月，并处罚金人民币15000元。四、被告人杨泽彬犯开设赌场罪，判处有期徒刑三年，并处罚金人民币10000元。五、随案移送的四被告人犯罪所用工具手机6只予以没收，上缴国库；尚未追回的四被告人犯罪所得赃款，继续予以追缴。宣判后，谢检军、高尔樵、杨泽彬不服，分别向浙江省杭州市中级人民法院提出上诉。浙江省杭州市中级人民法院于2016年12月29日作出（2016）浙01刑终1143号刑事判决：一、维持杭州市萧山区人民法院（2016）浙0109刑初1736号刑事判决第一项、第二项、第三项、第四项的定罪部分及第五项没收犯罪工具、追缴赃款部分。二、撤销杭州市萧山区人民法院（2016）浙0109刑初1736号刑事判决第一项、第二项、第三项、第四项的量刑部分。三、上诉人（原审被告人）谢检军犯开设赌场罪，判处有期徒刑三年，并处罚金人民币25000元。四、原审被告人高垒犯开设赌场罪，判处有期徒刑二年六个月，并处罚金人民币20000元。五、上诉人（原审被告人）高尔樵犯开设赌场罪，判处有期徒刑二年六个月，并处罚金人民币15000元。六、上诉人（原审被告人）杨泽彬犯开设赌场罪，判处有期徒刑一年六个月，并处罚金人民币10000元。

裁判理由

法院生效裁判认为，以营利为目的，通过邀请人员加入微信群，利用微信群进行控制管理，以抢红包方式进行赌博，设定赌博规则，在一段时间内持续组织赌博活动的行为，属于刑法第三百零三条第二款规定的“开设赌场”。谢检军、高垒、高尔樵、杨泽彬伙同他人开设赌场，均已构成开设赌场罪，且系情节严重。谢检军、高垒、高尔樵、杨泽彬在共同犯罪中地位和作用较轻，均系从犯，原判未认定从犯不当，依法予以纠正，并对谢检军予以从轻处罚，对高尔樵、杨泽彬、高垒均予以减轻处罚。杨泽彬犯罪后自动投案，并如实供述自己的罪行，系自首，依法予以从轻处罚。谢检军、高尔樵、高垒到案后如实供述犯罪事实，依法予以从轻处罚。谢检军、高尔樵、杨泽彬、高垒案发后退赃，二审审理期间杨泽彬的家人又代为退赃，均酌情予以从轻处罚。

关联参见

《公安机关管辖的刑事案件立案追诉标准（一）》第43条、第44条；《最高人民法院、最高人民检察院关于办理赌博刑事案件具体应用法律若干问题的解释》第4条、第5条、第8条、第9条；《最高人民法院、最高人民检察院、公安部关于办理网络赌博犯罪案件适用法律若干问题的意见》二、三；《最高人民法院、最高人民检察院、公安部关于办理利用赌博机开设赌场案件适用法律若干问题的意见》

第三百零四条　【故意延误投递邮件罪】邮政工作人员严重不负责任，故意延误投递邮件，致使公共财产、国家和人民利益遭受重大损失的，处二年以下有期徒刑或者拘役。

第二节　妨害司法罪

第三百零五条　【伪证罪】在刑事诉讼中，证人、鉴定人、记录人、翻译人对与案件有重要关系的情节，故意作虚假证明、鉴定、记录、翻译，意图陷害他人或者隐匿罪证的，处三年以下有期徒刑或者拘役；情节严重的，处三年以上七年以下有期徒刑。

条文解读

伪证罪 ➲ 本条是关于伪证罪及其处罚的规定。

本罪的主体为特定主体，包括四种人：证人、鉴定人、记录人、翻译人。这四种人在刑事诉讼中负有特定的义务，是否能够如实提供证言、鉴定、记录、翻译，对案件处理的正确与否具有重要的关系。“与案件有重要关系的情节”，是指对犯罪嫌疑人、被告人是否有罪、罪轻还是罪重具有重要证明作用的事实。

“故意作虚假证明、鉴定、记录、翻译”的规定具有两层含义：一是明确指明本罪是故意犯罪，由于过失行为，如未看清楚，判断错误而提供了不实的证言，因笔误造成记录错误等不构成犯罪。二是所提供的证言、鉴定意见、笔录、翻译与案件事实不符。如将张三的行为说成李四的行为，将不是精神病人的人鉴定为精神病人，在记录、翻译时将被告人、证人所讲的事实改变为虚假的等。“意图陷害他人或者隐匿罪证”，是指行为人的主观动机，也就是行为人故意作虚假证明、鉴定、记录、翻译的目的是陷害他人，从而使无罪的人受到刑事追究，使罪行较轻的人受到较重的处罚，或者将真实的罪证隐匿起来，以使犯罪人逃脱刑事追究。需指出的是，对于证人故意提供假证言包庇罪犯的，应按照《刑法》关于包庇罪的规定处罚。本条所指“情节严重的”，主要是指犯罪手段极为恶劣或者造成严重后果，如致使罪行重大的案犯逃脱法律制裁，使无辜的人受到刑事追究等。

第三百零六条　【辩护人、诉讼代理人毁灭证据、伪造证据、妨害作证罪】 在刑事诉讼中，辩护人、诉讼代理人毁灭、伪造证据，帮助当事人毁灭、伪造证据，威胁、引诱证人违背事实改变证言或者作伪证的，处三年以下有期徒刑或者拘役；情节严重的，处三年以上七年以下有期徒刑。

辩护人、诉讼代理人提供、出示、引用的证人证言或者其他证据失实，不是有意伪造的，不属于伪造证据。

条文解读

辩护人、诉讼代理人毁灭证据、伪造证据、妨害作证罪 ➲ 本条是关于辩护人、诉讼代理人毁灭证据、伪造证据、妨害作证罪及其处罚的规定。

本条所规定的犯罪主体为特殊主体，只限于刑事案件的辩护人和诉讼代理人。本罪的三种行为如下：毁灭、伪造证据；帮助当事人毁灭、伪造证据；威胁、引诱证人违背事实改变证言或者作伪证。辩护人、诉讼代理人在刑事诉讼中只要有上述三种行为之一即可构成本罪。“情节严重”，主要是指犯罪手段极其恶劣、严重妨害了刑事诉讼的正常进行，以及造成犯罪人逃避法律制裁或者使无罪的人受到刑事追究等严重后果。

辩护人、诉讼代理人在刑事诉讼中，由于失误而提供、出示、引用了虚假证明，但不属于伪造证据的情况不构成本罪。这样规定主要是为了划清罪与非罪的界限。

第三百零七条　【妨害作证罪】 以暴力、威胁、贿买等方法阻止证人作证或者指使他人作伪证的，处三年以下有期徒刑或者拘役；情节严重的，处三年以上七年以下有期徒刑。

【帮助毁灭、伪造证据罪】 帮助当事人毁灭、伪造证据，情节严重的，处三年以下有期徒刑或者拘役。

司法工作人员犯前两款罪的，从重处罚。

条文解读

妨害作证罪，帮助毁灭、伪造证据罪 ➲ 本条是关于妨害作证罪、帮助毁灭、伪造证据罪及其处罚的规定。

“以暴力、威胁、贿买等方法阻止证人作证”，是指采用暴力伤害，以暴力或者其他手段相威胁，用金钱、物质利益行贿以及其他方法不让证人为案件提供证明。“指使他人作伪证”，是指以暴力、威胁、贿买或者其他方法让他人为案件提供与事实不符的虚假证明。本条规定的犯罪主体是一般主体，任何人有本条规定的行为，即可构成本罪，而且本条的规定未限于刑事诉讼，也就是说本条的规定适用于刑事、民事、行政等一切诉讼当中。“帮助当事人毁灭、伪造证据”，是指与当事人共谋，或者受当事人指使为当事人毁灭证据、伪造证据提供帮助的行为，如为贪污犯罪的嫌疑人销毁单据。“司法工作人员”，是指具有侦查、检察、审判、监管职能的人员。司法工作人员必须公正廉明，如果他们弄虚作假则危害更大，而且会造成极其恶劣的影响，所以必须从重处罚。

第三百零七条之一　【虚假诉讼罪】 以捏造的事实提起民事诉讼，妨害司法秩序或者严重侵害他人合法权益的，处三年以下有期徒刑、拘役或者管制，并处或者单处罚金；情节严重的，处三年以上七年以下有期徒刑，并处罚金。

单位犯前款罪的，对单位判处罚金，并对其直接负责的主管人员和其他直接责任人员，依照前款的规定处罚。

有第一款行为，非法占有他人财产或者逃避合法债务，又构成其他犯罪的，依照处罚较重的规定定罪从重处罚。

司法工作人员利用职权，与他人共同实施前三款行为的，从重处罚；同时构成其他犯罪的，依照处罚较重的规定定罪从重处罚。

条文解读

虚假诉讼罪 ➲ 本条是关于虚假诉讼罪及其处罚的规定。

本罪的主体是一般主体，包括个人和单位。本罪侵犯的客体是国家司法秩序和他人的财产权等合法权益。本罪的主观方面是故意犯罪，行为人具有提起虚假的民事诉讼，欺骗国家司法机关，通过获得司法机关的裁判文书实现其非法目的的主观故意。

在执行本条规定的过程中要注意把握好罪与非罪的界限。本条规定的是以凭空捏造的事实提起民事诉讼，妨害司法秩序或者严重侵害他人合法权益的犯罪。对于提起诉讼的基本事实是真实的，但在一些证据材料上弄虚作假，企图欺骗司法机关，获取有利于自己的裁判的行为，不适用本条规定。

关联参见

《最高人民法院关于防范和制裁虚假诉讼的指导意见》；《最高人民法院、最高人民检察院关于办理虚假诉讼刑事案件适用法律若干问题的解释》

第三百零八条　【打击报复证人罪】对证人进行打击报复的，处三年以下有期徒刑或者拘役；情节严重的，处三年以上七年以下有期徒刑。

第三百零八条之一　【泄露不应公开的案件信息罪】司法工作人员、辩护人、诉讼代理人或者其他诉讼参与人，泄露依法不公开审理的案件中不应当公开的信息，造成信息公开传播或者其他严重后果的，处三年以下有期徒刑、拘役或者管制，并处或者单处罚金。

有前款行为，泄露国家秘密的，依照本法第三百九十八条的规定定罪处罚。

【披露、报道不应公开的案件信息罪】公开披露、报道第一款规定的案件信息，情节严重的，依照第一款的规定处罚。

单位犯前款罪的，对单位判处罚金，并对其直接负责的主管人员和其他直接责任人员，依照第一款的规定处罚。

条文解读

泄露不应公开的案件信息罪 ➲ 本条第 1 款是关于泄露不应公开的案件信息罪及其处罚的规定。

“司法工作人员”，在刑事诉讼中，包括侦查人员、检察人员、审判人员和有监管职责的人员，在民事诉讼、行政诉讼中主要是审判人员。“辩护人”，是指在刑事诉讼中接受犯罪嫌疑人、被告人的委托或者法律援助机构的指派，为犯罪嫌疑人、被告人提供法律帮助的人，包括律师，人民团体或者犯罪嫌疑人、被告人所在单位推荐的人和犯罪嫌疑人、被告人的监护人、亲友。“诉讼代理人”，是指接受刑事公诉案件被害人及其法定代理人或者近亲属、自诉案件自诉人及其法定代理人、刑事附带民事诉讼案件当事人及其法定代理人、民事诉讼案件当事人及其法定代理人、行政诉讼案件当事人及其法定代理人的委托，代为参加诉讼和提供法律帮助的人，包括律师、基层法律服务工作者、当事人的近亲属或者工作人员、当事人所在社区、单位以及有关社会团体推荐的公民等。“其他诉讼参与人”，是指除司法工作人员、辩护人、诉讼代理人之外其他参加诉讼的人员，包括证人、鉴定人、出庭的有专门知识的人、记录人、翻译人等。

披露、报道不应公开的案件信息罪 ➲ 本条第 3、4 款是关于披露、报道不应公开的案件信息罪及其处罚的规定。有的个人和媒体、网站等单位，虽然不是泄露不公开审理的案件信息的行为人，但通过各种渠道获得不公开审理的案件信息后，公开披露、报道，甚至大肆炒作，有的造成严重后果，对司法秩序和有关当事人的合法权益造成严重损害。这种行为与泄露不公开审理的案件信息具有同样的社会危害性，应当追究刑事责任。“公开披露”是指通过各种途径向他人和公众发布有关案件信息；“报道”主要是指报刊、广播、电视、网站等媒体向公众公开传播有关案件信息。

第三百零九条　【扰乱法庭秩序罪】 有下列扰乱法庭秩序情形之一的，处三年以下有期徒刑、拘役、管制或者罚金：

（一）聚众哄闹、冲击法庭的；

（二）殴打司法工作人员或者诉讼参与人的；

（三）侮辱、诽谤、威胁司法工作人员或者诉讼参与人，不听法庭制止，严重扰乱法庭秩序的；

（四）有毁坏法庭设施，抢夺、损毁诉讼文书、证据等扰乱法庭秩序行为，情节严重的。

条文解读

扰乱法庭秩序罪 ➲ 本条是关于扰乱法庭秩序罪及其处罚的规定。

"聚众哄闹法庭"，是指纠集众人在法庭上以喧哗、叫嚷、吹口哨等方式起哄捣乱，干扰诉讼活动正常进行。聚众冲击法庭，是指纠集众人，在未得到法庭许可的情况下进入法庭，甚至冲上审判台，致使法庭秩序混乱。"侮辱"是指公然诋毁他人人格，破坏他人名誉的行为。"诽谤"是指故意捏造事实，损害他人人格和名誉的行为。"威胁"是指以作出对他人人身、名誉或者社会公共利益不利的行为进行胁迫的行为。根据本项的规定，实施侮辱、诽谤、威胁司法工作人员或者诉讼参与人的行为，且不听法庭制止，严重扰乱法庭秩序的，才构成本条规定的犯罪。"严重扰乱法庭秩序"是指对法庭审判活动的正常进行造成严重妨害，致使审判活动难以进行或者无法进行。

第三百一十条　【窝藏、包庇罪】 明知是犯罪的人而为其提供隐藏处所、财物，帮助其逃匿或者作假证明包庇的，处三年以下有期徒刑、拘役或者管制；情节严重的，处三年以上十年以下有期徒刑。

犯前款罪，事前通谋的，以共同犯罪论处。

条文解读

窝藏、包庇罪 ➲ 本条是关于窝藏、包庇罪及其处罚的规定。

构成本罪主要表现为两种行为：（1）为犯罪人提供隐藏处所、财物，帮助其逃匿。(2) 作假证明包庇犯罪的人。这是指向司法机关提供假的证明来帮助犯罪分子逃避法律追究。如作假证明表示犯罪人不在犯罪现场等。上述两种犯罪行为，只要实施了行为之一，就构成本条规定的犯罪。在公安机关依法查处卖淫、嫖娼活动时，将行动地点、时间、对象等情况以及其他有关的消息告知组织、强迫、引诱、容留、介绍他人卖淫以及卖淫、嫖娼的违法犯罪分子，也构成窝藏、包庇罪。

第三百一十一条　【拒绝提供间谍犯罪、恐怖主义犯罪、极端主义犯罪证据罪】 明知他人有间谍犯罪或者恐怖主义、极端主义犯罪行为，在司法机关向其调查有关情况、收集有关证据时，拒绝提供，情节严重的，处三年以下有期徒刑、拘役或者管制。

条文解读

拒绝提供间谍犯罪、恐怖主义犯罪、极端主义犯罪证据罪 ➔ 本条是关于拒绝提供间谍犯罪、恐怖主义犯罪、极端主义犯罪证据罪及其处罚的规定。

根据本条规定，构成本罪需要符合以下条件：

1. 行为人必须明知他人有间谍犯罪或者恐怖主义、极端主义犯罪行为。“明知他人有间谍犯罪或者恐怖主义、极端主义犯罪行为”是构成本罪的主观要件。这里的“明知”，是指行为人主观上知道或者应当知道，既包括知道他人实施间谍犯罪或者恐怖主义、极端主义犯罪行为的全部情况，也包括知道部分情况。

2. 行为人实施了在司法机关向其调查有关情况、收集有关证据时，拒绝提供的行为。根据《反间谍法》规定，国家安全机关是反间谍的主管机关。《刑事诉讼法》规定，对刑事案件的侦查、拘留、执行逮捕、预审，由公安机关负责，检察、批准逮捕、提起公诉，由人民检察院负责，审判由人民法院负责。根据上述规定，这里的“司法机关”，主要是指负有侦查、检察、审判职责的机关，即国家安全机关、公安机关、人民检察院、人民法院。“调查有关情况”，主要是指司法机关调查了解间谍犯罪或者恐怖主义、极端主义犯罪及其有关情况，不仅包括间谍犯罪或者恐怖主义、极端主义犯罪行为本身的情况，还包括参加犯罪活动的人、线索以及方法、手段、时间、地点等情况。“收集有关证据”，主要是指侦查人员根据《刑事诉讼法》所规定的侦查程序收集有关间谍犯罪或者恐怖主义、极端主义犯罪的证据材料，既包括能够证明间谍犯罪或者恐怖主义、极端主义犯罪真实情况的证人证言，也包括有关书证、物证，如犯罪活动的工具、密写信、活动方案、组织名单等以及视听资料、电子数据等。“拒绝提供”，包括拒绝向司法机关讲述其了解的相关情况，拒绝向司法机关提交有关证据。

3. 构成本罪必须达到“情节严重”的程度。

第三百一十二条　【掩饰、隐瞒犯罪所得、犯罪所得收益罪】 明知是犯罪所得及其产生的收益而予以窝藏、转移、收购、代为销售或者以其他方法掩饰、隐瞒的，处三年以下有期徒刑、拘役或者管制，并处或者单处罚金；情节严重的，处三年以上七年以下有期徒刑，并处罚金。

单位犯前款罪的，对单位判处罚金，并对其直接负责的主管人员和其他直接责任人员，依照前款的规定处罚。

条文解读

掩饰、隐瞒犯罪所得、犯罪所得收益罪 ➲ 本条是关于掩饰、隐瞒犯罪所得、犯罪所得收益罪及其处罚的规定。

构成本罪需要具备以下条件：(1) 行为人是故意犯罪。即明知是犯罪所得及其产生的收益而故意予以掩饰、隐瞒的。(2) 行为人实施了窝藏、转移、收购、代为销售或者以其他方法掩饰、隐瞒犯罪所得及其收益的行为。

实践中需要注意以下三点：(1) 犯罪团伙、集团在犯罪中分工负责掩饰、隐瞒犯罪所得及其收益的，应以该犯罪的共犯论处。(2) 犯罪行为人本人掩饰、隐瞒犯罪所得及其收益的，只按其所犯罪行处罚，而不再以本条规定数罪并罚。(3) 行为人与犯罪分子事前通谋，事后对犯罪所得予以掩饰、隐瞒的，应按犯罪的共犯追究刑事责任。

关联参见

《全国人民代表大会常务委员会关于〈中华人民共和国刑法〉第三

百四十一条、第三百一十二条的解释》；《最高人民法院关于审理掩饰、隐瞒犯罪所得、犯罪所得收益刑事案件适用法律若干问题的解释》

第三百一十三条　【拒不执行判决、裁定罪】 对人民法院的判决、裁定有能力执行而拒不执行，情节严重的，处三年以下有期徒刑、拘役或者罚金；情节特别严重的，处三年以上七年以下有期徒刑，并处罚金。

单位犯前款罪的，对单位判处罚金，并对其直接负责的主管人员和其他直接责任人员，依照前款的规定处罚。

条文解读

拒不执行判决、裁定罪 ➔ 本条是关于拒不执行判决、裁定罪及其处罚的规定。

拒不执行判决、裁定罪，是指对人民法院的判决、裁定有能力执行而拒不执行，情节严重的行为。

1. 本罪拒不执行的对象是人民法院的判决、裁定。“人民法院的判决、裁定”，是指人民法院依法作出的具有执行内容并已经发生法律效力的判决、裁定。人民法院为依法执行支付令、生效的调解书、仲裁裁决、公证债权文书所作的裁定属于本条规定的裁定。

2. 要有能力执行。所谓有能力执行，是指根据人民法院查实的证据证明负有执行人民法院判决、裁定义务的人有可供执行的财产或者具有履行特定行为义务的能力。倘若没有能力执行，比如执行义务人没有可供执行的财产而无法履行判决、裁定确定的义务的，不能构成本罪。

3. 要有拒不执行的行为。所谓拒不执行，是指对人民法院生效判决、裁定所确定的义务采取各种手段拒绝执行。

4. 必须达到情节严重的程度。根据《全国人民代表大会常务委员会关于〈中华人民共和国刑法〉第三百一十三条的解释》的规定，下列情形属于“有能力执行而拒不执行，情节严重”的情形：（1）被执行人隐藏、转移、故意毁损财产或者无偿转让财产、以明显不合理的低价转让财产，致使判决、裁定无法执行的；(2) 担保人或者被执行人隐藏、转移、故意毁损或者转让已向人民法院提供担保的财产，致使判决、裁定无法执行的；(3) 协助执行义务人接到人民法院协助执行通知书后，拒不协助执行，致使判决、裁定无法执行的；(4) 被执行人、担保人、协助执行义务人与国家机关工作人员通谋，利用国家机关工作人员的职权妨害执行，致使判决、裁定无法执行的；(5) 其他有能力执行而拒不执行，情节严重的情形。国家机关工作人员有上述第 4 项行为的，以拒不执行判决、裁定罪的共犯追究刑事责任。国家机关工作人员收受贿赂或者滥用职权，有上述第 4 项行为的，同时又构成《刑法》第 385 条（受贿罪）、第 397 条（滥用职权罪）规定之罪的，依照处罚较重的规定定罪处罚。

案例指引

28. 有能力执行而拒不执行判决、裁定的时间从何时起算？[①]

毛建文拒不执行判决、裁定案

（最高人民法院审判委员会讨论通过　2016 年 12 月 28 日发布）

关键词　刑事/拒不执行判决、裁定罪/起算时间

裁判要点

有能力执行而拒不执行判决、裁定的时间从判决、裁定发生法律效力时起算。具有执行内容的判决、裁定发生法律效力后，负有执行义务的人有隐藏、转移、故意毁损财产等拒不执行行为，致使判决、裁定无法执行，情节严重的，应当以拒不执行判决、裁定罪定罪处罚。

相关法条

《中华人民共和国刑法》第 313 条

---

① 最高人民法院指导案例 71 号。

基本案情

浙江省平阳县人民法院于2012年12月11日作出（2012）温平鳌商初字第595号民事判决，判令被告人毛建文于判决生效之日起15日内返还陈先银挂靠在其名下的温州宏源包装制品有限公司投资款200000元及利息。该判决于2013年1月6日生效。因毛建文未自觉履行生效法律文书确定的义务，陈先银于2013年2月16日向平阳县人民法院申请强制执行。立案后，平阳县人民法院在执行中查明，毛建文于2013年1月17日将其名下的浙CVU661小型普通客车以150000元的价格转卖，并将所得款项用于个人开销，拒不执行生效判决。毛建文于2013年11月30日被抓获归案后如实供述了上述事实。

裁判结果

浙江省平阳县人民法院于2014年6月17日作出（2014）温平刑初字第314号刑事判决：被告人毛建文犯拒不执行判决罪，判处有期徒刑十个月。宣判后，毛建文未提起上诉，公诉机关未提出抗诉，判决已发生法律效力。

裁判理由

法院生效裁判认为：被告人毛建文负有履行生效裁判确定的执行义务，在人民法院具有执行内容的判决、裁定发生法律效力后，实施隐藏、转移财产等拒不执行行为，致使判决、裁定无法执行，情节严重，其行为已构成拒不执行判决罪。公诉机关指控的罪名成立。毛建文归案后如实供述了自己的罪行，可以从轻处罚。

本案的争议焦点为，拒不执行判决、裁定罪中规定的“有能力执行而拒不执行”的行为起算时间如何认定，即被告人毛建文拒不执行判决的行为是从相关民事判决发生法律效力时起算，还是从执行立案时起算。对此，法院认为，生效法律文书进入强制执行程序并不是构成拒不执行判决、裁定罪的要件和前提，毛建文拒不执行判决的行为应从相关民事判决于2013年1月6日发生法律效力时起算。主要理由如下：第一，符合立法原意。全国人民代表大会常务委员会对刑法第三百一十三条规定解释时指出，该条中的“人民法院的判决、裁定”，是指人民法院依法作出的具有执行内容并已发生法律效力的判决、裁定。这就是说，只有具有执行内容的判决、裁定发生法律效力后，才具有法律约束力和强制执行力，义务人才有及时、积极履行生效法律文书确定义务的责任。生效法律文书的强制执行力不是在进入强制执行程序后才产生的，而是自法律文书生效之日起即产生。第二，与民事诉讼法及其司法解释协调一致。《中华人民共和国民事诉讼法》第一百一十一条[①]规定：诉讼参与人或者其他人拒不履行人民法院已经发生法律效力的判决、裁定的，人民法院可以根据情节轻重予以罚款、拘留；构成犯罪的，依法追究刑事责任。《最高人民法院关于适用〈中华人民共和国民事诉讼法〉的解释》第一百八十八条规定：民事诉讼法第一百一十一条第一款第六项规定的拒不履行人民法院已经发生法律效力的判决、裁定的行为，包括在法律文书发生法律效力后隐藏、转移、变卖、毁损财产或者无偿转让财产、以明显不合理的价格交易财产、放弃到期债权、无偿为他人提供担保等，致使人民法院无法执行的。由此可见，法律明确将拒不执行行为限定在法律文书发生法律效力后，并未将拒不执行的主体仅限定为进入强制执行程序后的被执行人或者协助执行义务人等，更未将拒不执行判决、裁定罪的调整范围仅限于生效法律文书进入强制执行程序后发生的行为。第三，符合立法目的。拒不执行判决、裁定罪的立法目的在于解决法院生效判决、裁定的“执行难”问题。将判决、裁定生效后立案执行前逃避履行义务的行为纳入拒不执行判决、裁定罪的调整范围，是法律设定该罪的应有之意。将判决、裁定生效之日确定为拒不执行判决、裁定罪中拒不执行行为的起算时间点，能有效地促使义务人在判决、裁定生效后即迫于刑罚的威慑力而主动履行生效裁判确定的义务，避免生效裁判沦为一纸空文，从而使社会公众真正尊重司法裁判，维护法律权威，从根本上解决“执行难”问题，实现拒不执行判决、裁定罪的立法目的。

---

① 现为《民事诉讼法》第114条，下同。

关联参见

《最高人民法院、最高人民检察院、公安部关于依法严肃查处拒不执行判决裁定和暴力抗拒法院执行犯罪行为有关问题的通知》三、四；《最高人民法院关于审理拒不执行判决、裁定刑事案件适用法律若干问题的解释》第1条、第2条、第5—7条

第三百一十四条　【非法处置查封、扣押、冻结的财产罪】 隐藏、转移、变卖、故意毁损已被司法机关查封、扣押、冻结的财产，情节严重的，处三年以下有期徒刑、拘役或者罚金。

第三百一十五条　【破坏监管秩序罪】 依法被关押的罪犯，有下列破坏监管秩序行为之一，情节严重的，处三年以下有期徒刑：

（一）殴打监管人员的；

（二）组织其他被监管人破坏监管秩序的；

（三）聚众闹事，扰乱正常监管秩序的；

（四）殴打、体罚或者指使他人殴打、体罚其他被监管人的。

第三百一十六条　【脱逃罪】 依法被关押的罪犯、被告人、犯罪嫌疑人脱逃的，处五年以下有期徒刑或者拘役。

【劫夺被押解人员罪】 劫夺押解途中的罪犯、被告人、犯罪嫌疑人的，处三年以上七年以下有期徒刑；情节严重的，处七年以上有期徒刑。

第三百一十七条　【组织越狱罪】 组织越狱的首要分子和积极参加的，处五年以上有期徒刑；其他参加的，处五年以下有期徒刑或者拘役。

【暴动越狱罪】【聚众持械劫狱罪】 暴动越狱或者聚众持械劫狱的首要分子和积极参加的，处十年以上有期徒刑或者无期徒刑；情节特别严重的，处死刑；其他参加的，处三年以上十年以下有期徒刑。

第三节　妨害国（边）境管理罪

第三百一十八条　【组织他人偷越国（边）境罪】组织他人偷越国（边）境的，处二年以上七年以下有期徒刑，并处罚金；有下列情形之一的，处七年以上有期徒刑或者无期徒刑，并处罚金或者没收财产：

（一）组织他人偷越国（边）境集团的首要分子；

（二）多次组织他人偷越国（边）境或者组织他人偷越国（边）境人数众多的；

（三）造成被组织人重伤、死亡的；

（四）剥夺或者限制被组织人人身自由的；

（五）以暴力、威胁方法抗拒检查的；

（六）违法所得数额巨大的；

（七）有其他特别严重情节的。

犯前款罪，对被组织人有杀害、伤害、强奸、拐卖等犯罪行为，或者对检查人员有杀害、伤害等犯罪行为的，依照数罪并罚的规定处罚。

第三百一十九条　【骗取出境证件罪】以劳务输出、经贸往来或者其他名义，弄虚作假，骗取护照、签证等出境证件，为组织他人偷越国（边）境使用的，处三年以下有期徒刑，并处罚金；情节严重的，处三年以上十年以下有期徒刑，并处罚金。

单位犯前款罪的，对单位判处罚金，并对其直接负责的主管人员和其他直接责任人员，依照前款的规定处罚。

第三百二十条　【提供伪造、变造的出入境证件罪】【出售出入境证件罪】为他人提供伪造、变造的护照、签证等出入境证件，或者出售护照、签证等出入境证件的，处五年以下有期徒刑，并处罚金；情节严重的，处五年以上有期徒刑，并处罚金。

第三百二十一条 【运送他人偷越国（边）境罪】 运送他人偷越国（边）境的，处五年以下有期徒刑、拘役或者管制，并处罚金；有下列情形之一的，处五年以上十年以下有期徒刑，并处罚金：

（一）多次实施运送行为或者运送人数众多的；

（二）所使用的船只、车辆等交通工具不具备必要的安全条件，足以造成严重后果的；

（三）违法所得数额巨大的；

（四）有其他特别严重情节的。

在运送他人偷越国（边）境中造成被运送人重伤、死亡，或者以暴力、威胁方法抗拒检查的，处七年以上有期徒刑，并处罚金。

犯前两款罪，对被运送人有杀害、伤害、强奸、拐卖等犯罪行为，或者对检查人员有杀害、伤害等犯罪行为的，依照数罪并罚的规定处罚。

条文解读

运送他人偷越国（边）境罪 ➲ 本条是关于运送他人偷越国（边）境罪及其处罚的规定。

"运送"，主要是指用车辆、船只等交通工具将偷越国（边）境的人非法运送出、入我国国（边）境的行为。行为人没有利用交通工具，如亲自带领他人通过隐蔽的路线偷越国（边）境的，也应当认定是运送他人偷越国（边）境的行为。本罪是故意犯罪，行为人多具有营利的目的，但是否具有营利目的，不是构成本罪的必要要件。

关联参见

《最高人民法院、最高人民检察院关于办理妨害国（边）境管理刑事案件应用法律若干问题的解释》第4条

第三百二十二条　【偷越国（边）境罪】 违反国（边）境管理法规，偷越国（边）境，情节严重的，处一年以下有期徒刑、拘役或者管制，并处罚金；为参加恐怖活动组织、接受恐怖活动培训或者实施恐怖活动，偷越国（边）境的，处一年以上三年以下有期徒刑，并处罚金。

条文解读

偷越国（边）境罪 ➲ 本条是关于偷越国（边）境及其处罚的规定。

构成本罪的主要条件是：(1) 构成本罪的犯罪主体，既可以是中国公民，也可以是外国人。(2) 本罪在主观方面表现为故意，即行为人明知自己违反国（边）境管理法规，仍然偷越国（边）境的。这里所说的“违反国（边）境管理法规”，是指违反我国关于出入境管理的法律、法规规定。(3) 本罪的客观方面表现为“偷越国（边）境”，即行为人违反国（边）境管理法律、法规，非法出入我国国（边）境的行为。(4) 情节严重的行为。这里的“情节严重”是构成本罪的必要条件。对于偷越国（边）境的行为是否属于情节严重，应当根据行为人的主观意图、客观手段、危害后果等综合判断。

关联参见

《最高人民法院、最高人民检察院关于办理妨害国（边）境管理刑事案件应用法律若干问题的解释》第5条

第三百二十三条　【破坏界碑、界桩罪】【破坏永久性测量标志罪】 故意破坏国家边境的界碑、界桩或者永久性测量标志的，处三年以下有期徒刑或者拘役。

第四节　妨害文物管理罪

第三百二十四条　【故意损毁文物罪】故意损毁国家保护的珍贵文物或者被确定为全国重点文物保护单位、省级文物保护单位的文物的，处三年以下有期徒刑或者拘役，并处或者单处罚金；情节严重的，处三年以上十年以下有期徒刑，并处罚金。

【故意损毁名胜古迹罪】故意损毁国家保护的名胜古迹，情节严重的，处五年以下有期徒刑或者拘役，并处或者单处罚金。

【过失损毁文物罪】过失损毁国家保护的珍贵文物或者被确定为全国重点文物保护单位、省级文物保护单位的文物，造成严重后果的，处三年以下有期徒刑或者拘役。

第三百二十五条　【非法向外国人出售、赠送珍贵文物罪】违反文物保护法规，将收藏的国家禁止出口的珍贵文物私自出售或者私自赠送给外国人的，处五年以下有期徒刑或者拘役，可以并处罚金。

单位犯前款罪的，对单位判处罚金，并对其直接负责的主管人员和其他直接责任人员，依照前款的规定处罚。

条文解读

非法向外国人出售、赠送珍贵文物罪 ➲ 本条是关于非法向外国人出售、赠送珍贵文物罪及其处罚的规定。

本条“禁止出口的珍贵文物”，是指国家有关主管部门规定禁止出口的珍贵文物。为了严格禁止具有重要价值的珍贵文物出口，《文物保护法》规定，文物出境，应当经国务院文物行政部门指定的文物进出境审核机构审核。经审核允许出境的文物，由国务院文物行政部门发给文物出境许可证，从国务院文物行政部门指定的口岸出境。

“单位犯前款罪”，是指国有的和非国有的博物馆、图书馆、纪念馆等单位，将收藏的国家禁止出口的珍贵文物，违反国家规定擅自卖给或赠送给外国人的行为。

第三百二十六条　【倒卖文物罪】以牟利为目的，倒卖国家禁止经营的文物，情节严重的，处五年以下有期徒刑或者拘役，并处罚金；情节特别严重的，处五年以上十年以下有期徒刑，并处罚金。

单位犯前款罪的，对单位判处罚金，并对其直接负责的主管人员和其他直接责任人员，依照前款的规定处罚。

条文解读

倒卖文物罪 ➲ 本条是关于倒卖文物罪及其处罚的规定。

出售或者为出售而收购、运输、储存《文物保护法》规定的“国家禁止买卖的文物”的，应当认定为“倒卖国家禁止经营的文物”。

关联参见

《最高人民法院、最高人民检察院关于办理妨害文物管理等刑事案件适用法律若干问题的解释》第6条

第三百二十七条　【非法出售、私赠文物藏品罪】违反文物保护法规，国有博物馆、图书馆等单位将国家保护的文物藏品出售或者私自送给非国有单位或者个人的，对单位判处罚金，并对其直接负责的主管人员和其他直接责任人员，处三年以下有期徒刑或者拘役。

条文解读

非法出售、私赠文物藏品罪 ➲ 本条是关于非法出售、私赠文物藏品罪及其处罚的规定。

本条规定的主体是“国有博物馆、图书馆等单位”，个人不是本罪的主体。“国有博物馆、图书馆等单位”，是指国家所有的博物馆、图书馆、纪念馆和文物考古事业机构等单位。本条所指“违反文物保护法规”，是指违反《文物保护法》以及与文物保护有关的行政法规等。

“文物藏品”，包括珍贵文物和一般文物。另外需注意的是，国有博物馆、图书馆以及其他国有单位，违反文物保护法规，将收藏或者管理的国家保护的文物藏品出售或者私自送给非国有单位或者个人的，依照本罪处罚。

关联参见

《最高人民法院、最高人民检察院关于办理妨害文物管理等刑事案件适用法律若干问题的解释》第7条

第三百二十八条　【盗掘古文化遗址、古墓葬罪】盗掘具有历史、艺术、科学价值的古文化遗址、古墓葬的，处三年以上十年以下有期徒刑，并处罚金；情节较轻的，处三年以下有期徒刑、拘役或者管制，并处罚金；有下列情形之一的，处十年以上有期徒刑或者无期徒刑，并处罚金或者没收财产：

（一）盗掘确定为全国重点文物保护单位和省级文物保护单位的古文化遗址、古墓葬的；

（二）盗掘古文化遗址、古墓葬集团的首要分子；

（三）多次盗掘古文化遗址、古墓葬的；

（四）盗掘古文化遗址、古墓葬，并盗窃珍贵文物或者造成珍贵文物严重破坏的。

【盗掘古人类化石、古脊椎动物化石罪】盗掘国家保护的具有科学价值的古人类化石和古脊椎动物化石的，依照前款的规定处罚。

条文解读

盗掘古文化遗址、古墓葬罪➔本条规定的是盗掘古文化遗址、古墓葬罪。

本条中的“盗掘”，是指以出卖或者非法占有为目的，私自秘密发掘古文化遗址和古墓葬的行为。“古文化遗址”，是指在人类历史发展

中由古代人类创造并留下的表明其文化发展水平的地区，如周口店。“古墓葬”，是指古代（一般指清代以前，包括清代）人类将逝者及其生前遗物按一定方式放置于特定场所并建造的固定设施。“古文化遗址、古墓葬”包括水下古文化遗址、古墓葬。“古文化遗址、古墓葬”不以公布为不可移动的古文化遗址、古墓葬为限。

关联参见

《最高人民法院、最高人民检察院关于办理妨害文物管理等刑事案件适用法律若干问题的解释》第8条

第三百二十九条　【抢夺、窃取国有档案罪】 抢夺、窃取国家所有的档案的，处五年以下有期徒刑或者拘役。

【擅自出卖、转让国有档案罪】 违反档案法的规定，擅自出卖、转让国家所有的档案，情节严重的，处三年以下有期徒刑或者拘役。

有前两款行为，同时又构成本法规定的其他犯罪的，依照处罚较重的规定定罪处罚。

条文解读

“档案”，是指过去和现在的国家机构、社会组织以及个人从事政治、军事、经济、科学、技术、文化、宗教等活动直接形成的对国家和社会有保存价值的多种文字、图表、声像等不同形式的历史记录。“国家所有的档案”，是指具有重要保存价值，由国家具有所有权及处置权的档案。“抢夺”国家所有的档案，是指以非法占有为目的，公然夺取国家所有的档案，当然也应包含抢劫档案的行为。“窃取”国家所有的档案，是指以非法占有为目的，秘密取得国家所有的档案。

第五节　危害公共卫生罪

第三百三十条　【妨害传染病防治罪】 违反传染病防治法的规定，有下列情形之一，引起甲类传染病以及依法确定采取甲类传染病预防、控制措施的传染病传播或者有传播严重危险的，处三年以下有期徒刑或者拘役；后果特别严重的，处三年以上七年以下有期徒刑：

（一）供水单位供应的饮用水不符合国家规定的卫生标准的；

（二）拒绝按照疾病预防控制机构提出的卫生要求，对传染病病原体污染的污水、污物、场所和物品进行消毒处理的；

（三）准许或者纵容传染病病人、病原携带者和疑似传染病病人从事国务院卫生行政部门规定禁止从事的易使该传染病扩散的工作的；

（四）出售、运输疫区中被传染病病原体污染或者可能被传染病病原体污染的物品，未进行消毒处理的；

（五）拒绝执行县级以上人民政府、疾病预防控制机构依照传染病防治法提出的预防、控制措施的。

单位犯前款罪的，对单位判处罚金，并对其直接负责的主管人员和其他直接责任人员，依照前款的规定处罚。

甲类传染病的范围，依照《中华人民共和国传染病防治法》和国务院有关规定确定。

条文解读

妨害传染病防治罪 ➜ 本条是关于妨害传染病防治罪及其处罚的规定。

“传染病”，是指由于致病性微生物，如细菌、病毒、螺旋体、寄生虫等侵入人体，发生使人体健康受到某种损害以致危及生命的疾病。“甲类传染病”，依据《传染病防治法》第3条的规定，是指鼠疫、霍乱。“依法确定采取甲类传染病预防、控制措施的传染病”，是指根据《传染病防治法》第 4 条的规定，对乙类传染病中传染性非典型肺炎、炭疽中的肺炭疽和人感染高致病性禽流感，采取《传染病防治法》所称甲类传染病的预防、控制措施。其他乙类传染病和突发原因不明的传染病需要采取《传染病防治法》所称甲类传染病的预防、控制措施的，由国务院卫生行政部门及时报经国务院批准后予以公布、实施。需要解除依照前述规定采取的甲类传染病预防、控制措施的，由国务院卫生行政部门报经国务院批准后予以公布。

关联参见

《传染病防治法》第 4 条、第 73 条；《最高人民法院、最高人民检察院关于办理妨害预防、控制突发传染病疫情等灾害的刑事案件具体应用法律若干问题的解释》

第三百三十一条　【传染病菌种、毒种扩散罪】 从事实验、保藏、携带、运输传染病菌种、毒种的人员，违反国务院卫生行政部门的有关规定，造成传染病菌种、毒种扩散，后果严重的，处三年以下有期徒刑或者拘役；后果特别严重的，处三年以上七年以下有期徒刑。

第三百三十二条　【妨害国境卫生检疫罪】 违反国境卫生检疫规定，引起检疫传染病传播或者有传播严重危险的，处三年以下有期徒刑或者拘役，并处或者单处罚金。

单位犯前款罪的，对单位判处罚金，并对其直接负责的主管人员和其他直接责任人员，依照前款的规定处罚。

第三百三十三条　【非法组织卖血罪】【强迫卖血罪】 非法组织他人出卖血液的，处五年以下有期徒刑，并处罚金；以暴力、威胁方法强迫他人出卖血液的，处五年以上十年以下有期徒刑，并处罚金。

有前款行为，对他人造成伤害的，依照本法第二百三十四条的规定定罪处罚。

第三百三十四条　【非法采集、供应血液、制作、供应血液制品罪】 非法采集、供应血液或者制作、供应血液制品，不符合国家规定的标准，足以危害人体健康的，处五年以下有期徒刑或者拘役，并处罚金；对人体健康造成严重危害的，处五年以上十年以下有期徒刑，并处罚金；造成特别严重后果的，处十年以上有期徒刑或者无期徒刑，并处罚金或者没收财产。

【采集、供应血液、制作、供应血液制品事故罪】 经国家主管部门批准采集、供应血液或者制作、供应血液制品的部门，不依照规定进行检测或者违背其他操作规定，造成危害他人身体健康后果的，对单位判处罚金，并对其直接负责的主管人员和其他直接责任人员，处五年以下有期徒刑或者拘役。

第三百三十四条之一　【非法采集人类遗传资源、走私人类遗传资源材料罪】 违反国家有关规定，非法采集我国人类遗传资源或者非法运送、邮寄、携带我国人类遗传资源材料出境，危害公众健康或者社会公共利益，情节严重的，处三年以下有期徒刑、拘役或者管制，并处或者单处罚金；情节特别严重的，处三年以上七年以下有期徒刑，并处罚金。

条文解读

本条包括两个方面的行为：一是非法采集我国人类遗传资源的行为。《人类遗传资源管理条例》第 11 条规定，采集我国重要遗传家系、特定地区人类遗传资源或者采集国务院科学技术行政部门规定种类、数量的人类遗传资源的，应当符合下列条件，并经国务院科学技术行政部门批准：(1) 具有法人资格；(2) 采集目的明确、合法；(3) 采集方案合理；（4）通过伦理审查；（5）具有负责人类遗传资源管理的部门和管理制度；（6）具有与采集活动相适应的场所、设施、设备和人员。二是非法运送、邮寄、携带我国走私人类遗传资源材料出境的行为。

关联参见

《生物安全法》第53—60条；《人类遗传资源管理条例》；《人类遗传资源管理暂行办法》

第三百三十五条　【医疗事故罪】医务人员由于严重不负责任，造成就诊人死亡或者严重损害就诊人身体健康的，处三年以下有期徒刑或者拘役。

条文解读

医疗事故罪 ➲ 本条是关于医疗事故罪及其处罚的规定。

构成本罪应当符合以下条件：（1）本罪的主体是特殊主体，只能是医务人员。“医务人员”，主要是指在医疗机构中从事对病人救治、护理工作的医生和护士。（2）行为人严重不负责任。“严重不负责任”，是指医务人员在对就诊人员进行医疗、护理或身体健康检查过程中，在履行职责的范围内，对于应当可以防止出现的危害结果由于其严重疏于职守而发生，如对就诊人的生命和健康采取漠不关心的态度，不及时救治；严重违反明确的操作规程等。

第三百三十六条　【非法行医罪】未取得医生执业资格的人非法行医，情节严重的，处三年以下有期徒刑、拘役或者管制，并处或者单处罚金；严重损害就诊人身体健康的，处三年以上十年以下有期徒刑，并处罚金；造成就诊人死亡的，处十年以上有期徒刑，并处罚金。

【非法进行节育手术罪】未取得医生执业资格的人擅自为他人

进行节育复通手术、假节育手术、终止妊娠手术或者摘取宫内节育器，情节严重的，处三年以下有期徒刑、拘役或者管制，并处或者单处罚金；严重损害就诊人身体健康的，处三年以上十年以下有期徒刑，并处罚金；造成就诊人死亡的，处十年以上有期徒刑，并处罚金。

条文解读

非法行医罪 本条第1款是关于非法行医罪及其处罚的规定。

根据《最高人民法院关于审理非法行医刑事案件具体应用法律若干问题的解释》的规定，具有下列情形之一的，应认定为本条第1款规定的“未取得医生执业资格的人非法行医”：(1) 未取得或者以非法手段取得医师资格从事医疗活动的；(2) 被依法吊销医师执业证书期间从事医疗活动的；(3) 未取得乡村医生执业证书，从事乡村医疗活动的；(4) 家庭接生员实施家庭接生以外的医疗行为的。非法行医行为系造成就诊人死亡的直接、主要原因的，应认定为本条第1款规定的“造成就诊人死亡”。非法行医行为并非造成就诊人死亡的直接、主要原因的，可不认定为本条第1款规定的“造成就诊人死亡”。但是，根据案件情况，可以认定为本条第1款规定的“情节严重”。

关联参见

《公安机关管辖的刑事案件立案追诉标准（一）》第57条、第58条；《最高人民法院关于审理非法行医刑事案件具体应用法律若干问题的解释》

第三百三十六条之一 【非法植入基因编辑、克隆胚胎罪】 将基因编辑、克隆的人类胚胎植入人体或者动物体内，或者将基因编辑、克隆的动物胚胎植入人体内，情节严重的，处三年以下有期徒刑或者拘役，并处罚金；情节特别严重的，处三年以上七年以下有期徒刑，并处罚金。

第三百三十七条　【妨害动植物防疫、检疫罪】违反有关动植物防疫、检疫的国家规定，引起重大动植物疫情的，或者有引起重大动植物疫情危险，情节严重的，处三年以下有期徒刑或者拘役，并处或者单处罚金。

单位犯前款罪的，对单位判处罚金，并对其直接负责的主管人员和其他直接责任人员，依照前款的规定处罚。

第六节　破坏环境资源保护罪

第三百三十八条　【污染环境罪】违反国家规定，排放、倾倒或者处置有放射性的废物、含传染病病原体的废物、有毒物质或者其他有害物质，严重污染环境的，处三年以下有期徒刑或者拘役，并处或者单处罚金；情节严重的，处三年以上七年以下有期徒刑，并处罚金；有下列情形之一的，处七年以上有期徒刑，并处罚金：

（一）在饮用水水源保护区、自然保护地核心保护区等依法确定的重点保护区域排放、倾倒、处置有放射性的废物、含传染病病原体的废物、有毒物质，情节特别严重的；

（二）向国家确定的重要江河、湖泊水域排放、倾倒、处置有放射性的废物、含传染病病原体的废物、有毒物质，情节特别严重的；

（三）致使大量永久基本农田基本功能丧失或者遭受永久性破坏的；

（四）致使多人重伤、严重疾病，或者致人严重残疾、死亡的。

有前款行为，同时构成其他犯罪的，依照处罚较重的规定定罪处罚。

条文解读

污染环境罪➡本条是关于污染环境罪及其处罚的规定。

“违反国家规定”主要是指违反国家关于环境保护的法律和行政法

规的规定。“排放”是指将本条所说的危险废物向水体、土地、大气等排入的行为，包括泵出、溢出、泄出、喷出和倒出等行为。“倾倒”是指通过船舶、航空器、平台或者其他运载工具，向水体、土地、滩涂、森林、草原以及大气等处置放射性废物、含传染病病原体的废物、有毒物质或者其他有害物质的行为。“处置”包括以焚烧、填埋等方式处理废物的活动，也包括向江河、湖泊水体等处置危险废物或者其他有害物质的情况，不限于对固体废物的处置。

“放射性的废物”是指放射性核素含量超过国家规定限值的固体、液体和气体废弃物。“含传染病病原体的废物”主要是指被传染病病原体污染的污水、污物以及物品等。下列物质应当认定为“有毒物质”：(1) 危险废物，是指列入国家危险废物名录，或者根据国家规定的危险废物鉴别标准和鉴别方法认定的，具有危险特性的废物；(2)《关于持久性有机污染物的斯德哥尔摩公约》附件所列物质；(3) 含重金属的污染物；(4) 其他具有毒性，可能污染环境的物质。

关联参见

《公安机关管辖的刑事案件立案追诉标准（一）》第60条；《最高人民法院、最高人民检察院关于办理环境污染刑事案件适用法律若干问题的解释》；《最高人民法院、最高人民检察院关于办理妨害预防、控制突发传染病疫情等灾害的刑事案件具体应用法律若干问题的解释》第13条

第三百三十九条　【非法处置进口的固体废物罪】违反国家规定，将境外的固体废物进境倾倒、堆放、处置的，处五年以下有期徒刑或者拘役，并处罚金；造成重大环境污染事故，致使公私财产遭受重大损失或者严重危害人体健康的，处五年以上十年以下有期徒刑，并处罚金；后果特别严重的，处十年以上有期徒刑，并处罚金。

【擅自进口固体废物罪】未经国务院有关主管部门许可，擅自进口固体废物用作原料，造成重大环境污染事故，致使公私财产遭受重大损失或者严重危害人体健康的，处五年以下有期徒刑或者拘役，并处罚金；后果特别严重的，处五年以上十年以下有期徒刑，并处罚金。

以原料利用为名，进口不能用作原料的固体废物、液态废物和气态废物的，依照本法第一百五十二条第二款、第三款的规定定罪处罚。

第三百四十条　【非法捕捞水产品罪】违反保护水产资源法规，在禁渔区、禁渔期或者使用禁用的工具、方法捕捞水产品，情节严重的，处三年以下有期徒刑、拘役、管制或者罚金。

第三百四十一条　【危害珍贵、濒危野生动物罪】非法猎捕、杀害国家重点保护的珍贵、濒危野生动物的，或者非法收购、运输、出售国家重点保护的珍贵、濒危野生动物及其制品的，处五年以下有期徒刑或者拘役，并处罚金；情节严重的，处五年以上十年以下有期徒刑，并处罚金；情节特别严重的，处十年以上有期徒刑，并处罚金或者没收财产。

【非法狩猎罪】违反狩猎法规，在禁猎区、禁猎期或者使用禁用的工具、方法进行狩猎，破坏野生动物资源，情节严重的，处三年以下有期徒刑、拘役、管制或者罚金。

【非法猎捕、收购、运输、出售陆生野生动物罪】违反野生动物保护管理法规，以食用为目的非法猎捕、收购、运输、出售第一款规定以外的在野外环境自然生长繁殖的陆生野生动物，情节严重的，依照前款的规定处罚。

条文解读

危害珍贵、濒危野生动物罪 ➜ 本条第 1 款是关于危害珍贵、濒危野生动物罪及其处罚的规定。

“国家重点保护的珍贵、濒危野生动物”包括：（1）列入《国家重点保护野生动物名录》的野生动物；（2）经国务院野生动物保护主管部门核准按照国家重点保护的野生动物管理的野生动物。“收购”包括以营利、自用等为目的的购买行为；“运输”包括采用携带、邮寄、利用他人、使用交通工具等方法进行运送的行为；“出售”包括出卖和以营利为目的的加工利用行为。

“收购”“运输”“出售”，是指以食用为目的，实施前述规定的相应行为。

关联参见

《公安机关管辖的刑事案件立案追诉标准（一）》第64—66条；《最高人民法院、最高人民检察院关于办理破坏野生动物资源刑事案件适用法律若干问题的解释》第4—8条

第三百四十二条　【非法占用农用地罪】违反土地管理法规，非法占用耕地、林地等农用地，改变被占用土地用途，数量较大，造成耕地、林地等农用地大量毁坏的，处五年以下有期徒刑或者拘役，并处或者单处罚金。

第三百四十二条之一　【破坏自然保护地罪】违反自然保护地管理法规，在国家公园、国家级自然保护区进行开垦、开发活动或者修建建筑物，造成严重后果或者有其他恶劣情节的，处五年以下有期徒刑或者拘役，并处或者单处罚金。

有前款行为，同时构成其他犯罪的，依照处罚较重的规定定罪处罚。

条文解读

破坏自然保护地罪➲本条是关于破坏自然保护地罪及其处罚的

规定。

构成本罪必须具备以下几个条件：(1) 行为人必须违反土地管理法规。“违反土地管理法规”是指违反《土地管理法》《森林法》《草原法》等法律以及有关行政法规中关于土地管理的规定。(2) 行为人实施了非法占用耕地、林地等农用地，改变被占用土地用途的行为。(3) 必须达到数量较大，并且造成耕地、林地等农用地大量毁坏的后果，才构成犯罪。根据《最高人民法院关于审理破坏土地资源刑事案件具体应用法律若干问题的解释》第3条的规定，非法占用耕地“数量较大”，是指非法占用基本农田5亩以上或者非法占用基本农田以外的耕地10亩以上。非法占用耕地“造成耕地大量毁坏”，是指行为人非法占用耕地建窑、建坟、建房、挖沙、采石、采矿、取土、堆放固体废弃物或者进行其他非农业建设，造成基本农田5亩以上或者基本农田以外的耕地10亩以上种植条件严重毁坏或者严重污染。

关联参见

《全国人民代表大会常务委员会关于〈中华人民共和国刑法〉第二百二十八条、第三百四十二条、第四百一十条的解释》；《最高人民法院关于审理破坏林地资源刑事案件具体应用法律若干问题的解释》第1条、第7条；《最高人民法院关于审理破坏土地资源刑事案件具体应用法律若干问题的解释》第3条、第9条；《最高人民法院关于审理破坏草原资源刑事案件应用法律若干问题的解释》第1条、第2条、第5条

第三百四十三条　【非法采矿罪】 违反矿产资源法的规定，未取得采矿许可证擅自采矿，擅自进入国家规划矿区、对国民经济具有重要价值的矿区和他人矿区范围采矿，或者擅自开采国家规定实行保护性开采的特定矿种，情节严重的，处三年以下有期徒刑、拘役或者管制，并处或者单处罚金；情节特别严重的，处三年以上七年以下有期徒刑，并处罚金。

【破坏性采矿罪】违反矿产资源法的规定，采取破坏性的开采方法开采矿产资源，造成矿产资源严重破坏的，处五年以下有期徒刑或者拘役，并处罚金。

第三百四十四条　【危害国家重点保护植物罪】违反国家规定，非法采伐、毁坏珍贵树木或者国家重点保护的其他植物的，或者非法收购、运输、加工、出售珍贵树木或者国家重点保护的其他植物及其制品的，处三年以下有期徒刑、拘役或者管制，并处罚金；情节严重的，处三年以上七年以下有期徒刑，并处罚金。

第三百四十四条之一　【非法引进、释放、丢弃外来入侵物种罪】违反国家规定，非法引进、释放或者丢弃外来入侵物种，情节严重的，处三年以下有期徒刑或者拘役，并处或者单处罚金。

第三百四十五条　【盗伐林木罪】盗伐森林或者其他林木，数量较大的，处三年以下有期徒刑、拘役或者管制，并处或者单处罚金；数量巨大的，处三年以上七年以下有期徒刑，并处罚金；数量特别巨大的，处七年以上有期徒刑，并处罚金。

【滥伐林木罪】违反森林法的规定，滥伐森林或者其他林木，数量较大的，处三年以下有期徒刑、拘役或者管制，并处或者单处罚金；数量巨大的，处三年以上七年以下有期徒刑，并处罚金。

【非法收购、运输盗伐、滥伐的林木罪】非法收购、运输明知是盗伐、滥伐的林木，情节严重的，处三年以下有期徒刑、拘役或者管制，并处或者单处罚金；情节特别严重的，处三年以上七年以下有期徒刑，并处罚金。

盗伐、滥伐国家级自然保护区内的森林或者其他林木的，从重处罚。

条文解读

盗伐林木罪 ➔ 本条第1款是关于盗伐林木罪及其处罚的规定。

“盗伐森林或者其他林木”，是指以非法占有为目的，具有下列情形之一的行为：（1）擅自砍伐国家、集体、他人所有或者他人承包经营管理的森林或者其他林木的；（2）擅自砍伐本单位或者本人承包经营管理的森林或者其他林木的；（3）在林木采伐许可证规定的地点以外采伐国家、集体、他人所有或者他人承包经营管理的森林或者其他林木的。“森林”，是指具有一定面积的林木的总体，包括树林和竹林，具体可分为五类：防护林、用材林、经济林、薪炭林、特种用途林。“其他林木”是指其他的树木和竹子。

盗伐林木“数量较大”，以 2 至 5 立方米或者幼树 100 至 200 株为起点；盗伐林木“数量巨大”，以 20 至 50 立方米或者幼树 1000 至 2000 株为起点；盗伐林木“数量特别巨大”，以 100 至 200 立方米或者幼树 5000 至 1 万株为起点。

滥伐林木罪 ➲ 本条第 2 款是关于滥伐林木罪及其处罚的规定。

“滥伐森林或者其他林木”，是指违反《森林法》的规定，具有下列情形之一的行为：（1）未经林业行政主管部门及法律规定的其他主管部门批准并核发林木采伐许可证，或者虽持有林木采伐许可证，但违反林木采伐许可证规定的时间、数量、树种或者方式，任意采伐本单位所有或者本人所有的森林或者其他林木的；（2）超过林木采伐许可证规定的数量采伐他人所有的森林或者其他林木的。林木权属争议一方在林木权属确权之前，擅自砍伐森林或者其他林木，数量较大的，以滥伐林木罪论处。

滥伐林木“数量较大”，以 10 至 20 立方米或者幼树 500 至 100 株为起点；滥伐林木“数量巨大”，以 50 至 100 立方米或者幼树 2500 至 5000 株为起点。对于 1 年内多次盗伐、滥伐少量林木未经处罚的，累计其盗伐、滥伐林木的数量，构成犯罪的，依法追究刑事责任。

第三百四十六条　【单位犯破坏环境资源保护罪的处罚规定】 单位犯本节第三百三十八条至第三百四十五条规定之罪的，对单位判处罚金，并对其直接负责的主管人员和其他直接责任人员，依照本节各该条的规定处罚。

第七节　走私、贩卖、运输、制造毒品罪

第三百四十七条　【走私、贩卖、运输、制造毒品罪】 走私、贩卖、运输、制造毒品，无论数量多少，都应当追究刑事责任，予以刑事处罚。

走私、贩卖、运输、制造毒品，有下列情形之一的，处十五年有期徒刑、无期徒刑或者死刑，并处没收财产：

（一）走私、贩卖、运输、制造鸦片一千克以上、海洛因或者甲基苯丙胺五十克以上或者其他毒品数量大的；

（二）走私、贩卖、运输、制造毒品集团的首要分子；

（三）武装掩护走私、贩卖、运输、制造毒品的；

（四）以暴力抗拒检查、拘留、逮捕，情节严重的；

（五）参与有组织的国际贩毒活动的。

走私、贩卖、运输、制造鸦片二百克以上不满一千克、海洛因或者甲基苯丙胺十克以上不满五十克或者其他毒品数量较大的，处七年以上有期徒刑，并处罚金。

走私、贩卖、运输、制造鸦片不满二百克、海洛因或者甲基苯丙胺不满十克或者其他少量毒品的，处三年以下有期徒刑、拘役或者管制，并处罚金；情节严重的，处三年以上七年以下有期徒刑，并处罚金。

单位犯第二款、第三款、第四款罪的，对单位判处罚金，并对其直接负责的主管人员和其他直接责任人员，依照各该款的规定处罚。

利用、教唆未成年人走私、贩卖、运输、制造毒品，或者向未

成年人出售毒品的，从重处罚。

对多次走私、贩卖、运输、制造毒品，未经处理的，毒品数量累计计算。

条文解读

走私、贩卖、运输、制造毒品罪 ➡ 本条是关于走私、贩卖、运输、制造毒品罪及其处罚的规定。

“走私”毒品，是指携带、运输、邮寄毒品非法进出国（边）境的行为。“贩卖”毒品，是指非法销售毒品，包括批发和零售；以贩卖为目的收买毒品的，也属于贩卖毒品。“运输”毒品，是指利用飞机、火车、汽车、轮船等交通工具或者采用随身携带的方法，将毒品从这一地点运往另一地点的行为。贩毒者运输毒品的，应按照贩卖毒品定罪；贩毒集团或者共同犯罪中分工负责运输毒品的，应按照集团犯罪、共同犯罪的罪名定罪。“制造”毒品，是指非法从毒品原植物中提炼毒品或者利用化学分解、合成等方法制成毒品的行为。为医疗、科研、教学需要，依照国家法律、法规生产、制造、运输、销售麻醉药品、精神药品，不能适用本条规定。

案例指引

29. 诊所医务人员可以向吸毒人员出售精神药品吗？①

2016 年至 2017 年 9 月，张某东在其经营的福建省平和县文峰镇某美村“某美卫生室”，向周某淳、陈某炜和罗某强、林某正、陈某辉等吸毒人员出售奥亭牌复方磷酸可待因口服溶液（以下简称可待因口服液，每包 10ml，含磷酸可待因 9mg）共计 375 次，得款 110957.8 元。

2015 年年底至 2018 年 3 月，郭某聪等 11 名医务人员分别在福建省

---

① 参见《2021 年十大毒品（涉毒）犯罪典型案例》（2021 年 6 月 25 日发布），张某东等贩卖毒品案，载最高人民法院网 https://www.court.gov.cn/zixun-xiangqing-310731.html，最后访问日期：2023 年 3 月 2 日。

漳州市城区、乡镇、农村各自经营的诊所内，向周某淳等吸毒人员出售可待因口服液，次数为 4 次至 267 次不等，得款在 2150 元至 82812 元之间。周某淳将部分购得的可待因口服液向陈某炜、罗某强、林某正等多名吸毒人员出售共计 91 次，得款 41420 元，陈某炜将部分购得的可待因口服液向陈某辉出售共计 12 次，得款 900 元。

法院认为，张某东等 14 人非法贩卖国家规定管制的能够使人形成瘾癖的精神药品，其行为均已构成贩卖毒品罪。张某东等 14 人多次向吸毒人员贩卖毒品，情节严重，应依法惩处。

国家列管的药用类精神药品和麻醉药品，具有药品与毒品双重属性，长期服用会形成瘾癖。近年来，该类药品流入非法渠道、被作为成瘾替代品滥用的情况时有发生，在一些农村地区尤为明显。张某东作为乡村诊所医生，本应利用医学知识积极抵制毒品，却在日常诊疗中非法出售国家列管的精神药品可待因口服液，犯罪隐蔽性强，社会危害性大。被告人郭某聪等人同是利用其在乡镇、农村等地经营诊所的便利，非法出售该类药品，影响恶劣。人民法院依法对张某东等人进行惩处，体现了对诊所医务人员非法贩卖精神药品犯罪的严厉打击。

关联参见

《最高人民检察院、公安部关于公安机关管辖的刑事案件立案追诉标准的规定（三）》［以下简称《公安机关管辖的刑事案件立案追诉标准（三）》］第 1 条；《最高人民法院关于审理毒品犯罪案件适用法律若干问题的解释》第 1—4 条；《最高人民法院、最高人民检察院关于办理走私刑事案件适用法律若干问题的解释》第 22 条；《全国部分法院审理毒品犯罪案件工作座谈会纪要》三、四；《全国法院毒品犯罪审判工作座谈会纪要》二；《最高人民法院、最高人民检察院、公安部关于办理毒品犯罪案件适用法律若干问题的意见》

第三百四十八条　【非法持有毒品罪】非法持有鸦片一千克以上、海洛因或者甲基苯丙胺五十克以上或者其他毒品数量大的，处七年以上有期徒刑或者无期徒刑，并处罚金；非法持有鸦片二百克以上不满一千克、海洛因或者甲基苯丙胺十克以上不满五十克或者其他毒品数量较大的，处三年以下有期徒刑、拘役或者管制，并处罚金；情节严重的，处三年以上七年以下有期徒刑，并处罚金。

条文解读

非法持有毒品罪 ➲ 本条是关于非法持有毒品罪及其处罚的规定。

"非法持有毒品"，是指除依照国家有关规定生产、管理、运输、使用麻醉药品、精神药品以外而持有毒品的。"情节严重的"，一般是指多次被查获持有毒品的情形等。

关联参见

《公安机关管辖的刑事案件立案追诉标准（三）》第 2 条；《全国法院毒品犯罪审判工作座谈会纪要》二；《最高人民法院关于审理毒品犯罪案件适用法律若干问题的解释》第 5 条

第三百四十九条　【包庇毒品犯罪分子罪】【窝藏、转移、隐瞒毒品、毒赃罪】包庇走私、贩卖、运输、制造毒品的犯罪分子的，为犯罪分子窝藏、转移、隐瞒毒品或者犯罪所得的财物的，处三年以下有期徒刑、拘役或者管制；情节严重的，处三年以上十年以下有期徒刑。

缉毒人员或者其他国家机关工作人员掩护、包庇走私、贩卖、运输、制造毒品的犯罪分子的，依照前款的规定从重处罚。

犯前两款罪，事先通谋的，以走私、贩卖、运输、制造毒品罪的共犯论处。

条文解读

包庇毒品犯罪分子罪，窝藏、转移、隐瞒毒品、毒赃罪 ➡ 本条是关于包庇毒品犯罪分子罪，窝藏、转移、隐瞒毒品、毒脏罪及其处罚的规定。

"包庇走私、贩卖、运输、制造毒品的犯罪分子"，是指采取窝藏犯罪分子或者作假证明等方法，帮助犯罪分子逃避法律追究的行为。为犯罪分子"窝藏"毒品或者犯罪所得的财物，是指将犯罪分子的毒品或者进行毒品犯罪得到的财物隐藏在自己的住所或者其他隐蔽的场所，以逃避司法机关追查的行为。为犯罪分子"转移"毒品或者犯罪所得的财物，是指将犯罪分子的毒品或者进行毒品犯罪所得的财物从一地转移到另一地，以抗拒司法机关对毒品或者进行毒品犯罪所得财物追缴的行为。"隐瞒毒品或者犯罪所得的财物"，是指当司法机关追查毒品和赃物，向其询问时，故意不讲毒品、犯罪所得财物隐藏处的行为。

"缉毒人员"，是指因公负责查处毒品犯罪的国家工作人员。"掩护"走私、贩卖、运输、制造毒品的犯罪分子，是指缉毒人员或者其他国家机关工作人员采取警戒、牵制、压制等手段，帮助进行走私、贩卖、运输、制造毒品的犯罪分子逃避法律追究。缉毒人员或者国家机关工作人员，由于他们特殊的身份，掩护、包庇走私、贩卖、运输、制造毒品的犯罪分子从事犯罪活动，对社会造成的危害性很大。因此，本条第 2 款规定缉毒人员或者其他国家机关工作人员掩护、包庇走私、贩卖、运输、制造毒品的犯罪分子，依照对包庇进行走私、贩卖、运输、制造毒品的犯罪分子的处罚规定从重处罚。

关联参见

《公安机关管辖的刑事案件立案追诉标准（三）》第 3 条、第 4 条；《最高人民法院关于审理洗钱等刑事案件具体应用法律若干问题的解释》第 3 条、第 4 条；《最高人民法院关于审理毒品犯罪案件适用法律若干问题的解释》第 6 条

第三百五十条　【非法生产、买卖、运输制毒物品、走私制毒物品罪】违反国家规定，非法生产、买卖、运输醋酸酐、乙醚、三氯甲烷或者其他用于制造毒品的原料、配剂，或者携带上述物品进出境，情节较重的，处三年以下有期徒刑、拘役或者管制，并处罚金；情节严重的，处三年以上七年以下有期徒刑，并处罚金；情节特别严重的，处七年以上有期徒刑，并处罚金或者没收财产。

明知他人制造毒品而为其生产、买卖、运输前款规定的物品的，以制造毒品罪的共犯论处。

单位犯前两款罪的，对单位判处罚金，并对其直接负责的主管人员和其他直接责任人员，依照前两款的规定处罚。

条文解读

非法生产、买卖、运输制毒物品、走私制毒物品罪➜本条是关于非法生产、买卖、运输制毒物品、走私制毒物品罪及其处罚的规定。

“用于制造毒品的原料、配剂”，是指提炼、分解毒品使用的原材料及辅助性配料。“违反国家规定，非法生产、买卖、运输醋酸酐、乙醚、三氯甲烷或者其他用于制造毒品的原料、配剂，或者携带上述物品进出境”，是指除了依照国家规定，经过法定审批手续的以外，非法生产、买卖、运输以及携带这些物品进出境的行为。国家对易制毒化学品的生产、经营、购买、运输和进口、出口实行分类管理和许可制度。

关联参见

《公安机关管辖的刑事案件立案追诉标准（三）》第5条、第6条；《最高人民法院、最高人民检察院、公安部关于办理制毒物品犯罪案件适用法律若干问题的意见》；《最高人民法院关于审理毒品犯罪案件适用法律若干问题的解释》第7条、第8条

第三百五十一条 【非法种植毒品原植物罪】 非法种植罂粟、大麻等毒品原植物的，一律强制铲除。有下列情形之一的，处五年以下有期徒刑、拘役或者管制，并处罚金：

（一）种植罂粟五百株以上不满三千株或者其他毒品原植物数量较大的；

（二）经公安机关处理后又种植的；

（三）抗拒铲除的。

非法种植罂粟三千株以上或者其他毒品原植物数量大的，处五年以上有期徒刑，并处罚金或者没收财产。

非法种植罂粟或者其他毒品原植物，在收获前自动铲除的，可以免除处罚。

第三百五十二条 【非法买卖、运输、携带、持有毒品原植物种子、幼苗罪】 非法买卖、运输、携带、持有未经灭活的罂粟等毒品原植物种子或者幼苗，数量较大的，处三年以下有期徒刑、拘役或者管制，并处或者单处罚金。

第三百五十三条 【引诱、教唆、欺骗他人吸毒罪】 引诱、教唆、欺骗他人吸食、注射毒品的，处三年以下有期徒刑、拘役或者管制，并处罚金；情节严重的，处三年以上七年以下有期徒刑，并处罚金。

【强迫他人吸毒罪】 强迫他人吸食、注射毒品的，处三年以上十年以下有期徒刑，并处罚金。

引诱、教唆、欺骗或者强迫未成年人吸食、注射毒品的，从重处罚。

第三百五十四条 【容留他人吸毒罪】 容留他人吸食、注射毒品的，处三年以下有期徒刑、拘役或者管制，并处罚金。

第三百五十五条 【非法提供麻醉药品、精神药品罪】 依法从事生产、运输、管理、使用国家管制的麻醉药品、精神药品的人员，违反国家规定，向吸食、注射毒品的人提供国家规定管制的能够使人形成瘾癖的麻醉药品、精神药品的，处三年以下有期徒刑或者拘役，并处罚金；情节严重的，处三年以上七年以下有期徒刑，并处罚金。向走私、贩卖毒品的犯罪分子或者以牟利为目的，向吸食、注射毒品的人提供国家规定管制的能够使人形成瘾癖的麻醉药品、精神药品的，依照本法第三百四十七条的规定定罪处罚。

单位犯前款罪的，对单位判处罚金，并对其直接负责的主管人员和其他直接责任人员，依照前款的规定处罚。

条文解读

非法提供麻醉药品、精神药品罪 ➔ 本条是关于非法提供麻醉药品、精神药品罪及其处罚的规定。

“依法从事生产、运输、管理、使用国家管制的麻醉药品、精神药品的人员”是指对国家管制的麻醉药品和精神药品有合法生产、运输、管理、使用权的人员。“生产”是指依照国家卫生行政主管部门的指定，种植用于加工提炼麻醉药品的原植物，制造或者试制麻醉药品、精神药品的成品、半成品和制剂；“运输”是指将国家管制的麻醉药品和精神药品通过陆路、水路或者空中，由一地运往另一地，包括进出口；“管理”是指对国家管制的麻醉药品和精神药品存放的保管以及批发、调拨、供应等；“使用”是指有关人员依照国家有关规定将国家管制的麻醉药品和精神药品用于医疗、教学、科研的行为，如医生为癌症病人开具吗啡、度冷丁（杜冷丁）用药处方等。“违反国家规定，向吸食、注射毒品的人提供国家规定管制的能够使人形成瘾癖的麻醉药品、精神药品”是指上述人员明知某种药品属于麻醉药品或精神药品而违反国家有关规定，将该药品提供给吸食、注射毒品者的行为。

关联参见

《公安机关管辖的刑事案件立案追诉标准（三）》第12条；《最高人民法院关于审理毒品犯罪案件适用法律若干问题的解释》第13条

第三百五十五条之一　【妨害兴奋剂管理罪】引诱、教唆、欺骗运动员使用兴奋剂参加国内、国际重大体育竞赛，或者明知运动员参加上述竞赛而向其提供兴奋剂，情节严重的，处三年以下有期徒刑或者拘役，并处罚金。

组织、强迫运动员使用兴奋剂参加国内、国际重大体育竞赛的，依照前款的规定从重处罚。

第三百五十六条　【毒品犯罪的再犯】因走私、贩卖、运输、制造、非法持有毒品罪被判过刑，又犯本节规定之罪的，从重处罚。

第三百五十七条　【毒品犯罪及毒品数量的计算】本法所称的毒品，是指鸦片、海洛因、甲基苯丙胺（冰毒）、吗啡、大麻、可卡因以及国家规定管制的其他能够使人形成瘾癖的麻醉药品和精神药品。

毒品的数量以查证属实的走私、贩卖、运输、制造、非法持有毒品的数量计算，不以纯度折算。

第八节　组织、强迫、引诱、容留、介绍卖淫罪

第三百五十八条　【组织卖淫罪】【强迫卖淫罪】组织、强迫他人卖淫的，处五年以上十年以下有期徒刑，并处罚金；情节严重的，处十年以上有期徒刑或者无期徒刑，并处罚金或者没收财产。

组织、强迫未成年人卖淫的，依照前款的规定从重处罚。

犯前两款罪，并有杀害、伤害、强奸、绑架等犯罪行为的，依照数罪并罚的规定处罚。

【协助组织卖淫罪】 为组织卖淫的人招募、运送人员或者有其他协助组织他人卖淫行为的，处五年以下有期徒刑，并处罚金；情节严重的，处五年以上十年以下有期徒刑，并处罚金。

条文解读

组织卖淫罪、强迫卖淫罪 ➲ 本条前3款是关于组织卖淫罪、强迫卖淫罪及其处罚的规定。

"组织他人卖淫"，主要是指通过纠集、控制一些卖淫的人员进行卖淫，或者以雇佣、招募、容留等手段，组织、诱骗他人卖淫，从中牟利的行为。"强迫他人卖淫"，主要是指行为人采取暴力、威胁或者其他手段，违背他人意志，迫使他人卖淫的行为。这里所说的"强迫"，既包括直接使用暴力手段或者以暴力相威胁，也包括使用其他非暴力的逼迫手段，如以揭发他人隐私或者以可能使他人某种利害关系遭受损失相威胁，或者通过使用某种手段和方法，形成精神上的强制，在别无出路的情况下，违背自己的意愿从事卖淫活动。

协助组织卖淫罪 ➲ 本条第4款是关于协助组织卖淫罪及其处罚的规定。

"协助组织他人卖淫"，是指为组织卖淫的人招募、运送人员或者有其他协助行为的。这里所规定的"招募"，是指协助组织卖淫者招雇、征招、招聘、募集人员，但本身并不参与组织卖淫活动的行为；"运送"，是指为组织卖淫者提供交通工具接送、输送所招募的人员的行为。"其他协助组织他人卖淫行为"，是指在组织他人卖淫的活动中，起协助、帮助作用的其他行为，如为"老鸨"充当保镖、打手，为组织卖淫活动看门望哨或者管账等。

关联参见

《公安机关管辖的刑事案件立案追诉标准（一）》第75—77条

第三百五十九条　【引诱、容留、介绍卖淫罪】引诱、容留、介绍他人卖淫的，处五年以下有期徒刑、拘役或者管制，并处罚金；情节严重的，处五年以上有期徒刑，并处罚金。

【引诱幼女卖淫罪】引诱不满十四周岁的幼女卖淫的，处五年以上有期徒刑，并处罚金。

第三百六十条　【传播性病罪】明知自己患有梅毒、淋病等严重性病卖淫、嫖娼的，处五年以下有期徒刑、拘役或者管制，并处罚金。

条文解读

传播性病罪 ➲ 本条是关于传播性病罪及其处罚的规定。

构成本罪需要符合以下特征：（1）行为人必须是患有梅毒、淋病等严重性病的人。（2）行为人主观上必须是“明知”，即行为人清楚地知道自己患有严重性病，从事卖淫、嫖娼活动会造成性病被传播的后果，希望并积极促使性病传播的后果或者放任这种危害后果的发生。《最高人民法院、最高人民检察院关于办理组织、强迫、引诱、容留、介绍卖淫刑事案件适用法律若干问题的解释》第 11 条的规定，具有下列情形之一的，应当认定为本条规定的“明知”：①有证据证明曾到医院或者其他医疗机构就医或者检查，被诊断为患有严重性病的；②根据本人的知识和经验，能够知道自己患有严重性病的；③通过其他方法能够证明行为人是“明知”的。（3）行为人实施了卖淫、嫖娼的行为。

需要注意的是，传播性病行为是否实际造成他人患上严重性病的后果，不影响本罪的成立。

关联参见

《公安机关管辖的刑事案件立案追诉标准（一）》第 80 条；《最高人民法院、最高人民检察院关于办理组织、强迫、引诱、容留、介绍卖淫刑事案件适用法律若干问题的解释》第 11 条、第 12 条

第三百六十一条　【利用本单位条件犯罪的定罪及处罚规定】 旅馆业、饮食服务业、文化娱乐业、出租汽车业等单位的人员，利用本单位的条件，组织、强迫、引诱、容留、介绍他人卖淫的，依照本法第三百五十八条、第三百五十九条的规定定罪处罚。

前款所列单位的主要负责人，犯前款罪的，从重处罚。

第三百六十二条　【为违法犯罪分子通风报信的定罪及处罚】 旅馆业、饮食服务业、文化娱乐业、出租汽车业等单位的人员，在公安机关查处卖淫、嫖娼活动时，为违法犯罪分子通风报信，情节严重的，依照本法第三百一十条的规定定罪处罚。

第九节　制作、贩卖、传播淫秽物品罪

第三百六十三条　【制作、复制、出版、贩卖、传播淫秽物品牟利罪】 以牟利为目的，制作、复制、出版、贩卖、传播淫秽物品的，处三年以下有期徒刑、拘役或者管制，并处罚金；情节严重的，处三年以上十年以下有期徒刑，并处罚金；情节特别严重的，处十年以上有期徒刑或者无期徒刑，并处罚金或者没收财产。

【为他人提供书号出版淫秽书刊罪】 为他人提供书号，出版淫秽书刊的，处三年以下有期徒刑、拘役或者管制，并处或者单处罚金；明知他人用于出版淫秽书刊而提供书号的，依照前款的规定处罚。

条文解读

制作、复制、出版、贩卖、传播淫秽物品牟利罪 ➲ 本条第 1 款是关于制作、复制、出版、贩卖、传播淫秽物品牟利罪及其处罚的规定。

“以牟利为目的”，是指行为人实施制作、复制、出版、贩卖、传播淫秽物品的犯罪行为，主观上具有谋取非法利益的目的。“制作”，是指生产、录制、编写、译著、绘画、印刷、刻印、摄制、洗印等行为。“复制”，是指通过翻印、翻拍、复印、复写、复录等方式对已有的淫秽

物品进行重复制作的行为。“出版”，是指编辑、印刷、出版、发行淫秽书刊。“贩卖”，是指销售淫秽物品的行为，包括发行、批发、零售、倒卖等。“传播”，是指通过播放、出租、出借、承运、邮寄等方式致使淫秽物品流传的行为。

关联参见

《全国人民代表大会常务委员会关于维护互联网安全的决定》三；《公安机关管辖的刑事案件立案追诉标准（一）》第82条、第83条；《最高人民法院、最高人民检察院关于办理利用互联网、移动通讯终端、声讯台制作、复制、出版、贩卖、传播淫秽电子信息刑事案件具体应用法律若干问题的解释（二）》第8—12条；《最高人民法院、最高人民检察院关于办理利用互联网、移动通讯终端、声讯台制作、复制、出版、贩卖、传播淫秽电子信息刑事案件具体应用法律若干问题的解释》第1条、第2条、第5条、第6条；《最高人民法院关于审理非法出版物刑事案件具体应用法律若干问题的解释》第16条

第三百六十四条　【传播淫秽物品罪】 传播淫秽的书刊、影片、音像、图片或者其他淫秽物品，情节严重的，处二年以下有期徒刑、拘役或者管制。

【组织播放淫秽音像制品罪】 组织播放淫秽的电影、录像等音像制品的，处三年以下有期徒刑、拘役或者管制，并处罚金；情节严重的，处三年以上十年以下有期徒刑，并处罚金。

制作、复制淫秽的电影、录像等音像制品组织播放的，依照第二款的规定从重处罚。

向不满十八周岁的未成年人传播淫秽物品的，从重处罚。

条文解读

传播淫秽物品罪、组织播放淫秽音像制品罪 ➲ 本条是关于传播淫

秽物品罪、组织播放淫秽音像制品罪及其处罚的规定。

“传播”，是指在公共场所或者公众之中进行传播，主要是指通过传阅、出借、展示、赠送、讲解等方式散布、流传淫秽的图书、报纸、刊物、画册、图片、影片、录像带、录音带、载有淫秽内容的文化娱乐品以及其他淫秽物品的行为。“组织播放”，是指召集多人播放淫秽电影、录像等音像制品的行为。

关联参见

《公安机关管辖的刑事案件立案追诉标准（一）》第84条、第85条

第三百六十五条　【组织淫秽表演罪】 组织进行淫秽表演的，处三年以下有期徒刑、拘役或者管制，并处罚金；情节严重的，处三年以上十年以下有期徒刑，并处罚金。

第三百六十六条　【单位实施有关淫秽物品犯罪的处罚】 单位犯本节第三百六十三条、第三百六十四条、第三百六十五条规定之罪的，对单位判处罚金，并对其直接负责的主管人员和其他直接责任人员，依照各该条的规定处罚。

第三百六十七条　【淫秽物品的界定】 本法所称淫秽物品，是指具体描绘性行为或者露骨宣扬色情的诲淫性的书刊、影片、录像带、录音带、图片及其他淫秽物品。

有关人体生理、医学知识的科学著作不是淫秽物品。

包含有色情内容的有艺术价值的文学、艺术作品不视为淫秽物品。

第七章　危害国防利益罪

第三百六十八条　【阻碍军人执行职务罪】 以暴力、威胁方法阻碍军人依法执行职务的，处三年以下有期徒刑、拘役、管制或

者罚金。

【阻碍军事行动罪】 故意阻碍武装部队军事行动，造成严重后果的，处五年以下有期徒刑或者拘役。

第三百六十九条　【破坏武器装备、军事设施、军事通信罪】 破坏武器装备、军事设施、军事通信的，处三年以下有期徒刑、拘役或者管制；破坏重要武器装备、军事设施、军事通信的，处三年以上十年以下有期徒刑；情节特别严重的，处十年以上有期徒刑、无期徒刑或者死刑。

【过失损坏武器装备、军事设施、军事通信罪】 过失犯前款罪，造成严重后果的，处三年以下有期徒刑或者拘役；造成特别严重后果的，处三年以上七年以下有期徒刑。

战时犯前两款罪的，从重处罚。

第三百七十条　【故意提供不合格武器装备、军事设施罪】 明知是不合格的武器装备、军事设施而提供给武装部队的，处五年以下有期徒刑或者拘役；情节严重的，处五年以上十年以下有期徒刑；情节特别严重的，处十年以上有期徒刑、无期徒刑或者死刑。

【过失提供不合格武器装备、军事设施罪】 过失犯前款罪，造成严重后果的，处三年以下有期徒刑或者拘役；造成特别严重后果的，处三年以上七年以下有期徒刑。

单位犯第一款罪的，对单位判处罚金，并对其直接负责的主管人员和其他直接责任人员，依照第一款的规定处罚。

第三百七十一条　【聚众冲击军事禁区罪】 聚众冲击军事禁区，严重扰乱军事禁区秩序的，对首要分子，处五年以上十年以下有期徒刑；对其他积极参加的，处五年以下有期徒刑、拘役、管制或者剥夺政治权利。

【聚众扰乱军事管理区秩序罪】 聚众扰乱军事管理区秩序，情节严重，致使军事管理区工作无法进行，造成严重损失的，对首要分子，处三年以上七年以下有期徒刑；对其他积极参加的，处三年以下有期徒刑、拘役、管制或者剥夺政治权利。

第三百七十二条　【冒充军人招摇撞骗罪】 冒充军人招摇撞骗的，处三年以下有期徒刑、拘役、管制或者剥夺政治权利；情节严重的，处三年以上十年以下有期徒刑。

条文解读

冒充军人招摇撞骗罪 ➲ 本条是关于冒充军人招摇撞骗罪及其处罚的规定。

构成本条规定的犯罪，须具备以下条件：

1. 行为人冒充的对象是军人。犯罪分子冒充军人身份是构成本罪的重要条件，也是与《刑法》规定的冒充国家机关工作人员招摇撞骗罪的唯一区别。这里规定的“军人”仅指具有中国人民解放军军籍的现役军人及中国人民武装警察部队的现役武警。

2. 行为人在客观上实施了招摇撞骗的行为。“招摇撞骗”，是指假借军人名义到处炫耀，利用人民群众对子弟兵的信任、爱戴进行欺骗活动，以谋取非法利益的行为。如果行为人只是由于军人在人民群众中的形象好、威信高而冒充军人以满足自己的虚荣心，并没有假借军人身份进行招摇撞骗的活动，不构成本罪，可以对其进行批评教育或给予纪律处分等。

第三百七十三条　【煽动军人逃离部队罪】【雇用逃离部队军人罪】 煽动军人逃离部队或者明知是逃离部队的军人而雇用，情节严重的，处三年以下有期徒刑、拘役或者管制。

第三百七十四条　【接送不合格兵员罪】 在征兵工作中徇私舞弊，接送不合格兵员，情节严重的，处三年以下有期徒刑或者拘役；造成特别严重后果的，处三年以上七年以下有期徒刑。

第三百七十五条 **【伪造、变造、买卖武装部队公文、证件、印章罪】【盗窃、抢夺武装部队公文、证件、印章罪】**伪造、变造、买卖或者盗窃、抢夺武装部队公文、证件、印章的，处三年以下有期徒刑、拘役、管制或者剥夺政治权利；情节严重的，处三年以上十年以下有期徒刑。

【非法生产、买卖武装部队制式服装罪】非法生产、买卖武装部队制式服装，情节严重的，处三年以下有期徒刑、拘役或者管制，并处或者单处罚金。

【伪造、盗窃、买卖、非法提供、非法使用武装部队专用标志罪】伪造、盗窃、买卖或者非法提供、使用武装部队车辆号牌等专用标志，情节严重的，处三年以下有期徒刑、拘役或者管制，并处或者单处罚金；情节特别严重的，处三年以上七年以下有期徒刑，并处罚金。

单位犯第二款、第三款罪的，对单位判处罚金，并对其直接负责的主管人员和其他直接责任人员，依照各该款的规定处罚。

第三百七十六条 **【战时拒绝、逃避征召、军事训练罪】**预备役人员战时拒绝、逃避征召或者军事训练，情节严重的，处三年以下有期徒刑或者拘役。

【战时拒绝、逃避服役罪】公民战时拒绝、逃避服役，情节严重的，处二年以下有期徒刑或者拘役。

第三百七十七条 **【战时故意提供虚假敌情罪】**战时故意向武装部队提供虚假敌情，造成严重后果的，处三年以上十年以下有期徒刑；造成特别严重后果的，处十年以上有期徒刑或者无期徒刑。

第三百七十八条 **【战时造谣扰乱军心罪】**战时造谣惑众，扰乱军心的，处三年以下有期徒刑、拘役或者管制；情节严重的，处三年以上十年以下有期徒刑。

第三百七十九条　【战时窝藏逃离部队军人罪】战时明知是逃离部队的军人而为其提供隐蔽处所、财物，情节严重的，处三年以下有期徒刑或者拘役。

第三百八十条　【战时拒绝、故意延误军事订货罪】战时拒绝或者故意延误军事订货，情节严重的，对单位判处罚金，并对其直接负责的主管人员和其他直接责任人员，处五年以下有期徒刑或者拘役；造成严重后果的，处五年以上有期徒刑。

第三百八十一条　【战时拒绝军事征收、征用罪】战时拒绝军事征收、征用，情节严重的，处三年以下有期徒刑或者拘役。

第八章　贪污贿赂罪

第三百八十二条　【贪污罪】国家工作人员利用职务上的便利，侵吞、窃取、骗取或者以其他手段非法占有公共财物的，是贪污罪。

受国家机关、国有公司、企业、事业单位、人民团体委托管理、经营国有财产的人员，利用职务上的便利，侵吞、窃取、骗取或者以其他手段非法占有国有财物的，以贪污论。

与前两款所列人员勾结，伙同贪污的，以共犯论处。

条文解读

贪污罪 ➲ 本条是关于贪污罪及其处罚的规定。

构成贪污罪，必须具备以下条件：（1）主体是国家工作人员，即《刑法》第93条规定的人员。村民委员会等村基层组织人员协助人民政府进行有关管理工作，属于《刑法》第93条第2款规定的“其他依照法律从事公务的人员”，可以成为贪污罪和受贿罪的犯罪主体。（2）贪污罪侵犯的对象是公共财物。（3）贪污罪在行为上主要表现为利用职务上的便利，侵吞、窃取、骗取或者以其他手段非法占有公共财物的行为。

本条第2款规定的“国有财产”，与第1款规定的“公共财物”是有区别的。前者只限定于国家所有（或全民所有）的财产，后者还包括集体所有的财产、用于社会公益事业的财产等。本条第3款是对与前2款所列人员勾结、伙同贪污，以共犯论处的规定。这里所说的“伙同贪污”，是指伙同国家工作人员进行贪污，其犯罪性质是贪污罪，对伙同者，应以贪污罪的共犯论处。另外，根据《刑法》第394条规定，国家工作人员在国内公务活动或者对外交往中接受礼物，依照国家规定应当交公而不交公，数额较大的，依照《刑法》关于贪污罪的规定定罪处罚。

实践中应注意以下问题：（1）根据《全国法院审理经济犯罪案件工作座谈会纪要》的规定，贪污罪是一种以非法占有为目的的财产性职务犯罪，与盗窃、诈骗、抢夺等侵犯财产罪一样，应当以行为人是否实际控制财物作为区分贪污罪既遂与未遂的标准。对于行为人利用职务上的便利，实施了虚假平账等贪污行为，但公共财物尚未实际转移，或者尚未被行为人控制就被查获的，应当认定为贪污未遂：行为人控制公共财物后，是否将财物据为己有，不影响贪污既遂的认定。（2）根据《全国法院审理经济犯罪案件工作座谈会纪要》的规定，对于国家工作人员与他人勾结，共同非法占有单位财物的行为，应当按照《最高人民法院关于审理贪污、职务侵占案件如何认定共同犯罪几个问题的解释》的规定定罪处罚。对于在公司、企业或者其他单位中，非国家工作人员与国家工作人员勾结，分别利用各自的职务便利，共同将本单位财物非法占有的，应当尽量区分主从犯，按照主犯的犯罪性质定罪。司法实践中，如果根据案件的实际情况。各共同犯罪人在共同犯罪中的地位、作用相当，难以区分主从犯的，可以贪污罪定罪处罚。

30. 土地使用权能否作为贪污罪的对象？①

杨延虎等贪污案

（最高人民法院审判委员会讨论通过 2012年9月18日发布）

关键词 刑事 贪污罪 职务便利 骗取土地使用权

裁判要点

1. 贪污罪中的“利用职务上的便利”，是指利用职务上主管、管理、经手公共财物的权力及方便条件，既包括利用本人职务上主管、管理公共财物的职务便利，也包括利用职务上有隶属关系的其他国家工作人员的职务便利。

2. 土地使用权具有财产性利益，属于刑法第三百八十二条第一款规定中的“公共财物”，可以成为贪污的对象。

相关法条

《中华人民共和国刑法》第三百八十二条第一款

基本案情

被告人杨延虎1996年8月任浙江省义乌市委常委，2003年3月任义乌市人大常委会副主任，2000年8月兼任中国小商品城福田市场（2003年3月改称中国义乌国际商贸城，简称国际商贸城）建设领导小组副组长兼指挥部总指挥，主持指挥部全面工作。2002年，杨延虎得知义乌市稠城街道共和村将列入拆迁和旧村改造范围后，决定在该村购买旧房，利用其职务便利，在拆迁安置时骗取非法利益。杨延虎遂与被告人王月芳（杨延虎的妻妹）、被告人郑新潮（王月芳之夫）共谋后，由王月芳、郑新潮二人出面，通过共和村王某某，以王月芳的名义在该村购买赵某某的3间旧房（房产证登记面积61.87平方米，发证日期1998年8月3日）。按当地拆迁和旧村改造政策，赵某某有无该旧房，

① 最高人民法院指导案例11号。

其所得安置土地面积均相同，事实上赵某某也按无房户得到了土地安置。2003 年 3、4 月份，为使 3 间旧房所占土地确权到王月芳名下，在杨延虎指使和安排下，郑新潮再次通过共和村王某某，让该村村民委员会及其成员出具了该 3 间旧房系王月芳 1983 年所建的虚假证明。杨延虎利用职务便利，要求兼任国际商贸城建设指挥部分管土地确权工作的副总指挥、义乌市国土资源局副局长吴某某和指挥部确权报批科人员，对王月芳拆迁安置、土地确权予以关照。国际商贸城建设指挥部遂将王月芳所购房屋作为有村证明但无产权证的旧房进行确权审核，上报义乌市国土资源局确权，并按丈量结果认定其占地面积 64.7 平方米。

此后，被告人杨延虎与郑新潮、王月芳等人共谋，在其岳父王某祥在共和村拆迁中可得 25.5 平方米土地确权的基础上，于 2005 年 1 月编造了由王月芳等人签名的申请报告，谎称“王某祥与王月芳共有三间半房屋，占地 90.2 平方米，二人在 1986 年分家，王某祥分得 36.1 平方米，王月芳分得 54.1 平方米，有关部门确认王某祥房屋 25.5 平方米、王月芳房屋 64 平方米有误”，要求义乌市国土资源局更正。随后，杨延虎利用职务便利，指使国际商贸城建设指挥部工作人员以该部名义对该申请报告盖章确认，并使该申请报告得到义乌市国土资源局和义乌市政府认可，从而让王月芳、王某祥分别获得 72 和 54 平方米（共 126 平方米）的建设用地审批。按王某祥的土地确权面积仅应得 36 平方米建设用地审批，其余 90 平方米系非法所得。2005 年 5 月，杨延虎等人在支付选位费 24.552 万元后，在国际商贸城拆迁安置区获得两间店面 72 平方米土地的拆迁安置补偿（案发后，该 72 平方米的土地使用权被依法冻结）。该处地块在用作安置前已被国家征用并转为建设用地，属国有划拨土地。经评估，该处每平方米的土地使用权价值 35270 元。杨延虎等人非法所得的建设用地 90 平方米，按照当地拆迁安置规定，折合拆迁安置区店面的土地面积为 72 平方米，价值 253.944 万元，扣除其支付的 24.552 万元后，实际非法所得 229.392 万元。

此外，2001 年至 2007 年间，被告人杨延虎利用职务便利，为他人承揽工程、拆迁安置、国有土地受让等谋取利益，先后非法收受或索取57万元，其中索贿5万元。

裁判结果

浙江省金华市中级人民法院于2008年12月15日作出（2008）金中刑二初字第30号刑事判决：一、被告人杨延虎犯贪污罪，判处有期徒刑十五年，并处没收财产二十万元；犯受贿罪，判处有期徒刑十一年，并处没收财产十万元；决定执行有期徒刑十八年，并处没收财产三十万元。二、被告人郑新潮犯贪污罪，判处有期徒刑五年。三、被告人王月芳犯贪污罪，判处有期徒刑三年。宣判后，三被告人均提出上诉。浙江省高级人民法院于2009年3月16日作出（2009）浙刑二终字第34号刑事裁定，驳回上诉，维持原判。

裁判理由

法院生效裁判认为：关于被告人杨延虎的辩护人提出杨延虎没有利用职务便利的辩护意见。经查，义乌国际商贸城指挥部系义乌市委、市政府为确保国际商贸城建设工程顺利进行而设立的机构，指挥部下设确权报批科，工作人员从国土资源局抽调，负责土地确权、建房建设用地的审核及报批工作，分管该科的副总指挥吴某某也是国土资源局的副局长。确权报批科作为指挥部下设机构，同时受指挥部的领导，作为指挥部总指挥的杨延虎具有对该科室的领导职权。贪污罪中的“利用职务上的便利”，是指利用职务上主管、管理、经手公共财物的权力及方便条件，既包括利用本人职务上主管、管理公共财物的职务便利，也包括利用职务上有隶属关系的其他国家工作人员的职务便利。本案中，杨延虎正是利用担任义乌市委常委、义乌市人大常委会副主任和兼任指挥部总指挥的职务便利，给下属的土地确权报批科人员及其分管副总指挥打招呼，才使得王月芳等人虚报的拆迁安置得以实现。

关于被告人杨延虎等人及其辩护人提出被告人王月芳应当获得土地安置补偿，涉案土地属于集体土地，不能构成贪污罪的辩护意见。经查，王月芳购房时系居民户口，按照法律规定和义乌市拆迁安置有关规定，不属于拆迁安置对象，不具备获得土地确权的资格，其在共和村所购房屋既不能获得土地确权，又不能得到拆迁安置补偿。杨延虎等人明知王月芳不符合拆迁安置条件，却利用杨延虎的职务便利，通过将王月芳所购房屋谎报为其祖传旧房、虚构王月芳与王某祥分家事实，骗得旧房拆迁安置资格，骗取国有土地确权。同时，由于杨延虎利用职务便利，杨延虎、王月芳等人弄虚作假，既使王月芳所购旧房的房主赵某某按无房户得到了土地安置补偿，又使本来不应获得土地安置补偿的王月芳获得了土地安置补偿。《中华人民共和国土地管理法》第二条、第九条规定，我国土地实行社会主义公有制，即全民所有制和劳动群众集体所有制，并可以依法确定给单位或者个人使用。对土地进行占有、使用、开发、经营、交易和流转，能够带来相应经济收益。因此，土地使用权自然具有财产性利益，无论国有土地，还是集体土地，都属于刑法第三百八十二条第一款规定中的“公共财物”，可以成为贪污的对象。王月芳名下安置的地块已在 2002 年 8 月被征为国有并转为建设用地，义乌市政府文件抄告单也明确该处的拆迁安置土地使用权登记核发国有土地使用权证。因此，杨延虎等人及其辩护人所提该项辩护意见，不能成立。

综上，被告人杨延虎作为国家工作人员，利用担任义乌市委常委、义乌市人大常委会副主任和兼任国际商贸城指挥部总指挥的职务便利，伙同被告人郑新潮、王月芳以虚构事实的手段，骗取国有土地使用权，非法占有公共财物，三被告人的行为均已构成贪污罪。杨延虎还利用职务便利，索取或收受他人贿赂，为他人谋取利益，其行为又构成受贿罪，应依法数罪并罚。在共同贪污犯罪中，杨延虎起主要作用，系主犯，应当按照其所参与或者组织、指挥的全部犯罪处罚；郑新潮、王月芳起次要作用，系从犯，应减轻处罚。故一、二审法院依法作出如上裁判。

关联参见

《最高人民法院关于审理贪污、职务侵占案件如何认定共同犯罪几个问题的解释》第1条、第3条；《最高人民检察院关于人民检察院直接受理立案侦查案件立案标准的规定（试行）》一、(一)

第三百八十三条　【对贪污罪的处罚】对犯贪污罪的，根据情节轻重，分别依照下列规定处罚：

（一）贪污数额较大或者有其他较重情节的，处三年以下有期徒刑或者拘役，并处罚金。

（二）贪污数额巨大或者有其他严重情节的，处三年以上十年以下有期徒刑，并处罚金或者没收财产。

（三）贪污数额特别巨大或者有其他特别严重情节的，处十年以上有期徒刑或者无期徒刑，并处罚金或者没收财产；数额特别巨大，并使国家和人民利益遭受特别重大损失的，处无期徒刑或者死刑，并处没收财产。

对多次贪污未经处理的，按照累计贪污数额处罚。

犯第一款罪，在提起公诉前如实供述自己罪行、真诚悔罪、积极退赃，避免、减少损害结果的发生，有第一项规定情形的，可以从轻、减轻或者免除处罚；有第二项、第三项规定情形的，可以从轻处罚。

犯第一款罪，有第三项规定情形被判处死刑缓期执行的，人民法院根据犯罪情节等情况可以同时决定在其死刑缓期执行二年期满依法减为无期徒刑后，终身监禁，不得减刑、假释。

条文解读

多次贪污未经处理，是指2次以上的贪污行为，以前既没有受过刑事处罚，也没有受过行政处理，追究其刑事责任时，应当累计计算贪污数额。

对贪污犯罪从宽处理必须同时符合以下条件：一是在提起公诉前。“提起公诉”是人民检察院对公安机关移送起诉或者人民检察院自行侦查终结认为应当起诉的案件，经全面审查，对事实清楚、证据确实充分，依法应当判处刑罚的，提交人民法院审判的诉讼活动。二是行为人必须如实供述自己罪行、真诚悔罪、积极退赃。如实供述自己罪行，是指犯罪分子对于自己所犯的罪行，无论司法机关是否掌握，都要如实地、全部地、无保留地向司法机关供述。需要指出的是“如实供述自己罪行、真诚悔罪、积极退赃”是并列条件，要求全部具备。三是避免、减少损害结果的发生。犯罪分子真诚悔罪、积极退赃的表现，必须要达到避免或者减少损害结果发生的实际效果。在同时具备以上前提的条件下，本条第 3 款根据贪污受贿的不同情形，规定可以从宽处罚。

特别需要明确的是，这里规定的“终身监禁”不是独立的刑种，它是对罪当判处死刑的贪污犯罪分子的一种不执行死刑的刑罚执行措施。对于贪污数额特别巨大，犯罪情节特别严重、社会影响特别恶劣、给国家和人民利益造成特别重大损失的，可以判处死刑。符合可以判处死刑的情形，但具有自首，立功，如实供述自己罪行、真诚悔罪、积极退赃，或者避免、减少损害结果的发生等情节，不是必须立即执行的，可以判处死刑缓期二年执行。符合可以判处死刑情形的，根据犯罪情节等情况可以判处死刑缓期二年执行，同时裁判决定在其死刑缓期执行二年期满依法减为无期徒刑后，终身监禁，不得减刑、假释。

第三百八十四条　【挪用公款罪】国家工作人员利用职务上的便利，挪用公款归个人使用，进行非法活动的，或者挪用公款数额较大、进行营利活动的，或者挪用公款数额较大、超过三个月未还的，是挪用公款罪，处五年以下有期徒刑或者拘役；情节严重的，处五年以上有期徒刑。挪用公款数额巨大不退还的，处十年以上有期徒刑或者无期徒刑。

挪用用于救灾、抢险、防汛、优抚、扶贫、移民、救济款物归个人使用的，从重处罚。

条文解读

挪用公款罪 ➲ 本条是关于挪用公款罪及其处罚的规定。

根据本款规定，构成挪用公款罪必须具备以下几个条件：

1. 犯罪主体只能是国家工作人员。村民委员会等村基层组织人员在协助人民政府从事行政管理工作中，利用职务上的便利，挪用公款构成犯罪的，适用《刑法》第384条挪用公款罪的规定，也可以成为挪用公款罪的主体。

2. 在客观方面是利用职务上的便利，实施以下三种行为之一的：(1) 挪用公款归个人使用，进行非法活动的。“挪用公款归个人使用”，包括挪用者本人使用或者给其他人使用。挪用公款后，为私利以个人名义将挪用的公款给其他单位使用的，应视为挪用公款归个人使用。根据《全国人民代表大会常务委员会关于〈中华人民共和国刑法〉第三百八十四条第一款的解释》的规定，有下列情形之一的，属于挪用公款“归个人使用”：①将公款供本人、亲友或者其他自然人使用的；②以个人名义将公款供其他单位使用的；③个人决定以单位名义将公款供其他单位使用，谋取个人利益的。“进行非法活动”，是指进行违法犯罪活动，如赌博、走私等。对挪用公款归个人使用进行非法活动的，不要求数额较大，也不论挪用时间长短，原则上都可构成本罪。(2) 挪用公款归个人使用数额较大，进行营利活动的。“进行营利活动”，是指进行经商办企业、投资股市、放贷等经营性活动。“数额较大”的具体标准，法律没有规定，应由司法机关根据实际情况作出司法解释。对这种情况，无论挪用时间长短，原则上都可以定罪。(3) 挪用公款数额较大，归个人使用，超过3个月未还的。这种挪用主要指用于个人生活，如挪用公款盖私房、买车或者进行挥霍等。“未还”，是指案发前（被司法机关、主管部门或者有关单位发现前）未还。如果挪用公款数额较大，超过3

个月后在案发前已全部归还本息的，不作为犯罪处理。

3. 挪用公款罪在主观方面具有挪用的故意，即准备以后归还，不打算永久占有。这是挪用公款罪与贪污罪的根本区别。如果在主观上就想非法占有挪用款，即构成贪污罪，应当按照贪污罪定罪处罚。

关于本罪追诉期限的计算，根据《最高人民法院关于挪用公款犯罪如何计算追诉期限问题的批复》的规定，根据《刑法》第 89 条、第 384 条的规定，挪用公款归个人使用，进行非法活动的，或者挪用公款数额较大、进行营利活动的，犯罪的追诉期限从挪用行为实施完毕之日起计算；挪用公款数额较大、超过 3 个月未还的，犯罪的追诉期限从挪用公款罪成立之日起计算。挪用公款行为有连续状态的，犯罪的追诉期限应当从最后一次挪用行为实施完毕之日或者犯罪成立之日起计算。

实务应用

49. 挪用失业保险基金和下岗职工基本生活保障资金的行为如何定性？

挪用失业保险基金和下岗职工基本生活保障资金属于挪用救济款物。挪用失业保险基金和下岗职工基本生活保障资金，情节严重，致使国家和人民群众利益遭受重大损害的，对直接责任人员，应当依照《刑法》第 273 条的规定，以挪用特定款物罪追究刑事责任；国家工作人员利用职务上的便利，挪用失业保险基金和下岗职工基本生活保障资金归个人使用，构成犯罪的，应当依照《刑法》第 384 条的规定，以挪用公款罪追究刑事责任。

关联参见

《最高人民法院关于审理挪用公款案件具体应用法律若干问题的解释》；《最高人民法院、最高人民检察院关于办理贪污贿赂刑事案件适用法律若干问题的解释》第 5 条、第 6 条

第三百八十五条　【受贿罪】 国家工作人员利用职务上的便利，索取他人财物的，或者非法收受他人财物，为他人谋取利益的，是受贿罪。

国家工作人员在经济往来中，违反国家规定，收受各种名义的回扣、手续费，归个人所有的，以受贿论处。

条文解读

受贿罪 ➲ 本条是关于受贿罪及其处罚的规定。

构成受贿罪必须具备以下几个条件：(1) 受贿罪的主体是国家工作人员。(2) 受贿罪在客观方面表现为利用职务上的便利，索取他人财物，或者非法收受他人财物，为他人谋取利益。“利用职务上的便利”，是指利用本人职务范围内的权力，即利用自己职务上主管、负责或者承办某种公共事务的职权所造成的便利条件，既包括利用本人职务上主管、负责、承办某项公共事务的职权，也包括利用职务上有隶属、制约关系的其他国家工作人员的职权。“索取他人财物”，是指行为人在职务活动中主动向他人索要财物。索贿是严重的受贿行为，比一般受贿具有更大的主观恶性和社会危害性，因此对索取他人财物的，法律没有规定要以“为他人谋取利益”为条件，不论是否为他人谋取利益，均可构成受贿罪。“非法收受他人财物”，是指行贿人向受贿人主动给予财物时，受贿人非法收受他人财物的行为。“为他人谋取利益”，是指受贿人利用职权为行贿人办事，即进行“权钱交易”，至于为他人谋取的利益是否正当，为他人谋取的利益是否实现，不影响受贿罪的成立。《最高人民法院、最高人民检察院关于办理贪污贿赂刑事案件适用法律若干问题的解释》第 13 条第 1 款规定，具有下列情形之一的，应当认定为“为他人谋取利益”：①实际或者承诺为他人谋取利益的；②明知他人有具体请托事项的；③履职时未被请托，但事后基于该履职事由收受他人财物的。

本条第 2 款规定的“手续费”，是指在经济活动中，除回扣以外，违反国家规定支付给对方的各种名义的钱或物，如佣金、信息费、顾问费、劳务费、辛苦费、好处费等。

实务应用

50. 集体性质的乡镇卫生院院长利用职务之便收受他人财物的行为，如何定罪？

根据《最高人民检察院法律政策研究室关于集体性质的乡镇卫生院院长利用职务之便收受他人财物的行为如何适用法律问题的答复》的规定，经过乡镇政府或者主管行政机关任命的乡镇卫生院院长，在依法从事本区域卫生工作的管理与业务技术指导，承担医疗预防保健服务工作等公务活动时，属于“其他依照法律从事公务的人员”。对其利用职务上的便利，索取他人财物的，或者非法收受他人财物，为他人谋取利益的，应当以受贿罪追究刑事责任。

关联参见

《最高人民法院、最高人民检察院关于办理商业贿赂刑事案件适用法律若干问题的意见》七、八、十一；《最高人民法院、最高人民检察院关于办理受贿刑事案件适用法律若干问题的意见》

第三百八十六条 【对受贿罪的处罚】 对犯受贿罪的，根据受贿所得数额及情节，依照本法第三百八十三条的规定处罚。索贿的从重处罚。

第三百八十七条 【单位受贿罪】 国家机关、国有公司、企业、事业单位、人民团体，索取、非法收受他人财物，为他人谋取利益，情节严重的，对单位判处罚金，并对其直接负责的主管人员和其他直接责任人员，处五年以下有期徒刑或者拘役。

前款所列单位，在经济往来中，在帐外暗中收受各种名义的回扣、手续费的，以受贿论，依照前款的规定处罚。

第三百八十八条　【受贿罪】国家工作人员利用本人职权或者地位形成的便利条件，通过其他国家工作人员职务上的行为，为请托人谋取不正当利益，索取请托人财物或者收受请托人财物的，以受贿论处。

第三百八十八条之一　【利用影响力受贿罪】国家工作人员的近亲属或者其他与该国家工作人员关系密切的人，通过该国家工作人员职务上的行为，或者利用该国家工作人员职权或者地位形成的便利条件，通过其他国家工作人员职务上的行为，为请托人谋取不正当利益，索取请托人财物或者收受请托人财物，数额较大或者有其他较重情节的，处三年以下有期徒刑或者拘役，并处罚金；数额巨大或者有其他严重情节的，处三年以上七年以下有期徒刑，并处罚金；数额特别巨大或者有其他特别严重情节的，处七年以上有期徒刑，并处罚金或者没收财产。

离职的国家工作人员或者其近亲属以及其他与其关系密切的人，利用该离职的国家工作人员原职权或者地位形成的便利条件实施前款行为的，依照前款的规定定罪处罚。

条文解读

利用影响力受贿罪 ➲ 本条是关于利用影响力受贿罪及其处罚的规定。

“近亲属”，主要是指夫、妻、父、母、子、女、同胞兄弟姐妹。“谋取不正当利益”，根据《最高人民法院、最高人民检察院关于办理行贿刑事案件具体应用法律若干问题的解释》的规定，是指行贿人谋取的利益违反法律、法规、规章、政策规定，或者要求国家工作人员违反法律、法规、规章、政策、行业规范的规定，为自己提供帮助或者方便条件。违背公平、公正原则，在经济、组织人事管理等活动中，谋取竞争优势的，可以认定为“谋取不正当利益”。

关联参见

《最高人民法院、最高人民检察院关于办理贪污贿赂刑事案件适用法律若干问题的解释》第10条；《最高人民法院、最高人民检察院关于办理行贿刑事案件具体应用法律若干问题的解释》第12条

第三百八十九条　【行贿罪】为谋取不正当利益，给予国家工作人员以财物的，是行贿罪。

在经济往来中，违反国家规定，给予国家工作人员以财物，数额较大的，或者违反国家规定，给予国家工作人员以各种名义的回扣、手续费的，以行贿论处。

因被勒索给予国家工作人员以财物，没有获得不正当利益的，不是行贿。

条文解读

行贿罪 ➲ 本条是关于行贿罪及其处罚的规定。

“谋取不正当利益”的含义，前条中已有详述，此处不再赘述。如果行为人谋取的利益是正当的，迫于某种压力或屈于惯例不得已而为之的，则不构成本条所说的行贿罪。

在经济往来中违反国家规定，给予国家工作人员以财物或者回扣、手续费，以行贿罪论处。

因被勒索给予国家工作人员以财物，但并没有获得不正当利益的，不构成行贿。“没有获得不正当利益”，是指行为人虽有给予国家工作人员以财物的行为，但最后没有获得该不正当利益，包括其获取的是合法利益，也包括根本未获得任何利益。

关联参见

《最高人民法院、最高人民检察院关于办理商业贿赂刑事案件适用

法律若干问题的意见》；《最高人民检察院关于行贿罪立案标准的规定》 一

第三百九十条 【对行贿罪的处罚】 对犯行贿罪的，处五年以下有期徒刑或者拘役，并处罚金；因行贿谋取不正当利益，情节严重的，或者使国家利益遭受重大损失的，处五年以上十年以下有期徒刑，并处罚金；情节特别严重的，或者使国家利益遭受特别重大损失的，处十年以上有期徒刑或者无期徒刑，并处罚金或者没收财产。

行贿人在被追诉前主动交待行贿行为的，可以从轻或者减轻处罚。其中，犯罪较轻的，对侦破重大案件起关键作用的，或者有重大立功表现的，可以减轻或者免除处罚。

条文解读

根据《最高人民法院、最高人民检察院关于办理贪污贿赂刑事案件适用法律若干问题的解释》的规定，具有下列情形之一的，可以认定为《刑法》第 390 条第 2 款规定的“对侦破重大案件起关键作用”：(1) 主动交待办案机关未掌握的重大案件线索的；(2) 主动交待的犯罪线索不属于重大案件的线索，但该线索对于重大案件侦破有重要作用的；(3) 主动交待行贿事实，对于重大案件的证据收集有重要作用的；(4) 主动交待行贿事实，对于重大案件的追逃、追赃有重要作用的。

关联参见

《最高人民法院、最高人民检察院关于办理行贿刑事案件具体应用法律若干问题的解释》；《最高人民法院、最高人民检察院关于办理贪污贿赂刑事案件适用法律若干问题的解释》第 7—10 条、第 14 条

第三百九十条之一　【对有影响力的人行贿罪】 为谋取不正当利益，向国家工作人员的近亲属或者其他与该国家工作人员关系密切的人，或者向离职的国家工作人员或者其近亲属以及其他与其关系密切的人行贿的，处三年以下有期徒刑或者拘役，并处罚金；情节严重的，或者使国家利益遭受重大损失的，处三年以上七年以下有期徒刑，并处罚金；情节特别严重的，或者使国家利益遭受特别重大损失的，处七年以上十年以下有期徒刑，并处罚金。

单位犯前款罪的，对单位判处罚金，并对其直接负责的主管人员和其他直接责任人员，处三年以下有期徒刑或者拘役，并处罚金。

条文解读

对有影响力的人行贿罪 ➔ 本条是关于对有影响力的人行贿罪及其处罚的规定。

本条规定的行贿犯罪主体是一般主体，行贿的对象有五类：第一类是国家工作人员的近亲属；第二类是与该国家工作人员关系密切的人；第三类是离职的国家工作人员；第四类是离职的国家工作人员的近亲属；第五类是其他与离职的国家工作人员关系密切的人。这里所说的“近亲属”主要是指夫、妻、父、母、子、女、同胞兄弟姐妹。这里所说的“谋取不正当利益”是指，根据法律及有关政策规定不应得到的利益。这里所说的“离职的国家工作人员”是指，曾经是国家工作人员，但目前的状态是已离开国家工作人员的岗位，包括离休、退休、辞职、辞退等情况。

第三百九十一条　【对单位行贿罪】 为谋取不正当利益，给予国家机关、国有公司、企业、事业单位、人民团体以财物的，或者在经济往来中，违反国家规定，给予各种名义的回扣、手续费的，处三年以下有期徒刑或者拘役，并处罚金。

单位犯前款罪的，对单位判处罚金，并对其直接负责的主管人员和其他直接责任人员，依照前款的规定处罚。

条文解读

对单位行贿罪 ➡ 本条是关于对单位行贿罪及其处罚的规定。

根据本条规定，行贿的对象仅限于国家机关、国有公司、企业、事业单位、人民团体。本条规定是行为犯，只要行为人实施了向上述单位行贿或给予回扣、手续费的行为，就构成本罪，处 3 年以下有期徒刑或者拘役，并处罚金。

关联参见

《最高人民检察院关于行贿罪立案标准的规定》二

第三百九十二条　【介绍贿赂罪】 向国家工作人员介绍贿赂，情节严重的，处三年以下有期徒刑或者拘役，并处罚金。

介绍贿赂人在被追诉前主动交待介绍贿赂行为的，可以减轻处罚或者免除处罚。

条文解读

介绍贿赂罪 ➡ 本条是关于介绍贿赂罪及其处罚的规定。

介绍贿赂罪是指在行贿人和受贿人之间进行联系、沟通、促使贿赂得以实现的犯罪行为。首先，行贿人主观上应当具有向国家工作人员介绍贿赂的故意。如果行为人主观上没有介绍贿赂的故意，即不知道请托人有给付国家工作人员财物的意图，而从中帮忙联系的，即使请托人事实上暗中给予了国家工作人员财物的，该介绍人也不构成介绍贿赂罪。其次，行为人在客观上具有介绍行贿人与受贿人沟通关系，促使行贿实现的行为。构成介绍贿赂罪，必须达到“情节严重”的条件，根据本条规定，构成犯罪的，处 3 年以下有期徒刑或者拘役，并处罚金。

介绍贿赂人在被追诉前主动交代介绍贿赂犯罪行为，实际上是检举、揭发了行贿、受贿双方的犯罪行为，对于司法机关收集证据、查明贿赂犯罪事实、惩处贿赂犯罪将起到很重要的作用。这里所说的“被追诉前”，根据《最高人民法院、最高人民检察院关于办理行贿刑事案件具体应用法律若干问题的解释》，是指检察机关对行贿人的行贿行为刑事立案前。

关联参见

《最高人民检察院关于人民检察院直接受理立案侦查案件立案标准的规定（试行）》一、(七)

第三百九十三条　【单位行贿罪】单位为谋取不正当利益而行贿，或者违反国家规定，给予国家工作人员以回扣、手续费，情节严重的，对单位判处罚金，并对其直接负责的主管人员和其他直接责任人员，处五年以下有期徒刑或者拘役，并处罚金。因行贿取得的违法所得归个人所有的，依照本法第三百八十九条、第三百九十条的规定定罪处罚。

条文解读

单位行贿罪 ➲ 本条是关于单位行贿罪及其处罚的规定。

本条有两层意思：第一层意思是关于犯单位行贿罪如何处罚。根据本条的规定，这一犯罪的主体是单位，具体包括公司、企业、事业单位、机关、团体。在行为上主要表现为单位为谋取不正当利益而行贿，或者违反国家规定，给予国家工作人员以回扣、手续费且情节严重的行为。这里所说的“违反国家规定”给予回扣、手续费，是指故意违反国家有关主管机关的禁止性规定或规章制度在账外暗中给予回扣、手续费。“情节严重”主要是指行贿或者给予“回扣”“手续费”多次多人或数额较大，或者给国家利益造成严重损失等。第二层意思是如果单位行贿的直接负责的主管人员和其他直接责任人员将单位行贿而获得的违法所得归个人所有的，即以单位名义行贿，实际上将得到的不正当利益个人中饱私囊的，实质上就是个人行贿行为，根据本条规定，应对直接负责的主管人员和其他直接责任人员依照《刑法》第389条、第390条有关行贿罪的规定定罪处罚。对直接负责的主管人员和其他直接责任人员不是按单位犯罪处罚，而是按个人行贿罪处罚，即最高法定刑可处无期徒刑。

关联参见

《最高人民法院、最高人民检察院关于办理商业贿赂刑事案件适用法律若干问题的意见》；《最高人民检察院关于行贿罪立案标准的规定》三

第三百九十四条　【贪污罪】国家工作人员在国内公务活动或者对外交往中接受礼物，依照国家规定应当交公而不交公，数额较大的，依照本法第三百八十二条、第三百八十三条的规定定罪处罚。

第三百九十五条　【巨额财产来源不明罪】国家工作人员的财产、支出明显超过合法收入，差额巨大的，可以责令该国家工作人员说明来源，不能说明来源的，差额部分以非法所得论，处五年以下有期徒刑或者拘役；差额特别巨大的，处五年以上十年以下有期徒刑。财产的差额部分予以追缴。

【隐瞒境外存款罪】国家工作人员在境外的存款，应当依照国家规定申报。数额较大、隐瞒不报的，处二年以下有期徒刑或者拘役；情节较轻的，由其所在单位或者上级主管机关酌情给予行政处分。

条文解读

巨额财产来源不明罪 ➡ 本条第1款是关于巨额财产来源不明罪及其处罚的规定。

巨额财产来源不明，是指国家工作人员的财产、支出明显超过合法

收入，差额巨大，本人不能说明其来源的行为。这里所说的“国家工作人员的财产”，是指国家工作人员私人所有的房屋、车辆、存款、现金、股票、生活用品等。“支出”，是指各种消费以及其他开支。“超过合法收入”，是指国家工作人员的财产、支出数额，明显超过其工资、奖金、津贴以及其他依照国家规定取得的报酬的数额。

“财产、支出明显超过合法收入”，不仅包括财产和支出两项总和明显超过其合法收入，也包括财产或者支出其中一项明显超过合法收入的情况。“差额巨大”“差额特别巨大”的具体数额标准，有待司法机关根据实际情况作出司法解释。本条所规定的“不能说明其来源的”，是指行为人不能说明其支出明显超过合法收入、差额巨大的财产是如何获得的。这里既包括本人拒不向调查的司法机关说明，也包括“说明”的内容经调查证明是虚假的情况。

本条第1款在实际执行中应当注意，在清查、核实行为人的财产来源时，司法机关应当尽量查清其财产是通过何种非法方式取得的，如果能够查清其财产是以贪污、受贿或者其他犯罪方法取得的，应当按照贪污、受贿或者其他犯罪追究刑事责任。只有在确实无法查清其巨额财产非法来源，本人又不能说明的情况下，才应按巨额财产来源不明罪进行追究。

关联参见

《最高人民检察院关于人民检察院直接受理立案侦查案件立案标准的规定（试行）》一、（九）、（十）

第三百九十六条　【私分国有资产罪】国家机关、国有公司、企业、事业单位、人民团体，违反国家规定，以单位名义将国有资产集体私分给个人，数额较大的，对其直接负责的主管人员和其他直接责任人员，处三年以下有期徒刑或者拘役，并处或者单处罚金；数额巨大的，处三年以上七年以下有期徒刑，并处罚金。

【私分罚没财物罪】司法机关、行政执法机关违反国家规定，将应当上缴国家的罚没财物，以单位名义集体私分给个人的，依照前款的规定处罚。

第九章　渎职罪

第三百九十七条　【滥用职权罪】【玩忽职守罪】国家机关工作人员滥用职权或者玩忽职守，致使公共财产、国家和人民利益遭受重大损失的，处三年以下有期徒刑或者拘役；情节特别严重的，处三年以上七年以下有期徒刑。本法另有规定的，依照规定。

国家机关工作人员徇私舞弊，犯前款罪的，处五年以下有期徒刑或者拘役；情节特别严重的，处五年以上十年以下有期徒刑。本法另有规定的，依照规定。

条文解读

滥用职权罪、玩忽职守罪 ➲ 本条是关于滥用职权罪、玩忽职守罪及其处罚的规定。

“滥用职权罪”，是指国家机关工作人员违反法律规定的权限和程序，滥用职权或者超越职权，致使公共财产、国家和人民利益遭受重大损失的犯罪。“玩忽职守罪”，是指国家机关工作人员不履行、不正确履行或者放弃履行职责，致使公共财产、国家和人民利益遭受重大损失的犯罪。

滥用职权行为和玩忽职守行为是渎职犯罪中最典型的两种行为，两种行为的构成要件，除客观方面不一样以外，其他均相同，在实践中应正确认定和区分这两种犯罪。

滥用职权的行为，必须是行为人手中有“权”，并且其滥用权力行为与危害结果之间有直接的因果关系，如果行为人手中并无此权力，或者虽然有权但行使权力与危害结果没有直接的因果关系，则不能构成本罪，而应当按照其他规定处理。

玩忽职守的行为，必须是违反有关工作纪律和规章制度的行为，通常表现是工作马虎草率，极端不负责任；或是放弃职守，对自己应当负责的工作撒手不管等。

实务应用

51. 合同制民警能否成为玩忽职守罪的主体？

根据《最高人民检察院关于合同制民警能否成为玩忽职守罪主体问题的批复》的规定，根据《刑法》第 93 条第 2 款的规定，合同制民警在依法执行公务期间，属“其他依照法律从事公务的人员”，应以国家机关工作人员论。对合同制民警在依法执行公务活动中的玩忽职守行为，符合《刑法》第 397 条规定的玩忽职守罪构成要件的，依法以玩忽职守罪追究刑事责任。

关联参见

《全国人民代表大会常务委员会关于惩治骗购外汇、逃汇和非法买卖外汇犯罪的决定》六；《全国人民代表大会常务委员会关于〈中华人民共和国刑法〉第九章渎职罪主体适用问题的解释》；《最高人民法院、最高人民检察院关于办理渎职刑事案件适用法律若干问题的解释（一）》；《最高人民检察院关于渎职侵权犯罪案件立案标准的规定》一、（一）、（二）

第三百九十八条　【故意泄露国家秘密罪】【过失泄露国家秘密罪】 国家机关工作人员违反保守国家秘密法的规定，故意或者过失泄露国家秘密，情节严重的，处三年以下有期徒刑或者拘役；情节特别严重的，处三年以上七年以下有期徒刑。

非国家机关工作人员犯前款罪的，依照前款的规定酌情处罚。

条文解读

故意泄露国家秘密罪、过失泄露国家秘密罪 ➔ 本条是关于故意泄露国家秘密罪、过失泄露国家秘密罪及其处罚的规定。

根据《保守国家秘密法》的规定，国家秘密主要包括：（1）国家事务的重大决策中的秘密事项；（2）国防建设和武装力量活动中的秘密事项；（3）外交和外事活动中的秘密事项以及对外承担保密义务的秘密事项；（4）国民经济和社会发展中的秘密事项；（5）科学技术中的秘密事项；（6）维护国家安全活动和追查刑事犯罪中的秘密事项；（7）经国家保密行政管理部门确定的其他秘密事项。另外，政党的秘密事项符合国家秘密性质的，也属于国家秘密。国家秘密的密级分为“绝密”“机密”“秘密”三级。“绝密”是最重要的国家秘密，泄露会使国家的安全和利益遭受特别严重的损害；“机密”是重要的国家秘密，泄露会使国家的安全和利益遭受严重的损害；“秘密”是一般的国家秘密，泄露会使国家的安全和利益遭受损害。应当注意的是，如果行为人以危害国家安全为目的，为境外的机构、组织、人员窃取、刺探、收买、非法提供国家秘密或者情报的，应当依照《刑法》第111条的规定定罪处罚，而不应适用本条。如果非国家机关工作人员以窃取、刺探、收买方法，非法获取国家秘密的，则应当依照《刑法》第282条第1款的规定定罪处罚。如果非法获取后向境外的机构、组织、个人泄露的，应当依照《刑法》第111条的规定定罪处罚。

关联参见

《全国人民代表大会常务委员会关于维护互联网安全的决定》二；《最高人民法院、最高人民检察院关于办理渎职刑事案件适用法律若干问题的解释（一）》第2条；《最高人民检察院关于渎职侵权犯罪案件立案标准的规定》一、(三)、(四)

第三百九十九条　【徇私枉法罪】司法工作人员徇私枉法、徇情枉法，对明知是无罪的人而使他受追诉、对明知是有罪的人而故意包庇不使他受追诉，或者在刑事审判活动中故意违背事实和法律作枉法裁判的，处五年以下有期徒刑或者拘役；情节严重的，处五年以上十年以下有期徒刑；情节特别严重的，处十年以上有期徒刑。

【民事、行政枉法裁判罪】在民事、行政审判活动中故意违背事实和法律作枉法裁判，情节严重的，处五年以下有期徒刑或者拘役；情节特别严重的，处五年以上十年以下有期徒刑。

【执行判决、裁定失职罪】【执行判决、裁定滥用职权罪】在执行判决、裁定活动中，严重不负责任或者滥用职权，不依法采取诉讼保全措施、不履行法定执行职责，或者违法采取诉讼保全措施、强制执行措施，致使当事人或者其他人的利益遭受重大损失的，处五年以下有期徒刑或者拘役；致使当事人或者其他人的利益遭受特别重大损失的，处五年以上十年以下有期徒刑。

司法工作人员收受贿赂，有前三款行为的，同时又构成本法第三百八十五条规定之罪的，依照处罚较重的规定定罪处罚。

条文解读

徇私枉法罪 ➲ 本条第 1 款是关于徇私枉法罪及其处罚的规定。

构成本罪需要具备以下条件：(1) 本罪主体为特殊主体，只能是司法工作人员。“司法工作人员”，是指负有侦查、检察、审判、监管职责的工作人员。(2) 本罪主观方面为直接故意，要求必须“明知”，过失行为不能构成本罪。(3) 本罪客观行为表现为在刑事诉讼活动中“徇私枉法、徇情枉法”。

在办案过程中，司法工作人员由于政策观念不强，工作不深入、不细致，调查研究不够，以至于造成工作上的错误，如错捕、错判的案件，确实需要追究刑事责任的，应当依照玩忽职守罪、滥用职权罪定罪处罚。

关联参见

《最高人民检察院关于渎职侵权犯罪案件立案标准的规定》一、（五）—（八）

第三百九十九条之一　【枉法仲裁罪】依法承担仲裁职责的人员，在仲裁活动中故意违背事实和法律作枉法裁决，情节严重的，处三年以下有期徒刑或者拘役；情节特别严重的，处三年以上七年以下有期徒刑。

第四百条　【私放在押人员罪】司法工作人员私放在押的犯罪嫌疑人、被告人或者罪犯的，处五年以下有期徒刑或者拘役；情节严重的，处五年以上十年以下有期徒刑；情节特别严重的，处十年以上有期徒刑。

【失职致使在押人员脱逃罪】司法工作人员由于严重不负责任，致使在押的犯罪嫌疑人、被告人或者罪犯脱逃，造成严重后果的，处三年以下有期徒刑或者拘役；造成特别严重后果的，处三年以上十年以下有期徒刑。

第四百零一条　【徇私舞弊减刑、假释、暂予监外执行罪】司法工作人员徇私舞弊，对不符合减刑、假释、暂予监外执行条件的罪犯，予以减刑、假释或者暂予监外执行的，处三年以下有期徒刑或者拘役；情节严重的，处三年以上七年以下有期徒刑。

条文解读

徇私舞弊减刑、假释、暂予监外执行罪 ➔ 本条是关于徇私舞弊减刑、假释、暂予监外执行罪及其处罚的规定。

本条规定的徇私舞弊减刑、假释、暂予监外执行罪，是指司法工作人员利用职权，为徇私情，对不符合减刑、假释或者暂予监外执行条件的罪犯，予以减刑、假释或者暂予监外执行的行为。构成本罪须具备以下几个条件：(1) 行为人在主观上必须是故意，即司法工作人员在徇私情，或者其他谋取私利等动机的驱动下实施的行为。过失不能构成本罪。(2) 在客观方面，司法工作人员必须实施了对不符合减刑、假释、暂予监外执行条件的罪犯，予以减刑、假释或者暂予监外执行的行为。(3) 本罪的犯罪主体为特殊主体，即司法工作人员。实践中，一般是指刑罚执行机关和审判机关中有权决定减刑、假释、暂予监外执行的司法工作人员。在认定此罪时，应当与实践中认识有错误而采取减刑、假释或者暂予监外执行不当的行为区分开来。

第四百零二条　【徇私舞弊不移交刑事案件罪】 行政执法人员徇私舞弊，对依法应当移交司法机关追究刑事责任的不移交，情节严重的，处三年以下有期徒刑或者拘役；造成严重后果的，处三年以上七年以下有期徒刑。

条文解读

徇私舞弊不移交刑事案件罪 ➜ 本条是关于徇私舞弊不移交刑事案件罪及其处罚的规定。

根据本条规定，构成本罪应具备以下条件：(1) 本罪的主体为特殊主体，即行政执法人员。“行政执法人员”，是指在具有行政执法权的行政机关中从事公务的人员，如公安人员、税务机关工作人员、市场监督管理人员。(2) 构成本罪在主观上必须是故意，即行政执法人员明知自己对应当移交司法机关追究刑事责任的不移交的行为会产生危害社会的后果，但仍徇私舞弊不移交。(3) 在客观方面，行政执法人员实施了对依法应当移交司法机关追究刑事责任的不移交，情节严重的行为。其中，“依法应当移交司法机关追究刑事责任的不移交”，是指明知他人的行为已经构成犯罪，应当交由司法机关依法追究其刑事责任，但是行为人不移交司法机关，而故意使犯罪人逃避法律追究的行为。行政执法人员徇私舞弊的行为并非都构成犯罪，只有“情节严重”才能构成，这是区分罪与非罪的主要标准。何为情节严重，由司法机关根据司法实践作出解释。

关联参见

《最高人民检察院关于渎职侵权犯罪案件立案标准的规定》一、（十二）

第四百零三条　【滥用管理公司、证券职权罪】国家有关主管部门的国家机关工作人员，徇私舞弊，滥用职权，对不符合法律规定条件的公司设立、登记申请或者股票、债券发行、上市申请，予以批准或者登记，致使公共财产、国家和人民利益遭受重大损失的，处五年以下有期徒刑或者拘役。

上级部门强令登记机关及其工作人员实施前款行为的，对其直接负责的主管人员，依照前款的规定处罚。

第四百零四条　【徇私舞弊不征、少征税款罪】税务机关的工作人员徇私舞弊，不征或者少征应征税款，致使国家税收遭受重大损失的，处五年以下有期徒刑或者拘役；造成特别重大损失的，处五年以上有期徒刑。

第四百零五条　【徇私舞弊发售发票、抵扣税款、出口退税罪】税务机关的工作人员违反法律、行政法规的规定，在办理发售发票、抵扣税款、出口退税工作中，徇私舞弊，致使国家利益遭受重大损失的，处五年以下有期徒刑或者拘役；致使国家利益遭受特别重大损失的，处五年以上有期徒刑。

【违法提供出口退税凭证罪】其他国家机关工作人员违反国家规定，在提供出口货物报关单、出口收汇核销单等出口退税凭证的工作中，徇私舞弊，致使国家利益遭受重大损失的，依照前款的规定处罚。

第四百零六条　【国家机关工作人员签订、履行合同失职被骗罪】 国家机关工作人员在签订、履行合同过程中，因严重不负责任被诈骗，致使国家利益遭受重大损失的，处三年以下有期徒刑或者拘役；致使国家利益遭受特别重大损失的，处三年以上七年以下有期徒刑。

条文解读

国家机关工作人员签订、履行合同失职被骗罪 ➲ 本条是关于国家机关工作人员签订、履行合同失职被骗罪及其处罚的规定。

根据本条规定，行为人在客观方面实施了由于严重不负责任而在签订、履行合同过程中被诈骗的行为。行为人实施上述行为，必须是“致使国家利益遭受重大损失的”才能构成本罪。根据《最高人民检察院关于渎职侵权犯罪案件立案标准的规定》规定，国家机关工作人员签订、履行合同失职被骗，涉嫌下列情形之一的，应予立案：（1）造成直接经济损失30万元以上，或者直接经济损失不满30万元，但间接经济损失150万元以上的；（2）其他致使国家利益遭受重大损失的情形。

行为人主观上主要是过失，即行为人应当预见自己的行为可能发生被诈骗的危害结果，由于主观上马马虎虎、疏忽大意没有预见，或者已经预见而轻信能够避免，严重不负责任，致使造成重大损失。但也有部分行为人主观上是间接故意，即行为人明知自己不负责任签订、履行合同的行为会造成被诈骗的危害后果，而放任这种结果的发生。

关联参见

《最高人民检察院关于渎职侵权犯罪案件立案标准的规定》一、（十七）

第四百零七条　【违法发放林木采伐许可证罪】 林业主管部门的工作人员违反森林法的规定，超过批准的年采伐限额发放林木采伐许可证或者违反规定滥发林木采伐许可证，情节严重，致使森林遭受严重破坏的，处三年以下有期徒刑或者拘役。

第四百零八条　【环境监管失职罪】负有环境保护监督管理职责的国家机关工作人员严重不负责任，导致发生重大环境污染事故，致使公私财产遭受重大损失或者造成人身伤亡的严重后果的，处三年以下有期徒刑或者拘役。

第四百零八条之一　【食品、药品监管渎职罪】负有食品药品安全监督管理职责的国家机关工作人员，滥用职权或者玩忽职守，有下列情形之一，造成严重后果或者有其他严重情节的，处五年以下有期徒刑或者拘役；造成特别严重后果或者有其他特别严重情节的，处五年以上十年以下有期徒刑：

（一）瞒报、谎报食品安全事故、药品安全事件的；

（二）对发现的严重食品药品安全违法行为未按规定查处的；

（三）在药品和特殊食品审批审评过程中，对不符合条件的申请准予许可的；

（四）依法应当移交司法机关追究刑事责任不移交的；

（五）有其他滥用职权或者玩忽职守行为的。

徇私舞弊犯前款罪的，从重处罚。

条文解读

食品、药品监管渎职罪➔本条是关于食品、药品监管渎职罪及其处罚的规定。

“滥用职权”，是指国家机关工作人员超越职权，违法决定、处理其无权决定、处理的事项，或者违反规定处理公务的行为。“玩忽职守”，是指国家机关工作人员严重不负责任，不履行或者不认真履行其职责的行为。构成本罪，还必须因为滥用职权或者玩忽职守，造成严重后果或者有其他严重情节，“造成严重后果”，包括导致发生重大食品安全事故、重大药品安全事件、疫苗安全事件等以及其他严重后果。“有其他严重情节”是指虽未造成严重后果，但滥用职权、玩忽职守的情节严重，如滥用职权、玩忽职守的时间长、次数多、涉及面广、社会影响恶劣等。

关联参见

《最高人民法院、最高人民检察院关于办理危害食品安全刑事案件适用法律若干问题的解释》第20条

第四百零九条　【传染病防治失职罪】从事传染病防治的政府卫生行政部门的工作人员严重不负责任，导致传染病传播或者流行，情节严重的，处三年以下有期徒刑或者拘役。

第四百一十条　【非法批准征收、征用、占用土地罪】【非法低价出让国有土地使用权罪】国家机关工作人员徇私舞弊，违反土地管理法规，滥用职权，非法批准征收、征用、占用土地，或者非法低价出让国有土地使用权，情节严重的，处三年以下有期徒刑或者拘役；致使国家或者集体利益遭受特别重大损失的，处三年以上七年以下有期徒刑。

第四百一十一条　【放纵走私罪】海关工作人员徇私舞弊，放纵走私，情节严重的，处五年以下有期徒刑或者拘役；情节特别严重的，处五年以上有期徒刑。

条文解读

放纵走私罪 ➲ 本条是关于放纵走私罪及其处罚的规定。

根据本条规定，构成本罪的主体为海关工作人员。这里的“海关工作人员”，是指在我国海关机构中从事公务的人员。海关机构，主要是指国务院设立的海关总署以及在对外开放的口岸和海关监管业务集中的

地点，设立的依法独立行使职权的海关机构。“徇私舞弊、放纵走私”，是指海关工作人员为袒护亲友或徇其他私情私利，违背法律，对明知是走私的行为而予以放纵，使之不受查究的行为。既包括明知是走私货物而私自放行，也包括应当没收走私货物、物品、违法所得而不予没收，应当予以罚款的不予罚款；既包括放纵走私犯罪分子，也包括放纵不构成犯罪的走私行为人。“情节”是否“严重”是区分罪与非罪的界限。“情节严重”，是指多次实施徇私舞弊、放纵走私的行为或者由于徇私舞弊、放纵走私的行为，致使公共财产、国家和人民的利益遭受重大损失的情形。

关联参见

《最高人民法院、最高人民检察院、海关总署关于办理走私刑事案件适用法律若干问题的意见》十六；《最高人民检察院关于渎职侵权犯罪案件立案标准的规定》一、（二十三）

第四百一十二条　【商检徇私舞弊罪】国家商检部门、商检机构的工作人员徇私舞弊，伪造检验结果的，处五年以下有期徒刑或者拘役；造成严重后果的，处五年以上十年以下有期徒刑。

【商检失职罪】前款所列人员严重不负责任，对应当检验的物品不检验，或者延误检验出证、错误出证，致使国家利益遭受重大损失的，处三年以下有期徒刑或者拘役。

第四百一十三条　【动植物检疫徇私舞弊罪】动植物检疫机关的检疫人员徇私舞弊，伪造检疫结果的，处五年以下有期徒刑或者拘役；造成严重后果的，处五年以上十年以下有期徒刑。

【动植物检疫失职罪】前款所列人员严重不负责任，对应当检疫的检疫物不检疫，或者延误检疫出证、错误出证，致使国家利益遭受重大损失的，处三年以下有期徒刑或者拘役。

第四百一十四条 **【放纵制售伪劣商品犯罪行为罪】**对生产、销售伪劣商品犯罪行为负有追究责任的国家机关工作人员，徇私舞弊，不履行法律规定的追究职责，情节严重的，处五年以下有期徒刑或者拘役。

第四百一十五条 **【办理偷越国（边）境人员出入境证件罪】【放行偷越国（边）境人员罪】**负责办理护照、签证以及其他出入境证件的国家机关工作人员，对明知是企图偷越国（边）境的人员，予以办理出入境证件的，或者边防、海关等国家机关工作人员，对明知是偷越国（边）境的人员，予以放行的，处三年以下有期徒刑或者拘役；情节严重的，处三年以上七年以下有期徒刑。

第四百一十六条 **【不解救被拐卖、绑架妇女、儿童罪】**对被拐卖、绑架的妇女、儿童负有解救职责的国家机关工作人员，接到被拐卖、绑架的妇女、儿童及其家属的解救要求或者接到其他人的举报，而对被拐卖、绑架的妇女、儿童不进行解救，造成严重后果的，处五年以下有期徒刑或者拘役。

【阻碍解救被拐卖、绑架妇女、儿童罪】负有解救职责的国家机关工作人员利用职务阻碍解救的，处二年以上七年以下有期徒刑；情节较轻的，处二年以下有期徒刑或者拘役。

第四百一十七条 **【帮助犯罪分子逃避处罚罪】**有查禁犯罪活动职责的国家机关工作人员，向犯罪分子通风报信、提供便利，帮助犯罪分子逃避处罚的，处三年以下有期徒刑或者拘役；情节严重的，处三年以上十年以下有期徒刑。

第四百一十八条 **【招收公务员、学生徇私舞弊罪】**国家机关工作人员在招收公务员、学生工作中徇私舞弊，情节严重的，处三年以下有期徒刑或者拘役。

第四百一十九条　【失职造成珍贵文物损毁、流失罪】国家机关工作人员严重不负责任，造成珍贵文物损毁或者流失，后果严重的，处三年以下有期徒刑或者拘役。

第十章　军人违反职责罪

第四百二十条　【军人违反职责罪的概念】军人违反职责，危害国家军事利益，依照法律应当受刑罚处罚的行为，是军人违反职责罪。

第四百二十一条　【战时违抗命令罪】战时违抗命令，对作战造成危害的，处三年以上十年以下有期徒刑；致使战斗、战役遭受重大损失的，处十年以上有期徒刑、无期徒刑或者死刑。

第四百二十二条　【隐瞒、谎报军情罪】【拒传、假传军令罪】故意隐瞒、谎报军情或者拒传、假传军令，对作战造成危害的，处三年以上十年以下有期徒刑；致使战斗、战役遭受重大损失的，处十年以上有期徒刑、无期徒刑或者死刑。

第四百二十三条　【投降罪】在战场上贪生怕死，自动放下武器投降敌人的，处三年以上十年以下有期徒刑；情节严重的，处十年以上有期徒刑或者无期徒刑。

投降后为敌人效劳的，处十年以上有期徒刑、无期徒刑或者死刑。

第四百二十四条　【战时临阵脱逃罪】战时临阵脱逃的，处三年以下有期徒刑；情节严重的，处三年以上十年以下有期徒刑；致使战斗、战役遭受重大损失的，处十年以上有期徒刑、无期徒刑或者死刑。

条文解读

战时临阵脱逃罪➔本条是关于战时临阵脱逃罪及其处罚的规定。

构成本罪需要具备以下几个条件：（1）必须具有临阵脱逃的行为。“临阵脱逃”，是指在战场上或者在临战或战斗状态下，擅自脱离岗位逃避战斗的行为。（2）这种脱逃行为必须发生在战时。战时，是指国家宣布进入战争状态、部队受领作战任务或者遭敌突然袭击时。部队执行戒严任务或者处置突发性暴力事件时，以战时论。（3）“情节严重”，一般是指率部队临阵脱逃的，指挥人员或者负有重要职责的人员临阵脱逃的，策动他人临阵脱逃的，在关键时刻临阵脱逃的，造成较为严重的后果等情况。

第四百二十五条　【擅离、玩忽军事职守罪】 指挥人员和值班、值勤人员擅离职守或者玩忽职守，造成严重后果的，处三年以下有期徒刑或者拘役；造成特别严重后果的，处三年以上七年以下有期徒刑。

战时犯前款罪的，处五年以上有期徒刑。

第四百二十六条　【阻碍执行军事职务罪】 以暴力、威胁方法，阻碍指挥人员或者值班、值勤人员执行职务的，处五年以下有期徒刑或者拘役；情节严重的，处五年以上十年以下有期徒刑；情节特别严重的，处十年以上有期徒刑或者无期徒刑。战时从重处罚。

第四百二十七条　【指使部属违反职责罪】 滥用职权，指使部属进行违反职责的活动，造成严重后果的，处五年以下有期徒刑或者拘役；情节特别严重的，处五年以上十年以下有期徒刑。

第四百二十八条　【违令作战消极罪】 指挥人员违抗命令，临阵畏缩，作战消极，造成严重后果的，处五年以下有期徒刑；致使战斗、战役遭受重大损失或者有其他特别严重情节的，处五年以上有期徒刑。

第四百二十九条　【拒不救援友邻部队罪】 在战场上明知友邻部队处境危急请求救援，能救援而不救援，致使友邻部队遭受重大损失的，对指挥人员，处五年以下有期徒刑。

第四百三十条　【军人叛逃罪】在履行公务期间，擅离岗位，叛逃境外或者在境外叛逃，危害国家军事利益的，处五年以下有期徒刑或者拘役；情节严重的，处五年以上有期徒刑。

驾驶航空器、舰船叛逃的，或者有其他特别严重情节的，处十年以上有期徒刑、无期徒刑或者死刑。

第四百三十一条　【非法获取军事秘密罪】以窃取、刺探、收买方法，非法获取军事秘密的，处五年以下有期徒刑；情节严重的，处五年以上十年以下有期徒刑；情节特别严重的，处十年以上有期徒刑。

【为境外窃取、刺探、收买、非法提供军事秘密罪】为境外的机构、组织、人员窃取、刺探、收买、非法提供军事秘密的，处五年以上十年以下有期徒刑；情节严重的，处十年以上有期徒刑、无期徒刑或者死刑。

第四百三十二条　【故意泄露军事秘密罪】【过失泄露军事秘密罪】违反保守国家秘密法规，故意或者过失泄露军事秘密，情节严重的，处五年以下有期徒刑或者拘役；情节特别严重的，处五年以上十年以下有期徒刑。

战时犯前款罪的，处五年以上十年以下有期徒刑；情节特别严重的，处十年以上有期徒刑或者无期徒刑。

第四百三十三条　【战时造谣惑众罪】战时造谣惑众，动摇军心的，处三年以下有期徒刑；情节严重的，处三年以上十年以下有期徒刑；情节特别严重的，处十年以上有期徒刑或者无期徒刑。

第四百三十四条　【战时自伤罪】战时自伤身体，逃避军事义务的，处三年以下有期徒刑；情节严重的，处三年以上七年以下有期徒刑。

第四百三十五条　【逃离部队罪】违反兵役法规，逃离部队，情节严重的，处三年以下有期徒刑或者拘役。

战时犯前款罪的，处三年以上七年以下有期徒刑。

第四百三十六条　【武器装备肇事罪】违反武器装备使用规定，情节严重，因而发生责任事故，致人重伤、死亡或者造成其他严重后果的，处三年以下有期徒刑或者拘役；后果特别严重的，处三年以上七年以下有期徒刑。

第四百三十七条　【擅自改变武器装备编配用途罪】违反武器装备管理规定，擅自改变武器装备的编配用途，造成严重后果的，处三年以下有期徒刑或者拘役；造成特别严重后果的，处三年以上七年以下有期徒刑。

第四百三十八条　【盗窃、抢夺武器装备、军用物资罪】盗窃、抢夺武器装备或者军用物资的，处五年以下有期徒刑或者拘役；情节严重的，处五年以上十年以下有期徒刑；情节特别严重的，处十年以上有期徒刑、无期徒刑或者死刑。

盗窃、抢夺枪支、弹药、爆炸物的，依照本法第一百二十七条的规定处罚。

第四百三十九条　【非法出卖、转让武器装备罪】非法出卖、转让军队武器装备的，处三年以上十年以下有期徒刑；出卖、转让大量武器装备或者有其他特别严重情节的，处十年以上有期徒刑、无期徒刑或者死刑。

第四百四十条　【遗弃武器装备罪】违抗命令，遗弃武器装备的，处五年以下有期徒刑或者拘役；遗弃重要或者大量武器装备的，或者有其他严重情节的，处五年以上有期徒刑。

第四百四十一条　【遗失武器装备罪】遗失武器装备，不及时报告或者有其他严重情节的，处三年以下有期徒刑或者拘役。

第四百四十二条　【擅自出卖、转让军队房地产罪】违反规定，擅自出卖、转让军队房地产，情节严重的，对直接责任人员，处三年以下有期徒刑或者拘役；情节特别严重的，处三年以上十年以下有期徒刑。

第四百四十三条　【虐待部属罪】滥用职权，虐待部属，情节恶劣，致人重伤或者造成其他严重后果的，处五年以下有期徒刑或者拘役；致人死亡的，处五年以上有期徒刑。

第四百四十四条　【遗弃伤病军人罪】在战场上故意遗弃伤病军人，情节恶劣的，对直接责任人员，处五年以下有期徒刑。

第四百四十五条　【战时拒不救治伤病军人罪】战时在救护治疗职位上，有条件救治而拒不救治危重伤病军人的，处五年以下有期徒刑或者拘役；造成伤病军人重残、死亡或者有其他严重情节的，处五年以上十年以下有期徒刑。

第四百四十六条　【战时残害居民、掠夺居民财物罪】战时在军事行动地区，残害无辜居民或者掠夺无辜居民财物的，处五年以下有期徒刑；情节严重的，处五年以上十年以下有期徒刑；情节特别严重的，处十年以上有期徒刑、无期徒刑或者死刑。

第四百四十七条　【私放俘虏罪】私放俘虏的，处五年以下有期徒刑；私放重要俘虏、私放俘虏多人或者有其他严重情节的，处五年以上有期徒刑。

第四百四十八条　【虐待俘虏罪】虐待俘虏，情节恶劣的，处三年以下有期徒刑。

第四百四十九条　【战时缓刑】在战时，对被判处三年以下有期徒刑没有现实危险宣告缓刑的犯罪军人，允许其戴罪立功，确有立功表现时，可以撤销原判刑罚，不以犯罪论处。

第四百五十条　【本章适用范围】本章适用于中国人民解放

军的现役军官、文职干部、士兵及具有军籍的学员和中国人民武装警察部队的现役警官、文职干部、士兵及具有军籍的学员以及文职人员、执行军事任务的预备役人员和其他人员。

第四百五十一条　【战时的概念】本章所称战时，是指国家宣布进入战争状态、部队受领作战任务或者遭敌突然袭击时。

部队执行戒严任务或者处置突发性暴力事件时，以战时论。

附　　则

第四百五十二条　【施行日期】本法自 1997 年 10 月 1 日起施行。

列于本法附件一的全国人民代表大会常务委员会制定的条例、补充规定和决定，已纳入本法或者已不适用，自本法施行之日起，予以废止。

列于本法附件二的全国人民代表大会常务委员会制定的补充规定和决定予以保留。其中，有关行政处罚和行政措施的规定继续有效；有关刑事责任的规定已纳入本法，自本法施行之日起，适用本法规定。

附件一：

全国人民代表大会常务委员会制定的下列条例、补充规定和决定，已纳入本法或者已不适用，自本法施行之日起，予以废止：

1. 中华人民共和国惩治军人违反职责罪暂行条例
2. 关于严惩严重破坏经济的罪犯的决定
3. 关于严惩严重危害社会治安的犯罪分子的决定
4. 关于惩治走私罪的补充规定
5. 关于惩治贪污罪贿赂罪的补充规定
6. 关于惩治泄露国家秘密犯罪的补充规定

7. 关于惩治捕杀国家重点保护的珍贵、濒危野生动物犯罪的补充规定

8. 关于惩治侮辱中华人民共和国国旗国徽罪的决定

9. 关于惩治盗掘古文化遗址古墓葬犯罪的补充规定

10. 关于惩治劫持航空器犯罪分子的决定

11. 关于惩治假冒注册商标犯罪的补充规定

12. 关于惩治生产、销售伪劣商品犯罪的决定

13. 关于惩治侵犯著作权的犯罪的决定

14. 关于惩治违反公司法的犯罪的决定

15. 关于处理逃跑或者重新犯罪的劳改犯和劳教人员的决定

附件二：

全国人民代表大会常务委员会制定的下列补充规定和决定予以保留，其中，有关行政处罚和行政措施的规定继续有效；有关刑事责任的规定已纳入本法，自本法施行之日起，适用本法规定：

1. 关于禁毒的决定①

2. 关于惩治走私、制作、贩卖、传播淫秽物品的犯罪分子的决定

3. 关于严禁卖淫嫖娼的决定②

4. 关于严惩拐卖、绑架妇女、儿童的犯罪分子的决定

5. 关于惩治偷税、抗税犯罪的补充规定③

---

① 根据《中华人民共和国禁毒法》第七十一条的规定，本决定自2008年6月1日起废止。

② 根据《全国人民代表大会常务委员会关于废止有关收容教育法律规定和制度的决定》，该决定第四条第二款、第四款，以及据此实行的收容教育制度自2019年12月29日起废止。

③ 根据《全国人民代表大会常务委员会关于废止部分法律的决定》，该补充规定自2009年6月27日起废止。

6. 关于严惩组织、运送他人偷越国（边）境犯罪的补充规定[①]

7. 关于惩治破坏金融秩序犯罪的决定

8. 关于惩治虚开、伪造和非法出售增值税专用发票犯罪的决定

① 根据《全国人民代表大会常务委员会关于废止部分法律的决定》，该补充规定自2009年6月27日起废止。

法律法规新解读系列

关联法规

刑法
解读与应用

最高人民法院关于审理非法集资刑事案件具体应用法律若干问题的解释

·2010 年 11 月 22 日最高人民法院审判委员会第 1502 次会议通过
·根据 2021 年 12 月 30 日最高人民法院审判委员会第 1860 次会议通过的《最高人民法院关于修改〈最高人民法院关于审理非法集资刑事案件具体应用法律若干问题的解释〉的决定》修正
·2022 年 2 月 23 日最高人民法院公告公布
·该修正自 2022 年 3 月 1 日起施行
·法释〔2022〕5 号

为依法惩治非法吸收公众存款、集资诈骗等非法集资犯罪活动，根据《中华人民共和国刑法》的规定，现就审理此类刑事案件具体应用法律的若干问题解释如下：

第一条 违反国家金融管理法律规定，向社会公众（包括单位和个人）吸收资金的行为，同时具备下列四个条件的，除刑法另有规定的以外，应当认定为刑法第一百七十六条规定的“非法吸收公众存款或者变相吸收公众存款”：

（一）未经有关部门依法许可或者借用合法经营的形式吸收资金；

（二）通过网络、媒体、推介会、传单、手机信息等途径向社会公开宣传；

（三）承诺在一定期限内以货币、实物、股权等方式还本付息或者给付回报；

（四）向社会公众即社会不特定对象吸收资金。

未向社会公开宣传，在亲友或者单位内部针对特定对象吸收资金的，不属于非法吸收或者变相吸收公众存款。

第二条 实施下列行为之一，符合本解释第一条第一款规定的条件的，应当依照刑法第一百七十六条的规定，以非法吸收公众存款罪定罪处罚：

（一）不具有房产销售的真实内容或者不以房产销售为主要目的，以返本销售、售后包租、约定回购、销售房产份额等方式非法吸收资金的；

（二）以转让林权并代为管护等方式非法吸收资金的；

（三）以代种植（养殖）、租种植（养殖）、联合种植（养殖）等方式非法吸收资金的；

（四）不具有销售商品、提供服务的真实内容或者不以销售商品、提供服务为主要目的，以商品回购、寄存代售等方式非法吸收资金的；

（五）不具有发行股票、债券的真实内容，以虚假转让股权、发售虚构债券等方式非法吸收资金的；

（六）不具有募集基金的真实内容，以假借境外基金、发售虚构基金等方式非法吸收资金的；

（七）不具有销售保险的真实内容，以假冒保险公司、伪造保险单据等方式非法吸收资金的；

（八）以网络借贷、投资入股、虚拟币交易等方式非法吸收资金的；

（九）以委托理财、融资租赁等方式非法吸收资金的；

（十）以提供"养老服务"、投资"养老项目"、销售"老年产品"等方式非法吸收资金的；

（十一）利用民间"会""社"等组织非法吸收资金的；

（十二）其他非法吸收资金的行为。

第三条 非法吸收或者变相吸收公众存款，具有下列情形之一的，应当依法追究刑事责任：

（一）非法吸收或者变相吸收公众存款数额在100万元以上的；

（二）非法吸收或者变相吸收公众存款对象150人以上的；

（三）非法吸收或者变相吸收公众存款，给存款人造成直接经济损失数额在 50 万元以上的。

非法吸收或者变相吸收公众存款数额在 50 万元以上或者给存款人造成直接经济损失数额在 25 万元以上，同时具有下列情节之一的，应当依法追究刑事责任：

（一）曾因非法集资受过刑事追究的；

（二）二年内曾因非法集资受过行政处罚的；

（三）造成恶劣社会影响或者其他严重后果的。

第四条 非法吸收或者变相吸收公众存款，具有下列情形之一的，应当认定为刑法第一百七十六条规定的“数额巨大或者有其他严重情节”：

（一）非法吸收或者变相吸收公众存款数额在 500 万元以上的；

（二）非法吸收或者变相吸收公众存款对象 500 人以上的；

（三）非法吸收或者变相吸收公众存款，给存款人造成直接经济损失数额在 250 万元以上的。

非法吸收或者变相吸收公众存款数额在 250 万元以上或者给存款人造成直接经济损失数额在 150 万元以上，同时具有本解释第三条第二款第三项情节的，应当认定为“其他严重情节”。

第五条 非法吸收或者变相吸收公众存款，具有下列情形之一的，应当认定为刑法第一百七十六条规定的“数额特别巨大或者有其他特别严重情节”：

（一）非法吸收或者变相吸收公众存款数额在 5000 万元以上的；

（二）非法吸收或者变相吸收公众存款对象 5000 人以上的；

（三）非法吸收或者变相吸收公众存款，给存款人造成直接经济损失数额在 2500 万元以上的。

非法吸收或者变相吸收公众存款数额在 2500 万元以上或者给存款人造成直接经济损失数额在 1500 万元以上，同时具有本解释第三条第二款第三项情节的，应当认定为“其他特别严重情节”。

第六条 非法吸收或者变相吸收公众存款的数额，以行为人所吸收的资金全额计算。在提起公诉前积极退赃退赔，减少损害结果发生的，可以从轻或者减轻处罚；在提起公诉后退赃退赔的，可以作为量刑情节酌情考虑。

非法吸收或者变相吸收公众存款，主要用于正常的生产经营活动，能够在提起公诉前清退所吸收资金，可以免予刑事处罚；情节显著轻微危害不大的，不作为犯罪处理。

对依法不需要追究刑事责任或者免予刑事处罚的，应当依法将案件移送有关行政机关。

第七条 以非法占有为目的，使用诈骗方法实施本解释第二条规定所列行为的，应当依照刑法第一百九十二条的规定，以集资诈骗罪定罪处罚。

使用诈骗方法非法集资，具有下列情形之一的，可以认定为“以非法占有为目的”：

（一）集资后不用于生产经营活动或者用于生产经营活动与筹集资金规模明显不成比例，致使集资款不能返还的；

（二）肆意挥霍集资款，致使集资款不能返还的；

（三）携带集资款逃匿的；

（四）将集资款用于违法犯罪活动的；

（五）抽逃、转移资金、隐匿财产，逃避返还资金的；

（六）隐匿、销毁账目，或者搞假破产、假倒闭，逃避返还资金的；

（七）拒不交代资金去向，逃避返还资金的；

（八）其他可以认定非法占有目的的情形。

集资诈骗罪中的非法占有目的，应当区分情形进行具体认定。行为人部分非法集资行为具有非法占有目的的，对该部分非法集资行为所涉集资款以集资诈骗罪定罪处罚；非法集资共同犯罪中部分行为人具有非法占有目的，其他行为人没有非法占有集资款的共同故意和行为的，对具有非法占有目的的行为人以集资诈骗罪定罪处罚。

第八条 集资诈骗数额在 10 万元以上的，应当认定为“数额较大”；数额在100万元以上的，应当认定为“数额巨大”。

集资诈骗数额在50万元以上，同时具有本解释第三条第二款第三项情节的，应当认定为刑法第一百九十二条规定的“其他严重情节”。

集资诈骗的数额以行为人实际骗取的数额计算，在案发前已归还的数额应予扣除。行为人为实施集资诈骗活动而支付的广告费、中介费、手续费、回扣，或者用于行贿、赠与等费用，不予扣除。行为人为实施集资诈骗活动而支付的利息，除本金未归还可予折抵本金以外，应当计入诈骗数额。

第九条　犯非法吸收公众存款罪，判处三年以下有期徒刑或者拘役，并处或者单处罚金的，处五万元以上一百万元以下罚金；判处三年以上十年以下有期徒刑的，并处十万元以上五百万元以下罚金；判处十年以上有期徒刑的，并处五十万元以上罚金。

犯集资诈骗罪，判处三年以上七年以下有期徒刑的，并处十万元以上五百万元以下罚金；判处七年以上有期徒刑或者无期徒刑的，并处五十万元以上罚金或者没收财产。

第十条　未经国家有关主管部门批准，向社会不特定对象发行、以转让股权等方式变相发行股票或者公司、企业债券，或者向特定对象发行、变相发行股票或者公司、企业债券累计超过200人的，应当认定为刑法第一百七十九条规定的“擅自发行股票或者公司、企业债券”。构成犯罪的，以擅自发行股票、公司、企业债券罪定罪处罚。

第十一条　违反国家规定，未经依法核准擅自发行基金份额募集基金，情节严重的，依照刑法第二百二十五条的规定，以非法经营罪定罪处罚。

第十二条　广告经营者、广告发布者违反国家规定，利用广告为非法集资活动相关的商品或者服务作虚假宣传，具有下列情形之一的，依照刑法第二百二十二条的规定，以虚假广告罪定罪处罚：

（一）违法所得数额在10万元以上的；

（二）造成严重危害后果或者恶劣社会影响的；

（三）二年内利用广告作虚假宣传，受过行政处罚二次以上的；

（四）其他情节严重的情形。

明知他人从事欺诈发行证券，非法吸收公众存款，擅自发行股票、公司、企业债券，集资诈骗或者组织、领导传销活动等集资犯罪活动，为其提供广告等宣传的，以相关犯罪的共犯论处。

第十三条 通过传销手段向社会公众非法吸收资金，构成非法吸收公众存款罪或者集资诈骗罪，同时又构成组织、领导传销活动罪的，依照处罚较重的规定定罪处罚。

第十四条 单位实施非法吸收公众存款、集资诈骗犯罪的，依照本解释规定的相应自然人犯罪的定罪量刑标准，对单位判处罚金，并对其直接负责的主管人员和其他直接责任人员定罪处罚。

第十五条 此前发布的司法解释与本解释不一致的，以本解释为准。

最高人民法院、最高人民检察院关于办理危害药品安全刑事案件适用法律若干问题的解释

- 2022年2月28日最高人民法院审判委员会第1865次会议、2022年2月25日最高人民检察院第十三届检察委员会第九十二次会议通过
- 2022年3月3日最高人民法院、最高人民检察院公告公布
- 自2022年3月6日起施行
- 高检发释字〔2022〕1号

为依法惩治危害药品安全犯罪，保障人民群众生命健康，维护药品管理秩序，根据《中华人民共和国刑法》《中华人民共和国刑事诉讼法》及《中华人民共和国药品管理法》等有关规定，现就办理此类刑事案件适用法律的若干问题解释如下：

第一条 生产、销售、提供假药，具有下列情形之一的，应当酌情从重处罚：

（一）涉案药品以孕产妇、儿童或者危重病人为主要使用对象的；

（二）涉案药品属于麻醉药品、精神药品、医疗用毒性药品、放射性药品、生物制品，或者以药品类易制毒化学品冒充其他药品的；

（三）涉案药品属于注射剂药品、急救药品的；

（四）涉案药品系用于应对自然灾害、事故灾难、公共卫生事件、社会安全事件等突发事件的；

（五）药品使用单位及其工作人员生产、销售假药的；

（六）其他应当酌情从重处罚的情形。

第二条 生产、销售、提供假药，具有下列情形之一的，应当认定为刑法第一百四十一条规定的“对人体健康造成严重危害”：

（一）造成轻伤或者重伤的；

（二）造成轻度残疾或者中度残疾的；

（三）造成器官组织损伤导致一般功能障碍或者严重功能障碍的；

（四）其他对人体健康造成严重危害的情形。

第三条 生产、销售、提供假药，具有下列情形之一的，应当认定为刑法第一百四十一条规定的“其他严重情节”：

（一）引发较大突发公共卫生事件的；

（二）生产、销售、提供假药的金额二十万元以上不满五十万元的；

（三）生产、销售、提供假药的金额十万元以上不满二十万元，并具有本解释第一条规定情形之一的；

（四）根据生产、销售、提供的时间、数量、假药种类、对人体健康危害程度等，应当认定为情节严重的。

第四条 生产、销售、提供假药，具有下列情形之一的，应当认定为刑法第一百四十一条规定的“其他特别严重情节”：

（一）致人重度残疾以上的；

（二）造成三人以上重伤、中度残疾或者器官组织损伤导致严重功能障碍的；

（三）造成五人以上轻度残疾或者器官组织损伤导致一般功能障碍的；

（四）造成十人以上轻伤的；

（五）引发重大、特别重大突发公共卫生事件的；

（六）生产、销售、提供假药的金额五十万元以上的；

（七）生产、销售、提供假药的金额二十万元以上不满五十万元，并具有本解释第一条规定情形之一的；

（八）根据生产、销售、提供的时间、数量、假药种类、对人体健康危害程度等，应当认定为情节特别严重的。

第五条 生产、销售、提供劣药，具有本解释第一条规定情形之一的，应当酌情从重处罚。

生产、销售、提供劣药，具有本解释第二条规定情形之一的，应当认定为刑法第一百四十二条规定的“对人体健康造成严重危害”。

生产、销售、提供劣药，致人死亡，或者具有本解释第四条第一项至第五项规定情形之一的，应当认定为刑法第一百四十二条规定的“后果特别严重”。

第六条 以生产、销售、提供假药、劣药为目的，合成、精制、提取、储存、加工炮制药品原料，或者在将药品原料、辅料、包装材料制成成品过程中，进行配料、混合、制剂、储存、包装的，应当认定为刑法第一百四十一条、第一百四十二条规定的“生产”。

药品使用单位及其工作人员明知是假药、劣药而有偿提供给他人使用的，应当认定为刑法第一百四十一条、第一百四十二条规定的“销售”；无偿提供给他人使用的，应当认定为刑法第一百四十一条、第一百四十二条规定的“提供”。

第七条 实施妨害药品管理的行为，具有下列情形之一的，应当认定为刑法第一百四十二条之一规定的“足以严重危害人体健康”：

（一）生产、销售国务院药品监督管理部门禁止使用的药品，综合生产、销售的时间、数量、禁止使用原因等情节，认为具有严重危害人体健康的现实危险的；

（二）未取得药品相关批准证明文件生产药品或者明知是上述药品而销售，涉案药品属于本解释第一条第一项至第三项规定情形的；

（三）未取得药品相关批准证明文件生产药品或者明知是上述药品而销售，涉案药品的适应症、功能主治或者成分不明的；

（四）未取得药品相关批准证明文件生产药品或者明知是上述药品而销售，涉案药品没有国家药品标准，且无核准的药品质量标准，但检出化学药成分的；

（五）未取得药品相关批准证明文件进口药品或者明知是上述药品而销售，涉案药品在境外也未合法上市的；

（六）在药物非临床研究或者药物临床试验过程中故意使用虚假试验用药品，或者瞒报与药物临床试验用药品相关的严重不良事件的；

（七）故意损毁原始药物非临床研究数据或者药物临床试验数据，或者编造受试动物信息、受试者信息、主要试验过程记录、研究数据、检测数据等药物非临床研究数据或者药物临床试验数据，影响药品的安全性、有效性和质量可控性的；

（八）编造生产、检验记录，影响药品的安全性、有效性和质量可控性的；

（九）其他足以严重危害人体健康的情形。

对于涉案药品是否在境外合法上市，应当根据境外药品监督管理部门或者权利人的证明等证据，结合犯罪嫌疑人、被告人及其辩护人提供的证据材料综合审查，依法作出认定。

对于“足以严重危害人体健康”难以确定的，根据地市级以上药品监督管理部门出具的认定意见，结合其他证据作出认定。

第八条　实施妨害药品管理的行为，具有本解释第二条规定情形之一的，应当认定为刑法第一百四十二条之一规定的“对人体健康造成严重危害”。

实施妨害药品管理的行为，足以严重危害人体健康，并具有下列情形之一的，应当认定为刑法第一百四十二条之一规定的“有其他严重情节”：

（一）生产、销售国务院药品监督管理部门禁止使用的药品，生产、销售的金额五十万元以上的；

（二）未取得药品相关批准证明文件生产、进口药品或者明知是上述药品而销售，生产、销售的金额五十万元以上的；

（三）药品申请注册中提供虚假的证明、数据、资料、样品或者采取其他欺骗手段，造成严重后果的；

（四）编造生产、检验记录，造成严重后果的；

（五）造成恶劣社会影响或者具有其他严重情节的情形。

实施刑法第一百四十二条之一规定的行为，同时又构成生产、销售、提供假药罪、生产、销售、提供劣药罪或者其他犯罪的，依照处罚较重的规定定罪处罚。

第九条 明知他人实施危害药品安全犯罪，而有下列情形之一的，以共同犯罪论处：

（一）提供资金、贷款、账号、发票、证明、许可证件的；

（二）提供生产、经营场所、设备或者运输、储存、保管、邮寄、销售渠道等便利条件的；

（三）提供生产技术或者原料、辅料、包装材料、标签、说明书的；

（四）提供虚假药物非临床研究报告、药物临床试验报告及相关材料的；

（五）提供广告宣传的；

（六）提供其他帮助的。

第十条 办理生产、销售、提供假药、生产、销售、提供劣药、妨害药品管理等刑事案件，应当结合行为人的从业经历、认知能力、药品质量、进货渠道和价格、销售渠道和价格以及生产、销售方式等事实综合判断认定行为人的主观故意。具有下列情形之一的，可以认定行为人有实施相关犯罪的主观故意，但有证据证明确实不具有故意的除外：

（一）药品价格明显异于市场价格的；

（二）向不具有资质的生产者、销售者购买药品，且不能提供合法有效的来历证明的；

（三）逃避、抗拒监督检查的；

（四）转移、隐匿、销毁涉案药品、进销货记录的；

（五）曾因实施危害药品安全违法犯罪行为受过处罚，又实施同类行为的；

（六）其他足以认定行为人主观故意的情形。

第十一条 以提供给他人生产、销售、提供药品为目的，违反国家规定，生产、销售不符合药用要求的原料、辅料，符合刑法第一百四十条规定的，以生产、销售伪劣产品罪从重处罚；同时构成其他犯罪的，依照处罚较重的规定定罪处罚。

第十二条 广告主、广告经营者、广告发布者违反国家规定，利用广告对药品作虚假宣传，情节严重的，依照刑法第二百二十二条的规定，以虚假广告罪定罪处罚。

第十三条 明知系利用医保骗保购买的药品而非法收购、销售，金额五万元以上的，应当依照刑法第三百一十二条的规定，以掩饰、隐瞒犯罪所得罪定罪处罚；指使、教唆、授意他人利用医保骗保购买药品，进而非法收购、销售，符合刑法第二百六十六条规定的，以诈骗罪定罪处罚。

对于利用医保骗保购买药品的行为人是否追究刑事责任，应当综合骗取医保基金的数额、手段、认罪悔罪态度等案件具体情节，依法妥当决定。利用医保骗保购买药品的行为人是否被追究刑事责任，不影响对非法收购、销售有关药品的行为人定罪处罚。

对于第一款规定的主观明知，应当根据药品标志、收购渠道、价格、规模及药品追溯信息等综合认定。

第十四条 负有药品安全监督管理职责的国家机关工作人员，滥用职权或者玩忽职守，构成药品监管渎职罪，同时构成商检徇私舞弊罪、商检失职罪等其他渎职犯罪的，依照处罚较重的规定定罪处罚。

负有药品安全监督管理职责的国家机关工作人员滥用职权或者玩忽职守，不构成药品监管渎职罪，但构成前款规定的其他渎职犯罪的，依照该其他犯罪定罪处罚。

负有药品安全监督管理职责的国家机关工作人员与他人共谋，利用其职务便利帮助他人实施危害药品安全犯罪行为，同时构成渎职犯罪和危害药品安全犯罪共犯的，依照处罚较重的规定定罪从重处罚。

第十五条 对于犯生产、销售、提供假药罪、生产、销售、提供劣药罪、妨害药品管理罪的，应当结合被告人的犯罪数额、违法所得，综合考虑被告人缴纳罚金的能力，依法判处罚金。罚金一般应当在生产、销售、提供的药品金额二倍以上；共同犯罪的，对各共同犯罪人合计判处的罚金一般应当在生产、销售、提供的药品金额二倍以上。

第十六条 对于犯生产、销售、提供假药罪、生产、销售、提供劣药罪、妨害药品管理罪的，应当依照刑法规定的条件，严格缓刑、免予刑事处罚的适用。对于被判处刑罚的，可以根据犯罪情况和预防再犯罪的需要，依法宣告职业禁止或者禁止令。《中华人民共和国药品管理法》等法律、行政法规另有规定的，从其规定。

对于被不起诉或者免予刑事处罚的行为人，需要给予行政处罚、政务处分或者其他处分的，依法移送有关主管机关处理。

第十七条 单位犯生产、销售、提供假药罪、生产、销售、提供劣药罪、妨害药品管理罪的，对单位判处罚金，并对直接负责的主管人员和其他直接责任人员，依照本解释规定的自然人犯罪的定罪量刑标准处罚。

单位犯罪的，对被告单位及其直接负责的主管人员、其他直接责任人员合计判处的罚金一般应当在生产、销售、提供的药品金额二倍以上。

第十八条 根据民间传统配方私自加工药品或者销售上述药品，数量不大，且未造成他人伤害后果或者延误诊治的，或者不以营利为目的实施带有自救、互助性质的生产、进口、销售药品的行为，不应当认定为犯罪。

对于是否属于民间传统配方难以确定的，根据地市级以上药品监督管理部门或者有关部门出具的认定意见，结合其他证据作出认定。

第十九条 刑法第一百四十一条、第一百四十二条规定的“假药”“劣药”，依照《中华人民共和国药品管理法》的规定认定。

对于《中华人民共和国药品管理法》第九十八条第二款第二项、第四项及第三款第三项至第六项规定的假药、劣药，能够根据现场查获的原料、包装，结合犯罪嫌疑人、被告人供述等证据材料作出判断的，可以由地市级以上药品监督管理部门出具认定意见。对于依据《中华人民共和国药品管理法》第九十八条第二款、第三款的其他规定认定假药、劣药，或者是否属于第九十八条第二款第二项、第三款第六项规定的假药、劣药存在争议的，应当由省级以上药品监督管理部门设置或者确定的药品检验机构进行检验，出具质量检验结论。司法机关根据认定意见、检验结论，结合其他证据作出认定。

第二十条 对于生产、提供药品的金额，以药品的货值金额计算；销售药品的金额，以所得和可得的全部违法收入计算。

第二十一条 本解释自2022年3月6日起施行。本解释公布施行后，《最高人民法院、最高人民检察院关于办理危害药品安全刑事案件适用法律若干问题的解释》（法释〔2014〕14号）、《最高人民法院、最高人民检察院关于办理药品、医疗器械注册申请材料造假刑事案件适用法律若干问题的解释》（法释〔2017〕15号）同时废止。

最高人民法院、最高人民检察院关于办理危害食品安全刑事案件适用法律若干问题的解释

· 2021年12月13日最高人民法院审判委员会第1856次会议、2021年12月29日最高人民检察院第十三届检察委员会第八十四次会议通过
· 2021年12月30日最高人民法院、最高人民检察院公告公布
· 自2022年1月1日起施行
· 法释〔2021〕24号

为依法惩治危害食品安全犯罪，保障人民群众身体健康、生命安全，根据《中华人民共和国刑法》《中华人民共和国刑事诉讼法》的有关规定，对办理此类刑事案件适用法律的若干问题解释如下：

第一条 生产、销售不符合食品安全标准的食品，具有下列情形之一的，应当认定为刑法第一百四十三条规定的“足以造成严重食物中毒事故或者其他严重食源性疾病”：

（一）含有严重超出标准限量的致病性微生物、农药残留、兽药残留、生物毒素、重金属等污染物质以及其他严重危害人体健康的物质的；

（二）属于病死、死因不明或者检验检疫不合格的畜、禽、兽、水产动物肉类及其制品的；

（三）属于国家为防控疾病等特殊需要明令禁止生产、销售的；

（四）特殊医学用途配方食品、专供婴幼儿的主辅食品营养成分严重不符合食品安全标准的；

（五）其他足以造成严重食物中毒事故或者严重食源性疾病的情形。

第二条 生产、销售不符合食品安全标准的食品，具有下列情形之一的，应当认定为刑法第一百四十三条规定的“对人体健康造成严重危害”：

（一）造成轻伤以上伤害的；

（二）造成轻度残疾或者中度残疾的；

（三）造成器官组织损伤导致一般功能障碍或者严重功能障碍的；

（四）造成十人以上严重食物中毒或者其他严重食源性疾病的；

（五）其他对人体健康造成严重危害的情形。

第三条 生产、销售不符合食品安全标准的食品，具有下列情形之一的，应当认定为刑法第一百四十三条规定的“其他严重情节”：

（一）生产、销售金额二十万元以上的；

（二）生产、销售金额十万元以上不满二十万元，不符合食品安全标准的食品数量较大或者生产、销售持续时间六个月以上的；

（三）生产、销售金额十万元以上不满二十万元，属于特殊医学用途配方食品、专供婴幼儿的主辅食品的；

（四）生产、销售金额十万元以上不满二十万元，且在中小学校园、托幼机构、养老机构及周边面向未成年人、老年人销售的；

（五）生产、销售金额十万元以上不满二十万元，曾因危害食品安全犯罪受过刑事处罚或者二年内因危害食品安全违法行为受过行政处罚的；

（六）其他情节严重的情形。

第四条 生产、销售不符合食品安全标准的食品，具有下列情形之一的，应当认定为刑法第一百四十三条规定的“后果特别严重”：

（一）致人死亡的；

（二）造成重度残疾以上的；

（三）造成三人以上重伤、中度残疾或者器官组织损伤导致严重功能障碍的；

（四）造成十人以上轻伤、五人以上轻度残疾或者器官组织损伤导致一般功能障碍的；

（五）造成三十人以上严重食物中毒或者其他严重食源性疾病的；

（六）其他特别严重的后果。

第五条 在食品生产、销售、运输、贮存等过程中，违反食品安全标准，超限量或者超范围滥用食品添加剂，足以造成严重食物中毒事故或者其他严重食源性疾病的，依照刑法第一百四十三条的规定以生产、销售不符合安全标准的食品罪定罪处罚。

在食用农产品种植、养殖、销售、运输、贮存等过程中，违反食品安全标准，超限量或者超范围滥用添加剂、农药、兽药等，足以造成严重食物中毒事故或者其他严重食源性疾病的，适用前款的规定定罪处罚。

第六条 生产、销售有毒、有害食品，具有本解释第二条规定情形之一的，应当认定为刑法第一百四十四条规定的“对人体健康造成严重危害”。

第七条 生产、销售有毒、有害食品，具有下列情形之一的，应当认定为刑法第一百四十四条规定的“其他严重情节”：

（一）生产、销售金额二十万元以上不满五十万元的；

（二）生产、销售金额十万元以上不满二十万元，有毒、有害食品数量较大或者生产、销售持续时间六个月以上的；

（三）生产、销售金额十万元以上不满二十万元，属于特殊医学用途配方食品、专供婴幼儿的主辅食品的；

（四）生产、销售金额十万元以上不满二十万元，且在中小学校园、托幼机构、养老机构及周边面向未成年人、老年人销售的；

（五）生产、销售金额十万元以上不满二十万元，曾因危害食品安全犯罪受过刑事处罚或者二年内因危害食品安全违法行为受过行政处罚的；

（六）有毒、有害的非食品原料毒害性强或者含量高的；

（七）其他情节严重的情形。

第八条 生产、销售有毒、有害食品，生产、销售金额五十万元以上，或者具有本解释第四条第二项至第六项规定的情形之一的，应当认定为刑法第一百四十四条规定的“其他特别严重情节”。

第九条 下列物质应当认定为刑法第一百四十四条规定的“有毒、

有害的非食品原料”：

（一）因危害人体健康，被法律、法规禁止在食品生产经营活动中添加、使用的物质；

（二）因危害人体健康，被国务院有关部门列入《食品中可能违法添加的非食用物质名单》《保健食品中可能非法添加的物质名单》和国务院有关部门公告的禁用农药、《食品动物中禁止使用的药品及其他化合物清单》等名单上的物质；

（三）其他有毒、有害的物质。

第十条 刑法第一百四十四条规定的“明知”，应当综合行为人的认知能力、食品质量、进货或者销售的渠道及价格等主、客观因素进行认定。

具有下列情形之一的，可以认定为刑法第一百四十四条规定的“明知”，但存在相反证据并经查证属实的除外：

（一）长期从事相关食品、食用农产品生产、种植、养殖、销售、运输、贮存行业，不依法履行保障食品安全义务的；

（二）没有合法有效的购货凭证，且不能提供或者拒不提供销售的相关食品来源的；

（三）以明显低于市场价格进货或者销售且无合理原因的；

（四）在有关部门发出禁令或者食品安全预警的情况下继续销售的；

（五）因实施危害食品安全行为受过行政处罚或者刑事处罚，又实施同种行为的；

（六）其他足以认定行为人明知的情形。

第十一条 在食品生产、销售、运输、贮存等过程中，掺入有毒、有害的非食品原料，或者使用有毒、有害的非食品原料生产食品的，依照刑法第一百四十四条的规定以生产、销售有毒、有害食品罪定罪处罚。

在食用农产品种植、养殖、销售、运输、贮存等过程中，使用禁用农药、食品动物中禁止使用的药品及其他化合物等有毒、有害的非食品原料，适用前款的规定定罪处罚。

在保健食品或者其他食品中非法添加国家禁用药物等有毒、有害的非食品原料的，适用第一款的规定定罪处罚。

第十二条 在食品生产、销售、运输、贮存等过程中，使用不符合食品安全标准的食品包装材料、容器、洗涤剂、消毒剂，或者用于食品生产经营的工具、设备等，造成食品被污染，符合刑法第一百四十三条、第一百四十四条规定的，以生产、销售不符合安全标准的食品罪或者生产、销售有毒、有害食品罪定罪处罚。

第十三条 生产、销售不符合食品安全标准的食品，有毒、有害食品，符合刑法第一百四十三条、第一百四十四条规定的，以生产、销售不符合安全标准的食品罪或者生产、销售有毒、有害食品罪定罪处罚。同时构成其他犯罪的，依照处罚较重的规定定罪处罚。

生产、销售不符合食品安全标准的食品，无证据证明足以造成严重食物中毒事故或者其他严重食源性疾病，不构成生产、销售不符合安全标准的食品罪，但构成生产、销售伪劣产品罪，妨害动植物防疫、检疫罪等其他犯罪的，依照该其他犯罪定罪处罚。

第十四条 明知他人生产、销售不符合食品安全标准的食品，有毒、有害食品，具有下列情形之一的，以生产、销售不符合安全标准的食品罪或者生产、销售有毒、有害食品罪的共犯论处：

（一）提供资金、贷款、账号、发票、证明、许可证件的；

（二）提供生产、经营场所或者运输、贮存、保管、邮寄、销售渠道等便利条件的；

（三）提供生产技术或者食品原料、食品添加剂、食品相关产品或者有毒、有害的非食品原料的；

（四）提供广告宣传的；

（五）提供其他帮助行为的。

第十五条 生产、销售不符合食品安全标准的食品添加剂，用于食品的包装材料、容器、洗涤剂、消毒剂，或者用于食品生产经营的工具、设备等，符合刑法第一百四十条规定的，以生产、销售伪劣产品罪定罪处罚。

生产、销售用超过保质期的食品原料、超过保质期的食品、回收食品作为原料的食品，或者以更改生产日期、保质期、改换包装等方式销售超过保质期的食品、回收食品，适用前款的规定定罪处罚。

实施前两款行为，同时构成生产、销售不符合安全标准的食品罪，生产、销售不符合安全标准的产品罪等其他犯罪的，依照处罚较重的规定定罪处罚。

第十六条 以提供给他人生产、销售食品为目的，违反国家规定，生产、销售国家禁止用于食品生产、销售的非食品原料，情节严重的，依照刑法第二百二十五条的规定以非法经营罪定罪处罚。

以提供给他人生产、销售食用农产品为目的，违反国家规定，生产、销售国家禁用农药、食品动物中禁止使用的药品及其他化合物等有毒、有害的非食品原料，或者生产、销售添加上述有毒、有害的非食品原料的农药、兽药、饲料、饲料添加剂、饲料原料，情节严重的，依照前款的规定定罪处罚。

第十七条 违反国家规定，私设生猪屠宰厂（场），从事生猪屠宰、销售等经营活动，情节严重的，依照刑法第二百二十五条的规定以非法经营罪定罪处罚。

在畜禽屠宰相关环节，对畜禽使用食品动物中禁止使用的药品及其他化合物等有毒、有害的非食品原料，依照刑法第一百四十四条的规定以生产、销售有毒、有害食品罪定罪处罚；对畜禽注水或者注入其他物质，足以造成严重食物中毒事故或者其他严重食源性疾病的，依照刑法第一百四十三条的规定以生产、销售不符合安全标准的食品罪定罪处罚；虽不足以造成严重食物中毒事故或者其他严重食源性疾病，但符合刑法第一百四十条规定的，以生产、销售伪劣产品罪定罪处罚。

第十八条 实施本解释规定的非法经营行为，非法经营数额在十万元以上，或者违法所得数额在五万元以上的，应当认定为刑法第二百二十五条规定的“情节严重”；非法经营数额在五十万元以上，或者违法所得数额在二十五万元以上的，应当认定为刑法第二百二十五条规定的“情节特别严重”。

实施本解释规定的非法经营行为，同时构成生产、销售伪劣产品罪，生产、销售不符合安全标准的食品罪，生产、销售有毒、有害食品罪，生产、销售伪劣农药、兽药罪等其他犯罪的，依照处罚较重的规定定罪处罚。

第十九条 违反国家规定，利用广告对保健食品或者其他食品作虚假宣传，符合刑法第二百二十二条规定的，以虚假广告罪定罪处罚；以非法占有为目的，利用销售保健食品或者其他食品诈骗财物，符合刑法第二百六十六条规定的，以诈骗罪定罪处罚。同时构成生产、销售伪劣产品罪等其他犯罪的，依照处罚较重的规定定罪处罚。

第二十条 负有食品安全监督管理职责的国家机关工作人员，滥用职权或者玩忽职守，构成食品监管渎职罪，同时构成徇私舞弊不移交刑事案件罪、商检徇私舞弊罪、动植物检疫徇私舞弊罪、放纵制售伪劣商品犯罪行为罪等其他渎职犯罪的，依照处罚较重的规定定罪处罚。

负有食品安全监督管理职责的国家机关工作人员滥用职权或者玩忽职守，不构成食品监管渎职罪，但构成前款规定的其他渎职犯罪的，依照该其他犯罪定罪处罚。

负有食品安全监督管理职责的国家机关工作人员与他人共谋，利用其职务行为帮助他人实施危害食品安全犯罪行为，同时构成渎职犯罪和危害食品安全犯罪共犯的，依照处罚较重的规定定罪从重处罚。

第二十一条 犯生产、销售不符合安全标准的食品罪，生产、销售有毒、有害食品罪，一般应当依法判处生产、销售金额二倍以上的罚金。

共同犯罪的，对各共同犯罪人合计判处的罚金一般应当在生产、销售金额的二倍以上。

第二十二条 对实施本解释规定之犯罪的犯罪分子，应当依照刑法规定的条件，严格适用缓刑、免予刑事处罚。对于依法适用缓刑的，可以根据犯罪情况，同时宣告禁止令。

对于被不起诉或者免予刑事处罚的行为人，需要给予行政处罚、政务处分或者其他处分的，依法移送有关主管机关处理。

第二十三条 单位实施本解释规定的犯罪的，对单位判处罚金，并对直接负责的主管人员和其他直接责任人员，依照本解释规定的定罪量刑标准处罚。

第二十四条 “足以造成严重食物中毒事故或者其他严重食源性疾病”“有毒、有害的非食品原料”等专门性问题难以确定的，司法机关可以依据鉴定意见、检验报告、地市级以上相关行政主管部门组织出具的书面意见，结合其他证据作出认定。必要时，专门性问题由省级以上相关行政主管部门组织出具书面意见。

第二十五条 本解释所称“二年内”，以第一次违法行为受到行政处罚的生效之日与又实施相应行为之日的时间间隔计算确定。

第二十六条 本解释自 2022 年 1 月 1 日起施行。本解释公布实施后，《最高人民法院、最高人民检察院关于办理危害食品安全刑事案件适用法律若干问题的解释》（法释〔2013〕12 号）同时废止；之前发布的司法解释与本解释不一致的，以本解释为准。

最高人民法院关于处理自首和立功具体应用法律若干问题的解释

- 1998 年 4 月 6 日最高人民法院审判委员会第 972 次会议通过
- 1998 年 4 月 17 日最高人民法院公告公布
- 自 1998 年 5 月 9 日起施行
- 法释〔1998〕8 号

为正确认定自首和立功，对具有自首或者立功表现的犯罪分子依法适用刑罚，现就具体应用法律的若干问题解释如下：

第一条 根据刑法第六十七条第一款的规定，犯罪以后自动投案，如实供述自己的罪行的，是自首。

（一）自动投案，是指犯罪事实或者犯罪嫌疑人未被司法机关发觉，或者虽被发觉，但犯罪嫌疑人尚未受到讯问、未被采取强制措施时，主动、直接向公安机关、人民检察院或者人民法院投案。

犯罪嫌疑人向其所在单位、城乡基层组织或者其他有关负责人员投案的；犯罪嫌疑人因病、伤或者为了减轻犯罪后果，委托他人先代为投案，或者先以信电投案的；罪行尚未被司法机关发觉，仅因形迹可疑，被有关组织或者司法机关盘问、教育后，主动交代自己的罪行的；犯罪后逃跑，在被通缉、追捕过程中，主动投案的；经查实确已准备去投案，或者正在投案途中，被公安机关捕获的，应当视为自动投案。

并非出于犯罪嫌疑人主动，而是经亲友规劝、陪同投案的；公安机关通知犯罪嫌疑人的亲友，或者亲友主动报案后，将犯罪嫌疑人送去投案的，也应当视为自动投案。

犯罪嫌疑人自动投案后又逃跑的，不能认定为自首。

（二）如实供述自己的罪行，是指犯罪嫌疑人自动投案后，如实交代自己的主要犯罪事实。

犯有数罪的犯罪嫌疑人仅如实供述所犯数罪中部分犯罪的，只对如实供述部分犯罪的行为，认定为自首。

共同犯罪案件中的犯罪嫌疑人，除如实供述自己的罪行，还应当供述所知的同案犯，主犯则应当供述所知其他同案犯的共同犯罪事实，才能认定为自首。

犯罪嫌疑人自动投案并如实供述自己的罪行后又翻供的，不能认定为自首；但在一审判决前又能如实供述的，应当认定为自首。

第二条 根据刑法第六十七条第二款的规定，被采取强制措施的犯罪嫌疑人、被告人和已宣判的罪犯，如实供述司法机关尚未掌握的罪行，与司法机关已掌握的或者判决确定的罪行属不同种罪行的，以自首论。

第三条　根据刑法第六十七条第一款的规定，对于自首的犯罪分子，可以从轻或者减轻处罚；对于犯罪较轻的，可以免除处罚。具体确定从轻、减轻还是免除处罚，应当根据犯罪轻重，并考虑自首的具体情节。

第四条　被采取强制措施的犯罪嫌疑人、被告人和已宣判的罪犯，如实供述司法机关尚未掌握的罪行，与司法机关已掌握的或者判决确定的罪行属同种罪行的，可以酌情从轻处罚；如实供述的同种罪行较重的，一般应当从轻处罚。

第五条　根据刑法第六十八条第一款的规定，犯罪分子到案后有检举、揭发他人犯罪行为，包括共同犯罪案件中的犯罪分子揭发同案犯共同犯罪以外的其他犯罪，经查证属实；提供侦破其他案件的重要线索，经查证属实；阻止他人犯罪活动；协助司法机关抓捕其他犯罪嫌疑人（包括同案犯）；具有其他有利于国家和社会的突出表现的，应当认定为有立功表现。

第六条　共同犯罪案件的犯罪分子到案后，揭发同案犯共同犯罪事实的，可以酌情予以从轻处罚。

第七条　根据刑法第六十八条第一款的规定，犯罪分子有检举、揭发他人重大犯罪行为，经查证属实；提供侦破其他重大案件的重要线索，经查证属实；阻止他人重大犯罪活动；协助司法机关抓捕其他重大犯罪嫌疑人（包括同案犯）；对国家和社会有其他重大贡献等表现的，应当认定为有重大立功表现。

前款所称“重大犯罪”、“重大案件”、“重大犯罪嫌疑人”的标准，一般是指犯罪嫌疑人、被告人可能被判处无期徒刑以上刑罚或者案件在本省、自治区、直辖市或者全国范围内有较大影响等情形。

最高人民法院关于审理交通肇事刑事案件具体应用法律若干问题的解释

· 2000 年 11 月 10 日最高人民法院审判委员会第 1136 次会议通过

· 2000 年 11 月 15 日最高人民法院公告公布

· 自 2000 年 11 月 21 日起施行

· 法释〔2000〕33 号

为依法惩处交通肇事犯罪活动，根据刑法有关规定，现将审理交通肇事刑事案件具体应用法律的若干问题解释如下：

第一条 从事交通运输人员或者非交通运输人员，违反交通运输管理法规发生重大交通事故，在分清事故责任的基础上，对于构成犯罪的，依照刑法第一百三十三条的规定定罪处罚。

第二条 交通肇事具有下列情形之一的，处三年以下有期徒刑或者拘役：

（一）死亡一人或者重伤三人以上，负事故全部或者主要责任的；

（二）死亡三人以上，负事故同等责任的；

（三）造成公共财产或者他人财产直接损失，负事故全部或者主要责任，无能力赔偿数额在三十万元以上的。

交通肇事致一人以上重伤，负事故全部或者主要责任，并具有下列情形之一的，以交通肇事罪定罪处罚：

（一）酒后、吸食毒品后驾驶机动车辆的；

（二）无驾驶资格驾驶机动车辆的；

（三）明知是安全装置不全或者安全机件失灵的机动车辆而驾驶的；

（四）明知是无牌证或者已报废的机动车辆而驾驶的；

（五）严重超载驾驶的；

（六）为逃避法律追究逃离事故现场的。

第三条 “交通运输肇事后逃逸”，是指行为人具有本解释第二条第一款规定和第二款第（一）至（五）项规定的情形之一，在发生交通事故后，为逃避法律追究而逃跑的行为。

第四条 交通肇事具有下列情形之一的，属于“有其他特别恶劣情节”，处三年以上七年以下有期徒刑：

（一）死亡二人以上或者重伤五人以上，负事故全部或者主要责任的；

（二）死亡六人以上，负事故同等责任的；

（三）造成公共财产或者他人财产直接损失，负事故全部或者主要责任，无能力赔偿数额在六十万元以上的。

第五条 “因逃逸致人死亡”，是指行为人在交通肇事后为逃避法律追究而逃跑，致使被害人因得不到救助而死亡的情形。

交通肇事后，单位主管人员、机动车辆所有人、承包人或者乘车人指使肇事人逃逸，致使被害人因得不到救助而死亡的，以交通肇事罪的共犯论处。

第六条 行为人在交通肇事后为逃避法律追究，将被害人带离事故现场后隐藏或者遗弃，致使被害人无法得到救助而死亡或者严重残疾的，应当分别依照刑法第二百三十二条、第二百三十四条第二款的规定，以故意杀人罪或者故意伤害罪定罪处罚。

第七条 单位主管人员、机动车辆所有人或者机动车辆承包人指使、强令他人违章驾驶造成重大交通事故，具有本解释第二条规定情形之一的，以交通肇事罪定罪处罚。

第八条 在实行公共交通管理的范围内发生重大交通事故的，依照刑法第一百三十三条和本解释的有关规定办理。

在公共交通管理的范围外，驾驶机动车辆或者使用其他交通工具致人伤亡或者致使公共财产或者他人财产遭受重大损失，构成犯罪的，分别依照刑法第一百三十四条、第一百三十五条、第二百三十三条等规定定罪处罚。

第九条 各省、自治区、直辖市高级人民法院可以根据本地实际情况，在三十万元至六十万元、六十万元至一百万元的幅度内，确定本地区执行本解释第二条第一款第（三）项、第四条第（三）项的起点数额标准，并报最高人民法院备案。

法律法规
新解读系列

实用附录

刑法
解读与应用

刑事责任能力与刑事责任年龄

刑事责任能力	
完全责任能力	应当负刑事责任。
限定责任能力	《刑法》第 18 条第 3 款规定："尚未完全丧失辨认或者控制自己行为能力的精神病人犯罪的，应当负刑事责任，但是可以从轻或者减轻处罚。"
完全无责任能力	不负刑事责任。
注意	(1) 间歇性精神病人在精神正常时，属于完全有刑事责任能力，应当负刑事责任； (2) 生理性醉酒，即日常生活醉酒，属于完全有刑事责任能力，应当负刑事责任； (3) 病理性醉酒，即因酒精中毒导致幻觉、妄想等精神病症状，属于精神病的一种。这属于完全无刑事责任能力，不负刑事责任； (4) 又聋又哑的人和盲人有刑事责任能力，但可以从轻、减轻或免除处罚； (5) 吸毒后若第一次产生幻觉，在幻觉中实施犯罪，则可认定为过失犯罪；若明知自己吸毒后会产生幻觉，利用这种特点实施犯罪，应认定为故意犯罪。

<table>
<tr><th colspan="4">刑事责任年龄</th></tr>
<tr><th colspan="2">年龄</th><th>责任</th><th>备注</th></tr>
<tr><td colspan="2"><12 周岁</td><td>不负刑事责任</td><td>生日第二天
才算满 1 周岁</td></tr>
<tr><td colspan="2">12 周岁—14 周岁</td><td>犯故意杀人、故意伤害罪，致人死亡或者以特别残忍手段致人重伤造成严重残疾，情节恶劣，经最高人民检察院核准追诉的，应当负刑事责任</td><td rowspan="3">(1) 应当从轻或减轻处罚；
(2) 不适用死刑(包括死缓)。</td></tr>
<tr><td colspan="2">14 周岁—16 周岁</td><td>对 8 种犯罪行为（故意杀人、故意伤害致人重伤或死亡、强奸、抢劫、贩卖毒品、放火、爆炸、投放危险物质），应负刑事责任</td></tr>
<tr><td rowspan="2">≥16 周岁</td><td>16 周岁—18 周岁</td><td>应负刑事责任</td></tr>
<tr><td>≥18 周岁</td><td>应负刑事责任</td><td></td></tr>
<tr><td colspan="2">≥75 周岁</td><td>应负刑事责任</td><td>(1) 故意犯罪：可以从轻或减轻；
(2) 过失犯罪：应当从轻或减轻。</td></tr>
</table>

重要法律术语速查表

法律术语	页码
绑架罪	第 296 页
不可抗力	第 15 页
从犯	第 37 页
盗窃罪	第 328 页
法律面前人人平等原则	第 5 页
妨害公务罪	第 304 页
非法拘禁罪	第 294 页
非法吸收公众存款罪	第 198 页
告诉才处理	第 81 页
公共财产	第 78 页
故意杀人罪	第 277 页
故意伤害罪	第 279 页
拐卖妇女、儿童罪	第 300 页
国家工作人员	第 79 页
过失致人死亡罪	第 278 页
集资诈骗罪	第 223 页
交通肇事罪	第 118 页
教唆犯	第 38 页
紧急避险	第 25 页
立功	第 64 页
没收财产	第 57 页
挪用公款罪	第 459 页

续表

法律术语	页码
强奸罪	第 283 页
抢夺罪	第 336 页
抢劫罪	第 323 页
敲诈勒索罪	第 345 页
驱逐出境	第 43 页
社区矫正	第 45 页
首要分子	第 81 页
受贿罪	第 461 页
死缓变更	第 50 页
死刑	第 47 页
贪污罪	第 451 页
危险驾驶罪	第 126 页
诬告陷害罪	第 305 页
洗钱罪	第 221 页
胁从犯	第 38 页
刑法溯及力	第 11 页
刑事责任年龄	第 17 页
意外事件	第 15 页
诈骗罪	第 333 页
正当防卫	第 21 页
主犯	第 33 页
自首	第 62 页
罪刑法定原则	第 4 页
罪责刑相适用原则	第 6 页